Nomos Universitätsschriften

Recht

Band 1006

Luis Christopher Kleine Wortmann

Der Ermächtigungsbeschluss der Hauptversammlung im deutschen Aktienrecht

Nomos

Onlineversion
Nomos eLibrary

Die Deutsche Nationalbibliothek verzeichnet diese Publikation in der Deutschen Nationalbibliografie; detaillierte bibliografische Daten sind im Internet über http://dnb.d-nb.de abrufbar.

Zugl.: Wiesbaden, EBS Universität für Wirtschaft und Recht, Diss., 2022

ISBN 978-3-8487-8810-1 (Print)
ISBN 978-3-7489-3448-6 (ePDF)

1. Auflage 2022

Vorwort

Die vorliegende Arbeit wurde im April 2020 eingereicht und im April 2022 von der juristischen Fakultät der EBS Universität für Wirtschaft und Recht als Dissertation angenommen. Für die Veröffentlichung wurde das Manuskript noch überarbeitet; Literatur und Rechtsprechung wurden bis Juni 2022 berücksichtigt.

Dank gebührt zunächst meinem Betreuer, *Herrn Professor Dr. Tim Florstedt*, der das Thema dieser Arbeit angeregt und ihre Entstehung unterstützt hat. *Herrn Professor Dr. Horst Hammen* danke ich herzlich für die Erstellung des Zweitgutachtens.

Großer Dank gilt zudem meinen Freunden und Kollegen aus meiner Zeit in Wiesbaden und Hamburg. Sie standen mir während der Zeit der Entstehung und Überarbeitung dieser Arbeit stets mit offenen Ohren, Ermutigungen und Anregungen sowie auch ihrer Lebenszeit für das Korrekturlesen zur Seite. Besonderer Dank gilt in dieser Hinsicht *Yannick Chatard*, *Carolin Langlitz*, *Christoph Hautkappe* und *Salim Benayad*. Für ihren fortwährenden Zuspruch in Momenten des Zweifels und für ihre unerschütterlichen Glauben an das Gelingen jeglicher meiner Vorhaben bin ich überdies *Lorena Schäfermeyer* zu mehr Dank verpflichtet, als ich es in Worten auszudrücken vermag.

Äußerster Dank gebührt schließlich meinen Eltern, die mich Zeit meines Lebens in jeder erdenklichen Art und Weise unterstützt und gefördert haben. Ihnen ist diese Arbeit gewidmet.

Münster, im Juli 2022 *Luis Christopher Kleine Wortmann*

Inhaltsverzeichnis

Abkürzungsverzeichnis

a.A.	andere Ansicht
a.a.O.	am angegebenen Ort
Abs.	Absatz
AcP	Archiv für die civilistische Praxis
a.E.	am Ende
a.F.	alte Fassung
AG	Die Aktiengesellschaft
AktG	Aktiengesetz
Alt.	Alternative
Anm.	Anmerkung
Art.	Artikel
ARUG	Gesetz zur Umsetzung der Aktionärsrechterichtlnie
BayGO	Gemeindeordnung für den Freistaat Bayern
BB	Der Betriebsberater
BbgKVerf	Kommunalverfassung des Landes Brandenburg
Begr.	Begründer
bez.	bezüglich
BGB	Bürgerliches Gesetzbuch
BGH	Bundesgerichtshof
BGHZ	Entschiedungen des Bundesgerichtshofs in Zivilsachen
BT-Drs.	Drucksachen des Deutschen Bundestages
bspw.	beispielsweise
bzw.	beziehungsweise
DB	Der Betrieb
Ders.	Derselbe/Dieselbe
DiskE	Diskussionsentwurf
DJT	Deutscher Juristentag
DStR	Deutsches Steuerrecht
ebd.	Ebenda
et al.	et alii
f./ ff.	folgende

Fn.	Fußnote
gem.	gemäß
GemO (BW)	Gemeindeordnung für Baden-Württemberg
GemO (RPfl)	Gemeindeordnung für das Land Rheinland-Pfalz
GG	Grundgesetz
GO NRW	Gemeindeordnung für das Land Nordrhein-Westfalen
GO SH	Gemeindeordnung für Schleswig-Holstein
GmbH	Gesellschaft mit beschränkter Haftung
GmbHG	Gesetz betreffend die Gesellschaften mit beschränkter Haftung
HGB	Handelsgesetzbuch
HGO	Hessische Gemeindeordnung
h.M.	herrschende Meinung
Hrsg.	Herausgeber
hrsg.	herausgegeben
Hs.	Halbsatz
i.e.S.	im engeren Sinne
i.S.d.	im Sinne des
i.V.m.	in Verbindung mit
insb.	insbesondere
JA	Juristische Arbeitsblätter
JZ	Juristenzeitung
KonTraG	Gesetz zur Kontrolle und Transparenz im Unternehmensbereich
KSVG	Kommunalselbstverwaltungsgesetz Saarland
KVG LSA	Kommunalverfassungsgesetz des Landes Sachsen-Anhalt
KV M-V	Kommunalverfassung für das Land Mecklenburg-Vorpommern
KWG	Gesetz über das Kreditwesen
LG	Landgericht
m.w.N.	mit weiteren Nachweisen
NJW	Neue Juristische Wochenschrift
NKomVG	Niedersächsisches Kommunalverfassungsgesetz
No.	Number
Nr.	Nummer
NZG	Neue Zeitschrift für Gesellschaftsrecht
o.Ä.	oder Ähnliches/oder Ähnlichem
OLG	Oberlandesgericht

OWiG	Gesetz über Ordnungswidrigkeiten
Rn.	Randnummer
RefE	Referentenentwurf
RegE	Regierungsentwurf
RGZ	Entscheidungen des Reichsgerichts in Zivilsachen
S.	Satz/ Seite
SächsGemO	Sächsische Gemeindeordnung
sog.	so genannt(e)
ThürKO	Thüringer Gemeinde- und Landkreisordnung
UmwG	Umwandlungsgesetz
Urt.	Urteil
v.	von/vom
VerfBrhv	Verfassung für die Stadt Bremerhaven
VerwArch	Verwaltungsarchiv
vgl.	vergleiche
Vorb.	Vorbemerkung
WiB	Wirtschaftliche Beratung
WM	Wertpapiermitteilungen
WpÜG	Wertpapiererwerbs- und Übernahmegesetz
ZfgK	Zeitschrift für das gesamte Kreditwesen
ZGR	Zeitschrift für Unternehmens- und Gesellschaftsrecht
ZHR	Zeitschrift für das gesamte Handels- und Wirtschaftsrecht
ZIP	Zeitschrift für Wirtschaftsrecht und Insolvenzpraxis

Einleitung

A. *Anlass der Untersuchung*

Der Vorstand einer Aktiengesellschaft bei der Wahrnehmung seiner Funktion als geschäftsführendes Organ vielfach auf die Partizipation der Hauptversammlung angewiesen. Die Grundlagen und Details des organschaftlichen Verhältnisses zwischen der Hauptversammlung und dem Vorstand einer Aktiengesellschaft auszuforschen, ist wiederkehrender Gegenstand aktienrechtlicher Forschung und Praxis. Die tatsächliche Bedeutung der einzelnen Beteiligungserfordernisse mag sehr unterschiedlich ausgeprägt sein. Diverse Beschlüsse werden aber in großer Regelmäßigkeit von den allermeisten Hauptversammlungen gefasst. Die Hauptversammlungen von 29 von 30 der im DAX gelisteten Gesellschaften haben in den vergangenen fünf Jahren mindestens einen Beschluss i. S. d. §§ 71 Abs. 1 Nr. 8 S. 1; 202 Abs. 1, 2 und 221 Abs. 2 AktG gefasst, in großer Regelmäßigkeit sogar mehrere und nicht selten auch mehrere gleichartige Beschlüsse pro Jahr.[1] Die genannten Beschlüsse eint indes vor allem, dass es sich um sog. Ermächtigungsbeschlüsse der Hauptversammlung zu Gunsten des Vorstands handelt. Die damit einhergehenden Regelungsfragen nehmen in den betroffenen Regelungsgebieten eine wichtige, in manchen Fällen (man denke an die Siemens/Nold-Rechtsprechung) sogar eine zentrale Rolle ein. Vergleichbare Beschlüsse sind noch an vielen weiteren Stellen des Aktienrechts vorgesehen. Zugleich ist die Option zur Fassung von Ermächtigungsbeschlüssen immer wieder Gegenstand gesetzgeberischer Reformüberlegungen, zuletzt etwa im Rahmen der geänderten und inzwischen auch umgesetzten Aktionärsrechterichtlinie (RL EU/2017/828).[2]

Dementsprechend setzen sich die Literatur und Rechtsprechung zu den jeweiligen Regelungen regelmäßig intensiv mit den Anforderungen und der Gestaltungsfreiheit bei der Fassung solcher Beschlüsse auseinan-

---

1 Einzig die Hauptversammlung der Continental AG hat in den vergangenen fünf Jahren keine solche Ermächtigung ausgegeben.

2 Wenngleich die verabschiedete Richtlinie etwa in Art. 9c Abs. 4 S. 1 von einer Zustimmungspflicht spricht, sah der korrespondierende Kommissionsvorschlag (COM/2014/213) unter Art. 9c Nr. 3 noch die Möglichkeit einer Vorab-Zustimmung für bis zu 12 Monate im Voraus vor.

der. Ermächtigungsbeschlüsse waren und sind dann in ihrer Eigenschaft als solche bereits Gegenstand von Betrachtungen. Diese Betrachtungen erschöpfen sich aber häufig in einer auf den hergebrachten Auslegungskanon aufbauenden Anknüpfung an die jeweilige Einzelregelung. Ganz überwiegend stehen zudem Gestaltungsfragen im Mittelpunkt, die primär mit dem Gegenstand und Folgen des jeweiligen Ermächtigungsbeschlusses (beispielsweise etwa den Wirkungen und Gefahren des Erwerbs eigener Aktien) zusammenhängen.

Eine Beschlussoption zur Ermächtigung des Vorstandes oder des Aufsichtsrates vorzusehen ist nichtsdestotrotz eine wiederkehrende Regelungstechnik des aktienrechtlichen Gesetzgebers. Es erscheint daher ebenso gewinnbringend, die Beschlussoptionen nicht nur in Hinblick auf den jeweiligen Gegenstand der Ermächtigung zu betrachten, sondern schwerpunktmäßig unter dem sie einenden Aspekt, dass eine Ermächtigung beschlossen wird.

Eine Betrachtung, die sich zumindest im Ansatz losgelöst von der jeweiligen Regelungsmaterie und somit allgemein mit dem Regelungsinstitut des „Ermächtigungsbeschlusses" auseinandersetzt, wurde bis dato nicht vorgenommen.[3] Diese Lücke zu schließen, ist das Anliegen der vorliegenden Arbeit. Ein solcher Ansatz kann vor allem dann gewinnbringend sein, wenn auf Basis zu erforschender gemeinsamer Grundlagen oder parallel laufender Regelungsfragen Rückschlüsse für die Beurteilung offener Rechtsfragen gezogen werden können.

Das geschriebene Aktienrecht kennt nicht nur Ermächtigungsbeschlüsse der Hauptversammlung, vielmehr ebenso Ermächtigungsbeschlüsse seitens des Aufsichtrats einer Aktiengesellschaft. Mit Blick auf die gesteigerte Relevanz des organisationsrechtlichen Verhältnisses zwischen Vorstand und Hauptversammlung soll sich die Betrachtung aber auf die Untersuchung von Ermächtigungsbeschlüssen seitens der Hauptversammlung als Regelungsinstitut beschränken.[4]

Die vorgelagerte These der Bearbeitung ist mithin, dass man Ermächtigungsbeschlüsse als eine „gesonderte" Art von Hauptversammlungsbeschlüssen betrachten kann, respektive eine solche Betrachtung gewinnbrin-

---

3 Eine im Ansatz tiefergehende Betrachtung der Regelungen unter dem Gesichtspunkt des Charakters der Regelung als Ermächtigungsoption findet sich etwa bei *Merkt*, in: GroßKomm-AktG, § 71 Rn. 268 sowie auch bei *Bednarz*.

4 Vgl. dennoch die insoweit vollständige Aufzählung der existenten Ermächtigungsoptionen, also auch solcher zu Gunsten des Aufsichtrats im folgenden Abschnitt B.II.1.

gend ist. „Gesondert" sind derartige Beschlüsse nicht in dem Sinne, dass ihnen eine eigentümliche Rechtsnatur zukäme. Gemeint ist damit vielmehr, dass die Möglichkeiten zur Fassung von Ermächtigungsbeschlüssen nach der gesetzlichen Konzeption weitestgehend einheitlichen Erwägungen unterliegen und derartigen Beschlussoptionen daher eine über die schlichte Beteiligung der Hauptversammlung hinausgehende gemeinsame Funktion zukommt. Darauf aufbauend ist eine „gesonderte" Betrachtung solcher Beschlüsse dergestalt lohnenswert, dass sich (bei aller Divergenz der sachlich in Rede stehenden Maßnahmen) diverse Fragestellungen in Anknüpfung an diese einheitliche Funktionsweise von „Ermächtigungsbeschlüssen" ebenso einheitlich oder jedenfalls unter Verwendung einheitlicher Kriterien beantworten lassen.

Die Arbeit ist daher bestrebt, sich auf solche Fragestellungen zu beschränken, die am Charakter des jeweiligen Beschlusses als „Ermächtigung" zumindest mittelbar anknüpfen. Gemeint sind damit zum einen Fälle, in denen sich die jeweiligen Fragestellungen aus den Eigenarten eines Ermächtigungsbeschlusses ergeben. Umfasst sein sollen aber auch Fragestellungen, die zwar nicht notwendigerweise nur bei Ermächtigungsoptionen auftreten können, deren Beantwortung aber durch diese Eigenschaft des entsprechenden Beschlusses maßgeblich beeinflusst wird. Ein Beispiel für die zuletzt genannten Fälle ist etwa die Bemessung der Rechtsfolgen fehlerhaft gefasster Ermächtigungsbeschlüsse nach Maßgabe der §§ 241 ff. AktG.

Entsprechend dieser Grundgedanken gliedert sich die Arbeit in zwei Abschnitte. Nachdem zunächst der Terminus „Ermächtigungsbeschluss" zu präzisieren und darauf aufbauend dessen der genaue Betrachtungsgegenstand der Bearbeitung festzulegen ist, soll im ersten Abschnitt der funktionelle und legislatorische Rahmen von Ermächtigungsbeschlüssen ausgeleuchtet werden. In diesem Zusammenhang ist insbesondere darzulegen, inwiefern in der beschriebenen funktionalen Hinsicht tatsächlich von einer „gesonderten" Stellung von Ermächtigungsbeschlüssen im Aktienrecht gesprochen werden kann.

Hierauf aufbauend behandelt der zweite Abschnitt der Arbeit die Frage, inwieweit sich (primär) an der Funktion und Wirkungsweise von Ermächtigungsbeschlüssen anknüpfende Rechtsfragen auf Basis einheitlicher Erwägungen beantworten lassen. Zu untersuchen ist namentlich die negative wie positive Gestaltungsfreiheit bei der Fassung von Ermächtigungsbeschlüssen, die Parameter deren Ausnutzung sowie die Bestimmung der Fehlerfolgen auf Ebene der Fassung und Ausnutzung von Ermächtigungsbeschlüssen.

B. Festlegung des Betrachtungsgegenstandes

I. Begriffsfindung

Der Begriff „Ermächtigungsbeschluss“ ist nicht legal definiert. Auch das entsprechende Verb „ermächtigen“ wird von den aktienrechtlichen Gesetzestexten ohne gesonderte Spezifikation verwendet. Dies verwundert initial auch nicht, schließlich ist der Begriff „Ermächtigung“ aus semantischer Sicht ohne größere Komplikationen verständlich. Vielmehr ergeben sich die besonderen Implikationen für eine Eingrenzung des Begriffs „Ermächtigungsbeschluss“ im aktienrechtlichen Kontext aus der Stellung solcher Beschlüsse in der durch das Aktiengesetz vorgegebenen Organisationsstruktur einer Aktiengesellschaft.

1. Semantik

Der Begriff „Ermächtigung“steht für eine Übertragung oder erstmalige Schaffung einer Handlungspotenz. Nach hier vertretenem Verständnis ist es dabei im organisationsrechtlichen Kontext nicht von Belang, ob sich der entsprechende Ermächtigungsakt lediglich auf die binnengesellschaftliche Verteilung von Organzuständigkeiten bezieht oder ebenso auf die Möglichkeit eines rechtswirksamen Handelns im Außenverhältnis.[5] Maßgeblich ist demnach nur, dass die in Rede stehende Handlungsoption in Ermangelung einer Ermächtigung grundsätzlich nicht gegeben ist.

Eine Ermächtigung ist demnach eine Erklärung eines Rechtssubjekts oder einer Organisationseinheit gegenüber einem anderen Rechtssubjekt oder einer anderen Organisationseinheit, durch die dem Adressaten eine Handlungsoption (sei es in Gestalt einer Handlungsmacht oder auch nur in Form einer Erlaubnis) eingeräumt wird, die der Adressat ansonsten nicht innehätte.

---

5 Anders: *Kimpler*, S. 121, wenn dieser in Bezug auf § 221 Abs. 2 AktG darauf abstellt, dass eine „Ermächtigung“ nur gegeben sei, wenn in Abgrenzung zu einer bloß (gesellschafts-)internen Zustimmung die Schaffung einer Zuständigkeit in Rede stehe. Ein solches Verständnis ist zwar unter semantischen Gesichtspunkten möglich, kann aber im Ergebnis nicht überzeugen, denn für die aus der Organisationsstruktur der Aktiengesellschaft folgenden maßgeblichen Eigenschaften einer „Ermächtigung“ (vgl. sogleich) ist es irrelevant, ob der notwendige Beschluss bloße Binnenwirkung entfaltet oder nicht.

Abzugrenzen ist dieses Verständnis vom Begriff „Vorratsermächtigung“ oder auch „Vorratsbeschlusses“.[6] Mit dem Präfix „Vorrat“ wird gemeinhin der Umstand verbunden, dass eine Ermächtigung nicht in Ansehung konkreter Einsatzmöglichkeiten oder mit entsprechenden Vorgabe erteilt wird. Solche Ermächtigungen erfolgen eher für den Fall der Fälle, eben „auf Vorrat.“[7]

2. Implikationen auf Basis der Organisationsstruktur einer Aktiengesellschaft

Von einer Ermächtigung der Hauptversammlung einer Aktiengesellschaft kann mit Blick auf die grundlegende Organisationsstruktur einer Aktiengesellschaft nur unter weiteren Voraussetzungen die Rede sein.

Die vom Aktienrecht vorgegebene Kompetenzordnung einer Aktiengesellschaft beruht auf einer Organtrias bestehend aus Hauptversammlung, Vorstand und Aufsichtsrat. Aufgabe des Vorstands sind die Leitung der Gesellschaft sowie die Führung der Geschäfte, §§ 76, 77 AktG.[8] Gemäß § 119 Abs. 1 AktG beschränkt sich die Tätigkeit der Hauptversammlung auf die im Gesetz ausdrücklich benannten Fälle. Hinzu kommen die nach

---

6 Mitunter werden diese Begriffe mehr oder minder synonym verwendet, vgl. bspw. *Florstedt*, in: KölnKomm-AktG, § 221 Rn. 253, 266 sowie *Schlitt*, in: MünchKomm-WpÜG, § 33 WpÜG, Rn. 200, 215.

7 Aufgrund des Sachzusammenhangs insoweit nicht synonym verwendet werden die Begriffe in Bezug auf einen Beschluss i. S. d. § 203 Abs. 2 AktG, vgl. BGH NJW 1982, 2444 (Holzmann): „Die Gefahren, die ein Bezugsrechtsausschluß für die betroffenen Aktionäre mit sich bringt, machen eine sorgfältige sachliche Prüfung schon dann notwendig, wenn die Hauptversammlung darüber beschließt, ob der Vorstand zu einem solchen schwerwiegenden Eingriff in die Aktionärsrechte ermächtigt werden soll. Es ist daher unzulässig, die Ermächtigung ohne jeden konkreten Anlaß, gewissermaßen ‚auf Vorrat‘, mit einem Beschluß nach § 202 II AktG zu verbinden.“ Hierzu zusammenfassend statt vieler, eben auch mit gesondertem Verständnis des Begriffs „Vorratsermächtigung“: *Bayer*, in: MünchKomm-AktG, § 203 Rn. 97 ff.

8 Die hiesige Darstellung orientiert sich der Einfachheit halber am Wortlaut des Gesetzes; unbenommen bleibt die Frage nach dem Verhältnis der beiden Begriffe; vgl. insoweit *Fleischer*, in: Spindler/Stilz AktG, § 76 Rn. 14 sowie *Kort*, in: Groß-Komm-AktG, § 76 Rn. 28 f. einerseits (Leitung als herausgehobener Teilbereich der Geschäftsführung) sowie für eine (weitgehende) Identität der Begriffe *Seibt*, in: K. Schmidt/Lutter AktG, § 76 Rn. 9 andererseits.

der Holzmüller/Gelatine-Rechtsprechung bestehenden ungeschriebenen Entscheidungszuständigkeiten.[9]

Die Zuständigkeit der Hauptversammlung für ausgewählte Entscheidungen führt nicht dazu, dass dem Vorstand bei diesen Thematiken keinerlei Rolle zugewiesen wäre. Mit der Eigenschaft des Vorstands als nach außen handelndes Organ der Aktiengesellschaft geht vielmehr einher, dass die Hauptversammlung bei der Wahrnehmung ihrer Entscheidungskompetenzen häufig auf eine Ausführungshandlung seitens des Vorstands angewiesen ist. Eine solche Ausführungshandlung kann sich in der Anmeldung einer Entscheidung der Hauptversammlung beim Handelsregister erschöpfen, wie etwa bei einer Zustimmung zu Unternehmensverträgen nach § 294 AktG. Ebenso bedarf es Vorstandes aber für die tatsächliche Realisierung beschlossener Maßnahmen, wie etwa bei der Vornahme einer Kapitalerhöhung oder der Verwendung des Bilanzgewinnes.[10] Um die Entscheidungshoheit der Hauptversammlung in diesen Fällen zu wahren, ist der Vorstand gem. § 83 Abs. 2 AktG zur Vornahme der entsprechenden Ausführungshandlung verpflichtet.[11] In diesen Fällen wird der Vorstand nach der Konzeption des Gesetzes vornehmlich als „Ausführungsorgan" tätig. Eine eigene Verantwortung, eine Entschließungs- und Gestaltungsfreiheit hat der Vorstand demnach grundsätzlich nur im Rahmen der ihm originär zugewiesenen Entscheidungskompetenz. Verpflichtende Vorgaben durch Beschlüsse der Hauptversammlung können sich in diesem Bereich nach Maßgabe von § 119 Abs. 2 AktG ergeben.[12]

---

9 *Spindler*, in: K. Schmidt/Lutter AktG, § 119 Rn. 1; zu den ungeschriebenen Zuständigkeiten vgl. BGHZ 83, 122 (Holzmüller); BGHZ 159, 30 (Gelatine I); BGH ZIP 2004, 1001 (Gelatine II); zusammenfassend: *Liebscher*, ZGR 2005, 1 sowie *Raiser/Veil*, Recht der Kapitalgesellschaften, § 16 Rn. 10 ff.

10 Ebenso gibt es aber Beschlüsse, die ohne gesonderte Ausführungshandlung zu der anvisierten Folge führen, wie es etwa bei der Entlastung des Vorstands oder der Bestellung der Mitglieder des Aufsichtrats der Fall ist.

11 Soweit es sich um eine originär der Hauptversammlung zugeordnete Entscheidungskompetenz handelt ähnlich, wenn die Nutzung eben dieser Unterscheidung zur Festsetzung des Anwendungsbereichs des § 83 Abs. 2 AktG angewendet wird: *Grabolle*, S. 48 ff.; vgl. zur Präzisierung der Termini und der entsprechenden Reichweite des § 83 Abs. 2 AktG die Nennungen unter Fn. 228.

12 So zumindest die ganz h.M., vgl. BGHZ 146, 288; *Mertens/Cahn*, in: KölnKomm-AktG, § 83 Rn. 9; *Oltmanns*, in: Heidel Aktienrecht, § 83 Rn. 5; *Seibt*, in: K. Schmidt/Lutter AktG, § 83 Rn. 10; *Spindler*, in: MünchKomm-AktG, § 83 Rn. 23; anders nur: *Dietz-Velmer*, NZG 2014, 721 (725f.) sowie *Rohde/Geschwandter*, NZG 2005, 996 (997 ff.).

Vollzieht der Vorstand ausführungsbedürftige Beschlüsse der Hauptversammlung, bedingt dies demnach auch, dass er durch den entsprechenden Beschluss zur Ausführung auch *befähigt* wird. Dem semantischen Verständnis nach wäre auch in diesen Fällen eine „Ermächtigung“ gegeben.[13]

Das rein semantische Begriffsverständnis ist in zweierlei Hinsicht zu modifizieren.

Zum einen sind Ermächtigungsbeschlüsse mit Blick auf die regelmäßige gesonderte Hervorhebung solcher Beschlussoptionen durch den Wortlaut des Gesetzes als Ausnahme von der Regelung des § 83 Abs. 2 AktG zu verstehen. Von einem „Ermächtigungsbeschluss“ kann unter diesem Gesichtspunkt nur die Rede sein, wenn sich aus dem Beschluss für den Vorstand keine Pflicht zur Ausführung ableitet.

Zum anderen bezieht sich die Beteiligung der Hauptversammlung und des Aufsichtrats nach der gesetzlichen Konzeption regelmäßig auf *konkret umschriebene* und *singulär* zur Abstimmung gestellte Vorhaben und/oder Fragen. Eine „Ermächtigung“ beschränkt sich aber nicht auf diese Fälle, zeichnet sich in diesem Lichte funktional also vor allem dadurch aus, dass eine *abstrakte* Zustimmung zu Vorgängen bestimmter Art vorab erteilt werden kann. Dieses Begriffsverständnis des Aktiengesetzes zeigt sich vor allem dann besonders deutlich, wenn die Termini „Zustimmung“ und Ermächtigung“ als antagonistisches Begriffspaar verwendet werden. Dies ist etwa in § 192 Abs. 2 Nr. 3 AktG a. E. und § 111a Abs. 3 Nr. 2, 3 AktG der Fall. Zwar umfasst jedwede „Zustimmung“ unter semantischen Gesichtspunkten auch den Fall einer Ermächtigung; in der aktienrechtlichen Nomenklatur wird der Begriff „Zustimmung“ aber dann gebraucht, wenn die Willensbildung sich auf die Ausführung konkret umrissenener Maßnahmen oder auf Maßnahmen der Geschäftsführung bezieht.[14]

Diese zweitgenannte Modifikation des rein semantischen Begriffsverständnisses bedarf es schon deshalb, weil § 83 Abs. 2 AktG nach zutreffender herrschender Meinung nur die Ausführung solcher Entscheidungen betrifft, die originär einzig der Hauptversammlung zugeordnet sind. Das Aktienrecht kennt aber auch Entscheidungsbefugnisse der Hauptversammlung, die sich in einem Mitwirkungsrecht an der Geschäftsführung des

---

13 Diesen Gedankengang etwa im Rahmen der Frage nach der genauen Reichweite der Ermächtigungsbefugnis nach § 33 Abs. 2 WpÜG nutzend: *Grunewald*, in: Baums/Thoma WpÜG, § 33 Rn. 88.

14 Vgl. hierzu etwa unter Fn. 249 genannten kritischen Stimmen bezüglich der Formulierung des Wortlauts des § 192 Abs. 2 Nr. 3 Alt. 2 AktG.

Vorstands erschöpfen.[15] § 83 Abs. 2 AktG gilt dann nicht. Auch bei Beschlüssen des Aufsichtrats besteht eine solche Ausführungspflicht nicht. Bei vom Gesetzestext als „Ermächtigung" deklarierten Beschlussoptionen, die eine solche *Mitwirkung* darstellen, kann das maßgebliche Charakteristikum daher nicht in der fehlenden Ausführungspflicht erblickt werden.[16] Die zweitgenannten Modifikation tritt in den von § 83 Abs. 2 AktG erfassten Fällen neben das Charakteristikum der fehlenden Ausführungspflicht. Außerhalb des Anwendungsbereiches von § 83 Abs. 2 AktG ist es das maßgebliche Charakteristikum.

Das aktienrechtliche Verständnis ist demnach insbesondere auch von dem des bürgerlichen Rechts nach Maßgabe der §§ 182 ff., 185 Abs. 1 BGB abzugrenzen. Dort bildet der Terminus „Zustimmung" den Grundbegriff für eine vorab (Einwilligung, § 183 S. 1 BGB) und nachträglich (Genehmigung, § 184 Abs. 1 BGB) mitgeteilte, notwendige Verschaffung einer Handlungsmacht, während der Begriff der „Ermächtigung" gemeinhin nur im Rahmen des § 185 Abs. 1 BGB gebraucht und insoweit als ein Sonderfall der Einwilligung behandelt wird.[17] Des Weiteren umfasst nach dem bürgerlich-rechtlichen Verständnis der Begriff der Zustimmung auch solche Gestaltungen, die sich auf eine ganze Gruppe oder Gattung von Rechtsgeschäften beziehen, wenngleich diese doch hinreichend konkret umrissen sein müssen.[18] Dieses Verständnis ist aus den genannten Gründen nicht auf die aktienrechtliche Terminologie übertragbar.[19]

3. Zwischenergebnis

Ermächtigungsbeschlüsse weisen unter Bezugnahme auf ihre funktionale Stellung im Organisationsrecht der Aktiengesellschaft zwei maßgebliche

---

15 Vertieft hierzu sogleich in Kapitel 1 unter Abschnitt C.II.1.

16 Leicht abweichend wohl *Bednarz*, S. 145, wenn diese in Bezug auf § 71 Abs. 1 Nr. 8 S. 1 AktG auch im Vergleich zu § 202 Abs. 1, 2 und § 221 Abs. 2 AktG maßgeblich darauf abstellt, dass es jeweils vornehmlich um die Schaffung eines Handlungsspielraums gehe und daher keine Verpflichtung zur Vornahme der Handlung bestehe.

17 Zu letzterem vgl. *Bayreuther*, in: MünchKomm-BGB, Vor § 182 Rn. 2, § 185 Rn. 21 sowie *Klumpp*, in: Staudinger BGB, § 185 Rn. 57 f.

18 *Klumpp*, in: Staudinger-BGB, § 182 Rn. 40.

19 Insoweit ist auch das angedeutete Argument von *Grunewald* (vgl. Fn. 13) nicht überzeugend, da das Gesetz eben doch recht genau zwischen einer Ermächtigung im Wortsinn und einer Ermächtigung im spezifisch aktienrechtlichen Sinne unterscheidet.

Charakteristika auf: Die Möglichkeit einer abstrakt gehaltenen Zustimmung sowie, im Anwendungsbereich des § 83 Abs. 2 AktG, die Möglichkeit zur Entbindung des Vorstands von der grundsätzlich existierenden Ausführungspflicht.

4. Weitere Grenzfälle

Für die Zwecke dieser Arbeit ist ein „Ermächtigungsbeschluss" zudem nicht gegeben, wenn dem Vorstand *nur* hinsichtlich der Art und Weise der Ausführung eines Beschlusses eine Gestaltungsfreiheit gewährt wird.

Nicht erfasst sind etwa Beschlüsse nach Maßgabe von § 182 Abs. 3 AktG. § 182 Abs. 3 AktG statuiert für ordentliche Kapitalerhöhungen, dass im Fall einer Überpari-Emission jedenfalls der Mindestbetrag für den Ausgabekurs festgelegt werden soll. Es steht der Hauptversammlung folglich frei, es bei einer solchen Bestimmung zu belassen und die Entscheidung über die Ausgabe zu einem noch höheren Kurs im Übrigen dem Vorstand oder auch dem Aufsichtsrat zu überlassen.[20] Ähnliches gilt für eine bedingte Kapitalerhöhung zum Zwecke der Gewährung von Umtausch- oder Bezugsrechten auf Grund von Wandelschuldverschreibungen (§ 192 Abs. 2 Nr. 1 AktG). § 193 Abs. 2 Nr. 3 Hs. 2 AktG bestimmt, dass der Notwendigkeit zur Angabe eines Ausgabepreises in diesen Fällen die Angabe eines Mindestbetrages in dem Beschluss zur bedingten Kapitalerhöhung oder im korrespondieren Beschluss nach § 221 AktG genügt.[21]

In diesen Fällen wird dem Vorstand lediglich die Entscheidung über einen inhaltlichen Teilaspekt einer an sich gem. § 83 Abs. 2 AktG auszuführenden Entscheidung überantwortet. Derartige Beschlussinhalte sind Ausfluss der jeweils gesetzlich gewährten Möglichkeit, einige Bestimmun-

---

20 Dies gilt umso mehr, als die Kapitalerhöhung in solchen Fällen andernfalls auch schlicht nicht durchführbar wäre; vgl. zu dieser allgemeinen Lesart des § 182 Abs. 3 AktG: *Servatius*, in: Spindler/Stilz AktG, § 182 Rn. 72; *Schürnbrand/Verse*, in: MünchKomm-AktG, § 182 Rn. 55 f.; *Veil*, in: K. Schmidt/Lutter AktG, § 182 Rn. 22 sowie *Wiedemann*, in: GroßKomm-AktG, § 182 Rn. 64. Nach teilweise vertretener Ansicht soll der Vorstand auch dann entsprechend befugt sein, wenn die Hauptversammlung sich insoweit im Rahmen eines bestehenden Beschlusses nicht geäußert hat (vgl. *Klette*, DB 1968, 2261 (2262).

21 Insoweit von einer Zuständigkeit des Vorstands vorbehaltlich einer „vorrangigen Kompetenzaneignung durch die Gründer oder die Hauptversammlung" sprechend: *Rieder/Holzmann*, in: Grigoleit AktG, § 204 Rn. 2; der Sache nach auch: *Koch*, AktG, § 204 Rn. 2; dies als eine „subsidiäre Zuständigkeit" des Vorstands bezeichnend: *Kimpler*, S. 22.

gen eines Beschlusses nicht exakt festlegen zu müssen, sondern von Parametern abhängig machen zu können. Mit der Überantwortung der Entscheidungsgewalt als solchen ist dies nicht vergleichbar.

Nichts anderes kann auch für Beschlüsse bzw. Beschlussinhalte gelten, die bloß mittelbar zu einer Möglichkeit der Beeinflussung der Folgen der Entscheidung der Hauptversammlung durch den Vorstand führen, ohne hierauf ausgerichtet zu sein.[22]

5. Definition

Ein „Ermächtigungsbeschluss" ist demnach ein Beschluss, der darauf abzielt, zugunsten des adressierten Organs (a) eine ansonsten nicht gegebene Handlungsoption zu schaffen, kraft derer (b) über eine Maßnahme hinsichtlich deren Vornahme als solche und nicht bloß deren Ausgestaltung entschieden werden kann.

II. Existente Ermächtigungsoptionen und Betrachtungsgegenstände

Wie beschrieben ist die Arbeit bestrebt, das Institut eines Ermächtigungsbeschlusses als solches, also im Rahmen des Möglichen losgelöst von Implikationen der jeweils von der Maßnahme betroffenen Sachmaterie, zu betrachten. Zur Veranschaulichung diverser Aspekte ist eine Rekursion auf bestehende Ermächtigungsoptionen dennoch hilfreich. Die unter das entwickelte Begriffsverständnis fallenden Optionen zur Fassung von Ermächtigungsbeschlüssen seitens der Hauptversammlung werden daher in gebotener Kürze aufgelistet.

Im Nachgang zu dieser Aufzählung von der weiteren Betrachtung ausgeklammert werden solche Beschlussoptionen, die sich nicht auf überwiegend formelle, organisatorische oder verfahrensbezogene Fragestellun-

---

22 Ein Beispiel für einen solchen Beschluss bildet die Bestimmung im Rahmen eines Kapitalerhöhungsbeschlusses, wonach sich das Ausgabevolumen in Abhängigkeit von einem erzielbaren Bezugspreis bestimmen soll. Der damit einhergehende mittelbare Einfluss des Vorstands auf die Zahl der auszugebenden Aktien ist insoweit „nur" ein Nebeneffekt, eine tatsächliche Entscheidungsgewalt hinsichtlich des „Ob" der Kapitalerhöhung kommt dem Vorstand auch in diesen Fällen nicht zu; zur Zulässigkeit einer solchen Gestaltung vgl.: *Scholz*, in: MünchHb-AG, § 57 Rn. 27; *Schürnbrand/Verse*, in: MünchKomm-AktG, § 182 Rn. 43.; *v. Apfelbacher/Metzner* in: Hölters/Weber AktG, § 182 Rn. 34.

gen beziehen.[23] Bei diesen Beschlüssen spielt die angesprochene Sonderstellung von Ermächtigungsbeschlüssen im Organisationsrecht der Aktiengesellschaft eine eher untergeordnete Rolle. Gleichsam ist bei diesen Beschlussoptionen der Rückbezug zu den grundlegenden Erwägungen hinsichtlich der Ausgestaltung der aktienrechtlichen Kompetenzverteilung nicht vergleichbar ausgeprägt.[24]

1. Ausdrücklich geregelte Ermächtigungsoptionen

§ 58 Abs. 2 S. 2 Alt. 1 AktG gewährt der Hauptversammlung die Möglichkeit, dem Vorstand oder Aufsichtsrat im Rahmen der Satzung zu gestatten, einen über die von § 58 Abs. 2 S. 1 AktG gezogene 50 %-Grenze hinausgehenden Anteil am Jahresüberschuss in andere Gewinnrücklagen einzustellen.[25]

Ebenfalls im Rahmen der Satzung besteht gemäß *§ 59 Abs. 1 AktG* die Möglichkeit, dass die Hauptversammlung dem Vorstand die Möglichkeit zur Vornahme von Abschlagszahlungen auf den voraussichtlichen Bilanzgewinn an die Aktionäre zubilligt.

§ 89 Abs. 1 S. 2 AktG sowie *§ 115 Abs. 1 S. 3 AktG* statuieren hinsichtlich der notwendigen Zustimmung des Aufsichtsrats für die Vergabe von Krediten an Mitglieder des Vorstands und des Aufsichtsrats die Möglichkeit, dass diese auch schon vor Bekanntwerden eines entsprechenden Vorhabens erteilt werden kann.

§ 118 Abs. 1 S. 2, Abs. 2, 4 AktG sehen vor, dass im Rahmen einer Satzungsbestimmung dem Vorstand die Entscheidung bezüglich einzelner Aspekte des Ablaufs und Organisation der Hauptversammlung übertragen werden kann.

---

23 Auszuklammern von der weiteren genaueren Betrachtung sind unbenommen ihrer nachfolgenden Aufzählung demnach Beschlüsse i.S.d. §§ 59 Abs. 1; 89 Abs. 1 S. 2; 115 Abs. 1 S. 3; 118 Abs. 1 S. 2, Abs. 2, Abs. 4 sowie § 237 Abs. 2 Nr. 3 Hs. 2 AktG.

24 Vgl. zu eben diesem Aspekt im insb. die Ausführungen zur Funktion von Ermächtigungsoptionen in Abschnitt A.III. in Kapitel 1.

25 Gegenüber den übrigen im Rahmen dieser Darstellung näher zu betrachtenden Ermächtigungsoptionen nimmt diese Regelung in gewissem Maße eine Sonderstellung ein, als kein neuer Handlungs- und Gestaltungsspielraum des Vorstands im Ganzen geschaffen wird, sondern vielmehr eine konkrete, bereits bestehende Flexibilität weiter verstärkt wird. Im Ansatz bereits ähnlich: *Lutter/Leinekugel*, ZIP 1998, 805 (812).

Des Weiteren kann die Hauptversammlung dem Vorstand ausweislich *§ 221 Abs. 2 AktG* die Entscheidung zur Ausgabe der von § 221 AktG erfassten Kapitalien überlassen.[26]

Schließlich gebietet *§ 33 Abs. 2 WpÜG*, dass nach Abgabe eines Übernahmeangebots i. S. d. § 29 Abs. 1 WpÜG der Vorstand der börsennotierten Zielgesellschaft Handlungen, die „in die Zuständigkeiten der Hauptversammlung“ fallen und zur Verhinderung der Übernahme geeignet sind, nur[27] dann vornehmen darf, wenn ihm dies in einem Beschluss, der *vor* Beginn der Übernahmesituation gefasst wurde, gestattet worden ist.

Eine Vielzahl an Ermächtigungsoptionen findet sich im Rahmen der Vorschriften bezüglich Kapitalmaßnahmen und dem Erwerb eigener Aktien durch die Aktiengesellschaft:

Ausweislich *§ 202 Abs. 1, 2 AktG* kann die Hauptversammlung die Entscheidung über die Vornahme einer Kapitalerhöhung dem Vorstand übertragen (sog. genehmigtes Kapital). Hinsichtlich der Nutzung eines solchen genehmigten Kapitals kann die Hauptversammlung das Bezugsrecht der Aktionäre (§ 186 AktG) von vorneherein ausschließen (§ 203 Abs. 1 AktG), alternativ kann sie die Entscheidung hierüber gem. *§ 203 Abs. 2 AktG* aber auch dem Vorstand überantworten. Ebenfalls im Zusammenhang mit der Nutzung eines genehmigten Kapitals steht die Option der Hauptversammlung, den Vorstand zur Ausgabe der neuen Aktien gegen Sacheinlagen *(§ 205 Abs. 1 AktG)*. Ebenso kann die Hauptversammlung, wenngleich gem. 141 Abs. 2 S. 1 AktG aber nur bei gesonderter Zustimmung der betroffenen Vorzugsaktionäre, den Vorstand zur Ausgabe von den bestehenden Vorzugsaktien ohne Stimmrecht gleichstehenden oder vorgehenden Vorzugsaktien *(§ 204 Abs. 2 AktG)* zu ermächtigen.

§ 192 Abs. 2 Nr. 3 Alt. 2 AktG sieht vor, dass eine bedingte Kapitalerhöhung zur Gewährung von Bezugsrechten an Arbeitnehmer oder Mitglieder der Geschäftsführung im Wege eines Zustimmungsbeschlusses oder auch „Ermächtigungsbeschlusses“ zulässig ist. Terminologisch ist in hier in

---

26 Obgleich sich der Wortlaut des § 221 Abs. 2 AktG nur auf die Ausgabe von Wandelschuldverschreibungen bezieht und § 221 Abs. 3 AktG bezüglich der Gewährung von Genussrechten nur § 221 Abs. 1 AktG für entsprechend anwendbar erklärt, ist gemeinhin anerkannt, dass analog § 221 Abs. 2 AktG auch eine Ermächtigung zur Ausgabe von Gewinnschuldverschreibungen und Genussrechten möglich ist, vgl. statt vieler: *Florstedt*, in: KölnKomm-AktG, § 221 Rn. 219 m. w. N.

27 Zur umstrittenen Frage nach dem genauen Verhältnis der Ausnahmetatbestände des § 33 Abs. 1 S. 2 WpÜG und dem des § 33 Abs. 2 WpÜG vgl. die Nennungen bei Fn. 575.

zweifacher Hinsicht Präzision geboten. Entgegen dem missverständlichen Wortlaut ist für die bedingte Kapitalerhöhung selbst allein die Hauptversammlung zuständig.[28] Der Ermächtigungsbeschluss i. S. d. § 192 Abs. 2 Nr. 3 Alt. 2 AktG bezieht sich zudem anders als ein solcher nach § 202 Abs. 1, 2 AktG nicht auf die Durchführung der „Kapitalerhöhung“ als solche, sondern auf die Entscheidung über die Einräumung der Umtausch- oder Bezugsrechte in dem von der Hauptversammlung abgesteckten Rahmen.[29]

§ 71 Abs. 1 Nr. 7 und *§ 71 Abs. 1 Nr. 8 S. 1 AktG* gewähren in unterschiedlichem Umfang dem Vorstand die Möglichkeit, die Gesellschaft auch abseits der situativ eingreifenden gesetzlichen Erlaubnistatbestände nach § 71 Abs. 1 Nr. 1 bis 6 AktG eigene Aktien erwerben zu lassen, sofern ihn ein dahingehender Hauptversammlungsbeschluss hierzu ermächtigt hat.[30]

Anknüpfend an § 71 Abs. 1 Nr. 8 S. 1 AktG kann die Hauptversammlung ausweislich *§ 71 Abs. 1 Nr. 8 S. 6 AktG* den Vorstand ebenso ermächtigen, erworbene Aktien ohne gesonderten weiteren Beschluss der Hauptversammlung einzuziehen.[31]

Des Weiteren kann der Vorstand gem. *§ 237 Abs. 3 Nr. 3 Hs. 2* AktG bei einer Einziehung eigener Aktien i.S.d. § 237 Abs. 2 Nr. 3 Hs. 1 AktG auf Basis einer Ermächtigung i.S.d. § 71 Abs. 1 Nr. 8 S. 6 AktG zur dementsprechend notwendigen Korrektur der Satzung ermächtigt werden.

Ebenfalls anknüpfend an § 71 Abs. 1 Nr. 8 S. 1 AktG folgt aus *§ 71 Abs. 1 Nr. 8 S. 5 AktG* die Möglichkeit, dem Vorstand vorab eine die Aktionäre

---

28 Vgl.: *Drygala/Staake*, in: KölnKomm-AktG, § 192 Rn. 12, 14; *Frey*, in: Großkomm-AktG, § 192 Rn. 23 sowie *Scholz*, in: MünchHb-AG, § 58 Rn. 13.

29 Zutreffend: *Scholz*, in: MünchHb-AG, § 58 Rn. 13; *Rieckers*, in: Spindler/Stilz AktG, § 192 Rn. 21. Bedeutung hat dies vor allem für die inhaltlichen Anforderungen, die an die Fassung des Ermächtigungsbeschlusses zu stellen sind, vgl. hierzu im speziellen: *Fuchs*, in: MünchKomm-AktG, § 192 Rn. 18 sowie sogleich im Generellen im 2. Kapitel unter Abschnitt A.I.

30 § 71 Abs. 1 Nr. 3 und 6 AktG bauen nicht auf Ermächtigungsbeschlüssen im beschriebenen Sinne auf, weil dem Vorstand in diesen Fällen keine Entschließungsfreiheit zukommt.

31 Im Einzelnen ist umstritten, ob eine Ermächtigung i.S.d. § 71 Abs. 1 Nr. 8 S. 6 AktG nur für auf Basis eines Beschlusses nach § 71 Abs. 1 Nr. 8 S. 1 AktG erworbene Aktien zulässig ist (so: *Merkt*, in: GroßKomm-AktG, § 71 Rn. 298; *Lutter/Drygala*, in: KölnKomm-AktG, § 71 Rn. 197) oder in analoger Anwendung auch für entsprechend der übrigen Erlaubnis-Tatbestände (außer der Nr. 6) des § 71 Abs. 1 AktG erworbene Aktien möglich ist (*Bezzenberger*, in: K. Schmidt/Lutter AktG, § 71 Rn. 27; *Grigoleit/Rachlitz*, in: Grigoleit AktG, § 71 Rn. 131; *Reichert/Harbarth*, ZIP 2001, 1441 (1450)).

entgegen dem in § 53a, 71 Abs. 1 Nr. 8 S. 3 AktG[32] geregelten Grundsatz nicht gleichbehandelnde (Wieder-)Veräußerung erworbener eigener Aktien zu gestatten.[33] Zwar spricht § 71 Abs. 1 Nr. 8 S. 5 AktG nicht explizit von einer „Ermächtigung", sondern vielmehr davon, dass die Hauptversammlung „eine andere Veräußerung (...) *beschließen*" kann. Damit geht aber nicht einher, dass die Hauptversammlung eine andere Veräußerung nur bindend festlegen kann.[34] Ein derart enges Verständnis war vom Gesetzgeber nicht intendiert. In der zugehörigen Gesetzesbegründung heißt es vielmehr, dass durch § 71 Abs. 1 Nr. 8 S. 5 AktG die Hauptversammlung beschließen könne, "daß die Verwaltung die Aktien frei oder an bestimmte Dritte zuteilen *kann*".[35] Es ist demnach nicht ersichtlich, dass im Rahmen von § 71 Abs. 1 Nr. 8 S. 5 AktG eine andere Regelungstechnik beabsichtigt war als bei § 203 Abs. 1, 2 AktG. § 71 Abs. 1 Nr. 8 S. 5 AktG ist folglich in Parallele zu § 203 Abs. 1, 2 AktG dahingehend zu verstehen, dass der Vor-

32 Die gesonderte Erwähnung der Notwendigkeit einer Gleichbehandlung in § 71 Abs. 1 Nr. 8 S. 3 AktG wird überwiegend kritisch gesehen, da es entgegen § 53a AktG den Eindruck erwecke, dass in den übrigen Erwerbsfällen eine solche Gleichbehandlung nicht einzuhalten sei. Der Regelung wird daher ein rein deklaratorischer Charakter zuerkannt; vgl. *Lutter/Drygala*, in: KölnKomm-AktG, § 71 Rn. 28, 157sowie *Oechsler*, in: MünchKomm-AktG, § 71 Rn. 238 (jeweils m.w.N.) was auch der Auffassung des Gesetzgebers entspricht, vgl. BT-Drs. 13/9712, S. 13: „Die Verwaltung hat sich bei Erwerb und Veräußerung der Aktien grundsätzlich strikt neutral zu verhalten und Chancengleichheit zu gewährleisten. Die Geltung des § 53a (Gleichbehandlung der Aktionäre) wird deshalb klarstellend hervorgehoben".

33 Entgegen der missverständlichen Formulierung wird man § 71 Abs. 1 Nr. 8 S. 5 AktG so verstehen müssen, dass sich die Regelung jedenfalls nicht nur auf S. 4 sondern vielmehr schon auf S. 3 bezieht; ebenso: *Benckendorff*, S. 285; *Bezzenberger*, Rn. 151; *Hirsch*, S. 175; *Bezzenberger*, in: K. Schmidt/Lutter AktG, § 71 Rn. 80; *Cahn*, in: Spindler/Stilz AktG, § 71 Rn. 134; *Merkt*, in: GroßKomm-AktG, § 71 Rn. 285; weitergehend (bereits formale, nicht unter § 53a AktG fallende Ungleichbehandlung ausreichend): *Weiß*, WM 1990, 353 (361); zustimmend: *Oechsler*, in: MünchKomm-AktG, § 71 Rn. 275; anders noch (lediglich Bezug auf § 71 Abs. 1 Nr. 8 S. 4 AktG): *DAV*, ZIP 1997, 163 (172); *Huber*, in: FS Kropff, S. 101 (118); OLG Schleswig, AG 2003, 102; ähnlich: *Bednarz*, S. 206 f.

34 Insoweit wäre das Verständnis also parallel zu dem Fall eines Direktausschlusses des Bezugsrechtes bei der Schaffung eines genehmigten Kapitals gem. §§ 202 Abs. 1, 2; 203 Abs. 1 AktG, wonach der Vorstand bei einem „Direktausschluss" des Bezugsrechts im Zweifel auch nicht berechtigt ist, die Ermächtigung derart ausnutzen, als ob ein solches dennoch bestünde; vgl. etwa *Groß/T. Fischer*, in: Heidel Aktienrecht, § 203 Rn. 119 a. E., *Koch*, AktG, § 203 Rn. 8.

35 Vgl. BT Drs.13/9712, S. 13 (Herv. d. Verf.).

stand auch zur Vornahme einer „anderen“ Veräußerung *ermächtigt* werden kann.[36]

2. Weitere Ermächtigungsoptionen

Schließlich ist die Möglichkeit weiterer Ermächtigungsoptionen im Wege der extensiven Auslegung oder entsprechenden Anwendung der bestehenden Regelungen ins Auge zu fassen. Gemeint sind damit an dieser Stelle nur singuläre Ermächtigungsoptionen bezüglich spezifischer Maßnahmen. Ausgeklammert sei daher an dieser Stelle noch die Frage nach der Existenz einer allgemeinen Delegationsbefugnis seitens der Hauptversammlung.[37]

a. Ermächtigungsoption hinsichtlich der Wiederveräußerung erworbener eigener Aktien

In der Literatur besteht eine fortdauernde Diskussion, ob es für eine Wiederveräußerung erworbener eigener Aktien konzeptionell überhaupt einer gesonderten Beteiligung der Hauptversammlung – dann in Gestalt eines Ermächtigungsbeschlusses – bedarf.[38] Einer gesonderten Beteiligung der

---

36 Im Ergebnis ebenso: *Bezzenberger*, in: K. Schmidt/Lutter AktG, § 71 Rn. 81; *Büscher*, S. 113; *Habersack*, ZIP 2004, 1121 (1126); *Huber*, in: FS Kropff, S. 101 (119); *Kiem*, ZIP 2000, 209 (215); *Wilsing/Siebmann*, DB 2006, 881 (883); offen gelassen bei: *Lohr*, in: Heidel Aktienrecht, § 71 Rn. 69. Aus diesem Verständnis ergibt sich aber auch, dass man § 71 Abs. 1 Nr. 8 S. 5 AktG nicht dahingehend verstehen kann, dass es dem Vorstand im Fall eines Ausschlusses des Erwerbsrechtes der Aktionäre frei stünde, dennoch entsprechend der Existenz eines solchen die Veräußerung zu betreiben; ebenso: *Bezzenberger*, a.a.O. sowie *Habersack*, a.a.O.

37 S. hierzu sogleich in Kapitel 1 unter Abschnitt B.

38 Für die Notwendigkeit einer gesonderten Beteiligung: *Huber*, in: FS Kropff, S. 101 (119) sowie früher *Bezzenberger*, in: K. Schmidt/Lutter AktG (2. Auflage), Rn. 82; de lege ferenda ebenso im Vorfeld zum KontraG: *Wastl*, DB 1997, 461 (465). Anders die h.M., vgl.: *Bezzenberger*, in: K. Schmidt/Lutter AktG, § 71 Rn. 80a; *Oechsler*, in: MünchKomm-AktG, § 71 Rn. 268; *DAV*, ZIP 1997, 163 (172); *Peltzer*, WM 1998, 322 (329) infra Fn. 125; *Hirsch*, S. 179; *Bednarz*, S. 204 ff.; *Reichert/Harbarth*, ZIP 2001, 1441 (1446); *Johannsen-Roth*, S. 196 f. Die technische Herleitung dieser Erstreckung der Erwerbsermächtigung differiert indes: Teils wird in Richtung einer Auslegung des Erwerbsvorratsbeschlusses argumentiert (*Oechsler*, a.a.O.) teils wird eine Erstreckung der Ermächtigung „ipso iure“ e contrario § 71 Abs. 1 Nr. 8 S. 1, 3, und 4 AktG angedacht und teils schlicht auf den actus contrarius Gedanken verwiesen (zu letzteren jeweils: *Bednarz*, S. 205 f.; vgl.

Hauptversammlung bedarf es jedenfalls dann nicht, wenn sich die weitere Verwendung und somit auch die mögliche Veräußerung der erworbenen Aktien schon unmittelbar aus dem spezifischen Erwerbstatbestand ergibt[39] oder aber § 71c AktG eine sofortige Veräußerung anordnet.[40] Im Ergebnis ist ein Erfordernis zur gesonderten Beteiligung der Hauptversammlung für die Wiederveräußerung erworbener eigener Aktien aber abzulehnen. Damit besteht auch kein Raum für eine entsprechende Ermächtigung seitens der Hauptversammlung.

Für die Notwendigkeit einer gesonderten Mitwirkung der Hauptversammlung wird vorgebracht, dass die Effekte der Veräußerung eigener Aktien für die übrigen, bis dato nicht von der Aktiengesellschaft selbst gehaltenen Anteile mit den Effekten bei der Vornahme einer Kapitalerhöhung vergleichbar sind. Mit Blick auf § 119 Abs. 1 Nr. 7 AktG sei daher eine Beteiligung der Hauptversammlung geboten.[41]

---

auch *Johannsen-Roth*, S. 196 f. wonach ein gesonderter, ausdrücklicher Beschluss „vom Gesetz für verzichtbar erklärt wird"). Demnach wird aber zumindest implizit von der grundsätzlichen Notwendigkeit einer solchen Ermächtigung ausgegangen. Ungeklärt bleibt insoweit, wie sich die Möglichkeit eine Veräußerung in den Fällen des Erwerbs nach § 71 Abs. 1 Nr. 1, 4 Fall 1, 5 AktG bestimmt

39 Auszuklammern sind daher Aktien, die auf Basis von § 71 Abs. 1 Nr. 2, 3, 4 Fall 2, 6 AktG sowie wohl auch § 71 Abs. 1 Nr. 7 AktG (der *Handel* mit Aktien umfasst notwendigerweise auch deren Verkauf) erworben wurden; ähnlich: *Bezzenberger*, in: K. Schmidt/Lutter AktG, § 71 Rn. 78a.

40 Zutreffend: *Lutter/Drygala*, in: KölnKomm-AktG, § 71c Rn. 23; *Oechsler*, in: MünchKomm-AktG, § 71c Rn. 15. Dies ist unstreitig und wird insbesondere auch von jenen anerkannt, die im Übrigen das Erfordernis einer gesonderten Wiederveräußerungsermächtigung für notwendig halten, vgl. hierzu die Nennungen unter Fn. 38. Überdies erscheint es auch überzeugend § 71c AktG dahingehend auszulegen, dass die Norm auch dann greift, wenn der Erwerbsgrund nachträglich (ex nunc) wegfällt, sodass auch die Veräußerung von gem. § 71 Abs. 1 Nr. 1 AktG erworbenen Aktien hierunter gefasst werden kann; ebenso: *Servatius*, in: Wachter AktG, § 71c Rn. 3. Jedwede Mitwirkung für obsolet haltend: *Benckendorff*, S. 279, 284; *van Aerssen*, WM 2000, 391 (394); wohl ebenso: *Last*, S. 131 sowie *Möller*, Rn. 93, der sich zwar zunächst in der Aussage erschöpft, dass ein weiterer Beschluss nicht nötig sei, jedoch anschließend äußert, dass die Hauptversammlung die Kompetenz bezüglich der Wiederveräußerung ausweislich § 272 Abs. 1 S. 5 HGB (a.F.) nur ausnahmsweise an sich ziehen könne.

41 Zu denken ist hier an die mit dem (Wieder-) Aufleben der Mitgliedschaftsrechte (vgl. § 71b AktG) im Moment der Veräußerung eintretende Verwässerung des prozentualen Anteils der Altaktionäre und der damit verbundenen Mitsprache- und Gewinnbeteiligungsrecht. Anschaulich: *Bezzenberger*, in: K. Schmidt/Lutter AktG (2. Auflage), § 71 Rn. 79, 82 sowie *Huber*, in: FS Kropff, S. 101 (119).

Dieser Gefahr ist indes durch die Annahme eines Bezugsrechtes in gewissem Umfang abgeholfen.[42] Damit auch die Wiederveräußerung der Beteiligung der Hauptversammlung bedürfte, müsste eine solche über den Aspekt der Beeinflussung der Mitgliederstruktur hinaus mit einer Kapitalerhöhung vergleichbar sein. Die Entscheidungshoheit der Hauptversammlung über eine Kapitalerhöhung leitet sich neben den Folgen für die Mitgliedschaft aus dem Effekt einer das Eigenkapital betreffenden Maßnahme für die langfristige Finanzplanung ab.[43] Die Vergleichbarkeit zwischen einer Kapitalerhöhung und der Wiederveräußerung eigener Aktien ist hinsichtlich dieses letztgenannten Aspektes nicht gegeben. Die Veräußerung erworbener eigener Aktien macht die kapitalherabsetzende Wirkung des Aktienerwerbs wieder rückgängig, die Finanzstruktur wird folglich geändert. Maßgeblich ist aber, dass die Mitgliedschaft und somit das Finanzplanungsinstrument als solches bereits existent war und auch

---

42 Jedenfalls in Bezug auf die Existenz eines Bezugsrechts kann es nach zutreffender herrschender Meinung nicht auf den *status ex quo ante* ankommen, vgl. die Argumentation bei: *Bezzenberger*, in: K. Schmidt/Lutter AktG, § 71 Rn. 79 ff.; *Merkt*, in: GroßKomm-AktG, § 71 Rn. 80; *Wilsing/Siebmann*, DB 2006, 881 (883); im Ergebnis ebenso: *Koch*, AktG, § 71 Rn. 19k; *Lutter/Drygala*, in: KölnKomm-AktG, § 71 Rn. 177; *Habersack*, ZIP 2004, 1121 (1123 ff.); *Last*, S. 133; leicht abweichend, im Ergebnis aber ebenso: *Oechsler*, in: MünchKomm-AktG, § 71 Rn. 267. Ein solcher Vergleichsmaßstab wäre jedenfalls für in der Zwischenzeit hinzugekommene Aktionäre kaum interessengerecht, vgl. *Bezzenberger*, a.a.O. Zudem ist zu bedenken, dass die Regelungen in § 71 ff. AktG die Beteiligungsstruktur schützen sollen – während bei dem Erwerb eigener Aktien der Vorstand systembedingt keine freie Auswahl hat, liegt die Sache bei der Wiederveräußerung anders. (so: *Merkt*, a.a.O.; *Lutter/Drygala*, a.a.O.) Natürlich kann man einwenden, dass bei einer solchen Betrachtung die quotale Beteiligung des Aktionärs immer dadurch gefährdet wäre, dass der Vorstand im Fall einer alleinigen Zuständigkeit das Bezugsrecht durch fortwährende Erhöhungsbeschlüsse, in deren Folge der Aktionär zu wiederkehrenden Investitionen zur Wahrung seiner Anteilsquote gezwungen wäre, torpedieren könnte. Dass sich die Begründung für die pauschale Beteiligungsnotwendigkeit aber nicht in der Verwässerungsgefahr erschöpfen kann, ergibt sich jedenfalls aus §§ 207 ff. AktG, wenn die Aktionäre selbst bei dem Ausbleiben einer solchen Gefahr zur Entscheidung berufen sind.

43 Vgl. wiederum die Wertung von §§ 207 ff. AktG, insoweit zutreffend: *v. Rechenberg*, S. 107; ergänzend kann auch auf den Charakter als Erweiterung des ursprünglichen Gründungsvorganges in Bezug auf die Verbreitung des Haftungskapitals verwiesen werden, vgl. BGH NJW 2002, 1716; *Elser*, in: Heidel Aktienrecht, § 182 Rn. 3 sowie *Schürnbrand/Verse*, in: MünchKomm-AktG, § 182 Rn. 2. Diese Formulierung bezieht sich aber vor allem auf die Abgrenzung gegenüber der früher vertretenen Einordnung als (Teil-) Neugründung, vgl. hierzu die Nennungen bei *Schürnbrand*, a.a.O.

während des Haltens der eigenen Aktien durch die Gesellschaft existent blieb. Selbst wenn man also auf den Status nach Erwerb der Aktien und nicht auf den *status ex quo ante* abstellt, gelangt man zu keiner hinreichenden Vergleichbarkeit mit der Situation einer Kapitalerhöhung.[44]

b. Ermächtigungsoption hinsichtlich des Erwerbs eigener Kapitalien i.S.d. § 221 AktG?

Bezüglich der von § 221 Abs. 2 AktG erfassten Kapitalien stellt sich die Frage nach der Notwendigkeit einer gesonderten Befassung der Hauptversammlung für den Erwerb derartiger eigener Titel nicht. Der Erwerb solcher eigener Titel ist nicht verboten. Die für die Annahme eines solchen Verbots notwendige Analogie zu § 71 AktG scheitert daran, dass jedenfalls keine vergleichbare Interessenlage besteht. Für nicht verbriefte Rechte folgt dies schon aus der mit dem Erwerb eintretenden Konfusion.[45] Im

---

44 Selbst wenn man also auf den Status nach Erwerb der Aktien und nicht auf den *status ex quo ante* abstellt, gelangt man zu keiner hinreichenden Vergleichbarkeit mit der Situation einer Kapitalerhöhung. Wohl anders: *Bezzenberger*, in: K. Schmidt/Lutter AktG, § 71 Rn. 80a, wenn darauf hingewiesen wird, dass es „zu den Grundprinzipien des deutschen und europäischen Aktienrechts (gehört), dass die Ausgabe von Aktien gegen Kapitalbeiträge von der Hauptversammlung entschieden oder zumindest von deren Ermächtigung getragen sein muss.“ Wenn im Weiteren darauf abgestellt wird, dass die (demnach notwendige) Veräußerungsermächtigung in der Erwerbsermächtigung enthalten sei, bleibt freilich unklar, was aus der vorherigen Aussage für die Veräußerung von gem. § 71 Abs. 1 Nr. 4 Fall 1, 5 AktG erworbenen eigenen Aktien gilt. Dem hier vertretenen Verständnis stehen auch nicht die Äußerungen, dass die Wiederveräußerung eigener Aktien zwar nicht der Form aber der Sache nach als eine Art genehmigtes Kapital fungiere (so: *Huber*, in: FS Kropff, S. 101 (109); *Kindl*, DStR 1999, 1276 (1277) sowie unter kapitalmarktrechtlichen Gesichtspunkten: *Singhof/Weber*, AG 2005, 549 (566)), entgegen, denn damit ist letzten Endes nur angesprochen, dass auf vereinfachtem Wege ein finanzieller Spielraum geschaffen werden kann, ohne hierfür Fremdkapital aufzunehmen – an dem hier schwerpunktmäßig gewichteten Umstand, dass die damit verbundene mitgliedschaftliche Position bereits besteht und somit dem Entscheidungsrecht an einer „Eigenkapital“-basierten Finanzierung genüge getan ist, ändert dies nichts. Wie hier tendenziell: *Cahn*, in: Spindler/Stilz AktG, § 71 Rn. 142, wenn dieser die Geltung der Regeln über die Kapitalaufbringung und das Verbot der Unterpariemission mit Verweis darauf ablehnt, dass die Veräußerung eigener Aktien keine Kapitalerhöhung darstelle.

45 Vgl. in Bezug auf verbriefte Rechte grundlegend: *Marburger*, in: Staudinger BGB, § 793 Rn. 19 m.w.N. sowie *Florstedt*, in: KölnKomm-AktG, § 221 Rn. 331; *Habersack*, in: MünchKomm-AktG, § 221 Rn. 205 jeweils m.w.N.

Fall des Erwerbs verbriefter eigener Rechte sind die potentiellen Gefahren durch eine entsprechende Anwendung von § 56 AktG gebannt.[46] Auch die Kapitalschutzfunktion der § 71 ff. AktG[47] ist nicht tangiert. Kumulativ kann man mit Blick auf Art. 63 lit. b CRR und § 214 Abs. 2 S. 5 VAG auch schon an der Existenz einer Regelungslücke zweifeln.[48]

c. Ermächtigungsoption analog § 203 Abs. 2 AktG bei der Ausgabe von Titeln i.S.d. § 221 Abs. 2 AktG

Schließlich mag sich die Frage nach der Möglichkeit einer analogen Anwendung bestehender Ermächtigungsoptionen als Alternative zu existenten Beschlusserfordernissen ergeben. Eine entsprechende Analogie ist etwa in Bezug auf den Ausschluss des Bezugsrechts nach § 221 Abs. 4 AktG bei der Ausnutzung einer Ermächtigung i.S.d. § 221 Abs. 2 AktG anerkannt – analog § 203 Abs. 2 kann die Hauptversammlung dem Vorstand eine entsprechende Ermächtigung erteilen.[49]

Weitere Analogien zur Delegation (geschriebener)[50] Mitwirkungsrechte der Hauptversammlung sind hingegen *de lege lata* nicht ersichtlich.

---

46 Vgl. *Florstedt*, in: KölnKomm-AktG, § 221 Rn. 330, 538; *Merkt*, in: K. Schmidt/Lutter AktG, § 221 Rn. 114; für Genussrechte auch: *Aha*, AG 1992, 218 (226).

47 Grundlegend statt vieler: *Oechsler*, in: MünchKomm-AktG, § 71 Rn. 19 ff.

48 Vgl. *Florstedt*, in: KölnKomm-AktG, § 221 Rn. 437; kritisch zu diesem Argument: *Habersack*, in: MünchKomm-AktG, § 221 Rn. 205.

49 Vgl. BGH NZG 2006, 229; BGH NZG 2007, 907 sowie *Habersack*, in: MünchKomm-AktG, § 221 Rn. 173 m.w.N. Dieser Sichtweise ist mit Blick auf die trotz der technischen Divergenz der Vorgänge im Detail gegebenen Vergleichbarkeit der Interessenlage, die sich besonders deutlich an den Begründungen des Gesetzgebers hinsichtlich § 202 Abs. 1, 2, 203 Abs. 1 AktG einerseits und § 221 Abs. 2 AktG andererseits zeigt, (vgl. hierzu sogleich im Rahmen von Kapitel 1 unter Abschnitt A.IV.1.), zuzustimmen.

50 Die Frage nach der Möglichkeit zur Delegation *ungeschriebener* Zuständigkeiten der Hauptversammlung nach den Holzmüller/Gelatine-Grundsätzen sei an dieser Stelle aus darstellungstechnischen Gründen noch offen gelassen, vgl. hierzu sogleich im 1. Kapitel unter Abschnitt B.

1. Kapitel: Der funktionelle und legislatorische Rahmen von Ermächtigungsbeschlüssen

Das einende Element der unter den Terminus „Ermächtigungsbeschluss" zu fassenden Beschlüssen liegt in der Modifikation der grundlegenden Organisationsstruktur der Aktiengesellschaft. Damit „Ermächtigungsbeschlüsse" einer gruppenbezogenen Betrachtung unterzogen werden können, müsste ihnen aber nicht bloß eine der Stoßrichtung nach identische Wirkung zukommen. Vielmehr müssten entsprechende Beschlussoptionen auch zumindest strukturell ähnliche Funktionen aufweisen.

Im Folgenden soll daher in einem ersten Schritt aufgezeigt werden, dass die entsprechenden Beschlussoptionen nicht als atypische Ausnahme zum bestehenden Organisationssystem der Aktiengesellschaft aufzufassen sind. Vielmehr ist die Verwendung von Ermächtigungsoptionen eine Regelungstechnik, die unmittelbar auf den Fundamenten des aktiengesellschaftlichen Organisationsrechts beruht und diese ergänzt. Entsprechend hierzu beruht der Einsatz dieser Regelungstechnik auf weitestgehend einheitlichen Erwägungen, wenngleich nicht von einem vollumfänglich determinierten, holistischen Konzept des Gesetzgebers die Rede sein kann (dazu A.).

Auf Basis dieser Erkenntnisse ist sodann eine tiefergehende Betrachtung der bereits strukturell angelegten Schattierungen beim Einsatz dieser Regelungstechnik möglich (dazu C.).

Ein notwendiger Zwischenschritt (und ebenfalls maßgeblich durch die unter A. anzustellenden Erwägungen beeinflusst) liegt in der Prüfung, inwieweit die geschriebenen Ermächtigungsoptionen tatsächlich abschließend sind (dazu B.).

A. Grundlegende Erwägungen hinsichtlich der Existenz von Ermächtigungsoptionen

Schon im Rahmen der Begriffsfindung ist der Zusammenhang zwischen „Ermächtigungsbeschlüssen" und grundlegenden Aspekten der aktiengesellschaftlichen Binnenorganisation ersichtlich geworden.

Für die Untersuchung des teleologischen Hintergrundes von Ermächtigungsoptionen ist es daher geboten, in einem ersten Schritt die Implikationen für die Gestaltung des aktienrechtlichen Kompetenzgefüges im Ganzen in gebotener Kürze zu betrachten (dazu I. und II.). Hierauf aufbauend können sodann konkrete Rückschlüsse für die Daseinsberechtigung von Ermächtigungsoptionen gezogen werden (dazu III.).[51] Abschließend ist zu prüfen, inwieweit im Lichte der theoretischen Funktion von Ermächtigungsbeschlüssen auch die existenten Ermächtigungsoptionen tatsächlich auf entsprechenden dem Ansatz nach einheitlichen Erwägungen des Gesetzgebers beruhen (dazu IV.).

Das Augenmerk soll in dieser Hinsicht auf einer deskriptiven Rekonstruktion der Rolle von Ermächtigungsbeschlüssen im aktienrechtlichen Kompetenzsystem und der Ordnung der vom Gesetzgeber verfolgten Erwägungen und Motive zur Fassung der entsprechenden Regelungen liegen.

I. Die Aktiengesellschaft als notwendiges Element einer modernen Volkswirtschaft

Im Kapitalgesellschaftsrecht ist die Funktion des Rechts als Mittel zur Verfolgung gesellschaftlicher und vor allem volkswirtschaftlicher Ziele stark ausgeprägt.[52] Die Aktiengesellschaft ist anders als beispielsweise die

---

51 Die hier angestellten Erwägungen beruhen der Einfachheit halber auf einer idealtypischen Aktiengesellschaft mit vielen Kleinaktionären. Die jüngst erst vom Gesetzgeber (vgl. §§ 120a, 134a ff. AktG) aufgegriffene Problematik, dass heutzutage aufgrund des Trends zur kollektiven Kapitalanlage und dem damit einhergehenden Aufkommen sog. institutioneller Anleger, Stimmrechtsberatern u. Ä. und dem Umstand, dass hierdurch das hergebrachte Abspaltungsverbot nicht mehr ausreicht, um eine „anreizkompatible Parallelisierung von Ergebnisbeteiligung und Einfluss zu erreichen“ (vgl. zur Wortwahl und auch zusammenfassend zur Thematik im Ganzen: *Tröger*, ZGR 2019, 126 (128, 128 ff.), soll hierdurch nicht in ihrer Existenz negiert werden. Indes bezieht sich diese Problematik auf die Erreichung einer *tatsächlichen* Mitwirkung von Aktionären und weniger auf die Erreichung einer schon der Grundkonzeption nach funktionsgerechten intragesellschaftlichen Verteilung der Kompetenzen. Die zu erörternde Notwendigkeit von Ermächtigungsoptionen wird durch die genannte Problematik insoweit nicht unmittelbar berührt. Vgl. zum dennoch im Ansatz konstruierbaren Rückbezug des mit den neuen Regelungen inkorporierten Stewardship-Gedanken zur Bestimmung der Gestaltungsgrenzen bei der Abfassung von Ermächtigungsoptionen sogleich auch noch im Rahmen der einleitenden Ausführungen zu Kapitel 2.

52 Vgl. etwa *Hachenburg*, in: Verhandlungen des 33. DJT, S. 408 in Bezug auf die Frage nach der Notwendigkeit einer Gesetzesänderung zur Bekämpfung der Kapitalarmut: „Sie [die Gesetzgebung und die Rechtspflege] können zwar kein

Gesellschaft mit beschränkter Haftung keine „Kunstschöpfung“ des Gesetzgebers, sondern ein Produkt des Wirtschaftslebens.[53] Der maßgebliche Grund für das Aufkommen dieser Gesellschaftsform ist die ihr anhaftende Kapitalsammel- und Kapitalanlagefunktion.[54]

Unter der Kapitalsammelfunktion versteht man die Fähigkeit zur Zusammentragung der Ersparnisse zahlreicher Einzelpersonen, die insbesondere durch die kleine Stückelung (vgl. § 8 Abs. 2 S. 1, Abs. 3 S. 3 AktG) der Anteile und die Handelbarkeit an offenen Märkten gefördert wird.[55] Auf diese Weise wird einem Pumpwerk[56] gleich die Finanzierung solcher Aufgaben in der Privatwirtschaft gesichert, die aufgrund ihrer Kapitalintensität regelmäßig nicht von einer Einzelperson geleistet werden könnte.[57] Die

---

Kapital herbeischaffen. Sie können aber diesen Vorgang erleichtern, teils durch neue Anordnungen, teils durch Beseitigung bestehender Hindernisse.“

53 *K. Schmidt*, Gesellschaftsrecht, S. 766 f.; (ein „Kind der Neuzeit, des Kolonialismus und der industriellen Revolution“) ob tatsächlich die reedereiartigen Vereinbarungen in den Niederlanden und England im frühen 17. Jahrhundert als Ursprung der Aktiengesellschaft anzusehen sind, oder man vielmehr auf das Aufkommen industrieller Großunternehmen im 19. Jahrhundert abstellen sollte, kann hier offen bleiben, vgl. insoweit eingehend zur historischen Entwicklung bereits *Fick*, ZHR 5 (1862), 1 (39 ff.) sowie im Überblick zu den verschiedenen Ansatzmöglichkeiten: *Raiser/Veil*, Recht der Kapitalgesellschaften, § 2 Rn. 1 f.

54 Vgl. exemplarisch *Kropff*, AktG. 1965, S. 14, wonach eine Aktiengesellschaft „typischer Weise Sammelbecken der Kapitalerträge vieler“ sei, und es somit das Ziel des AktG sein müsse, „die Förderung breitester Streuung des Eigentums auf dem Gebiet des Aktiengesetzes umzusetzen“; abzugrenzen von der volkswirtschaftlichen Funktion der Aktiengesellschaften ist die Frage nach dem „Formalziel“ der einzelnen Aktiengesellschaften, ob also die Aktiengesellschaft schlicht die Gewinninteressen Aktionäre verfolgen soll, oder sich etwa auch an gesellschaftlichen Interessen ausrichten soll, vgl. hierzu zusammenfassend mit Blick auf die unionsrechtliche Entwicklung *Schön*, ZHR 180 (2016), 279 (279 f.). Ergänzend gehen mit dem entwickelten Aktienrecht Vorteile in Form der Möglichkeit zur Konzernierung und Umwandlung einher; vgl. etwa *Zöllner*, in: KölnKomm-AktG (1. Auflage), Einl. Rn. 14; ob es neben dem grundlegenden Bedürfnis nach einer Rechtsform mit Kapitalsammel- und Kapitalanlagefunktion auch einen Zusammenhang zwischen der Wirtschaftspolitik und den Detailregelungen des Aktienrechts geben kann, wurde dabei interessanterweise im Rahmen der Schaffung des AktG 1965 kontrovers beurteilt, vgl. hierzu: *Strauss*, in: FS Schmidt, S. 1 sowie *Muthesius*, ZfgK 1958, 947, jeweils m.w.N.

55 *Hengeler/Kreifels*, Beiträge zur Aktienrechtsreform, S. 11 (17); *Zöllner*, in: KölnKomm-AktG (1. Auflage), Einl. Rn 76; zum Effekt der Stückelung und Handeln an Märkten so: *Hoffmann-Becking*, in: MünchHb-AG, § 2 Rn. 5.

56 So die Formulierung bei *Schmalenbach*, S. 12.

57 Vgl.: *Assmann*, in: GroßKomm-AktG (4. Auflage), Einl. Rn. 292; *Habersack*, in: MünchKomm-AktG, Einl. Rn. 5; *Windbichler*, Gesellschaftsrecht, § 25 Rn. 14; ex-

Notwendigkeit einer (Teil-) Finanzierung durch Eigenkapital leitet sich ergänzend daraus ab, dass mangels Verzinsung nur auf diese Weise eine dauerhafte Finanzierung gesichert ist und das in Rede stehende Unternehmen besser gegen einen Konkurs gewappnet ist. Gleichzeitig erhöht sich jedenfalls im Vergleich zu einer rein auf Fremdkapital aufbauenden Finanzierung auf diese Weise auch die Chance, zu vergleichsweise günstigen Konditionen Fremdkapital aufnehmen zu können.[58]

Inwieweit die typisierte Aktiengesellschaft diese Funktionen tatsächlich wahrnehmen kann, hängt daher zu großen Teilen davon ab, wie attraktiv die Investition in Aktien für Einzelpersonen ist. Es existiert eine Interdependenz zu der Kapitalanlagefunktion. Unter der Kapitalanlagefunktion versteht man den Umstand, dass der Erwerb von Anteilen einer Aktiengesellschaft zumindest theoretisch (großflächig) attraktiv ist, namentlichaufgrund der hohen Fungibilität sowie der Möglichkeit zur jederzeitigen Liquidation der Investition an öffentlichen Märkten und zur Risikostreuung durch Investitionen in mehrere Anlagen.

II. Implikationen für die Gestaltung des Aktiengesellschaftsrechts

Die Bedürfnisse einer modernen Volkswirtschaft erschöpfen sich demnach nicht in der Existenz oder rechtlichen Anerkennung einer für eine Vielzahl von Investoren offenstehenden Gesellschaftsform. Vielmehr muss das korrespondierende Gesellschaftsrecht derart ausgestaltet sein, dass die der Ak-

---

emplarisch für die Universalität dieser Annahme aus dem US-amerikanischen Schrifttum: *Lowenstein*, Columbia Law Review 83 (1983), 249 (259 f.) sowie auch *Smith*, An Inquiry into the Nature and Causes of the Wealth of Nations, S. 571, wenngleich noch in Bezug auf die Vorteile staatlich begründeter Kapitalgesellschaften am Beispiel der South sea company: "*This total exemption from trouble and from risk, beyond a limited sum, encourages many people to become adventurers in joint-stock companies, who would, upon no account, hazard their fortunes in any private copartnery. Such companies, therefore, commonly draw to themselves much greater stocks, than any privat copartnery can boast of.*"

58 Vgl. *Lambsdorff*, ZGR 1981, 1 (5) sowie zu den Folgen einer Kapitalarmut für eine Volkswirtschaft unter Bezug auf die damalige Situation aber auch unter Verweis auf die frühere Geschichte *Flechtheim*, in: Verhandlungen des 33. DJT, S. 386 f. im Rahmen der Diskussion über die Notwendigkeit einer Anpassung der Regeln zur Kapitalbeschaffung. Eine Finanzierung nur auf Basis von Fremdkapital wird regelmäßig nicht möglich sein, vgl. hierzu exemplarisch: *Lutter*, AG 1981, 21 (22 f.).

tiengesellschaft zugedachten Funktionen auch tatsächlich wahrgenommen werden können.

Dies impliziert unter anderem eine funktionsgerechte Verteilung der Zuständigkeiten innerhalb der Aktiengesellschaft.[59] Für die Zwecke dieser Bearbeitung soll dabei die Erkenntnis, dass das Aktienrecht als „Recht der industriellen Publikumsgesellschaft" erfordere, dass „eine strenge Trennung zwischen dem Kreis der Kapitaleigner und dem Management" existiert,[60] etwas kleinschrittiger dargestellt werden.

1. Trennung der Vermögensmassen

Die Aktiengesellschaft ist nach der Konzeption des § 1 Abs. 1 AktG als juristische Person ausgestaltet, für deren Verbindlichkeiten die Gesellschafter nicht einzustehen haben. Der Aktiengesellschaft kommt ein eigenes Vermögen zu, das von dem Privatvermögen der einzelnen Aktionäre strikt zu trennen ist.[61]

Die Bedeutung dieser Regelungstechnik kann vor dem Hintergrund der dargelegten volkswirtschaftlichen Bedürfnisse kaum überschätzt werden, sichert sie doch die Kapitalsammel- und Kapitalanlagefunktion entscheidend ab:[62] So fördert die Vermögenstrennung und der damit einhergehende Schutz des Aktionärs vor einem Zugriff auf sein Vermögen durch Gläubiger der Gesellschaft den Investitionsanreiz.[63] Umgekehrt wird auch die Gesellschaft vor einem Zugriff durch Gläubiger des Aktionärs geschützt. Auch die Existenz der Gesellschaft wird mithin auf diese Weise abgesi-

---

59 Explizit: *Hengeler/Kreifels*, Beiträge zur Aktienrechtsreform, S. 11 (14).

60 *K. Schmidt*, Gesellschaftsrecht, S. 777.

61 Vgl. hierzu *Bachmann* in: GroßKomm-AktG, § 1 Rn. 68.

62 Dennoch war die Trennung der Vermögensmassen selbst in der Neuzeit nicht vollumfänglich unbestritten, vgl. bspw. die rechtspolitische Kritik bei *Eucken*, Grundsätze der Wirtschaftspolitik, S. 280 („Wer den Nutzen hat, muss auch den Schaden haben"), sowie eingehend (und zugleich kritisch zur Behandlung durch die h.M.) zur Frage nach der dogmatischen Verbindungslinie zwischen der Trennung der Vermögensmassen und der Eigenschaft als juristische Person in Abgrenzung zu einer Gesamthand: *Flume*, AT I/1, S. 50 ff.; zusammenfassend: *Raiser/Veil*, Recht der Kapitalgesellschaften, § 3 Rn. 8 ff. m.w.N.

63 *Bachmann*, in: GroßKomm-AktG, § 1 Rn. 70, folglich wird also insbesondere die Kapitalanlagefunktion gestärkt.

chert.[64] Schließlich ist das Trennungsprinzip von essentieller Bedeutung für das Funktionieren des Handelns mit Aktien am Kapitalmarkt, da auf diese Weise nur die Vermögensverhältnisse der Gesellschaft und nicht etwa auch die der Aktionäre für die Kursbildung von Relevanz sind.[65]

2. Keine vollumfängliche Kontrolle durch die wirtschaftlichen Eigentümer

Aus der Eigenschaft als juristische Person ergibt sich notwendig, dass es eines Organes bedarf, um die Handlungsfähigkeit der juristischen Person – die als solche eine reine Fiktion ist – zu ermöglichen.[66]

Obgleich die Vermögensmassen kraft ökonomischer Indikation rechtstechnisch getrennt sind, besteht aufgrund der Anteilsinhaberschaft dennoch eine jedenfalls mittelbare Teilhabe der Aktionäre an dem Vermögen der Gesellschaft. So unterfallen Aktien dem Begriff des Eigentums im Sinne des Art. 14 GG.[67] Der verfassungsrechtliche Schutz bezieht sich auf die in der Mitgliedschaft verkörperten Verwaltungs- und Vermögensrechte.[68] Mit diesem Umstand mögen einige verfassungsrechtliche Implikationen bezüglich der persönlichen Freiheit und der Stärke sozialer Bindung einhergehen.[69] Mit dieser verfassungsrechtlichen Stellung geht aber insbesondere einher, dass vorbehaltlich besonderer Gründe den „Eigentümern der Gesellschaft" auch ein möglichst weitgehendes Kontrollrecht zustehen sollte. Dennoch statuiert das Aktienrecht, dass den Aktionären kein grundsätzliches und vor allem umfassendes Mitspracherecht an der Führung der Aktiengesellschaft zusteht, vgl. §§ 76, 83 Abs. 2, 119 Abs. 2 AktG. Statt-

64 Vgl. exemplarisch: *Bachmann*, in: GroßKomm-AktG, § 1 Rn. 70 sowie *Hansmann/Kraakman*, Yale Law Journal, 110 (2000), 387 (401 ff.) welche in diesem Umstand sogar die wichtigste Funktion des Trennungsprinzips erblicken.

65 *Sch Bachmann*, in: GroßKomm-AktG, § 1 Rn. 71.

66 *K. Schmidt*, Gesellschaftsrecht, S. 256; vgl. auch *Seibt*, in: K. Schmidt/Lutter AktG, § 76 Rn. 3.

67 Zum Einbezug von Aktien in den Schutzbereich des Art. 14 GG vgl. BVerfGE 14, 263 (276 ff.); 25, 371 (407); 50, 290 (341 ff.); 100, 289 (301 f.); zusammenfassend zum Umfang dieses Schutzes *Papier/Shirvani*, in: Maunz/Dürig GG, Art. 14 Rn. 310 f.

68 BVerfGE 14, 263, (276); 25, 371 (407); 50, 290 (342).

69 Prägnant hierzu: *Raiser/Veil*, Recht der Kapitalgesellschaften, § 9 Rn. 49.

dessen sind sie nur zur Entscheidung über die im Gesetz ausdrücklich genannten Fälle berufen.[70]

Auch die Institutionenökonomik betrachtet im Grundsatz jene Personen als Eigentümer eines Unternehmens, die die entsprechenden Kontrollrechte ausüben, das Residualeinkommen, also den finanzwirtschaftlichen Überschuss nach Erfüllung aller vertraglichen Verpflichtungen seitens des Unternehmens, beziehen und das Recht haben, das Unternehmen oder Anteile davon zu verkaufen. Der Bezieher des Residualeinkommens hat regelmäßig das größte materielle Interesse an einer kostengünstigen Leistungserstellung im Unternehmen, erhöht doch jede Kostensenkung sein Residualeinkommen.[71] Zwar gestaltet sich diese Erhöhung des Residualeinkommens bei einer funktionsfähigen Konkurrenz nur temporär, weil die Kostensenkung jedenfalls mittelfristig auch zu einer Senkung der eigenen Preise und damit zu einer Senkung des Residualeinkommens führen muss. Jedoch hat der Berechtigte schon allein aufgrund der temporären Einkommenserhöhung ein Interesse an einer effizienzsteigernden Kontrollentscheidung. Das Verhalten der Eigentümer führt somit wenigstens in der Theorie zu einer Effizienzsteigerung und einer diesen Vorteil an die Kunden weitergebenden Preissenkung. Auch aus volkswirtschaftlicher Perspektive liegt demnach im Grundsatz eine Zuteilung der Kontrollrechte an die Bezieher des Residualeinkommens nahe,[72] Anteilsinhaberschaft und Kontrolle sollten regelmäßig miteinander einhergehen.

Die Trennung von Eigentum und Kontrolle geht auch keinesfalls zwingend mit der Eigenschaft der Aktiengesellschaft als juristische Person oder der entsprechenden Trennung der Vermögensmassen einher, wie schon ein Blick auf die konträre Regelung der §§ 35, 37 GmbHG zeigt.[73] Eigentum und Kontrolle einer Aktiengesellschaft regulatorisch zu trennen ba-

70 Die Stellung der Aktionäre, respektive das Ausmaß der Trennung von Eigentum und Kontrolle, wird noch dadurch verschärft, dass der Vorstand nicht nur weisungsfrei ist, sondern ihm im Rahmen seiner Pflicht, zum Wohle der Gesellschaft zu handeln, auch noch ein weitreichendes unternehmerisches Ermessen zusteht, § 93 Abs. 1 S. 2 AktG, vgl. *Staake*, S. 5.

71 Vgl. grundlegend: *Easterbrook/Fischel*, Journal of Law & Economics 26 (1983), 395 (403 ff.), zusammengefasst bei *Tröger*, in: KölnKomm-AktG, § 133 Rn. 11 ff.

72 Vgl. *Ruffner*, S. 174.

73 Für eine vertiefende Darstellung der tatsächlichen Rolle, Zusammensetzung und vertretenen Interessen bei der Gesellschafterversammlung einer GmbH in Kontrast zu der einer Hauptversammlung einer AG vgl. *Lorenz*, S. 26 ff.

siert also auf anderen Erwägungen und ist auch rechtshistorisch betrachtet keine Selbstverständlichkeit.[74]

Entscheidend sind die mit dem Konstrukt der Aktiengesellschaft verfolgten ökonomischen Ziele. So ging der heute gültigen Trennung von Eigentum und Kontrolle unter historischen Gesichtspunkten auch keine irgendwie gesetzgeberische Entscheidung voraus. Der heutige Zustand entwickelte sich selbstständig, vor allem im 19. Jahrhundert.[75]

Namentlich greifen die genannten ökonomischen Erwägungen zur Verteilung der Kontrolle in den Fällen einer idealtypisch[76] großen Aktiengesellschaft nicht mehr vollumfänglich durch.[77] In Folge der Konstruktion der Aktiengesellschaft als ein Kapitalsammelbecken bestehend aus einer Vielzahl einzelner Investments entsteht in Abgrenzung zur idealtypisch personalistisch geprägten GmbH regelmäßig eine sehr heterogene Ansammlung von Interessen. In der idealtypischen Aktiengesellschaft mangelt es ebenso regelmäßig an einem homogenen Aktionärsinteresse und somit auch an einem einheitlichen Aktionärswillen, an dem sich die Leitung der Aktiengesellschaft ausrichten ließe. Vielmehr sind regelmäßig

---

74 Die Existenz eines nach außen auftretenden Vertretungsorgans zeigte sich bereits recht früh (vgl. nur Artt. 22,7 231 ADHGB), lange Zeit wurde jedoch die Hauptversammlung als „oberstes Organ“ angesehen, dem eine im Vergleich zum Vorstand deutlich stärkere Stellung zukam, wie etwa eine Kompetenz-Kompetenz und ein Weisungsrecht. Dass ein möglichst autarker Vorstand bereits damals mehr den tatsächlichen Interessen entsprach, zeigt sich schon daran, dass es bereits vor der „Entthronung“ der Hauptversammlung im Rahmen des AktG 1937 in der Praxis zu einer beträchtlichen Machtverschiebung zu Gunsten des Vorstands gekommen war, vgl. *Nörr*, ZHR 150 (1986), 155 (157 f.); zusammenfassend zur Entwicklung der Stellung der Hauptversammlung: *Staake*, S. 8 ff.

75 Vgl. *Berle/Means*, The Modern Corporation and Private Property, S. 69 ff., S. 119 ff.

76 Vgl. *Kalss*, S. 81: „Sobald eine Gruppe *eine bestimmte Größe* erreicht, ist eine ökonomisch zweckmäßige Verwaltung des eingesetzten Vermögens nur möglich, wenn die Verfügungsbefugnis konzentriert (...) wird.“ (Hervorhebung durch den Verfasser). Unabhängig von den Reaktionen des Gesetzgebers auf die Rechtswirklichkeit (vgl. bspw. das Gesetz für kleine Aktiengesellschaften und zur Deregulierung des Aktienrechts (BGBl 1994 I, S. 1961)) bleibt die Publikumsgesellschaft das Leitbild der Regelungen des Aktienrechts; vgl. *K. Schmidt*, Gesellschaftsrecht, S. 778 f.

77 Pointiert insoweit: *Reinhardt*, Aktienrecht in einer freiheitlichen Wirtschaftsordnung, S. 97 (100): „Die Vielzahl von Mitgliedern macht eine Kombination und Aufgliederung der Verfügungsmacht nötig, wie man sie sich bei schlichtem Sacheigentum kaum vorstellen kann. Der Zusammenschluß vieler bedingt einen Organismus, der eine Art Transformation der Initiative des einzelnen auf verschiedene Organe der Gesamtheit im Gefolge hat.“

Spannungen zwischen solchen Anlegern mit Interesse an einer soliden Anlage, solchen mit Interesse an einer möglichst hohen Dividende, solchen mit Interesse an einer kurzfristigen Steigerung des Aktienkurses und solchen mit Beherrschungsabsicht zu erwarten.[78]

Hinzu kommt ein Kollektivhandlungsproblem. Kleinaktionäre verhalten sich aufgrund der regelmäßig fehlenden Entscheidungserheblichkeit ihrer Stimme und der entsprechenden Diskrepanz zwischen den Kosten eines aktiven Engagements und den resultierenden Vorteilen eines solchen Vorgehens regelmäßig rational apathisch.[79]

Vor allem aber ist die Hauptversammlung aufgrund der idealisierten Vielzahl an Anteilseignern nicht dafür konzipiert, in einer für die Führung der täglichen Geschäftspolitik hinreichend häufigen Weise zur Entscheidungsfindung zusammenzukommen. Da die Entwicklungen bis zur Zeit der nächsten Hauptversammlung nicht immer mit hinreichender Sicherheit vorhergesagt werden können, entstünden im Fall eines Gleichlaufs von Eigentum und Kontrolle unüberwindbare Überbrückungsschwierigkeiten.[80] Um die Aktiengesellschaft somit nicht nur theoretisch, sondern auch tatsächlich handlungsfähig zu gestalten, kann es für die Führung der Geschäfte nicht auf eine jeweilige Willensbildung der Aktionäre ankommen.[81] Es folgt somit in der Tat „aus der Natur der Sache“, dass „das

---

78 Allgemein zu der Korrelation zwischen Gruppengröße und Höhe der Transaktionskosten: *Richter/Furubotn*, Neue Institutionenökonomik, S. 8; explizit zu den Interessenstrukturen in einer Publikumsgesellschaft: *Ruffner*, S. 175 ff. und vor allem S. 458 ff. sowie *Kessler*, AG 1993, 252 (259).

79 Vgl. *Berle/Means*, The Modern Corporation and Private Property, S. 69: „Ownership of wealth without appreciable control and control of wealth without appreciable ownership appear to be the logical outcome of corporate development“, sowie S. 70 ff. zu den verschiedenen denkbaren Ausprägungen dieser Divergenz; plastisch und mit weitergehenden Bezug zum Aufkommen des Gedankens bereits vor dem Artikel von Berle/Means: Tröger, ZGR 2019, 126 (132); vgl. ergänzend auch *Bainbridge*, Harvard Law Review 119 (2006), 1735 (1745 ff.); *Roth*, ZIP 2003, 369 (376); *Ruffner*, S. 175 ff. sowie *Kalss*, S. 336 f. (in Bezug auf die Geltendmachung von Ansprüchen) und S. 348 (in Bezug auf die Interaktion mit anderen Anlegern zwecks Willensbildung) mit jeweils m.w.N.; darüber hinaus noch auf die sog. Spieltheorie in der Form des prisoner`s dilemma abstellend: *Servatius*, S. 210 ff.; dem folgend: *Lorenz*, S. 20 ff.

80 So etwa: *Lutter*, in: FS Quack, S. 301 in Bezug auf die Funktion des genehmigten Kapitals (hierzu vertieft sogleich).

81 Vgl. im Detail: *Ruffner*, S. 181 ff.; die offizielle Begründung zum AktG 1965 ging sogar so weit, dass eine ausgeprägte Fremdkontrolle im Interesse der Aktionäre liege, vgl. *Kropff*, AktG 1965, S. 15.

Vermögen dieser Unternehmen nicht freies Eigentum der Aktionäre ist, sondern notwendig fremdverwaltet wird".[82]

Das über die bloße Weisungsfreiheit hinausgehend weitreichende unternehmerische Ermessen des Vorstands gem. § 93 Abs. 1 S. 2 AktG erklärt sich entsprechend dieser Erwägungen damit, dass mit Blick auf potenzielle Haftungsrisiken ein zu risikoaverser Vorstand die Entwicklung der Aktiengesellschaft gefährden könnte.[83] Außerdem bietet diese Regelungstechnik die Möglichkeit, die Faktoren Management und Eigenkapital ressourcenschonend zu kombinieren, indem neben der genannten Möglichkeit zur Diversifizierung des Portfolios durch risikoscheue Investoren auch Personen mit bestimmten unternehmerischen Fähigkeiten und limitierten finanziellen Mitteln und/oder beschränkter Risikobereitschaft auf dieses Kapital zugreifen können („separation of decision and risk-bearing functions").[84]

Der Gesamtheit der Aktionäre, den „wirtschaftlichen Eigentümern" der Aktiengesellschaft, keine Geschäftsführungsbefugnis und insbesondere auch kein Weisungsrecht zuzugestehen ist entsprechend auch das international übliche Modell einer stereotypisch nicht personalistisch geprägten Kapitalgesellschaft.[85]

---

82 So: *Hengeler/Kreifels*, Beiträge zur Aktienrechtsreform, S. 11 (17); ähnlich die amtliche Begründung zum AktG bei *Klausing*, AktG 1937, Abschnitt B, S. 3: „Es geht nicht an, dass diese (die leitenden Personen) bei ihrer Geschäftsführung in dem bisherigen Umfang von der Masse der unverantwortlichen Aktionäre abhängig sind, denen meist der notwendige Überblick über die Geschäftslage fehlt".

83 So etwa: *Fleischer*, ZIP 2004, 685 (685 f.); *Koch*, ZGR 2006, 769 (782); BGH NJW 1997, 1923 (1925); *Spindler*, in: MünchKomm-AktG, § 93 Rn. 43; vgl. auch bereits *Klausing*, AktG 1937, S. 71. Die Regelung des § 93 Abs. 1 S. 2 AktG kodifiziert insoweit lediglich die bereits vorher von Rechtsprechung (BGHZ 135, 244 (253) (ARAG/Garmenbeck) und Literatur herausgearbeitete „Business Judgement Rule"; vgl. zusammenfassend zur Entwicklung und m.w.N. *Fleischer*, in: Spindler/Stilz AktG, § 93 Rn. 79 ff.

84 So die Zusammenfassung bei *Ruffner*, S. 131 unter Verweis auf die grundlegende Arbeit von *Fama/Jensen*, Journal of Law and Economics 26 (1983), 301, welche sich ausführlich mit der Frage beschäftigen, in welchen Fällen bzw. Organisationen die Trennung der Entscheidungs- und Risikofunktion und die damit verbundenen *agency costs* durch eine entsprechend eintretende Steigerung der Effizienz kompensiert werden (vgl. vor allem *Fama/Jensen*, a.a.O., S. 305 ff.); ähnlich auch *Fleischer*, NJW 2004, 2335 (2337), wenn der Hauptversammlung der Sachverstand für die Befassung mit konkreten Managemententscheidungen abgesprochen wird.

85 Vgl. nur § 70 Abs. 1 öAktG, Artt. 698, 716 Obligationenrecht (OR) sowie Section 77 PLC-Act.

3. Implikationen für das Ausmaß der Trennung von Eigentum und Kontrolle?

Anhand der bisher genannten Hintergründe erklärt sich die Grundentscheidung des Gesetzgebers, Eigentum und Kontrolle zu trennen. Das genaue Ausmaß, in dem den Eigentümern Kontrollrechte „entzogen" sind, ist dadurch insoweit determiniert, als die Aktiengesellschaft ein funktionsfähiges und am Markt akzeptiertes Instrument zur Investition und Gründung sowie Betreibung von Unternehmen darstellen muss. Unbenommen der betreffend einzelnen Regulierungsentscheidungen potenziellen Vielzahl an zu berücksichtigenden gesonderten Interessen bleibt es die Hauptaufgabe des aktienrechtlichen Gesetzgebers, ein Regelungssystem zu schaffen, dass die Stellung der Aktionäre nicht übermäßig aushöhlt, die Aktiengesellschaft aber zugleich die ihr zugedachten Funktionen erfüllen lässt. Diese beiden Gestaltungsimplikationen und Regelungsziele konfligieren nicht zwingend dergestalt miteinander, dass die Funktionalität der Aktiengesellschaft und die Schutzwürdigkeit der Aktionäre stets gegeneinander abzuwägen wären. Vielmehr besteht auch ein volkswirtschaftliches Interesse an einem hinreichenden Schutz der Stellung der Aktionäre und ausreichenden Kontrollmöglichkeiten seitens dieser. Im Fall mangelnder Attraktivität für Investoren wäre die Erfüllung der Kapitalanlage- und Kapitalsammelfunktion gefährdet. Solange diese Grenze nicht erreicht ist, es also nur um ein „Mehr" an ökonomischer Effizienz geht, kann aber durchaus von einem Konflikt gesprochen werden, der dementsprechend einer ausgleichenden Lösung bedarf.[86]

Diese Feststellung ist nicht auf die Gestaltung des Aktiengesellschaftsrechts begrenzt. In der sachgerechten Funktionsabgrenzung zwischen den Gesellschaftsorganen sowie der Kontrolle über das Management, respek-

86 Mit der grundsätzlichen Weisungsfreiheit des Vorstands geht zudem einher, dass in Folge der Prinzipal-Agenten-Beziehung zwischen der Aktiengesellschaft und dem Vorstand die Gefahr massiver Informations- und Motivationsasymmetrien zu Lasten der Aktiengesellschaft (und damit jedenfalls mittelbar auch zu Lasten der Aktionäre) auftreten können (grundlegend: *Jensen/Meckling*, Journal of Financial Economics 3 (1976), 305, zusammenfassend für Publikumsgesellschaften: *Ruffner*, S. 131 f.). Diese und die damit verbundenen Kosten zur Vermeidung nachteiliger Folgen sind umso erheblicher, je größer das Aktienrecht die grundsätzliche Autonomie des Vorstands ausgestaltet. Diese Probleme knüpfen aber in der Sache schlicht an die Entscheidung zum Ausmaß der notwendigen Trennung von Eigentum und Kontrolle an. Letztere, bzw. die daraus folgende Notwendigkeit eines Zuschnitts der Kompetenzbereiche, bleibt die zentrale Frage eines Aktiengesellschaftsrechts.

tive dem richtigen Zusammenspiel von Verwaltungsfreiräumen und Aktionärskontrolle, liegt vielmehr seit jeher die Grundproblematik aller privatrechtlich strukturierten Gesellschaftsformen, deren Entstehung auf der freien Entschließung ihrer Gründer beruht, die der Gesellschaft Vermögenswerte als Kapitaleinlagen zur Verfügung stellen.[87] Dass in gewissem Ausmaß (s. oben) tatsächlich ein gewisser „Konflikt“ zwischen juristischen und volkswirtschaftlichen Erwägungen besteht, zeigen auch die Äußerungen des historischen Gesetzgebers, wenn dieser anlässlich der Einführung des AktG 1965 resümierte:

> „*Richtschnur aller aktienrechtlichen Regelungen muss daher die Fragestellung sein, ob die einzelne Regelung der Stellung der Aktionäre als der wirtschaftlichen Eigentümer des Unternehmens entspricht und ob sie die Befugnis der Aktionäre nur solchen Bindungen und Beschränkungen unterwirft, die wegen der Besonderheiten des aktienrechtlichen Mitgliedschaftsrechts als einer auf die Großwirtschaft und den Kapitalmarkt zugeschnittenen Erscheinungsform wirtschaftlichen Eigentums oder aus vorrangigen wirtschafts- und gesellschaftspolitischen Gründen gerechtfertigt sind.*“[88]

4. Zwischenergebnis

Die Trennung der Vermögensmassen einerseits und von Eigentum und Kontrolle andererseits ist somit durch die Funktion und Stellung der Aktiengesellschaft in einer modernen Volkswirtschaft indiziert. Nichtsdestotrotz bedarf es auch Mitwirkungsbefugnisse der Aktionäre. Nicht indiziert sind hingegen das Ausmaß und die genaue Ausgestaltung dieser Mitwirkungsbefugnisse, zumindest soweit keine signifikante Beeinträchtigung der genannten Funktionen einer Aktiengesellschaft droht. Das genaue Ausmaß gesetzlich vorgesehener Mitwirkungsbefugnisse ist vielmehr in großem Umfang rechtspolitischer Natur, die Entscheidung hierüber

---

87 *Spindler*, in: MünchKomm-AktG, Vor § 76 Rn. 4; vgl. ebenfalls bereits *v. Gierke*, S. 319.

88 *Kropff*, AktG 1965, S. 14, in selbige Richtung gehen die Äußerung zur Festlegung der Kompetenzen der Hauptversammlung, wenn es heißt, dass die enumerative Aufzählung sicherstellen sollte, dass „*die Eigentümer über alle mit dem wirtschaftlichen und rechtlichen Aufbau der Gesellschaft zusammenhängenden Fragen*“ entscheiden, vgl. *Kropff*, AktG 1965, S. 165; anschaulich in diesem Zusammenhang: *Fleischer*, NJW 2004, 2335 (2337) (Entscheidungsbefugnis nur dann gegeben, wenn es um die Änderung des „Investmentkontraktes“ geht) sowie *Renner*, AG 2015, 513 (517 f.) und BGHZ 159, 30 (42) (Gelatine I).

bedarf einer Wertentscheidung. Die Wertentscheidung ist im Regelfall aber eben auch auf die genannten Parameter zu stützen, namentlich also den Schutz der aktionärsbezogenen Verwaltungsrechte einerseits und der Funktionalität des Aktiengesellschaftsrechts andererseits.[89]

III. Rückschluss auf die Notwendigkeit der Existenz von Ermächtigungsoptionen

Die genannten Erwägungen zur grundsätzlichen Ausgestaltung des aktienrechtlichen Kompetenzgefüges implizieren auch die gesetzgeberische Entscheidung, Ermächtigungsoptionen vorzusehen. Hinsichtlich welcher Entscheidungen eine Ermächtigungsoption im Einzelnen für den Gesetzgeber eine opportune Regelungsoption ist, wird hingegen in signifikantem Umfang durch rechtspolitische Erwägungen deteriminiert. Einige Ermächtigungsoptionen werden aber auch durch die Systematik des Gesetzes impliziert, insbesondere die Existenz von Ermächtigungsoptionen im erweiterten Regelungszusammenhang.

Der maßgeblich regulatorische Benefit einer Ermächtigungsoption liegt in der damit verbundenen Möglichkeit, die Unternehmungsführung zu flexibilisieren.

Flexibilisiert wird zum einen die Kompetenzverteilung. der Kompetenzumfang. Besonders deutlich wird diese Flexibilisierung, wenn Sofern die Hauptversammlung die Wahl hat zwischen einem Ermächtigungsbeschluss und einem Einzelbeschluss.[90] Der Gesetzgeber überlässt es in diesen Fällen den Aktionären, selbst darüber zu entscheiden, ob der Vorstand über die Vornahme einer Maßnahme befinden soll oder ob es Sache der Hauptversammlung bleibt und der Vorstand lediglich ausführend tätig wird. Aber auch wenn die Möglichkeit eines Einzelbeschlusses nicht besteht, kann die Hauptversammlung im Wege eines Ermächtigungsbeschlusses zumindest über den Umfang der Vorstandsbefugnisse entscheiden, ohne sich dabei auf ein konkretes Vorhaben beschränken zu müssen.

Eine Flexibilisierung findet zum anderen in Bezug auf den Prozess der Entscheidungsfindung über die Vornahme der jeweiligen Maßnahme statt. Der Vorstand kann wesentlich schneller auf eine Situation reagieren als

---

89 Leicht abweichend: *Staake*, S. 5, der neben dem Ausmaß auch die Existenz von Mitwirkungsbefugnissen als eine rein rechtspolitische Entscheidung erachtet.

90 Zu dieser Unterscheidung vgl. sogleich unter Abschnitt C.III.

die Hauptversammlung, die selbst im Fall einer außerordentlichen Hauptversammlungseinberufung erheblich mehr Zeit benötigen würde.

Diese Flexibilisierung ist dem erstrebten Ausgleich zwischen dem Interesse an einem möglichst handlungsfähigen Vorstand einerseits und einem möglichst umfassenden Mitspracherecht der Aktionäre andererseits in Weise dienlich. Indem die ursprüngliche Entscheidung über das „Ob überhaupt" den Residualeigentümern überlassen wird, während die schlussendliche Entscheidung über das „Ob" und „Wann" sodann dem Vorstand obliegt,[91] besteht die Möglichkeit, die Funktionsfähigkeit der Aktiengesellschaft zu stützen, ohne dass zentrale Entscheidungsbefugnisse den Residualeigentümern entzogen werden müssen.[92] Zwar besteht auch bei der Fassung von Ermächtigungsbeschlüssen die Gefahr von Interessenkonflikten und rational apathischem Verhalten. Diese Gefahr ist einer idealtypischen Aktiengesellschaft in Gestalt einer Publikumsgesellschaft jedoch immanent und lässt sich kaum umgehen. Entscheidend ist, dass über eine Maßnahme abstrakt entschieden werden kann, und somit ohne dass es zwingend einer Erörterung des genauen Umfangs und der genauen Art und Weise bedarf. Hierdurch werden die Schwierigkeiten bei der Beschlussfindung einer heterogen zusammengesetzten Hauptversammlung immerhin von der „täglichen Geschäftspolitik" ein Stück weit ferngehalten, sodass die Entscheidungsfindung insgesamt vereinfacht werden kann. Auch die genannten Überbrückungsschwierigkeiten werden auf diese Weise entschärft.[93]

---

91 In dieser Hinsicht mag sich bereits die Frage stellen, ob es, unbenommen etwaiger Gestaltungsschranken durch das Organisationsrecht des AktG im Ganzen, mit der Funktion von Ermächtigungsbeschlüssen konform gehen kann, der Hauptversammlung die Möglichkeit zuzusprechen, den Vorstand zur Ausnutzung einer Ermächtigung zur verpflichten. Diese Frage sei aber noch einstweilen dahingestellt, vgl. hierzu vertieft im 2. Kapitel unter Abschnitt B.III.1.b.aa.

92 Ähnlich: *Lutter/Leinekugel*, ZIP 1998, 805, 813 im Zusammenhang mit der Frage zur Zulässigkeit von Ermächtigungsbeschlüssen bei ungeschriebenen Hauptversammlungszuständigkeiten: „In Fällen, in denen die Gesellschaft um ihrer Funktionsfähigkeit am Markt wegen auf eine gesteigerte Handlungsfähigkeit angewiesen ist, ist dem Gesetz (...) die Wertung zu entnehmen, dass (...) ein Ermächtigungsbeschluss möglich ist."

93 *Lutter*, in: FS Quack, S. 301; in der Überwindung von Überbrückungsschwierigkeiten kann aber jedenfalls nicht die alleinige Funktion von Ermächtigungsoptionen gesehen werden, mag diesen Schwierigkeiten doch wenigstens in gewissem (wenngleich auch nicht im zu den Folgen einer Ermächtigungsoption vergleichbaren) Maße durch die Möglichkeit einer Bedingung (§ 158 BGB) der Hauptversammlungsbeschlüsse abgeholfen werden; vgl. hierzu zusammenfassend: *Lutter*, a.a.O., S. 304 ff. sowie *Lutter/Leinekugel*, ZIP 1998, S. 805 (809 f.).

Die Konzeption eines Ermächtigungsbeschlusses leitet sich somit zumindest in der Theorie unmittelbar aus der primären Gestaltungsaufgabe des aktienrechtlichen Gesetzgebers hinsichtlich der Bemessung der Organbefugnisse ab.[94] Das Verhältnis zwischen Aktionärskontrolle und Verwaltungsfreiräumen wird in diesen Fällen dem Schwerpunkt nach nicht durch eine Abgrenzung von Kompetenzbereichen zu bestimmen versucht. Der regulatorische Ansatzpunkt liegt vielmehr in einer funktionsgerechten Beteiligung beider Organe. Diesem Gedanken folgt auch der Gesetzgeber, wenn er beispielsweise in Bezug auf die Regelung von § 203 Abs. 2 AktG ausführt:

> *„Da der Ausschluß des Bezugsrechts den Aktionären eines der wirtschaftlich wichtigsten Mitgliedschaftsrechte nimmt, soll die gesetzliche Zuständigkeit für die Entscheidung dem Vorstand genommen und der Hauptversammlung gegeben werden. Da aber beim genehmigten Kapital die Kapitalerhöhung erst in der Zukunft, spätestens allerdings in fünf Jahren, durchgeführt wird und sich die wirtschaftlichen Verhältnisse in der Zwischenzeit ändern können, ermöglicht der Entwurf eine den wirtschaftlichen Gegebenheiten angepaßte Entscheidung über das Bezugsrecht dadurch, daß er der Hauptversammlung das Recht einräumt, dem Vorstand die Entscheidung über den Ausschluß des Bezugsrechts zu überlassen.“*[95]

Diese Regelungstechnik ist dabei keineswegs eine Eigenart des Kapitalgesellschaftsrechts – vielmehr ist die Regelung von Ermächtigungsoptionen ein gängiges Instrument zur Begegnung der collective-action-Problematik und/oder zur Flexibilisierung von Kompetenzsystemen. Die Möglichkeit einer Übertragung bestehender Kompetenzen firmiert im allgemeinen Verwaltungsrecht unter den Schlagwörtern *Delegation* und *Mandat*.[96]

---

94 Freilich spielt der an zweiter Stelle genannte Gedanke bei der Regulierung von Ermächtigungsoptionen kaum eine Rolle, entscheidend ist vielmehr die zuerst beschriebene Möglichkeit zur Flexibilisierung der Unternehmensführung unter hinreichender Mitwirkung der Aktionäre, vgl. sogleich.

95 RegE 1960, BT-Drs. 3/1915, S. 194 (Hervorhebungen durch den Verfasser).

96 In Bezug auf die Delegation und Mandatierung (zur Abgrenzung: *Wolff/Boch/Stober/Kluth*, Verwaltungsrecht – Band II, § 83 Rn. 67 ff. und allgemein *Triepel*, S. 23 ff.) steht vor allem der Aspekt der Dekonzentration und Dezentralisierung der Verwaltung im Vordergrund, schlussendliches Ziel ist aber auch hier die Erzielung einer „effektiven und sachnahen Verwaltung“ (*Schenke*, VerwArch 68 (1977), 118) mithin also einer optimierten Entscheidungsfindung. Anders als im Verwaltungsrecht, kann der Begriff der „Delegation“ im Zivilrecht in einem weiten Sinne verstanden werden und bedarf insbesondere nicht einer vergleichbar scharfen Trennung vom Terminus „Mandat“.

Soweit es um kommunale Selbstverwaltungskörperschaften geht, die zumindest im Aspekt der Aufteilung der Kompetenzen zwischen einem „geschäftsführenden“ Organ und einer die maßgebliche Willensbildung betreibenden Versammlung mit einer Aktiengesellschaft vergleichbar ist, kennen alle Gemeindeordnungen der Bundesrepublik die Möglichkeit einer Delegation von Zuständigkeiten.[97] Auch diese Regelungen bezwecken, eine adäquaten Anpassung der Kompetenzordnung an die Eigenheiten der jeweiligen Gemeinde zu ermöglichen.[98] Auch im Verfassungsrecht und Bankaufsichtsrecht finden sich vergleichbare Regelungen.[99]

Die genannten Erwägungen und Vorteile ließen sich grundsätzlich auf nahezu alle wichtigen Entscheidungen in einer Aktiengesellschaft projizieren. Indes ist es keinesfalls so, dass eine weitreichende oder sogar allumfassende Delegationskompetenz der Hauptversammlung eine geeignete Regelungstechnik wäre. Das Gegenteil ist der Fall, ein zu weitreichender Einsatz von Ermächtigungsoptionen brächte einige Nachteile mit sich.

Eine zu umfassende Ermächtigungskompetenz der Hauptversammlung drohte Spannungen mit dem Gedanken des *numerus clausus* der Rechtsformen im Gesellschaftsrecht[100] zu erzeugen. Namentlich könnte eine mannigfaltige Varianz von Kompetenzsystemen in den jeweiligen Aktiengesellschaften und dementsprechende Transaktionskosten bei der Investitionsentscheidung entstehen.[101] Mit einer Ermächtigungskompetenz

---

97 Vgl. § 76 Abs. 3 S. 1 NKomVG; § 23 Abs. 2 VerfBrhv; § 22 Abs. 2 S. 1 KV M-V; § 28 Abs. 2, 50 Abs. 3 S. 1 BbgKVerf; Art. 37 Abs. 2 S. 1 BayGO; § 24 Abs. 1 S. 2 GemO (BW); § 41 Abs. 1, 2 GO NRW; § 32 Abs. 1 GemO (RPfl); § 34 KSVG; § 50 HGO; § 28 Abs. 1 SächsGemO; § 45 Abs. 1 KVG LSA; § 27 Abs. 1 S. 2 GO SH; § 29 Abs. 4 ThürKO.

98 Vgl exemplarisch: *Bennemann*, in: KVR Hessen, § 50 HGO Rn. 38 ff.

99 Vgl. etwa § 15 Abs. 4 S. 6 KWG zur Möglichkeit einer nach § 15 Abs. 1 KWG nötigen Zustimmung sämtlicher Geschäftsleiter für die Vergabe eines Organkredites in Form einer Ermächtigung. Der Regelung des Art. 80 Abs. 1 S. 3 GG samt der dort geregelten Möglichkeit einer weitergehenden Delegation einer durch Gesetz geschaffenen Kompetenz zum Erlass einer Rechtsverordnung seitens der Bundes- oder einer Landesregierung sowie Bundesministern kommt indes eine andere Stoßrichtung zu; hier geht es weniger um die Schaffung einer effektiven Verwaltung im Sinne der Lösung der *collective-action* Problematik, sondern vielmehr um die Möglichkeit einer sachnahen Rechtssetzung, vgl. etwa *Remmert*, in: Maunz/Dürig GG, Art. 80 Rn. 82.

100 Zusammenfassend: *K. Schmidt*, Gesellschaftsrecht, S. 102 f.

101 Das Entstehen eines signifikant erhöhten Rechercheaufwands könnte man jedenfalls für institutionelle Anleger unter Hinweis darauf, dass diese sowieso jedenfalls grundlegende Nachforschungen über ihr Investitionsobjekt anstellten, in Abrede stellen. Die Validität des Einwands wäre also auf die Gruppe

geht insbesondere für Minderheitsaktionäre und, im Fall von Vorratsbeschlüssen, für die Hauptversammlung als solche zudem die Gefahr einer Selbstentmachtung einher.[102] Diese Gefahr wird noch dadurch potenziert, dass aufgrund der eingeschränkten Rechtsschutzmöglichkeiten gegenüber fehlerhaften Vorstandsbeschlüssen auch die Wehrhaftigkeit der einzelnen Aktionären vermindert werden könnte.[103] Vor allem bei besonders einschneidenden oder grundlegenden Maßnahmen, die einer vertieften Auseinandersetzung bedürften, stünde eine Unterwanderung des in der Mitgliedschaft begründeten Verwaltungsrechts und somit auch eine Unterwanderung des typisierten Interessenausgleichs des aktienrechtlichen Kompetenzsystems zu befürchten. Alle diese Aspekte wären mit Blick auf volkswirtschaftlich notwendige Attraktivität der Aktiengesellschaft für Investoren nicht förderlich.[104]

Es obliegt vor diesem Hintergrund dem Gesetzgeber, zu bewerten, ob die Regelung einer Ermächtigungsoption hinreichend förderlich ist, somit also „die Handlungsfähigkeit höher (zu gewichten ist) als die Aufrechterhaltung der aktienrechtlichen Kompetenzverteilung".[105]

---

der Kleinanleger zu beschränken. Aus rechtsökonomischer Perspektive ist aber bereits die bei einer typisierten Betrachtung anzunehmende Entstehung von Transaktionskosten grundsätzlich bedenklich und gegenüber den Vorteilen in Abwägung zu stellen.

102 Ähnlich: *Lutter/Leinekugel*, ZIP 1998, 805 (808) in Bezug auf satzungsmäßige Handlungsdispense zu Gunsten des Vorstands, wenn darauf abgestellt wird, dass eine gesteigerte Flexibilität grundsätzlich wünschenswert sei, jedoch nicht zu einer Aushöhlung der Kompetenzen führen dürfe, da andernfalls insb. die Gefahr eines Mehrheit-Minderheit-Konflikts bestünde, wenn die Mehrheit per Ermächtigung ein Mitspracherecht der Minderheit in weitem Umfang „ausschließen" könnte.

103 Der Rechtsschutz gegen rechtswidrige Vorstandsbeschlüsse wurde insbesondere im Rahmen des Vorgehens gegen sachlich ungerechtfertigte Ausschlüsse des Bezugsrechts auf Basis einer Ermächtigung nach § 203 Abs. 2 AktG intensiv diskutiert; nach wie vor ist die Reichweite des verbandsrechtlichen Abwehranspruches der Aktionäre umstritten, vgl. zum Ganzen m.w.N. *Rieckers*, in: MünchHb-AG, § 18 Rn. 8 ff.

104 Ein tatsächliches Investitionshindernis und somit die Gefährdung der Kapitalsammelfunktion der Aktiengesellschaft wäre allerdings „nur" bei Kleinanlegern zu befürchten, nicht hingegen bei institutionellen Anlegern, vgl. bereits die Ausführungen unter Fn. 101.

105 *Lutter/Leinekugel*, ZIP 1998, 805 (813); ähnlich *Tröger*, ZIP 2001, 2029 (2039) (typisierende Interessenabwägung zwischen Aktionärsinteresse und Flexibilität); vgl. auch *Westermann*, in: FS Koppensteiner, S. 259 (273): „Sie [die Ermächtigungsoptionen nach § 203 Abs. 2] bezwecken ein Gleichgewicht zwischen den Interessen der Aktionäre, (…), und dem Bedürfnis der Gesellschaft, durch Ein-

IV. Gleichlauf mit den Gründen für die existenten Ermächtigungsoptionen

Wenngleich also in der Theorie Ermächtigungsoptionen und entsprechenden Beschlüssen nicht nur eine zentrale, sondern auch eine einheitliche ökonomische Funktion zukommt, kann dies nur dann die Grundlage einer weitergehenden rechtsanalytischen Betrachtung sein, wenn auch der Gesetzgeber den entsprechenden Regelungen tatsächlich immerhin im Ausgangspunkt eine einheitliche Funktion zumisst.

Bei der Betrachtung der tatsächlichen angestellten Erwägungsgründe darf nicht aus den Augen verloren werden, dass deren Schwerpunkte unterschiedliche Gewichtungen aufweisen. Namentlich ist zu trennen zwischen der Frage, warum der Gesetzgeber einzelne Maßnahmen überhaupt zulässt, warum es dafür der Beteiligung der Hauptversammlung bedarf, sowie, worauf hier sodann der Fokus liegen soll, warum diese Beteiligung auch durch einen Ermächtigungsbeschluss geleistet werden können soll. Die Übergänge zwischen diesen Fragen sind nicht selten fließend.

Es zeigt sich, dass der Gesetzgeber jedenfalls nicht die Handlungsfähigkeit der Gesellschaft anhand vergleichsweise starrer Parameter gegenüber der Aufrechterhaltung der Kompetenzerhaltung abwägt. Die entsprechenden Entscheidungen zur Kodifizierung von Ermächtigungsoptionen sind zum Großteil rechtspolitischer Natur und hinsichtlich ihrer Existenz nicht im Einzelnen stets zwingend indiziert. Schon mit Blick hierauf kann nicht von einem *umfassenden*, mit festen und eindeutigen Parameter versehenen Grundkonzept gesprochen werden, nach dem sich die Entscheidung des Gesetzgebers zur Regelung einer Ermächtigungsoption stets bemessen würde.

Dies erweist sich jedoch für die hier anstehende Betrachtung im Ergebnis als unschädlich. Bei aller Diversität der jeweiligen Erwägungsgründe zeigen sich dennoch Vergleichbarkeiten bzw. wiederkehrende Argumentationsmuster, die die Notwendigkeit einer Abwägung zu Gunsten einer gesteigerten Handlungsfähigkeit zu begründen suchen.

Der Gesetzgeber kennt zwei strukturell verschied Ziele, die mit Ermächtigungsoptionen verfolgt werden. Prominent ist vor allem das bereits umschriebene Ziel, ein schnelles, gegebenenfalls reaktives Handeln der Verwaltung in für die Aktionäre bedeutsamen Entscheidungssituationen zu ermöglichen. Der Gesetzgeber nutzt Ermächtigungsoptionen aver auch,

---

satz eigener Aktien schnell und unbürokratisch unternehmerische Maßnahmen durchführen zu können, (…)".

um die Kompetenzordnung als solche zwecks Anpassung an die Bedürfnisse der konkreten Gesellschaft flexibel zu gestalten. Zu dieser letztgenannten Gruppe gehört im Ergebnis aver nur die Regelung des § 58 Abs. 2 S. 2 Alt. 1 AktG. Die in der Theorie beschriebene Funktion von Ermächtigungsbeschlüssen wird folglich weitestgehend auch tatsächlich vom Gesetzgeber verfolgt. Dies geht sogar soweit, dass sich innerhalb dieses hauptsächlich verwendeten Argumentationsmusters weitere Abstufungen vornehmen lassen. Der Gesetzgeber kennt augenscheinlich drei Gründe, auf Basis derer er die Möglichkeit eines reaktiven Handelns des Vorstands im Zusammenhang mit bedeutsamen Entscheidungen für angemessen erachtet: Zum einen gibt es Situationen, in denen ein zwingendes, ausgeprägtes oder immerhin konkretes betriebswirtschaftliches Interesse an einer gesteigerten Handlungsfähigkeit des Vorstands besteht und die Schaffung dieser dementsprechend auch das maßgebliche Ziel ist.[106]

Zum anderen kommen Ermächtigungsoptionen auch dann zum Einsatz, wenn es vornehmlich darum geht, eine spezifische Handlungsoption als solche aufgrund des damit einhergehenden Potentials zu ermöglichen, diese nach den Vorstellungen des Gesetzgebers jedoch größtenteils nur dann sinnvoll genutzt werden kann, wenn die Umsetzung kurzfristig erfolgen kann.[107]

Schließlich dienen Ermächtigungsoptionen zuweilen auch primär der Herstellung einer stimmigen Gesetzessystematik, ohne dass es auf die Notwendigkeit einer Flexibilisierung der Maßnahme im Detail ankommt. Derartige Regelungen teilen aber mittelbar den Erwägungsgrund der Norm, aufgrund derer eine Anpassung im Interesse einer stimmigen Gesetzessystematik geboten ist.[108] Im Einzelnen zeigt sich folgendes Bild:

1. Ermächtigungsoptionen zwecks Steigerung der Flexibität des Vorstands

Zwecks einer betriebswirtschaftlich wünschenswerten oder sogar notwendigen Steigerung der Flexibilität des Vorstands existieren die Ermächti-

106 So gerechtfertigt werden die Regelungen in §§ 71 Abs. 1 Nr. 8 S. 5; 71 Abs. 1 Nr. 8 S. 6; 202 Abs. 1; 203 Abs. 2; 204 Abs. 2; 205 Abs. 1, 221 Abs. 2 AktG.

107 Auf Basis dieser Überlegung begründet werden die Regelungen in §§ 71 Abs. 1 Nr. 7; § 71 Abs. 1 Nr. 8 S. 1 AktG und § 33 Abs. 2 WpÜG.

108 Dieser Gedankengang ist anzustellen in Hinblick auf § 192 Abs. 2 Nr. 3 Alt. 2 AktG und in gewissem Maße auch hinsichtlich § 221 Abs. 2 AktG.

gungsoptionen i.S.d. §§ 71 Abs. 1 Nr. 8 S. 5; 71 Abs. 1 Nr. 8 S. 6; 202 Abs. 1; 203 Abs. 2; 204 Abs. 2; 205 Abs. 1 und 221 Abs. 2 AktG.

Wenn etwa der historische Gesetzgeber 1937 die Möglichkeit einer genehmigten Kapitalerhöhung damit begründete, dass es einen Weg geben müsse „eine Erhöhung des Grundkapitals (...) herbeizuführen, die rascher, beweglicher, anpassungsfähiger, die Chance des Geldmarktes besser ausnutzend ist, als es der normale handelsgesetzliche Weg ist,“[109] entspricht diese Aussage im Ausgangspunkt der obigen Feststellung in Bezug auf die flexibilisierende Wirkung von Ermächtigungsbeschlüssen. Die Simplizität dieser Feststellung zeigt aber auch, warum das Interesse an einer gesteigerten Flexibilität hinsichtlich einer Kapitalerhöhung in besonderem Maße anerkennenswert ist. Es besteht schlicht ein ausgeprägtes betriebswirtschaftliches Bedürfnis, die Kapitalstruktur rasch ändern zu können und somit in der Lage zu sein, rasch zusätzliche Finanzmittel ohne die Aufnahme von Fremdkapital einzuholen. Dies kann beispielsweise im Fall einer günstigen Börsensituation und einer existenten Absicht zum Erwerb eines anderen Unternehmens oder von Beteiligungen wünschenswert bzw. nahezu notwendig sein, da die Hauptversammlung zu einer rechtzeitigen Reaktion auf geänderte Marktbedingungen ersichtlich nicht in der Lage ist.[110] Die Möglichkeit, kurzfristige Finanzierungsvorhaben durchführen zu können, kann aber nur dann effektiv genutzt werden, wenn es dem Vorstand auch ermöglicht wird, die Parameter und Modalitäten der Kapitalerhöhung dann ebenso kurzfristig in Adaption an die jeweilige Situation des Kapitalmarkts, die der Gesellschaft und/oder die aus dem zu finanzierenden Vorhaben folgenden Bedürfnisse anpassen zu können. Dementsprechend statuiert § 204 Abs. 1 AktG, dass dem Vorstand eben diese Kompetenz im Fall der Ausnutzung eines genehmigten Kapitals dem Grunde nach zukommt.[111]

---

109 So der damalige Reichsjustizminister *Gürtner* im Rahmen der 2. Lesung (vgl. Protokolle vom 21.9.1932, S. 636, 638), der damit die zuvor geäußerte Ablehnung gegenüber dem Institut keinen Raum zugestand; ähnlich liest sich dann auch später die amtliche Begründung zu § § 169 – 173 AktG 1937, vgl. *Klausing*, AktG 1937, S. 151: „Auf diese Weise wird es in Zukunft einer Gesellschaft möglich sein, jede sich bietende Gelegenheit zur Kapitalbeschaffung rasch und sicher durch ihre Verwaltung auszunutzen“.

110 *Bayer*, in: MünchKomm-AktG, § 202 Rn. 2; *Wamser*, in: Spindler/Stilz AktG, § 202 Rn. 4; *Lutter/Leinekugel*, ZIP 1998, 805 (813); vgl. auch: BGHZ 136, 133 (Siemens/Nold).

111 Zum Zweck vgl. ebenso: *Hirte*, in: GroßKomm-AktG, § 204 Rn. 8.

Entsprechendes gilt sodann auch für die an eine Ermächtigung i.S.d. § 202 Abs. 1 AktG anknüpfenden Ermächtigungen i.S.d. §§ 203 Abs. 2, 204 Abs. 2 und 205 Abs. 1 AktG. Der Argumentationsweg ist hier aber leicht divergent. Begreift man die Regelung des § 204 Abs. 1 AktG nach dem soeben gesagten als den geltenden Grundsatz bei der Ausnutzung einer Ermächtigung i.S.d. § 202 Abs. 1 AktG, stellen die Regelungen in §§ 203 Abs. 2, 204 Abs. 2 und § 205 Abs. 1 AktG vornehmlich Ermächtigungs*erfordernisse* dar. Der Gedanken, dass der Vorstand die Ausnutzung des genehmigten Kapitals auch „justieren" können soll, ist somit nicht grenzenlos gültig.

§ 203 Abs. 2 AktG wurde 1965 eingeführt. Bis dahin hatte die Hauptversammlung nur die Wahl, das Bezugsrecht entweder bereits im Ermächtigungsbeschluss zur Schaffung des genehmigten Kapitals direkt auszuschließen, oder aber – quasi stillschweigend – diese Entscheidung dem Vorstand zu überlassen, vgl. § 171 Abs. 1 AktG 1937.[112] In den Gesetzgebungsunterlagen wird die Regelung des § 203 Abs. 2 AktG damit gerechtfertigt, dass das Bezugsrecht zu bedeutend sei, als dass auch man diesbezüglich den Vorstand nach § 204 Abs. 1 AktG für zuständig erachten sollen könnte.[113] Warum aber anders als bis dato eine zusätzliche *Ermächtigungs*option vorgesehen wurde, anstatt einer bloßen Wahl zwischen „bezugsrechtfreiem" und „nicht bezugsrechtsfreiem" genehmigten Kapital, spricht die Gesetzesbegründung nur mittelbar an. Die Gesetzesbegründung verweist auf den Zeitraum, der für die Nutzung eines genehmigten Kapitals zur Verfügung steht, sowie die etwaige Änderung wirtschaftlicher Verhältnisse. Mit anderen Worten verweist der Gesetzgeber nur erneut auf die Erwägungen hinter der Regelung des §§ 202 Abs. 2, 3; 204 Abs. 1 AktG: Das Interesse *schnell* und *adaptiert* das Eigenkapital anpassen zu können. Ein pauschaler Ausschluss des Bezugsrechts bei der Schaffung eines genehmigten Kapitals ist zwar ausweislich § 203 Abs. 1 AktG möglich, einen solchen Direktausschluss als einzige Möglichkeit zur Befassung mit der Frage bezüglich des Ausschlusses des Bezugsrechts vorzusehen,

---

112 Dieses Verständnis ergab sich nicht unmittelbar aus dem Wortlaut der Norm und wurde seiner Zeit auch nicht vom Gesetzgeber in der amtlichen Begründung ausgeführt (vgl. *Klausing*, AktG 1937, S. 151 f.), entsprach jedoch der herrschenden Ansicht in der damaligen Literatur, vgl. hierzu exemplarisch: *Schlegelberger/Quassowksi/Herbig/Geßler/Hefermehl* AktG, § 171 Anm. 4.

113 RegE 1960, BT-Drs. 3/1915, S. 194 (vgl. zum genauen Wortlaut bereits soeben); vgl. diesbezüglich und auch im Folgenden hinsichtlich der Relevanz der Auswirkungen einer Maßnahme auf individuelle Mitgliedschaftsrechte für die Annahme einer „Organadäquanz" auch erneut *Renner*, AG 2015, 513 (517).

wäre indes kaum interessengerecht. Bei typisierte Betrachtung hängt auch diese Entscheidung zu einem gewissen Grad von den Umständen im Zeitpunkt der anvisierten Nutzung des genehmigten Kapitals ab. Dass im Fall der Entscheidung über den Ausschluss des Bezugsrechts bei Ausnutzung eines genehmigten Kapitals den Gesellschaften eine gesteigerte Flexibilität gewährt wird, stützt sich daher mittelbar auf dieselben Erwägungen, die auch für die Existenz einer Ermächtigungsoption bei einer Kapitalerhöhung sprechen. Die Regelung des § 203 Abs. 2 AktG sichert und fördert die von § 202 AktG verfolgten Zwecke. Sie ist nicht *systematisch* indiziert in dem Sinne, dass die Entscheidung über den Ausschluss des Bezugsrechts zwingend mit der Kompetenz, über eine Kapitalerhöhung entscheiden zu können, einherginge. Vielmehr steht hinter der Vorschrift eine gesonderte, indes durch die Erwägungen betreffend § 202 Abs. 2, 3; § 204 Abs. 1 AktG implizierte Wertung des Gesetzgebers.

Ähnliches gilt für § 205 Abs. 1 AktG. Der Regelungsgehalt dieser Vorschrift war bereits im AktG 1937 zu finden (§ 172 Abs. 1 AktG 1937). Weder die Notwendigkeit einer Beteiligung der Hauptversammlung noch die Möglichkeit der Delegation dieser Entscheidung wurde dabei gesondert begründet.[114] Ein Blick in ausländische Rechtsordnungen zeigt, dass die Möglichkeit einer *genehmigten* Sachkapitalerhöhung keinesfalls selbstverständlich ist.[115] Ein betriebswirtschaftliches Interesse an einer flexiblen Kapitalstruktur besteht unter anderem auch deswegen, weil eine solche für die Übernahme fremder Unternehmen genutzt werden kann – in diesen Fällen besteht nicht selten ein Interesse, die Anteile des Zielunternehmens als Sacheinlage im Austausch gegen Gewährung eigener, neuer Aktien als Zahlungsmittel für den „Verkäufer“ einzusetzen.[116]

Auch die Regelung des § 204 Abs. 2 AktG setzt den Grundgedanken betreffend § 202 Abs. 1, 2 AktG in beschriebenem Maße fort. Die Ausgabe von bestehenden Vorzugsaktien vorgehenden oder gleichstehenden Vorzugsaktien trifft sowohl die Inhaber bestehender Vorzugsaktien als auch die übrigen Aktionäre tiefgreifend in ihrem unmittelbar in der Mitglied-

---

114 Vgl. wiederum die amtliche Begründung zu § § 169 – 173 AktG 1937 bei *Klausing*, AktG 1937, S. 151, die sich in den folgenden Ausführungen erschöpfte: „Die Benutzung der neuen Rechtseinrichtung des genehmigten Kapitals ist nicht auf Geldeinlagen beschränkt. Vielmehr können, wenn dies bei der Ermächtigung vorgesehen ist, die neuen Aktien auch gegen Sacheinlagen ausgegeben werden (172 Abs. 1)“.

115 Vgl. die Darstellung bei *Hirte*, in: GroßKomm-AktG, § 202 Rn. 84.

116 *Hirte*, in: GroßKomm-AktG, § 205 Rn. 4; *Kuntz*, in: KölnKomm-AktG, § 205 Rn. 10; *Bayer*, in: MünchKomm-AktG, § 202 Rn. 1.

schaft verankerten Recht auf den Bilanzgewinn (§ 58 Abs. 4 AktG).[117] Die in diesem Zusammenhang zentrale Regelung des § 141 Abs. 2 S. 1 AktG wird durch § 204 Abs. 2 AktG vor einer Umgehung geschützt.[118] War die gesonderte Mitwirkung der Hauptversammlung somit sowohl unter teleologischen als auch systematischen Gesichtspunkten geboten, ist es in Bezug auf die konkrete Ausgestaltung dieses Erfordernisses wiederum wenig sinnvoll, der Hauptversammlung nur die Wahl zu lassen, ob nur oder gar keine dementsprechende Vorzugsaktien ausgegeben werden. Schließlich hängt der Entschluss zur Ausgabe solcher Aktien von mehreren Umständen ab.[119] § 204 Abs. 2 AktG teilt in diesem Lichte zwar die Grunderwägungen des § 202 Abs. 1 AktG. Anders als bei § 203 Abs. 2 AktG ist dieser Zusammenhang im Fall des § 204 Abs. 2 AktG aber eher regelungssystematischer Natur.

Ähnliche Überlegungen wurden in Bezug auf die Regelung des § 221 Abs. 2 AktG angestellt. Diese Ermächtigungsoption wurde erst 1978 eingeführt. Das Augenmerk der Vorgänger-Regelungen (§ 174 AktG 1937 und § 221 AktG 1965) lag darauf, eine Beteiligung der Hauptversammlung erforderlich zu machen.[120] Die von der Gesetzesbegründung in Bezug genommene Regelung des Art. 25 Abs. 4 der RL 77/91/EWG[121] statuiert, dass die Möglichkeit eines Ermächtigungsbeschlusses auch für die Ausgabe aller Wertpapiere, die in Aktien umgewandelt werden können oder mit einem Bezugsrecht verbunden sind, gelten müssen.[122] Die unionalen Gesetzgebungsunterlagen gehen davon aus, dass es „normal" sei, dass die Ausgabe von Wandelschuldverschreibungen denselben Regelungen für die Zuständigkeit des entscheidenden Organs und den Einzelheiten hinsichtlich der Beschlussfassung unterworfen werde, welche auch für die Kapital-

---

117 *Rieckers*, in: MünchHb-AG, § 17 Rn. 4; *Drygala*, in: KölnKomm-AktG, § 58 Rn. 112; *Fleischer*, in: K. Schmidt/Lutter AktG, § 58 Rn. 43.

118 Statt vieler: *Veil*, in: K. Schmidt/Lutter AktG, § 204 Rn. 14.

119 Freilich kann man den Schwerpunkt der Regelung auch darin erblicken, dass aufgrund der Formulierung des Gesetzes ein nachfolgender singulärer Zustimmungsbeschluss der betroffenen Vorzugsaktionäre zu einem konkreten Ausnutzungsvorhaben des Vorstands nicht ausreicht; in diese Richtung etwa: *Schlegelberger/Quassowksi/Herbig/Geßler/Hefermehl* AktG, § 171 Rn. 5.

120 Grund hierfür waren „Missbräuche verschiedener Art" und der mit der Ausgabe verbundenen Beeinflussung der Rechte der Aktionäre, vgl. *Klausing*, AktG 1937, S. 155.

121 Art. 25 Abs. 4 RL 77/91/EWG entspricht Art. 29 Abs. 4 RL 2012/30/EU.

122 Vgl. BT Drs. 8/1678, S. 19.

erhöhung gelten würden.[123] Dies kann nur dahingehend verstanden werden, dass der maßgebliche Grund für die Gewährung einer zusätzlichen Flexibilität bei der Ausgabe von Wandelschuldverschreibungen und vergleichbarer Kapitalien der Umstand ist, dass selbige Gestaltungsoptionen auch bei einer Kapitalerhöhung vorgesehen sind. Zwar ist eine solche Finanzierung jedenfalls bis zur Ausübung des Wandlungsrechts technisch eine auf Fremdkapital basierende Finanzierung. Es ist aber einsichtig, dass die Situation mit einer Eigenkapitalfinanzierung durch Ausgabe von neuen Aktien für in gewissem Maße vergleichbar gehalten wird. Schließlich geht die Ausgabe der erfassten Kapitalien mit einem Anrecht auf eine zukünftige Mitgliedschaft oder mitgliedschaftsähnlichen Rechten einher. Mit diesem Verständnis deckt sich, dass der Gesetzgeber die Ermächtigungsfrist explizit entsprechend der des § 202 AktG gestaltete.[124]

Ebenfalls in diese Gruppe von Ermächtigungsoptionen zu ordnen sind die Regelungen i.S.d. § 71 Abs. 1 Nr. 8 S. 5 und S. 6 AktG. Auch diese Maßnahmen wirken sich auf die Kapitralstruktur aus. Entsprechend bleibt als maßgebliche Erwägung wiederum das grundlegende betriebswirtschaftliche Bedürfnis, in beschränkten Maßnahme kurzfristig in die Kapitalstruktur eingreifen zu können.

Die von § 71 Abs. 1 Nr. 8 S. 5 AktG statuierte Notwendigkeit einer Hauptversammlungsbeteiligung bei einer die Aktionäre ungleich behandelnden Veräußerung erworbener eigener Aktien ergibt sich in Parallele zu §§ 186 Abs. 1, 203 Abs. 1 AktG aus der andernfalls gegebenen Gefahr einer Beeinflussung der Aktionärsstruktur. Ebenso wie bei § 203 Abs. 1, 2 AktG ist hingegen die Existenz einer *Ermächtigungsoption* neben der Möglichkeit eines Direktausschlusses konstruktiv nicht zwingend indiziert. Die Parallele zu § 203 Abs. 1, 2 AktG zeigt aber auch, dass im Rahmen des § 71 Abs. 1 Nr. 8 S. 5 AktG selbige Erwägungen für die Statuierung einer Ermächtigungsoption sprechen wie im Rahmen des Bezugsrechtsausschlusses beim genehmigten Kapital. Der Transfer ist vor allem dann letztlich zwingend, wenn man davon ausgeht, dass ein Beschluss i.S.d. § 71 Abs. 1 Nr. 8 S. 5 AktG notwendigerweise gemeinsam mit der Erwerbs-

---

123 Vgl. Kommissionsvorschlag vom 9.3.1970 (COM/1970/0232), S. 14, in diese Richtung auch *Fest*, in: Hopt/Seibt, SVR, § 221 Rn. 527, wonach Ermächtigungsbeschlüsse die Bewegungsfreiheit garantierten, die für die Ausnutzung der sich auf dem Kapitalmarkt ergebenden Gelegenheiten *erforderlich* sei.

124 Vgl. BT Drs. 8/1678, S. 19; diese Vergleichbarkeit zeigt sich auch in der nach herrschender Ansicht bestehenden analogen Anwendbarkeit des § 203 Abs. 2 AktG betreffend den Ausschluss des Bezugsrechtes auf die Titel i.S.d. § 221 AktG (s. hierzu bereits die Angaben unter Fn. 49).

ermächtigung nach § 71 Abs. 1 Nr. 8 S. 1 AktG gefasst werden muss.[125] Die Ermächtigungsoption des § 71 Abs. 1 Nr. 8 S. 5 AktG ist daher nicht durch die Systematik des § 71 Abs. 1 Nr. 8 S. 1 AktG indiziert. Vielmehr enthält die Regelung eine gesonderte Wertung, die jedoch durch die Gestaltung der Regelungen in § 71 Abs. 1 Nr. 8 S. 1 AktG einerseits und § 203 Abs. 1, 2 AktG andererseits beeinflusst ist.

Die Idee einer „genehmigten Kapitalherabsetzung“[126] nach Maßgabe des § 71 Abs. 1 Nr. 8 S. 6 AktG ergibt sich aus dem Interesse, Ausschüttungsinteressen längerfristig berücksichtigen und gestaltbar machen zu können.[127] Die Flexibilität der Kapitalstruktur wird insgesamt erhöht, wenn Ermächtigungen nach § 71 Abs. 1 Nr. 8 S. 6 AktG und § 202 Abs. 1, 2 AktG zeitlich parallel gelten(sog. „Floating“).[128] Auch für die „genehmigte Kapitalherabsetzung“ ist folglich wiederum das betriebswirtschaftliche Interesse an einer kurzfristigen Beeinflussbarkeit der Kapitalstruktur die maßgebliche Erwägung.[129]

2. Durch Funktion der zu legitimierende Maßnahme indizierte Ermächtigungsoptionen

Mit § 71 Abs. 1 Nr. 7, 8 S. 1 AktG und § 33 Abs. 2 WpÜG existieren aber auch Ermächtigungsoptionen, die primär darauf abzielen, eine spezifische

---

125 Vgl. konzeptionell zu einer solchen Notwendigkeit die Ausführungen in Abschnitt A.II. in Kapitel 2.

126 So bspw. *Kallweit/Simons*, AG 2014, 352 (354).

127 Vgl. insoweit *Martens*, AG 1996, 337 (343), der eine entsprechende Änderung des Entwurfs des KontraG vorschlug. Der Hinweis des Gesetzgebers auf die „gesteigerte Flexibilität“ (BT-Drs. 13/9712 S. 13) ist vor diesem Hintergrund als Verweis auf die von *Martens* dargelegten Erwägungen zu verstehen.

128 Vgl. *Martens*, a.a.O.

129 Vgl. auch *Merkt*, in: GroßKomm-AktG, § 71 Rn. 299. Anders als noch im Referentenentwurf vorgesehen, ist es dem Vorstand in Folge des § 71 Abs. 1 Nr. 8 S. 6 AktG zwar unter Umständen möglich, bei der Kapitalherabsetzung sowohl den Zeitpunkt des Erwerbs als auch den Zeitpunkt der Einziehung zu bestimmen; nach Maßgabe des bereits bestehenden § 71 Abs. 1 Nr. 6 AktG i.V.m. § 237 AktG war und ist dies aufgrund der Ausführungspflicht nach § 83 Abs. 2 AktG nicht der Fall. Wenn *Martens* also darauf verweist, dass die aus der Liberalisierung des Erwerbs eigener Aktien folgenden Gestaltungsmöglichkeiten im Interesse eines möglichst handlungsfähigen Vorstands idealerweise vollumfänglich zu nutzen seien, kann dies nicht dahingehend verstanden werden, dass die Regelung des § 71 Abs. 1 Nr. 8 S. 6 AktG auf ähnlichen Erwägungen beruht wie § 71 Abs. 1 Nr. 7, 8 S. 1 AktG.

Handlungsoption als solche aufgrund des damit einhergehenden Potentials zu ermöglichen. Dass die Beteiligung der Hauptversammlung eine Ermächtigungsoptione vorsieht liegt in diesen Fällen daran, dass nach den Vorstellungen des Gesetzgebers die in Rede stehenden Instrumente nur dann effektiv genutzt werden können, wenn die entsprechende Maßnahme vom Vorstand kurzfristig durchgeführt werden kann. Es steht weniger die Möglichkeit einer *Ermächtigung* im Zentrum der Gestaltungsfragen, sondern die Zulässigkeit der entsprechenden Maßnahme an sich.

Illustrieren lässt sich dieser Zusammenhang an den Ermächtigungsoptionen i.S.d. § 71 Abs. Nr. 7, 8 S. 1 AktG. Der Erwerb eigener Aktien ist mit Gefahren für die Gesellschaft, die Aktionäre und die Gläubiger der Gesellschaft verbunden und daher auf die in § 71 Abs. 1 AktG genannten Fälle begrenzt.[130] Die relativ weitgehende Beschlussoption i.S.d. § 71 Abs. 1 Nr. 8 S. 1 AktG begründete der Gesetzgeber mit den potentiell positiven Effekten des Erwerbs eigener Aktien. Der Erwerb eigener Aktien könne "zur Belebung des Börsenhandels, zur Steigerung der Akzeptanz der Aktie als Anlageform, zur erhöhten Emissionsneigung und damit zur Attraktivität des deutschen Finanzplatzes beitragen.“[131] Des Weiteren könne der Eigenerwerb sinnvoll sein, wenn das Eigenkapital mittel- oder langfristig zu hoch sei oder wenn die Eigenkapitalrendite erhöht werden solle.[132] Maßgeblich für die Notwendigkeit einer *Ermächtigungs*option sind aber vor allem die weiteren, vom Gesetzgeber nicht explizit genannten potenziellen Zwecke des Erwerbs eigener Aktien[133], wie beispielsweise die punktuelle Beeinflussung des Börsenkurses[134] oder die Verhinderung feindlicher Übernahmen. Diese Zwecke können nur bei der Möglichkeit zu einer raschen Reaktion erreicht werden. Sie benötigen zu ihrer Realisierung einer Ermächtigungsoption.[135]Noch deutlicher wird dieser Zusammenhang bei

---

130 Zusammenfassend zu den Gefahren: *Lutter/Drygala*, in: KölnKomm-AktG, § 71 Rn. 16 ff.; *Habersack*, ZIP 2004, 1121 (1121 f.); *Bednarz*, S. 57 ff.; *Bezzenberger*, ZHR 180 (2016), 8 (11 ff.); *Huber*, in: FS Duden 1977, S. 137 (142 ff.).

131 BT -Drs. 13/9712, S. 13.

132 Ebd.

133 Eine Übersicht zu den möglichen Zwecken findet sich bei *Merkt*, in: GroßKomm-AktG, § 71 Rn. 16 ff.

134 Zur grundsätzlichen Zulässigkeit vgl. *Merkt*, in: GroßKomm-AktG, § 71 Rn. 275 f.

135 Weder der nationale noch der unionale Gesetzgeber gingen gesondert auf die Notwendigkeit einer Koppelung des liberalisierten Erwerbs eigener Aktien an einen *Ermächtigungs*beschluss ein, sodass nur davon ausgegangen werden kann, dass dies vor dem gezeigten Hintergrund für selbstverständlich gehalten wurde. Die vom nationalen Gesetzgeber ausdrücklich genannten Zwecke, ins-

Betrachtung der gegenüber § 71 Abs. 1 Nr. 8 S. 1 AktG weiter gefassten Vorschrift des § 71 Abs. 1 Nr. 7 AktG. Bei der Einführung im Jahr 1994 beschäftigte sich der deutsche Gesetzgeber intensiv mit der betriebs- und volkswirtschaftlich begründeten Notwendigkeit, Kreditinstituten einen Handel mit eigenen Aktien zu erlauben. Nicht behandelt wurde die Frage nach der Adäquanz einer Ermächtigungsoption.[136] Betrachtet man die von dem Gesetzgeber ins Auge gefassten Geschäfte, die eine Ermöglichung des Handels mit eigenen Aktien notwendig erscheinen ließen (Geschäfte im außerbörslichen Handeln, die von sog. Market-Makern getragen werden, Sicherung der Erfüllung von Put-Option durch frühzeitigen, kursabhängigen Ankauf oder das Hedging von Aktien)[137] wird indes auch ersichtlich, dass all diese Geschäfte eine kurzfristige Entschließung und/oder Abwicklung erfordern. Eine Mitwirkung der Hauptversammlung in Form eines Einzelbeschlusses wäre nicht zweckdienlich.

Anders gewendet: Eine Befugnis zur Entscheidung über eine Kapitalerhöhung ohne entsprechende Ermächtigungsoption wäre suboptimal, aber nicht von vorneherein zweckwidrig. Die Befugnis zur Entscheidung über den Erwerb eigener Aktien ohne entsprechende Ermächtigungsoption würde die gesamte Befugnis in tatsächlicher Hinsicht weitestgehend sinnentleeren.

Auch § 33 Abs. 2 WpÜG ist dieser Gruppe von Ermächtigungsoptionen zuzuordnen. Dies zeigt ein Blick in die Gesetzgebungshistorie.[138]

---

besondere die *mittel- oder langfristige* Senkung der Eigenkapitalausstattung, sind jedenfalls nicht denklogisch an ein kurzfristiges Handeln gebunden. Art. 19 Abs. 1 RL 77/91/EWG entspricht weitestgehend dem heutigen Art. 21 Abs. 1 S. 1 RL 2012/30/EU. Der ursprüngliche Vorschlag der Kommission sah unter Artt. 19, 20 des Entwurfs zwar eine Beteiligung der Hauptversammlung vor, jedoch nicht zwingend in Form eines Ermächtigungsbeschlusses (vgl. COM /1970/0232, S. 11, sowie auch die Stellungnahme des Wirtschaftsausschuss (Amtsblatt EG, C 88 v. 6.09.1971, S. 1 ff.). Auch der überarbeitete Kommissionsvorschlag (COM/1972/1310) änderte hieran nichts. Erst in der vom Rat verabschiedeten Fassung der Richtlinie vom 13.12. 1976 (Amtsblatt EG, L 26 v. 31.01.1977, S. 1 ff.) tauchte die heutige Regelungstechnik auf, ohne dass aus den Dokumenten ersichtlich ist, warum es zu der Änderung kam.

136 Vgl. BT-Drs. 12/6679, S. 83 f.

137 Ebd.

138 Die Regelung des § 33 WpÜG im Ganzen ist das Ergebnis einer intensiven rechtspolitischen Diskussion. Der ursprüngliche Entwurf statuierte für die Hauptversammlung keine Möglichkeit, sich allgemein und vor Veröffentlichung des Angebots zur Abwehr von Übernahmeangeboten mit der Vornahme von Verteidigungshandlungen auseinanderzusetzen, vgl. § 31 WpÜG-DiskE, abgedruckt bei: Witte, BB 2000, 2161 (2163). § 31 Abs. 1, 2 WpÜG-DiskE sah

Unionsrechtlich beruht die Regelung des § 33 Abs. 2 WpÜG auf der Nutzung der Opt-out-Option des Art. 12 Übernahme-RL (RL 2004/25/EG). Im europäischen Gesetzgebungsverfahren war ursprünglich die Ausnutzung eines nicht vor mehr als 18 Monaten vor der Angebotsveröffentlichung geschaffenen genehmigten Kapitals für zulässig erachtet worden. Auf diese Weise sollte angebotsvereitelnden Handlungen des Vorstands vorgebeugt werden, ohne dabei die Zielgesellschaft in ihrer Geschäftsfähigkeit unangemessen zu behindern.[139] In der endgültigen Fassung der Richtlinie waren Ermächtigungsoptionen oder -wirkungen nicht mehr vorgesehen. Dies wurde damit begründet, dass gewährleistet sein müsse, „dass die Eigentümer der Gesellschaft über ihr Schicksal entscheiden", weshalb die Hauptversammlung nur bereits bestimmten Übernahmeangeboten zustimmen können sollte.[140] Eine antizipierte Zustimmung in Unkenntnis des konkreten Angebots erschien daher nicht zielführend. Die fehlende Möglichkeit eines legitimierenden Ermächtigungsbeschlusses wird als einer der Gründe kolportiert, die maßgeblich auf Betreiben der Bundesrepublik Deutschland zum vorläufigen Scheitern der Richtlinie im Jahr 2001 führten. Zu groß schien die Gefahr für die Waffengleichheit insbesondere gegenüber amerikanischen Investoren.[141]

---

vielmehr ein generelles Verhinderungsverbot vor, von dem nur in den in § 31 Abs. 3 WpÜG DiskE geregelten Fällen abgewichen werden können sollte. § 31 Abs. 3 Nr. 2 WpÜG-DiskE statuierte eine Ausnahme insbesondere für Handlungen auf Grundlage eines nach Veröffentlichung des Angebots gefassten Hauptversammlungsbeschlusses. Diese Regelung ist mit der heutigen Rechtslage nicht vergleichbar, da der Hauptversammlung nach dem Entwurf nur eine mittelbare Entscheidungsgewalt zukam, konnte sie doch nur über Maßnahmen entscheiden, die schon von Haus aus der Beteiligung der Hauptversammlung bedurften. Auf die konkrete Möglichkeit eines Ermächtigungsbeschlusses in der endgültigen Regelung wird dennoch nur kursorisch eingegangen, vgl. BT Drs. 14/7034, S. 58. Kritisch hinsichtlich der fehlenden Äußerungen zu dieser Frage: *Wackerbarth*, WM 2001, 1741 (1750) sowie *Hopt*, ZGR 2002, 333 (360).

139 Vgl. die Änderungsvorschläge des Europäischen Parlaments, ABl. 1990 C 38, S. 41 ff. sowie den gemeinsamen Standpunkt von Kommission und Rat vom 19.6.2000, ABl. 2001 C 23 sowie zur Begründung: Gemeinsamer Standpunkt von Kommission und Rat vom 19.6.2000, ABl. 2001 C 23, Erwägungsgrund 18

140 Vgl. dazu: Vorschlag für eine Richtlinie des Europäischen Parlaments und des Rates betreffend Übernahmeangebote vom 2.10.2002 (COM/2002/534; auch veröffentlicht unter BR-Drs. 800/02); vgl. dazu *Neye*, NZG 2002, 1144 sowie *Seibt/Heiser*, ZIP 2002, 2193.

141 Vgl. zu den Hintergründen des Scheiterns der EU-Richtlinie zusammenfassend (und zugleich kritisch): *Hommelhoff/Witt*, RiW 2001, 561 sowie *Drygala*, ZIP 2001, 1861.

Aus diesen Umständen lässt sich folgern, dass die Ermächtigungsoption nach § 33 Abs. 2 WpÜG nicht darauf abzielt, der Aktiengesellschaft eine notwendige oder wünschenswerte Flexibilität zu verschaffen. Die „überlebenswichtige“ Flexibilität der Aktiengesellschaft in Übernahmesituationen ist schon durch die weitreichenden Ausnahmen des § 33 Abs. 1 S. 2 WpÜG gewährleistet. Mit der Regelung des § 33 Abs. 2 WpÜG soll vielmehr den Eignern Abwehrinstrumente zur Verfügung gestellt werden. Ähnlich wie bei § 71 Abs. 1 Nr. 7, 8 S. 1 AktG geht es also um die schlichte Möglichkeit, eine bestimmte Handlungsweise nur aufgrund eines entsprechenden Willens der Hauptversammlung erlauben zu können und weniger um die Steigerung der Flexibilität des Vorstands bezüglich dieser Entscheidung. Dabei ging der Gesetzgeber augenscheinlich auch davon aus, dass eine solche Mitwirkung sinnvoll wiederum nur in Form eines Ermächtigungsbeschlusses erfolgen kann. Ob dies eine korrekte Einschätzung darstellt oder die notwendige Mitwirkung der Hauptversammlung nicht auch im Wege eines Ad-hoc-Beschlusses ausgereicht hätte, mag man bezweifeln.[142] Tatsächlich wird von der Regelung des § 33 Abs. 2 WpÜG in der Praxis bis dato so gut wie kein Gebrauch gemacht. Das muss aber nicht nur mit dem etwaig fehlenden Mehrwert eines Ermächtigungsbeschlusses gegenüber der Option einer Ad-hoc-Zustimmung zusammenhängen. Ausschlaggebend kann auch sein, dass die Fassung eines Ermächtigungsbeschlusses mit der Gefahr einhergeht, dass die Aktionäre ihre Gesellschaft auf dem Markt als „potenzielles Verkaufsobjekt“ zu erkennen geben.[143]

3. Durch Gesetzessystematik indizierte Ermächtigungsoptionen

Aus systematischen Zwängen ergibt sich (neben § 221 Abs. 2 AktG) die Ermächtigungsoption des § 192 Abs. 2 Nr. 3 Alt. 2 AktG. Wie *Lutter* nach Veröffentlichung des Referentenentwurfs darstellte, war das ursprünglich beabsichtigte Regelungssystem hinsichtlich der Festsetzung der Vergütung

---

142 Vgl. etwa *Wackerbarth*, WM 2001 1741 (1750) sowie *Drygala*, ZIP 2001, 1861 (1865).

143 Insoweit bereits kritisch hinsichtlich der praktischen Relevanz: *Marsch-Barner*, in: Bad Homburger Hb-Übernahmerecht, E 64; ebenso, jedoch vornehmlich auf die fehlende Notwendigkeit eines Ermächtigungsbeschlusses im Lichte der Regelung des § 33 Abs. 1 S. 2 Var. 3 WpÜG abstellend: *Fleischer/Kalss*, Wertpapiererwerbs- und Übernahmegesetz, S. 129 – ob § 33 Abs. 1 WpÜG betreffend die Ausnutzung einer bestehenden sonstigen Ermächtigung aber wirklich anwendbar ist, ist umstritten (vgl. Nennungen bei Fn. 575).

des Vorstands inkonsistent.[144] Die Möglichkeit einer bloßen Ermächtigung zur tatsächlichen Umsetzung eines Vergütungsprogramms, für welches das bedingte Kapital geschaffen wurde, war daher geboten.[145] Eine den vorangestellten Ermächtigungsoptionen vergleichbare Implikation im teleologischen Sinn existiert hingegen nicht. So hatten die Vorschriften über das bedingte Kapital vor dem KontraG über 60 Jahre auch ohne die Ausweitung des Einsatzbereiches auf die Vergütungsebene funktioniert.[146] Selbiges hätte auch für die Ausweitung des Einsatzbereiches an sich gegolten. Die Möglichkeit einer Ermächtigung nach Maßgabe des § 192 Abs. 2 Nr. 3 Alt. 1 AktG soll dafür sorgen, dass die ursprüngliche befundene Zuteilung der Vergütungszuständigkeit nicht torpediert wird und zugleich der Wertung des § 221 Abs. 2 AktG Rechnung getragen wird.

4. Ermächtigungsoptionen zwecks Flexibilisierung der Kompetenzstruktur als solche

Schließlich werden Ermächtigungsoptionen auch dazu eingesetzt, die Kompetenzordnung als solche an die Bedürfnisse der konkreten Gesellschaft anpassen zu können. Illustrieren lässt sich dieser Gedankengang an der Regelung des § 58 Abs. 2 S. 2 Alt. 1 AktG, welche hinsichtlich der Hintergründe im Vergleich zu den übrigen Ermächtigungsoptionen eine Sonderrolle einnimmt.

„Ermächtigend" wirkt eine Satzungsbestimmung i.S.d. § 58 Abs. 2 S. 2 Alt. 1 AktG nur dann, wenn bestimmt wird, dass *mehr* als die Hälfte des Jahresüberschusses von der Verwaltung in andere Gewinnrücklagen

---

144 Dies lag dies daran, dass § 71 Abs. 1 Nr. 2 AktG keine Hauptversammlungsbeteiligung vorsah (und nachwievor auch nicht vorsieht), während dies bei § 221 AktG der Fall ist, dabei jedoch eine Ermächtigung zugelassen und ein ausdrücklicher Bezugsrechtsausschluss gefordert wird, während § 192 Abs. 2 Nr. 3 AktG-RefE weder die Möglichkeit einer Ermächtigung noch ein etwaig auszuschließendes Bezugsrecht ansprach, vgl. entsprechend: *Lutter*, AG 1997, Sonderheft August, 52 (56).

145 Ebd.; entsprechend ist sodann auch die Gesetzesbegründung zu verstehen, wenn es schlicht pauschal heißt, dass ein Ermächtigungsbeschluss „der Verwaltung mehr Flexibilität zum Ob und zum Zeitpunkt der Auflegung des Aktienoptionsplans" einräume Vgl. BT -Drs. 13/9712; S. 24; *Wulff*, S. 60 konkretisiert dies dahingehend, dass mehr Flexibilität für die Ausgestaltung der Ausgabebedingungen und ein längerer Ausgabezeitraum geschaffen werde.

146 Zur Gesetzesgeschichte vgl. *Fuchs*, in: MünchKomm-AktG, § 192 Rn 8 ff.

eingestellt werden kann.[147] Die Möglichkeit zur Gestattung einer höheren Rücklagenbildung besteht seit 1965. Die Hintergründe des § 58 Abs. 2 S. 2 Alt. 1 AktG ergeben sich aus einer Gesamtschau der Regelungszwecke des § 58 AktG, namentlich dem Streben nach einem Kompromiss zwischen den gegenläufigen Interessen bezüglich der Frage der Verwendung von Gewinnen der Gesellschaft.

Bei typisierender Betrachtung stehen sich hier das Interesse der Aktiengesellschaft an einer hohen Thesaurierungsrate zur Stärkung der eigenen Finanzstruktur für die kommenden Jahre und das profitgetriebene Interesse der Aktionäre an einer möglichst hohen Dividendenzahlung gegenüber.[148] Der Ausgangspunkt der Überlegungen im Gesetzgebungsverfahren war, dass weder die Alleinzuständigkeit der Verwaltung zu Lasten der Aktionäre noch eine Alleinzuständigkeit der Hauptversammlung tragbar seien.[149] In dieser Hinsicht ist § 58 AktG vor allem das Ergebnis eines Kompromisses. Mit der hälftigen Teilung kann der Vorstand die Rücklagen regelmäßig verstärken. Zugleich können die Aktionäre über eine zusätzliche Risikoübernahme selbst befinden, indem sie theoretisch weitere Rücklagen bilden können (vgl. § 58 Abs. 3 AktG).[150] Umstritten war, welches Organ für die Feststellung des Jahresabschlusses oder auch nur die einzelnen Schritte zuständig sein soll:[151] Anfangs dominierte die Meinung, dass das Recht zur Feststellung des Jahresabschlusses der Hauptversammlung zustehen müsste. Mit fortschreitender Zeit gewann zunehmend die Ansicht, dass diese Kompetenz aufgrund der „Unfähigkeit" der Hauptversammlung dem Vorstand zufallen sollte, an Bedeutung. Noch bis zum Regierungsentwurf 1960 wurde befürwortet, zumindest die Rücklagenbil-

---

147 Da es für die hier formulierte Frage darauf ankommt, wann und warum der Gesetzgeber es für nötig hält, dass die Aktionäre den Gestaltungsspielraum des Vorstands *erweitern* können, kann eine Betrachtung der Möglichkeit, die Kompetenzen des Vorstands zu verringern, hier dahinstehen.

148 *Arnold/Notz*, in: GroßKomm-AktG, § 58 Rn. 21; *Westermann*, in: Bürgers/Körber AktG, § 58 Rn. 1; kritisch hinsichtlich der Annahme eines solch pauschalen Interesses der Aktionäre an Dividendenzahlungen: *Drygala*, in: KölnKomm-AktG, § 58 Rn. 16.

149 Vgl. *Kropff*, AktG 1965, S. 74.

150 Die Adäquanz dieses Ausgleichs wurde und wird freilich bezweifelt, vgl. *Kropff*, AktG 1965, S. 74 f. sowie zur Kritik aus juristischer als auch ökonomischer Sicht *Merkt*, in: GroßKomm-AktG, § 58 Rn. 13; *Drygala*, in: KölnKomm-AktG, § 58 Rn. 20 ff., jeweils m.w.N.

151 Vgl. zum Folgenden im Ganzen: *Bahrenfuss*, S. 688 ff.

dung in die Hände der Hauptversammlung zu legen.[152] Schließlich wurde jedoch beschlossen, dass auch die Rücklagenbildung grundsätzlich eine Angelegenheit des Vorstands sein sollte, bzw. dieser zu einem gewissen Teil (bis zu 50 %) alleine entscheiden können sollte.[153] Indem die Entscheidungsbefugnis des Vorstand hinsichtlich der Rücklagenbildung dem Umfang nach begrenzt wurde, sah man die Rechte der Aktionäre hinreichend gewahrt. Die Regelung des § 58 Abs. 2 S. 2 Alt. 1 AktG wurde erst im Nachgang zu diesen Entwicklungsschritten eingeführt. Hintergrund war die Erkenntnis, dass bei der Verschiedenartigkeit der einzelnen Geschäftsfelder eine pauschale Grenze nicht für alle Aktiengesellschaften angemessen sein kann.[154] Den Aktionären sollte daher die Gelegenheit gegeben werden, die Höhe der potentiellen Rücklagenbildung durch den Vorstand an die spezifischen Bedürfnisse der Aktiengesellschaft anzupassen.[155]

Anders als bei den übrigen Ermächtigungsoptionen geht es somit nicht um eine Facette des allgemeinen Konflikts zwischen dem volkswirtschaftlichen Interesse an einem potenten Vorstand einerseits und einem effektiven Schutz der Aktionäre durch eine weitgehende Mitwirkung andererseits. Vielmehr steht die Auflösung eines Interessenkonfliktes zwischen der *Aktiengesellschaft* und *ihren Aktionären* in Rede. Weiterhin geht es

152 In diesem Zusammenhang war vorgesehen, dass die Kompetenz grundsätzlich der Hauptversammlung zustehen sollte, diese jedoch den Vorstand zur Rücklagenbildung ermächtigen konnte, freilich nur in Höhe von bis zu 50 % des Jahresüberschusses; vgl. § 54 Abs. 1 S. 1 AktG-RefE 1958 und § 55 Abs. 1 AktG-RegE 1960, dargestellt bei *Bahrenfuss*, a.a.O.

153 Zur Kritik an den vorherigen Plänen und Entwürfen vgl. die Nennungen bei *Bahrenfuss*, S. 755 ff., S. 783 ff.

154 Die Grundidee, den Umfang der maximalen Rücklagenbildung an Feststellungen in der Satzung zu koppeln, hatte *Geßler* bereits 1955 vorgetragen; diese fand jedoch aufgrund der damals noch vorherrschenden Meinung, wonach die Hauptversammlung selbst darüber entscheiden sollte, keinen Widerhall, vgl. *Bahrenfuss*, S. 728 f. Die Idee wurde schließlich vom BMJ und *Wilhelmi* wieder aufgegriffen, welcher als Reaktion auf die anhaltende Kritik an der Beschränkung der Möglichkeit zur Ermächtigung des Vorstands zur Rücklagenbildung in Höhe von 50 % auf Basis eines Vorschlages des BMJ die heutige Regelung mit dem Argument empfahl, dass eine Regelung gefunden werden müsse, die „einerseits den Unternehmen einen ausreichenden Anteil am Gewinn zur Verfügung stelle, ohne gegenüber der Hauptversammlung den Verwendungszweck im Einzelnen begründen zu müssen", durch die aber „andererseits der Aktionär hinsichtlich Gewinnverwendung nicht der Willkür der Verwaltung ausgesetzt werde"; abgedruckt bei *Bahrenfuss*, S. 803.

155 Diese Gestaltung des Gesetzgebers unter Verweis auf die „Verkennung der tatsächlichen Machtverhältnisse" in einer Aktiengesellschaft kritisierend: *Lutter*, in: KölnKomm-AktG (2. Auflage), § 58 Rn. 20.

auch nicht darum, dem Vorstand eine schnelle Reaktion auf gegebene Umstände zu ermöglichen. Es geht um die *Anpassung an die allgemeinen Gegebenheiten* in der spezifischen Gesellschaft. Flexibilisiert wird also die Kompetenzordnung als solche.

V. Zusammenfassende Betrachtung

Die Existenz von Ermächtigungsoptionen leitet sich unmittelbar aus der volkswirtschaftlichen Funktion von Aktiengesellschaften ab, stellt also zumindest in dieser Hinsicht keine „Ausnahme“ vom Organisationssystem der Aktiengesellschaft dar. Das Streben nach mehr Flexibilität des Vorstands unter hinreichender Beteiligung der Aktionäre bei bedeutenden Maßnahmen entspricht dabei nicht nur in der Theorie der Funktion solcher Regelungen. Diese Funktion deckt sich weit überwiegend auch mit den tatsächliche Bestreben des Gesetzgebers. Im Detail ergeben sich Abstufungen danach, ob die Flexibilität das primäre Ziel oder nur ein notwendiger Gesichtspunkt bei der Liberalisierung einer Maßnahme war oder die Ermächtigungsoption nur unter systematischen Gesichtspunkten auf die Zuerkennung einer notwendigen Flexibilität an anderer Stelle im Gesetz reagiert. Bei aller Diversität der Begründungen im Detail kann daher mit Ausnahme von § 58 Abs. 2 S. 2 Alt. 1 AktG durchaus von einer tatsächlichen einheitlichen Funktion der existenten Regelungen gesprochen werden.

Auf der anderen Seite kann aber auch nicht die Rede davon sein, dass ein einheitliches Konzept des Gesetzgebers bestünde, anhand dessen die Handlungsfähigkeit der Gesellschaft gegenüber der Aufrechterhaltung der Kompetenzerhaltung aufgewogen wird. Die Diversität der konkreten Erwägungen und die erwähnte rechtspolitische Dimension der Regulierungsentscheidung(en) stehen einer Fortentwicklung der erstellten Systematik von Regulierungsgründen zu einem die Regulierung weiterer einzelner Ermächtigungsoptionen indizierenden oder ablehnenden Gesamtkonzept entgegen. Es fehlt ein trennscharfes holistisches Konzept des Gesetzgebers. Insbesondere lässt sich nicht trennscharf bestimmen, ab wann ein betriebswirtschaftliches Interesse ausgeprägt genug ist oder aber der Benefit einer Maßnahme durch die Notwendigkeit eines Einzelbeschlusses hinreichend genug aufgezehrt werden würde, um eine Ermächtigungsoption als notwendig oder zumindest sehr wünschenswert erscheinen zu lassen. Etwas anderes ergibt sich auch nicht aus dem angesprochenen Unterschied zwischen Ermächtigungsoptionen, bei denen es um die Steigerung der konkreten Handlungsfähigkeit bezüglich einer Maßnahmenart geht, und solchen, bei denen vornehmlich die Ermöglichung einer bestimmten Handlung als solche im Fokus steht. Schließlich besteht auch in Bezug auf die Frage, ob eine bestimmte Maßnahme überhaupt möglich sein soll, regelmäßig ein recht breiter rechtspolitischer Gestaltungsspielraum.

B. Existenz einer „allgemeinen Delegationskompetenz" seitens der Hauptversammlung?

Zum legislatorischen Rahmen von Ermächtigungsbeschlüssen gehört auch die Frage, in welchem Umfang der Hauptversammlung solche Delegationen ihrer Kompetenzen und Mitwirkungsbefugnisse möglich sind. Die jeder zivilrechtlichen Fragestellung zum Ausmaß einer Gestaltungsfreiheit zugrundeliegende Privatautonomie kann dabei nur Ausgangspunkt der anzustellenden Überlegungen sein. Der Fokus der folgenden Darstellung soll insbesondere im Zusammenhang mit den ungeschriebenen Zuständigkeiten der Hauptversammlung auf der Frage liegen, ob eine über die geschriebenen Ermächtigungsbefugnisse hinausgehende Delegationskompetenz der Hauptversammlung konzeptionell möglich ist und wonach sich deren Annahme zu richten hat. Ausgespart werden soll mit Blick auf den Zuschnitt der Arbeit (Betrachtung der Ermächtigungsoptionen zu Grunde liegenden *Regelungstechnik*) die Frage, welche Sachbefugnisse die Hauptversammlung im Einzelnen auch ohne gesetzliche Regelung an den Vorstand delegieren kann.

Aus ökonomischer und verfassungsrechtlicher Perspektive wäre eine „allgemeine Delegationskompetenz" nicht von vorneherein vollumfänglich zu beanstanden, käme eine dementsprechende Kompetenz doch den „Eigentümern" der Gesellschaft zu, also jenen Personen, denen sowohl nach den Vorstellungen des Grundgesetzes als auch der Institutionenökonomik eine weitreichende Entscheidungsbefugnis zustehen sollte.[156] Wie bereits gezeigt, sind Ermächtigungsoptionen bei all ihren Vorteilen nicht frei von Gefahren. Es besteht ein ausgeprägtes Interesse an einer hand-

156 Freilich kann aus diesem Punkt über die bloße Feststellung hinaus kein Rückschluss gezogen werden, denn die Privatautonomie als abstrakter Grundsatz bzw. deren Konkretisierung ist unbenommen ihrer verfassungsrechtlichen Verbürgung (Art. 2 Abs. 1 GG) stets abhängig von ihrer Ausgestaltung durch die Rechtsordnung, vgl. *Flume*, AT II, S. 2 f.; in diesem Zusammenhang von einem „Optimierungsgebot" sprechend: *Wolff/Neuner*, Allgemeiner Teil des Bürgerlichen Rechts, § 10 Rn. 30.

lungsfähigen Gesellschaft und mithin einem möglichst „mächtigen“ Vorstand – jedoch führt dies nicht dazu, dass eine allzu umfangreiche Statuierung von Ermächtigungsbeschlüssen durch das Gesetz indiziert ist: Legte man die Entscheidung über jedwede Hauptversammlungskompetenz in die Hände der Aktionäre, bestünde bei einer weitreichenden Verschiebung des Machtgefälles die Gefahr, dass der Anreiz einer Investition durch weitere Anleger gesenkt werden könnte.[157] Die Fungibilität der Aktie als Handels- und Investitionsmittel und mithin die Kapitalanlagefunktion der Aktiengesellschaft könnte auf diese Weise gestört werden.

Entsprechend der gezeigten volkswirtschaftlichen Implikationen für die Existenz von Ermächtigungsoptionen und einer allgemeinen Delegationskompetenz hängt die Beantwortung dieser Frage maßgeblich mit den dargestellten *tatsächlichen* Erwägungen des Gesetzgebers zusammen. Es ist zu differenzieren, ob die Delegation geschriebener (dazu I.) oder ungeschriebener (dazu II.) Zuständigkeiten der Hauptversammlung in Rede stehen.

I. Ermächtigungskompetenz bezüglich geschriebener Zuständigkeiten der Hauptversammlung

Vorbehaltlich einer gesonderten Anordnung ist eine Delegation von ausdrücklich der Hauptversammlung zugewiesenen Entscheidungsfragen an den Vorstand nicht zulässig. Für Kompetenzen, deren Ausnutzung einen satzungsändernden Beschluss fordern, ergibt sich dies für vom AktG geregelte Kompetenzen unmittelbar aus dem Prinzip der Satzungsstrenge gem. § 23 Abs. 5 AktG sowie mittelbar im Umkehrschluss aus § 179 Abs. 1 S. 2 AktG. Für Kompetenzen aus dem UmwG folgt selbiges aus § 1 Abs. 3 UmwG. Wenn § 23 Abs. 5 AktG eine satzungsmäßige Abweichung von den gesetzlichen Vorschriften nur in den ausdrücklich vorgesehenen Fällen erlaubt, wird damit insbesondere auch die Kompetenzordnung der Organe als grundsätzlich zwingend eingeordnet, sodass weder ein satzungsmäßiger „Verzicht“ noch die satzungsmäßige Ermächtigung eines anderen Organs möglich sind.[158] Während § 1 Abs. 3 UmwG dem Wortlaut

157 Vgl. hierzu bereits die Darstellung unter Abschnitt A.III in diesem Kapitel.

158 Unstreitig, dies gilt insbesondere unabhängig davon, ob es um eine Delegation an den Vorstand oder den Aufsichtsrat geht, vgl. *Koch*, AktG, § 23 Rn. 35 f.; *Mülbert*, in: GroßKomm-AktG,§ 119 Rn. 215 f.; *Sailer-Coceani*, in: MünchHb-AG, § 6 Rn. 10; *Grunewald*, AG 1990, 133 (134); *Timm*, DB 1980, 1201 (1204) sowie *Lutter*, in: FS Quack, S. 301 (313 f.) m.w.N.

nach jegliche Abweichung verbietet und somit auch einer Ermächtigung durch einfache Hauptversammlungsbeschlüsse im Weg steht, äußert sich das AktG zumindest nicht ausdrücklich zur Möglichkeit einer Ermächtigung des Vorstands durch einen entsprechenden Beschluss der Hauptversammlung. Insoweit besteht jedoch zu Recht Einigkeit, dass ein solcher Beschluss auch in Bezug auf die vom AktG vorgegebene Zuständigkeitsordnung nicht zulässig ist: Wenn schon die Satzung keine Abweichung vorschreiben kann, dann kann dies erst recht nicht in Folge eines geringeren Anforderungen unterliegenden, einfachen Hauptversammlungsbeschlusses geschehen.[159] Ein solcher Erst-Recht-Schluss ist dabei auch mit Blick auf den von § 23 Abs. 5 AktG verfolgten Zweck, die Steigerung der Fungibilität der Aktie und der Schutz zukünftiger Aktionäre und Gläubiger,[160] zulässig, wären diese Ziele doch in beiden Fällen gefährdet.

Nicht zielführend wäre es hingegen, ergänzend oder alternativ auf einen Umkehrschluss zu den sich aus dem AktG ergebenden Möglichkeiten[161] der Hauptversammlung zur Fassung eines Ermächtigungsbeschlusses abzustellen. Zum einen könnte man sich für den Umkehrschluss nur auf solche Ermächtigungsoptionen stützen, die keine Satzungsänderung erfordern, denn für letztere Fälle gilt § 23 Abs. 5 AktG unmittelbar. Zum anderen wäre der Rückschluss nur bezogen auf solche Fälle legitim, in denen das Gesetz einen Ermächtigungsbeschluss als Alternative zur Fassung eines Einzelbeschlusses vorsieht. Es würde also auf einen Umkehrschluss zu § 221 Abs. 2 AktG hinauslaufen. Die Erwägungen bezüglich dieser Regelung erschöpfen sich aber wie gesehen sowohl nach der nationalen als auch der unionalen Gesetzgebungsgeschichte und Konzeption in der Vergleichbarkeit zu den Regelungen zum genehmigten Kapital. Ein auf die bestehenden Ermächtigungsoptionen aufbauender Umkehrschluss wäre

159 Ebenso im Ergebnis unter Verweis auf den allgemein zwingenden Charakter der Zuständigkeitsordnung: *Bungert*, in: MünchHb-AG, § 35 Rn. 6; *Kubis*, in: MünchKomm-AktG, § 118 Rn. 12; *Mülbert*, in: Großkomm-AktG, § 119, Rn. 22; *Stein*, in: MünchKomm-AktG, § 179 Rn. 80; *Yanli*, S. 6 f.; auf § 119 Abs. 1 abstellend: *Lutter/Leinekugel*, ZIP 1998, 805 (808, 810); vgl. auch *Lutter*, in: FS Quack, S. 301 (307, 312) mit Nachweisen auf den bereits früh eingetretenen Zeitpunkt dieser Erkenntnis.

160 Hierzu: *Limmer*, in: Spindler/Stilz AktG, § 23 Rn. 48; *Seibt*, in K. Schmidt/Lutter AktG, § 23 Rn. 53.

161 Die Satzungsstrenge des § 23 Abs. 5 AktG gilt nach zutreffender h.M. nur hinsichtlich der Vorschriften des AktG, folglich wäre ein Rückschluss auf solche Kompetenzen zu begrenzen, vgl. hierzu *Limmer*, in: Spindler/Stilz AktG, § 23 Rn. 49 m.w.N.

daher als ergänzende oder alternative Begründung der dargestellten These nicht zielführend.

II. Ermächtigungskompetenz bezüglich ungeschriebener Zuständigkeiten der Hauptversammlung

Ungleich schwieriger zu beantworten ist die Frage, ob der Hauptversammlung hinsichtlich ungeschriebener Zuständigkeiten auf Basis der Holzmüller/Gelatine-Rechtsprechung die Möglichkeit einer Ermächtigung des Vorstands offen steht.

Eine Übertragung solcher Entscheidungsbefugnisse auf den Vorstand wäre konzeptionell möglich durch eine Abbedingung der Zuständigkeit im Rahmen der Satzung, die Fassung eines bedingten oder befristeten Beschlusses oder aber eben durch die Fassung eines entsprechenden Ermächtigungsbeschlusses. Die beiden zuerst genannten Möglichkeiten sind allenfalls in einem solchem Maße zulässig, dass sie dem verfolgten Zweck nicht sonderlich dienlich sein können. Schon deswegen entfaltet die Frage nach der Möglichkeit von Ermächtigungsbeschlüssen eine gesteigerte Relevanz.

Eine abstrakt gehaltene, nicht als Verzicht deklarierte Vor-Ordnung (etwa: „Die Gesellschaft kann andere Unternehmen erwerben und veräußern“) ist für sich genommen zwar möglich, in dieser Form zur Erfüllung des Zustimmungsvorbehaltes nach den Holzmüller/Gelatine-Grundsätzen jedoch zu unbestimmt. Eine solche Bestimmung wäre als Legitimation unzureichend, weil hiermit die kompensatorische Funktion einer entsprechenden Beteiligung (vgl. hierzu sogleich) und somit letzten Endes die Idee ungeschriebener Grundlagenkompetenzen als solche weitestgehend unterlaufen werden könnte.[162] Ähnliches gilt für die Abfassung eines

---

162 So die Wortwahl und zutreffende Argumentation bei *Eberspächer*, S. 200 unter Verweis auf LG Stuttgart, WM 1992, 58 (62); vgl. hierzu auch bereits die Ausführungen des BGH in seiner Holzmüller-Entscheidung, BGH NJW 1982, 1703 (1705); ebenso: *Lutter/Leinekugel*, ZIP 1998, 805 (808) sowie zumindest in Bezug auf Konzernierungsmaßnahmen: *Kubis*, in: MünchKomm-AktG, § 119 Rn. 101. *Lutter*, in: FS Fleck, S. 169 (189 f.); *ders.*, in: FS Stimpel, S. 825 (847) und *Mecke*, S. 206 halten eine solche Gestaltung jedenfalls unter dem Gesichtspunkt der ausbleibenden Notwendigkeit einer Satzungskorrektur dennoch für empfehlenswert, abweichend (derartige Gestaltung kann sogar dem Zustimmungserfordernis genügen): *Martens*, ZHR 147 (1983), 377 (393). Im Detail ist das Ausmaß der Zulässigkeit einer solchen Gestaltung auch außerhalb einer „Ermächtigung“

bedingten Beschlusses. Die Bedingung dürfte jedenfalls nicht derart formuliert werden, dass dem Vorstand ein eigener Beurteilungsspielraum zukommt.[163] Als Äquivalent für eine Ermächtigung wäre ein solcher Beschluss daher untauglich.

Wenn es also auf die Zulässigkeit von Ermächtigungsbeschlüssen ankommt, ist zunächst in terminologischer Hinsicht hervorzuheben, dass es keinen Unterschied machen kann, wenn in Bezug auf diese Thematik terminologisch regelmäßig von so genannten „Konzeptbeschlüssen“ die Rede ist.[164] Der notwendige Zustimmungsvorbehalt bezieht sich nach der Grundkonzeption der Rechtsprechung auf die einzelne, den Zustimmungsvorbehalt auslösende Maßnahme als solche.[165] Mit der Formulierung „Konzeptbeschluss“ wird zum Ausdruck gebracht, dass die in Rede stehenden Maßnahmen wenigstens grob umrissen werden und somit mittelbar ein *unternehmerisches Konzept* gebilligt werden muss.[166] Mit der Wortwahl „Konzeptbeschluss“ ist zugleich keine Vorab-Zustimmung zu einer bereits konkret beschriebenen Maßnahme gemeint.[167] Technisch

---

nicht völlig unumstritten, vgl. hierzu: *Mülbert*, in: GroßKomm-AktG, § 119 Rn. 216 m.w.N.

163 Ebenso: *Lutter/Leinekugel*, ZIP 1998, 805 (808 ff.); vgl. bezüglich der Gestaltung eines bedingten Beschlusses auch *Lutter*, in: FS Quack, S. 301(303 ff.) sowie insbesondere auch im Lichte einer Ermächtigungsoption: *Grunewald*, AG 1990, 133 (137 ff.).

164 So etwa die Begriffswahl bei: *Drinhausen*, in: Hölters/Weber AktG, § 119 Rn. 22; *Habersack*, in: Emmerich/Habersack Konzernrecht, Vor § 311 Rn. 51; *Koch*, AktG, § 119 Rn. 29 sowie *Krieger*, in: MünchHb-AG, § 70 Rn. 12.

165 Vgl. etwa die Formulierungen bei BGH NJW 1982, 1703 (1705) sowie BGH NJW 2004, 1860 (1863); ebenso: *Kubis*, in: MünchKomm-AktG, § 119 Rn. 53; *Spindler*, in: K. Schmidt/Lutter AktG, § 119 Rn. 41.

166 *Drinhausen*, in: Hölters/Weber AktG, § 119 Rn. 22; vgl. auch *Schlitt*, in: Semler/Stengel/Leonard UmwG, § 173 Rn. 41: „Gegenstand des Beschlusses ist dann die Zustimmung zum unternehmerischen Konzept, verbunden mit der Ermächtigung des Vorstands, die zur Umsetzung erforderlichen Maßnahmen durchzuführen.“

167 Vgl. nur *Drinhausen*, in: Hölters/Weber AktG, § 119 Rn. 22: „allgemeiner Ermächtigungsbeschluss (…), ohne dass sich der Beschluss bereits auf eine konkrete Maßnahme beziehen muss“ sowie *Krieger*, in: MünchHb-AG, § 70 Rn. 12 „(…)ein abstrakter Zustimmungsbeschluss („Konzeptbeschluss“) der Hauptversammlung genügend, der allerdings die beabsichtigte Maßnahme in groben Umrissen konkretisieren muss“; etwas abweichend wohl im Verständnis hingegen *Eberspächer*, S. 200 („Hauptversammlungsbeschlüsse mit Bezug auf konkrete Gegenstände, die eine *Ad-hoc Ermächtigung* enthalten“); ebenfalls die Begriffe Ermächtigungs- und Konzeptbeschluss gleichstellend: *Mülbert*, in: Großkomm-AktG, § 119, Rn. 108 sowie *Reichert*, AG 2005, 150 (159).

geht es somit ungeachtet der Nomenklatur bei „Konzeptbeschlüssen" um einen Ermächtigungsbeschluss im hier beschriebenen Sinne.[168]

1. Kein Ausschluss a priori / Verhältnis zu § 23 Abs. 5 AktG

§ 23 Abs. 5 AktG steht der Zulässigkeit von Ermächtigungsbeschlüssen bei ungeschriebenen Ermächtigungsbeschlüssen initial nicht entgegen. Auch die ungeschriebenen Zuständigkeiten können als „Vorschriften des Gesetzes" im Sinne des § 23 Abs. 5 S 1 AktG eingeordnet werden können.[169] Jedoch kann der Gesetzgeber bezüglich der ungeschriebenen Zuständigkeiten kraft Natur der Sache keine ausdrückliche Aussage getroffen haben, ob in diesen Fällen die Zuständigkeit der Hauptversammlung in jeder Hinsicht zwingend sein soll. Wiederum ebenso nicht zielführend ist ein Umkehrschluss zu den bestehenden Ermächtigungsmöglichkeiten bei geschriebenen Zuständigkeiten. Wenn die geschriebene Aufzählung der Zuständigkeiten der Hauptversammlung unvollständig ist, kann die bestehende Aufzählung an delegierbaren Kompetenzen insoweit ebenso wenig abschließend sein.[170] Ein Ermächtigungsbeschluss bezüglich ungeschriebener Kompetenzen der Hauptversammlung ist demnach nicht a priori wegen § 23 Abs. 5 AktG ausgeschlossen.[171]

Eine derartige Ermächtigungsoption würde auch nicht unmittelbar zu Wertungswidersprüchen führen. Anders als etwa *Zeidler*[172] meint, droht keine Umgehung der Unmöglichkeit eines satzungsmäßigen angeordneten Dispenses. Zum einen ist eine solche Gefahr jedwedem Ermächtigungsbeschluss strukturell immanent, und dennoch sieht das Gesetz entsprechende Beschlussoptionen an diversen Stellen vor. Zum anderen kann man einer Umgehung durch entsprechende Anforderungen an den Inhalt eines solchen Beschlusses hinreichend begegnen – auch dies ist ein dem

168 Die Sonderbezeichnung „Konzeptbeschluss" bezieht sich in dieser Hinsicht nur auf die gesondert entwickelten Anforderungen (sofern man einen solchen Beschluss denn überhaupt für zulässig erachtet).

169 *Mülbert*, in: GroßKomm-AktG, § 119 Rn. 216; *Grunewald*, AG 1990, 133 (134) sowie *Tröger*, ZIP 2001, 2029 (2038).

170 *Lutter/Leinekugel*, ZIP 1998, 805 (807).

171 Ebenso: *Grunewald*, AG 1990, 133 (134); *Lutter/Leinekugel*, ZIP 1998, 805 (807); ähnlich, aber eben noch weitergehend (vgl. Fn. 162): *Martens*, ZHR 147 (1983), 377 (393); ebenso letztlich auch alle, die von einer Zulässigkeit solcher Ermächtigungsbeschlüsse ausgehen (vgl. sogleich die Nennungen Fn. 185).

172 Vgl.: *Zeidler*, NZG 1998, 91 (92).

Gesetzgeber vertrautes Instrument.[173] Des Weiteren stellt es auch keinen Widerspruch dar, ein grundlegendes Delegationsverbot bei ungeschriebenen Zuständigkeiten zu verneinen, bei geschriebenen Zuständigkeiten der Hauptversammlung hingegen vorbehaltlich gesonderter Regelungen zu bejahen. Das Gesetz schafft für geschriebene Zuständigkeiten an diversen Stellen die Möglichkeit zur Ermächtigung – die Kompetenzverteilung ist also auch nach Ansicht des Gesetzgebers nicht im *jedem Fall* zwingend. Dann kann aber auch die Möglichkeit einer Delegation ungeschriebener Hauptversammlungszuständigkeiten nicht bereits von vorneherein als systemfremd oder widersprüchlich ausgeschlossen werden.[174] Wertungswidersprüchlich wäre vor diesem Hintergrund vielmehr die gegenteilige Annahme.[175]

2. Vergleichbarkeit zum geschriebenen Aktienrecht als Maßstab

Auch wenn die beschränkte Delegierbarkeit geschriebener Hauptversammlungszuständigkeiten der grundsätzlichen Delegierbarkeit ungeschriebener Hauptversammlungszuständigkeiten nicht im Weg steht, ist sie für das Ausmaß dieser Delegationsbefugnis doch von großer Bedeutung. Soll das

173 Vgl. ausführlich zu den einheitlichen Funktionen entsprechender Konkretisierungsanforderungen in Kapitel 2 unter Abschnitt A.I.1.a.

174 Vgl. zu diesem Gedankengang: *Grunewald*, AG 1990, 133 (134); *Lutter/Leinekugel*, ZIP 1998, 805 (811 f.); *Martens*, ZHR 147 (1983), 377 (393); *Mecke*, S. 206; *Tröger*, ZIP 2001, 2029 (2038); *Kubis*, in: MünchKomm-AktG, § 119 Rn. 102 sowie auch (jedoch nur in Bezug auf die Möglichkeit abweichender Satzungsgestaltungen) *Mülbert*, in: GroßKomm-AktG, § 119 Rn. 217.

175 Die Möglichkeit einer Heranziehung der Wertungen der bestehenden Ermächtigungsoptionen erkennend, die Vergleichbarkeit jedoch im Ergebnis zumindest für den Fall einfacher Hauptversammlungsbeschlüsse ablehnend noch: *Mülbert*, in: GroßKomm-AktG (4. Auflage), § 119 Rn. 63, 68; ähnlich wohl auch *Wahlers*, S. 195, der (zwar beschränkt auf den Fall einer Ermächtigung in der Satzung, in der Argumentation aber übertragbar auf eine Ermächtigung kraft einfachen Hauptversammlungsbeschlusses) davon ausgeht, dass eine solche nicht möglich sei mit – im Licht von § § 71 Nr. 8 S. 6, 192 Abs. 2 Nr. 3 Alt. 2, § 202 ff. AktG unzutreffenden – Verweis darauf, dass grundsätzlich keine Strukturentscheidungen delegierbar seien; ablehnend in Bezug auf Konzernierungsmaßnahmen: *Mecke*, S. 206 f.; ebenso jedenfalls für den Fall einer Veräußerung eines Tochterunternehmens: *Schockenhoff*, NZG 2001, 921 (925); übereinstimmend mit der heute herrschenden Meinung hingegen wohl LG Stuttgart WM 1992, 58 (61) sowie im Ergebnis *Zeidler*, NZG 1998, 91 (92), wenn lediglich die Möglichkeit einer pauschal formulierten Ermächtigung abgelehnt wird.

aktienrechtliche Organisationsrecht konsistent bleiben, muss die Möglichkeit der Delegation ungeschriebener Hauptversammlungszuständigkeiten davon abhängig sein, inwieweit diese mit den ausdrücklich geregelten Möglichkeiten zur Delegation oder Dispenserteilung per Ermächtigung bei geschriebenen Entscheidungsbefugnissen vereinbar ist.[176]

Dies gilt insbesondere unabhängig davon, welchen technischen Ansatzpunkt man für die Herleitung der ungeschriebenen Zuständigkeiten der Hauptversammlung wählt. Sieht man den Ursprung etwa in einer Gesamtanalogie zu den geschriebenen Zuständigkeiten der Hauptversammlung,[177] muss auch die darin enthaltene Wertung, dass diese Zuständigkeiten nur in speziellen Fällen delegiert werden können sollen, übertragen werden.[178] Stellt man auf eine Einzelanalogie zu § 179 Abs. 1 AktG ab,[179] kommt hinzu, dass Satzungsermächtigungen naturgemäß zu einem gewissen Grad unbestimmt bleiben.[180] Geht man hingegen gemeinsam mit dem BGH seit der Gelatine-Entscheidung von einer offenen Rechtsfortbildung aus,[181] ist zu berücksichtigen, dass eine derart hergeleitete Regel technisch zum Normbestand des AktG gehört und somit dessen allgemeinen Charakter als *ius strictum* teilt -eben vorbehaltlich einer gesonderten Wertung, wonach eine Delegation in gewissem Maße möglich sein soll. Eine von vorneherein gegebene, den ungeschriebenen Kompetenzen der Hauptversammlung als *solche eigentümliche* Delegationsbefugnis existiert daher nicht.

Etwas anderes folgt insbesondere auch nicht aus dem so genannten Gelatine-Urteil des BGH. Diesem lag eine Ermächtigungskonstellation zu Grunde. Indes verneinte der BGH in besagtem Fall die Existenz einer ungeschriebenen Hauptversammlungskompetenz[182] und hat sich demnach

---

176 Ebenso: *Lutter/Leinkugel*, ZIP 1998, 805 (811 ff.); *Tröger*, ZIP 2001, 2029 (2038 f.).

177 So etwa: *Henze*, in: FS Ulmer, S. 211 (218); *Liebscher*, ZGR 2005, 1 (22 ff.) sowie *Mülbert*, in: Großkomm-AktG, § 119 Rn. 50 m.w.N.

178 Ebenso: *Lutter/Leinekugel*, ZIP 1998, 805 (811); anders: *Kubis*, in: MünchKomm-AktG, § 119 Rn. 102.

179 *Kubis*, in: MünchKomm-AktG, § 119 Rn. 42 f., in diese Richtung auch: *Weißhaupt*, AG 2004, 585 (587).

180 Zutreffend: *Kubis*, in: MünchKomm-AktG, § 119 Rn. 42 f.

181 BGH NJW 2004, 1860 (1864) unter Verweis auf *Geßler*, in: FS Stimpel, S. 771 (780), wonach als technisches Mittel zur Fortentwicklung des Aktienrechts auf Basis neuer wirtschaftlicher Entwicklungen nur eine Rechtsfortbildung in Betracht komme, kritisch hinsichtlich dieses Verweises: *Fleischer*, NJW 2004, 2335 (2337), dort unter Fn. 41.

182 BGH NJW 2004, 1860.

zur Frage der Möglichkeit einer Ermächtigung nicht ausdrücklich und insbesondere auch nicht *obiter dictu* geäußert. Abweichendes gilt im Ansatzpunkt für die Macroton-Entscheidung: Wenngleich die dort postulierte Notwendigkeit einer gesonderten Zustimmung der Hauptversammlung im Fall eines Delistings nach den Aussagen des BGH nicht auf die Holzmüller-Grundsätze, sondern auf einer an den verfassungsrechtlichen Vorgaben orientierten Auslegung des Gesetzes beruhte,[183] äußerte der BGH im zu entscheidenden Fall keinerlei Bedenken an dem auch in diesem Urteil streitgegenständlichen Ermächtigungsbeschluss.[184]

Vor dem gezeigten Hintergrund erscheint es daher durchaus kritikwürdig, die Möglichkeit einer Delegation – mit welchen Anforderungen an den Beschlussinhalt auch immer – pauschal zu bejahen.[185] Vielmehr sind die bestehenden Regelungen zur Fassung von Ermächtigungsbeschlüssen als maßstabbildend heranzuziehen.

a. Entwicklung eines Vergleichsmaßstabs

aa. Notwendigkeit einer Vergleichbarkeit hinsichtlich Intensität und Interessenlage

Aufbauend auf dieser These wird man die Vergleichbarkeit der Interessenlage in zweierlei Hinsicht prüfen müssen, namentlich hinsichtlich der Intensität und der Interessenlage der existenten Ermächtigungsoption.

Ein häufig geäußerter Gedanke geht dahin, dass der Gesetzgeber selbst für geschriebene Strukturmaßnahmen einen Ermächtigungsbeschluss für möglich halte und wegen der Vergleichbarkeit mit der Situation bei ungeschriebenen Hauptversammlungszuständigkeiten eine Ermächtigung

183 BGH NJW 2003, 1032 (1034 f.); im Nachgang zum BVerfG NJW 2012, 3081 revidiert durch BGH NJW 2014, 146.

184 Vgl. BGH NJW 2003, 1032 (1035).

185 So jedoch: *Habersack*, in: Emmerich/Habersack Konzernrecht, Vor § 311 Rn. 51; *Koch*, AktG, § 119 Rn. 29; *Krenek/Pluta*, in: Heidel Aktienrecht, § 119 Rn. 36; *Krieger*, in: MünchHb-AG, § 70 Rn. 12; *Kubis*, in: MünchKomm-AktG, § 119 Rn. 102; *Mülbert*, in: GroßKomm-AktG, § 119 Rn. 108, 221; *Reger*, in: Bürgers/Körber AktG, § 119 Rn. 26; *Schlitt*, in: Semler/Stengel/Leonard UmwG, § 173 Rn. 41; *Spindler*, in: K. Schmidt/Lutter AktG, § 119 Rn. 41; *Arnold*, ZIP 2005, 1573 (1578); *Groß*, AG 1996, 111 (114 f.); *Henze*, in: FS Ulmer, S. 211 (231 f.) sowie *Reichert*, AG 2005, 150 (159); vor dem gezeigten Hintergrund ebenfalls kritisch gegenüber einer solch pauschalen Bewertung: *Tröger*, ZIP 2001, 2029 (2038).

des Vorstands stets möglich sei, sofern der Ermächtigungsbeschluss hinreichend konkretisiert werde.[186] Hierzu wird regelmäßig auf §§ 202, 203 Abs. 2 AktG und die Aussagen des BGH in seiner Siemens/Nold-Entscheidung abgestellt: Wenn der Gesetzgeber es zulasse, dass selbst die Entscheidung über eine Kapitalerhöhung samt der Entscheidung über einen Bezugsrechtsausschluss delegiert werden könne und dabei nach der Rechtsprechung auch noch keine überhöhten Anforderungen an die Nutzung, insbesondere nicht die Darlegung der konkreten Notwendigkeit einer solchen Ermächtigung zu stellen seien und somit das Bedürfnis nach Flexibilität der Gesellschaft auch bei Strukturmaßnahmen anerkennenswert sei, müsse für der Intensität nach vergleichbare Strukturmaßnahmen, die (ungeschrieben) der Zustimmung der Hauptversammlung bedürften, selbiges gelten.[187] Zwischen der Begründung der Holzmann-Rechtsprechung zum Bezugsrechtsausschluss und dem sachlichen Hintergrund der Holzmüller-Doktrin bestünden demnach Parallelen. Es gehe jeweils um die Gefahr, dass die von der Verwaltung geplante Maßnahme die Vermögens- und Mitspracherechte der Minderheitsaktionäre verwässere. Ein „auf Vorrat" gefasster Beschluss wäre in beiden Fällen geeignet gewesen, eine ausreichende Kontrolle durch die Hauptversammlung zu verhindern. Die zentrale Erwägung des Siemens-Urteils – dem Institut des genehmigten Kapitals sei die notwendige Flexibilität genommen –, mit der der BGH die Aufgabe seiner bisherigen „harten Linie" zur Vorabermächtigung von Kapitalerhöhungen mit Bezugsrechtsausschluss begründet hat, ließe sich daher auch auf Holzmüller-Gestaltungen übertragen.[188]

Diese Argumentation ist jedenfalls in dieser Simplizität angreifbar. Wie gesehen, werden die einzelnen geschriebenen Ermächtigungsoptionen von dem Gesetzgeber in der Tat regelmäßig mittelbar oder unmittelbar mit Verweis auf eine Steigerung der Flexibilität begründet. Ebenso dienen die Ermächtigungsoptionen zum weit überwiegenden Teil dem Ausgleich des beschriebenen Interessenkonfliktes zwischen dem Streben nach einer möglichst hohen Flexibilität des Vorstands einerseits und einem möglichst umfassenden Mitspracherecht der Residualeigentümer andererseits. Es ist

---

186 So etwa: *Kubis*, in: MünchKomm-AktG, § 119 Rn. 102; *Drinhausen*, in: Hölters/Weber AktG, § 119 Rn. 22 sowie *Reichert*, AG 2005, 150 (159).

187 Vgl.: *Habersack*, in: Emmerich/Habersack Konzernrecht, Vor § 311 Rn. 51; *Krieger*, in: MünchHb-AG, § 70 Rn. 12; *Schlitt*, in: Semler/Stengel/Leonard UmwG, § 173 Rn. 41; *Zeidler*, NZG 1998, 91, (92); mit Einschränkungen ebenso: *Westermann*, in: FS Koppensteiner, S. 259 (275); kritisch: *Tröger*, ZIP 2001, 2029 (2039 f.).

188 So die Darstellung bei *Zeidler*, NZG 1998, 91 (92).

aber gerade nicht so, dass der Gesetzgeber gemeinhin eine gesteigerte Flexibilität des Vorstands in Strukturangelegenheiten fördern wolle. Es existiert kein allgemeines und trennscharfes gesetzgeberisches Konzept zur Regelung von Ermächtigungsoptionen in dem Sinne, dass stets die Flexibilität des Vorstands oder der Gesellschaft als solcher auch bei besonders intensiven Maßnahmen gefördert werden müsse.[189] Vielmehr treffen die Regelungen, lässt man den Sonderfall des § 58 Abs. 2 S. 2 Alt. 1 AktG außen vor, entweder *spezifische Wertungen* zu der Frage, warum gerade bezüglich den in Rede stehenden Maßnahme das Interesse an einer gesteigerten Handlungsflexibilität überwiege oder sie sind systematisch oder aber funktional durch die „Natur" der jeweils betroffenen Maßnahme indiziert. Aus den bestehenden Ermächtigungsoptionen folgt daher nicht, dass der Gesetzgeber das Flexibilitätsstreben allgemein auch bei tiefgreifenden Strukturmaßnahmen als vorrangig anerkenne und dieser Gedanke einer Verallgemeinerung für andere, vergleichbar intensive Strukturmaßnahmen zugänglich sei. Vielmehr gibt es auch Strukturmaßnahmen, die ausdrücklich keiner Ermächtigung zugänglich sind, obwohl auch hier immerhin ein dahingehendes Interesse der Verwaltung vorhanden wäre. Ein Beispiel hierfür ist etwa die Beteiligung der Hauptversammlung bei dem Abschluss von Unternehmensverträgen, § 293 AktG.[190] Eine rein auf die Vergleichbarkeit der *Intensität* der Strukturmaßnahmen abstellende Betrachtung kann daher nicht überzeugen.[191]

Maßgeblich muss vielmehr sein, ob die in Bezug zu delegierbaren Strukturmaßnahmen konkret angestellten Erwägungen des Gesetzgebers, auf Basis derer die Förderung der Handlungsflexibilität höher gewichtet wurde als die Wahrung der Kompetenzordnung, übertragbar sind. Etwas anderes ergibt sich auch nicht aus dem häufig bemühten Verweis auf die Äußerungen des BGH im Siemens/Nold-Urteil. Das Siemens/Nold-Urteil stellt in der Begründung in der Tat auf die Flexibilität des Vorstands

---

189 Vgl. erneut die Darstellung unter Abschnitt A.IV in diesem Kapitel.

190 Vgl. zur Unmöglichkeit einer Ermächtigung in diesen Fällen: *Veil/Walla*, in: Spindler/Stilz AktG, § 293 Rn. 16 sowie *Koppensteiner*, in: KölnKomm-AktG, § 293 Rn. 33.

191 Vor diesem Hintergrund erst recht abzulehnen ist der Ansatz, wonach wenn schon im Bereich geschriebener Zuständigkeiten eine Delegation zum Teil möglich sei, dies erst recht für den Fall ungeschriebener Kompetenzen gelten müsse (so aber *Reichert*, AG 2005, 150 (159)). Neben den genannten Einwänden ist insoweit bereits nicht ersichtlich, inwiefern geschriebene Kompetenzen in diesem Zusammenhang in einem *maiore-minus*-Verhältnis zu ungeschriebenen Kompetenzen stehen sollen.

als maßgebliches Kriterium für das Verständnis des genehmigten Kapitals ab.[192] Die Äußerungen des BGH betreffen aber damit die Anforderungen an die Nutzung einer im Ausgangspunkt gesetzlich legitimierten Ermächtigungsbefugnis. Dieser Punkt ist aber von der Frage zu unterscheiden, ob und unter welchen Voraussetzungen hinsichtlich ungeschriebener Hauptversammlungszuständigkeiten eine solche Ermächtigungskompetenz überhaupt existiert. Die Siemens/Nold-Rechtsprechung bezieht sich zudem schwerpunktmäßig auf die Eigenarten einer Ermächtigung zum Ausschluss des Bezugsrechtes und weniger auf das originäre Konzept von Ermächtigungsoptionen. Die Holzmann-Rechtsprechung hatte nicht darauf abgestellt, ob eine Ermächtigung aufgrund des Erfordernisses einer besonderen Flexibilität statthaft war. Maßgeblich war die Frage, ob bereits die Ermächtigung zum Bezugsrechtsauschluss dem Erfordernis der sachlichen Rechtfertigung genügte.

Der Verweis auf die Siemens/Nold-Rechtsprechung ist daher nicht hinreichend, um von einer weitgehenden Ermächtigungskompetenz auf dem Gebiet der ungeschriebenen Zuständigkeiten der Hauptversammlung auszugehen. Entscheidend kann vielmehr nur sein, dass eine Vergleichbarkeit zu der *Intensität* einer delegierbaren Strukturmaßnahme *und* den *Hintergründen* dieser jeweiligen Regelung betreffend die Fassung von Ermächtigungsbeschlüssen besteht. Ist eine solche Vergleichbarkeit nicht gegeben, kann auch eine ungeschriebene Zuständigkeit als nicht delegierbar einzuordnen sein.[193]

192 Vgl. BGH NJW 1997, 2815 (2816).

193 Zutreffend daher: *Lutter/Leinekugel*, ZIP 1998, 805 (813); *Tröger*, ZIP 2001, 2029 (2038); im Grundsatz ebenso, wenngleich im Detail abweichend (hierzu sogleich): LG Frankfurt a.M., DB 2001, 751 (752); ähnlich auch: *Westermann*, in: FS Koppensteiner, S. 259 (275) der zwar eine Delegation im Lichte der Siemens/Nold-Rechtsprechung für möglich hält, jedoch unter der Voraussetzung, dass die rasche Handlungsfähigkeit höher zu gewichten ist als die Einhaltung der Kompetenzverteilung.

bb. Konkretisierung der Anforderungen an eine hinreichende Vergleichbarkeit hinsichtlich der Intensität

Soweit es um die Vergleichbarkeit der Interessenlage der Intensität nach geht, kann es nur auf solche geschriebene Ermächtigungsoptionen ankommen, die sich auf Strukturmaßnahmen beziehen.[194]

Dies zeigt ein Blick auf die Ausführungen des BGH zur Begründung der ungeschriebenen Zustimmungserfordernisse. Der BGH verweist hierfür neben dem mit dem verursachten Mediatisierungseffekt eintretenden Eingriff in das Mitgliedschaftsrecht der Aktionäre[195] auf die Nähe zur Satzungsänderung und die damit betroffene Verfassungskompetenz der Hauptversammlung.[196] Der einheitliche Rechtsgrund liegt in der Gefahr eines Eingriffs in die Mitgliedschaft.[197] Zwar kann ein drohender Eingriff in Mitgliedschaftsrechte auch Beteiligungserfordernisse in Form bloßer Mitwirkungsbefugnisse begründen, führt also nicht zur Einordnung eines Beschlussgegenstandes als Strukturmaßnahme.[198] Im Ergebnis kann man dennoch nicht alle mit Ermächtigungsoptionen versehenen Beteiligungserfordernisse als der Schwere nach vergleichbar betrachten.[199] Die Mitwirkungsbefugnisse beziehen sich regelmäßig auf die Existenz einer mittelbaren Gefahr der Unterwanderung der Mitgliedschaftsrechte, ohne dass eine tatsächliche Umgestaltung der grundlegenden Strukturen stattfindet. Ins-

194 Vgl. zur entsprechenden Unterscheidung zwischen kompetenzübertragenden und dispensierenden Ermächtigungsbeschlüssen sogleich in Abschnitt C.II in diesem Kapitel.

195 BGH NJW 2004, 1860 (1863).

196 BGH NJW 2004, 1860 (1864).

197 Zutreffend: *Liebscher*, ZGR 2005, 1, (19).

198 Vgl. insoweit allein dem Umstand, dass den ungeschriebenen Hauptversammlungsbefugnissen nach einhelliger Ansicht ebenso wie bloßen Mitwirkungsbefugnisse keine Außenwirkung zukommt, vgl. statt vieler *Kubis*, in: MünchKomm-AktG, § 119 Rn. 102 m.w.N.). Dieser Punkt war in der Entwicklung der Holzmüller/Gelatine-Grundsätze jedoch vor allem insoweit von Bedeutung, als der BGH unter Verweis auf die fehlende Außenwirkung einer solchen Zustimmung eine Herleitung des entsprechenden Erfordernisses im Wege einer Einzel- oder Gesamtanalogie zu den geschriebenen Strukturmaßnahmen ablehnte, vgl. BGH NJW 2004, 1860 (1863); kritisch hierzu: *Liebscher*, ZGR 2005, 1 (20 f.) sowie dem Inhalt nach ähnlich bereits *Wahlers*, S. 196 f. jeweils m.w.N.

199 Insoweit abweichend zielten die anfänglichen Gedanken zur Existenz ungeschriebener Zuständigkeiten der Hauptversammlung vor allem auf die Vergleichbarkeit zu bestehenden Beteiligungserfordernissen als solche ab, vgl. etwa *Lutter*, DB 1973, Beilage 21, S. 7 und auch *Mülbert*, in: GroßKomm-AktG, § 119 Rn. 30 f m.w.N.

besondere in dem Ausmaß einer unmittelbaren Beeinflussung der Struktur einer Aktiengesellschaft liegt aber das maßgebliche Kriterium zur Differenzierung von Entscheidungsbefugnissen der Hauptversammlung.[200]

Wenn der BGH für die Annahme einer ungeschriebenen Entscheidungsbefugnis darauf abstellt, dass gerade nicht jedwede für die Mitgliedschaftsrechte relevante Maßnahme ausreichend ist, sondern nur besonders schwerwiegende, den Kernbereich betreffende Maßnahmen,[201] kann für die Maßstabbildung in Bezug auf die Vergleichbarkeit der Intensität der Maßnahmen nur auf Ermächtigungsoptionen bezüglich Strukturmaßnahmen im engeren Sinne ankommen. Vergleichsmaßstab können daher nur die Regelungen in §§ 71 Abs. 1 Nr. 8 S. 6, 192 Abs. 2 Nr. 3 Alt. 2, 202 ff. AktG sein.[202]

cc. Konkretisierung der Anforderungen an eine hinreichende Vergleichbarkeit hinsichtlich der konkreten Interessenlage

Soweit es die Vergleichbarkeit der konkreten Interessenlagen betrifft, ist nicht auf die Vergleichbarkeit der konkreten wirtschaftlichen Folgen solcher Maßnahmen abzustellen. Maßgeblich muss sein, ob der hinter der konkreten Regelung stehende, abstraktionsfähige gesetzgeberische Grund, warum hinsichtlich der einzelnen Entscheidungsbefugnis eine Delegationsbefugnis für angemessen erachtet wird, auch auf die jeweilige ungeschriebene Hauptversammlungskompetenz übertragbar ist. Am Beispiel einer der Regelung des §§ 202, 203 Abs. 2 AktG: Es kann nicht darauf ankommen, dass eine in Rede stehende ungeschriebene Zuständigkeit zumindest auch in beträchtlichem Maße mit Finanzierungsfragen, also mit einer Erhöhung des Grundkapitals zusammenhängt oder zu dieser führt. Maßgeblich muss vielmehr sein, ob sich die Erwägung des Gesetzgebers, wonach an dieser Stelle eine konkrete Notwendigkeit einer gewissen Flexibilität oder wenigstens der Option dazu besteht, ebenso bei der Nutzung der betroffenen ungeschriebenen Zuständigkeit stellt. Die Ver-

---

200 Vgl. hierzu wiederum die sogleich folgende Darstellung in Abschnitt C.II.1 in diesem Kapitel.

201 BGH NJW 2004, 1860.

202 Zur entsprechenden Einordnung sogleich unter Abschnit C.II.2. in diesem Kapitel. Ähnlich, wenngleich auf die Formanforderungen bezogen, ist der Gedankengang bei *Mülbert*, in: GroßKomm-AktG, § 119 Rn. 63, 68; insoweit nicht überzeugend ist hingegen der Verweis auf § 71 Abs. 1 Nr. 8 S. 1 AktG bei *Kubis*, in: MünchKomm-AktG; § 119 Rn. 102.

gleichbarkeit der wirtschaftlichen Folgen kann nicht entscheidend sein, weil Ermächtigungsoptionen regelmäßig aus dem Konflikt zwischen dem Interesse an einem möglichst flexiblen Vorstand einer- und dem Interesse an einem möglichst umfassenden Mitspracherecht der Aktionäre andererseits erwachsen. Mit dem Interesse an einem möglichst flexiblen Vorstand hängen auch die wirtschaftlichen Folgen der Maßnahmen zusammen, diese sind aber der jeweilige Annex der Maßnahmen. Am Beispiel des genehmigten Kapitals: Der Kern der Erwägungen hinter §§ 202 ff. AktG liegt in der Erreichung eines bestimmten wirtschaftlichen Ergebnisses, also der Option einer kurzfristigen, die Chancen des Marktes ausnutzenden Eigenkapital-Finanzierung. Entscheidend ist aber, dass diese Möglichkeit als solche aus unternehmerischer und auch aus ökonomischer Sicht notwendig ist. Verallgemeinerungsfähig ist daher nicht der Gedanke, dass der Gesetzgeber in Finanzierungsfragen eine Flexibilität wünscht. Verallgemeinerungsfähig ist die These, dass der Gesetzgeber eine Ermächtigungsoption dann für angemessen erachtet, wenn das Bedürfnis nach einer Flexibilisierung der Entscheidungsfindung bei typisierter Betrachtung besonders stark und in Relation zur Intensität der jeweiligen Maßnahme jeweils auch hinreichend ausgeprägt ist.

Auf die Notwendigkeit einer Flexibilität abzustellen, heißt nicht, dass es zwingend um die Möglichkeit einer *schnellen* Reaktion auf gegebene Umstände gehen muss. Ein hinreichendes Bedürfnis nach Flexibilität kann vielmehr schon dann attestiert werden, wenn ein als Ergebnis einer Interessenabwägung berücksichtigungswertes Bedürfnis daran besteht, mit der Durchführung einer Maßnahme, auch wenn sie schon lange geplant ist, auf einen vergleichsweise günstigen Moment warten zu können.[203] In diesem Zusammenhang ist dann durchaus zu fragen, ob das Gesetz für der Art nach vergleichbare oder ähnliche Maßnahmen entsprechende Wertungen vorsieht. Von Bedeutung sind diese Wertungen aber eben erst im *zweiten Schritt,* also bei der Frage, ob ein entsprechendes betriebswirtschaftliches Bedürfnis ausgeprägt genug ist. In diesem Zusammenhang ist die Rekursion auf die entsprechenden Wertungen des Gesetzgebers mit Blick auf die angesprochene fehlende Trennschärfe des gesetzgeberischen Konzeptes im Detail sogar zwingend.

---

203 Ähnlich: *Grunewald*, AG 1990, 133 (137), wenn darauf abgestellt wird, ob es notwendig ist, sicherzustellen, dass „die Verwaltung unternehmerische Konzepte in Ruhe angehen (kann), ohne unter dem Druck zu stehen, bis zur nächsten Hauptversammlung alles fix und fertig haben zu müssen."; vgl. auch *Westermann*, in: FS Koppensteiner, S. 259 (275).

Mit dieser Sichtweise geht einher, dass als Maßstab vornehmlich die Regelungen der §§ 202, 203 Abs. 2 AktG herangezogen werden müssen. Die Erwägungen hinter §§ 71 Nr. 8 S. 6, 192 Abs. 2 Nr. 3 Alt. 2 und §§ 204 Abs. 2; 205 Abs. 1 AktG sind nicht ähnlich eigenständiger und vor allem teleologisch ähnlich zwingend anmutender Natur. Vielmehr leiten sie sich vornehmlich aus der Grunderwägung bezüglich §§ 202, 203 Abs. 2 AktG ab.[204]

Auch nach Präzisierung des Vergleichsmaßstabs bleibt indes die Frage, anhand welcher Parameter schließlich festzulegen ist, ob eine unternehmerische Entscheidung in einem zu §§ 202, 203 Abs. 2 AktG vergleichbaren Maße eine gewisse Flexibilität erfordert und mithin die Delegation einer ungeschriebenen Zuständigkeit nach den allgemeinen Vorstellungen des Gesetzgebers möglich sein sollte. Hierbei sollte zwischen einer notwendigen Flexibiliät in *zeitlicher* und in *sachlicher* Hinsicht differenziert werden.

Soweit es die vergleichbare Notwendigkeit in zeitlicher Hinsicht anbelangt, mag man danach fragen, ob die Entscheidung im Rahmen einer ordentlichen, alljährlichen Hauptversammlung hinreichende Flexibilität schaffen würde.[205] Wesentlich strenger ist hingegen *Tröger*, wenn dieser darauf abstellt, ob die notwendige Flexibilität selbst bei der Entscheidung durch eine außerordentlich einberufene Hauptversammlung nicht mehr gewährleistet wäre.[206] Gegen *Trögers* Sichtweise kann nicht angeführt werden, dass die außerordentliche Hauptversammlung als „Ausnahmefall“ nicht maßstabbildend sein könne. Eine außerordentliche Haupterversammlung ist nach der Konzeption des Gesetzgebers eben unter anderen für die Fälle gedacht, in denen dem Verbandsinteresse dienende Maßnahmen unmittelbar anstehen, über die nach der gesetzlichen Kompetenzordnung die Hauptversammlung zu entscheiden hat.[207] Andererseits ist eine

---

204 Im Ergebnis ausdrücklich, in der Herleitung zumindest scheinbar deckungsgleich zeigen sich jene Teile der Literatur, die das Erfordernis einer konkreten Vergleichbarkeit der Interessenlagen postulieren, wenn in aller Regel entscheidend nur auf §§ 202, 203 Abs. 2 AktG abgestellt und dabei vor allem die zwingende (oder jedenfalls sehr stark indizierte) Notwendigkeit einer Flexibilisierung hervorgehoben wird, vgl. *Lutter/Leinekugel*, ZIP 1998, 805 (813); *Tröger*, ZIP 2001, 2029 (2038 f.); das Kriterium einer Notwendigkeit der Flexibilität unter Verweis auf die Siemens-Nold-Rechtsprechung hingegen ausdrücklich ablehnend: *Schlitt*, in: Semler/Stengel/Leonard UmwG § 173 Rn. 41, ähnlich auch: LG Frankfurt a.M., DB 2001, 751 (752).

205 So etwa: *Grunewald*, AG 1990, 133 (135); *Lutter/Leinekugel*, ZIP 1998, 805 (816).

206 *Tröger*, ZIP 2001, 2029 (2039).

207 Zutreffend: *Tröger*, ZIP 2001, 2029 (2039); ob jedoch im Fall der Existenz einer Hauptversammlungskompetenz auf § 121 Abs. 1 Alt. 2 AktG („Wohl der Gesell-

solche außerordentliche Hauptversammlung mit durchaus erheblichem Aufwand verbunden, sodass sich die Frage stellt, ob die Nützlichkeit der Einberufung einer solchen wirklich ein praktikables Kriterium darstellen kann. Die Beantwortung dieser Frage wird von der rechtspolitischen Frage nach dem vorzugswürdigen Ausmaß der Existenz von Ermächtigungsoptionen überlagert. Es ist also wieder die Gefahr einer Selbstentmündigung der Hauptversammlung bei strukturrelevanten Maßnahmen gegenüber den genannten Vorteilen einer flexiblen Organisationsstruktur abzuwägen. Den Nachteilen von Ermächtigungsbeschlüssen lässt sich unter Umständen nicht nur mittels strengen Anforderungen an die Beschlussinhalte begegnen, sondern durchaus auch im Wege einer restriktive Bemessung der notwendigen Umstände für die Zulässigkeit einer Ermächtigung als solchen. Für eine Lösung auf Ebene der Beschlussanforderungen spricht jedoch maßgeblich die Wertung des Gesetzgebers in §§ 202, 203 Abs. 2 AktG und die extensive Auslegung des BGH im Rahmen des Siemens/Nold-Rechtsprechung. Nach der Konzeption des Gesetzes ist eher eine weitergehende Delegationskompetenz mit beschränkenden Beschlussanforderungen zu befürworten als eine Beschränkung der Delegationskompetenz im Ganzen. Für eine hinreichende Notwendigkeit einer Flexibilität in zeitlicher Hinsicht ist es daher ausreichend, dass eine Entscheidung im Jahresrhythmus nicht praktikabel ist.

Bezüglich einer vergleichbaren Interessenlage hinsichtlich der konkreten Notwendigkeit einer Ermächtigungsoption in sachlicher Hinsicht, stellt sich das Problem, dass auch nach den Klarstellungen im Rahmen der Gelatine-Rechtsprechung nach wie vor eine nicht unerhebliche Unsicherheit bezüglich der genauen Konturierung der ungeschriebenen Zuständigkeiten der Hauptversammlung gegeben ist. In diesem Lichte haben Vorstand und Hauptversammlung idealerweise deswegen ein gesteigertes Interesse an einer Delegation, weil sich so der Unsicherheit durch vorgelagerte Hauptversammlungsbeschlüsse „nur für den Fall“ begegnen lässt.[208] Dieses Interesse kann aber für Delegierbarkeit von ungeschriebenen Hauptversammlungszuständigkeiten nicht maßgeblich sein. Eine

---

schaft“) abgestellt werden kann, ist nicht abschließend geklärt; kritisch etwa: *Kubis*, in: MünchKomm-AktG, § 121 Rn. 9; abweichend: *Rieckers*, in: Spindler/Stilz AktG, § 121 Rn. 10.

208 Vgl. etwa den Hinweis von *Beusch*, in: FS Werner, S. 1 (5 f.), der die mit dem Holzmüller-Doktrin eintretende Notwendigkeit einer Hauptversammlungs-Einberufung in Bezug auf den damit eintretenden Aufwand für „wirklichkeitsfremd“ hielt, kritisch auch hinsichtlich der Wahrung einer flexiblen Unternehmensleitung: *Werner*, ZHR 147 (1983), 429 (426 ff.).

darauf aufbauende Argumentation wäre letztlich zirkulär. Es ist ein signifikanter Unterschied, ob eine Unsicherheit darüber besteht, ob ein Geschäft, das definitiv der Zustimmung der Hauptversammlung bedarf, in absehbarer Zeit tatsächlich durchgeführt wird, in diesem Fall aber einer kurzfristigen Ausführung bedarf, oder aber sich eine Unsicherheit auf die Frage bezieht, ob ein anvisiertes, in absehbarer Zeit dann kurzfristig umzusetzendes Geschäft nach den Holzmüller/Gelatine-Rechtsprechung überhaupt einer Zustimmung der Hauptversammlung bedarf. Auch im zuletzt genannten Fall mag eine Ermächtigung (so denn zulässig) „zur Sicherheit" zweifellos sinnvoll erscheinen. Diese Konstellation kann indes kaum zur Herleitung der Zulässigkeit einer solchen herangezogen werden. Andernfalls käme es zu der absurd anmutenden Situation, dass sich bei einer etwaigen weitergehenden Klärung der Holzmüller/Gelatine-Parameter auch die Rechtslage bezüglich der Delegierbarkeit dieser Kompetenzen quasi von selbst ändern müsste. Maßgeblich kann demnach nur sein, ob ein hinreichend ausgeprägtes betriebswirtschaftliches Bedürfnis besteht, die Unsicherheit der *tatsächlichen Entwicklung* und Konturierung der genauen Geschäftskonditionen und -umstände umschiffen zu können.

dd. Zwischenergebnis zur Zulässigkeit einer Delegation ungeschriebener Hauptversammlungszuständigkeiten

Eine Delegationsbefugnis ist hinsichtlich ungeschriebener Zuständigkeiten der Hauptversammlung demnach dann anzunehmen, wenn eine entsprechende Strukturmaßnahme unter typisierender Betrachtung bei Einholung einer Zustimmung durch die Aktionäre im Rahmen einer ordentlichen Hauptversammlung effektiv nicht mehr rechtzeitig umgesetzt werden kann, um die sich bietenden und für die Effektivität der Maßnahme in hinreichend ausgeprägtem Maße elementaren Marktgegebenheiten auszunutzen.

b. Erwägungen zur Praktikabilität

Die Anwendung dieser Parameter erlaubt im Ergebnis keine umfassenden definitiven Aussagen zur Delegationsbefugnis der Hauptversammlung hinsichtlich ungeschriebener Entscheidungsbefugnisse. Eine an diesen Parametern orientierte typisierende Betrachtung stößt auf die systemimmanenten Schwierigkeiten im Zusammenhang mit der Konturierung ungeschriebener Zuständigkeiten und dem beschriebenen Bewertungsspielraum des Gesetzgebers bei der Bemessung der „Notwendigkeit“ einer Ermächtigungsoption.

Auch unter Nutzung der aufgeführten Parameter und Zuhilfenahme der häufig formulierten Fallgruppen ungeschriebener Hauptversammlungszuständigkeiten lässt sich kaum „sicher“ feststellen, wann der Wunsch nach Flexibilität tatsächlich als eine im beschriebenen Sinne anerkennenswerte Notwendigkeit einzuordnen ist.[209] Die Mehrheit des Schrifttums geht, wie bereits angemerkt, von einer vollumfänglichen Ermächtigungskompetenz der Hauptversammlung aus. Begründet man im Einklang mit dem BGH die Notwendigkeit einer Möglichkeit einer bezugsrechtsfreien genehmigten Kapitalerhöhung vor allem damit, dass eine rasche Entscheidung hierüber etwa bei Unternehmenserweiterungen nötig sei, wird man dieser Sichtweise unter Verweis auf § 202, 203 Abs. 2 AktG wohl jedenfalls in Bezug auf die Entscheidungsbefugnis betreffend die Veräußerung von Tochterunternehmen oder der Erwerb eines solchen folgen können.[210] Es werden hingegen auch die Entscheidungen über eine Ausgliederung durch Einzelübertragung wesentlicher Unternehmensbereiche und verschmelzungsähnliche Maßnahmen für delegierbar gehalte.[211] Dem ist entgegenzuhalten, dass die Entscheidungsbefugnisse des UmwG nicht delegierbar sind und entsprechend dieser Wertung dies auch für der Art nach vergleichbare Maßnahmen gelten muss.

Hält man solche Ermächtigungen (in welchem Umfang auch immer) für zulässig, ist es aber jedenfalls zutreffend und zwingend, entsprechend den Regelungen bei den der Intensität nach vergleichbaren Ermächtigungsoptionen eine hinreichend konkrete Umschreibung der autorisierten Maßnahmen durch die Hauptversammlung zu fordern. Die genauen Parameter hängen naturgemäß wiederum von den jeweils in Rede stehenden

209 Auch die Arbeiten jener Autoren, die auf ein solches Bedürfnis abstellen und nicht pauschal von der Zulässigkeit einer Ermächtigung ausgehen, gehen auf eine Subsumtion unter die Fallgruppen zumindest nicht in umfassender Art und Weise ein, vgl. *Grunewald*, AG 1990, 133 (136 f.); *Lutter/Leinekugel*, ZIP 1998, 805 (813 f.) sowie *Tröger*, ZIP 2001, 2029 (2039).

210 Ebenso: *Grunewald*, AG 1990, 133 (136); *Lutter/Leinekugel*, ZIP 1998, 805 (814.); anders: *Schockenhoff*, NZG 2001, 921 (925).

211 Auf Basis der beschriebenen Prüfung einer konkreten Vergleichbarkeit der Interessenlage wohl dafür: *Grunewald*, AG 1990, 133 (136), anders: *Tröger*, ZIP 2001, 2029 (2039).

Maßnahmen ab.[212] Es ist in jedem Fall überzeugend, von der Geltung einer Höchstfrist auszugehen. Schließlich unterliegen alle auf einer originären Kompetenz der Hauptversammlungen beruhenden Ermächtigungsoptionen und insbesondere auch §§ 202, 203 Abs. 2 AktG einer solchen Höchstfrist.[213] Aus dem Gesagten ergibt sich auch, dass bei der Fassung einer entsprechenden Annex-Ermächtigung, vor allem also einer solchen i.S.d. § 33 Abs. 2 WpÜG die hierfür jeweils geltenden Erfordernisse nicht in irgendeiner Weise derogiert werden.[214]

3. Zusammenfassende Betrachtung

Eine weitergehende Betrachtung jeder einzelner Fallgruppen des Holzmüller/Gelatine-Doktrins soll wie eingangs erwähnt mit Blick auf den Zuschnitt dieser Arbeit unterbleiben. Ob die Praxis in den einschlägigen Fällen auch ohne eine allumfassende Ermächtigungsbefugnis auskäme oder ein veritables Bedürfnis nach einer solchen besteht, ist eine im hohen Maße rechtspolitisch gefärbte Frage. Festzuhalten bleibt nach vertretener Ansicht jedenfalls, dass die häufig postulierte vollumfängliche Delegierbarkeit ungeschriebener Hauptversammlungskompetenzen weder in der Simplizität der Herleitung noch in der Totalität dieser Aussage überzeugen kann. Es ist sicherlich vor allem mit Blick auf §§ 202, 203 Abs. 2 AktG nicht abwegig, ein großzügiges Verständnis anzulegen. Dies ändert jedoch nichts daran, dass die Frage für die einzelnen Beschlussgegenstände stets gesondert und vor allem in Bezug auf die verschiedenen Faktoren der

---

212 Überzeugend: *Kubis*, in: MünchKomm-AktG, § 119 Rn. 103 sowie *Mülbert*, in: Großkomm-AktG, § 119 Rn. 108.

213 Ebenso: *Lutter/Leinekugel*, ZIP 1998, 805 (816); *Tröger*, ZIP 2001, 2029 (2041); LG Frankfurt, DB 2001, 751 (753); anders: *Habersack*, in: Emmerich/Habersack Konzernrecht, Vor § 311 Rn. 51; *Kubis*, in: MünchKomm-AktG, § 119 Rn. 104; kritisch auch: *Schlitt*, in: Semler/Stengel/Leonard UmwG, § 173 Rn. 41; die Geltung einer Maximalfrist ist hinsichtlich Ermächtigungen i.S.d. § § 71 Abs. 1 Nr. 8 S. 6; 192 Abs. 2 Nr. 3 Alt. 2 AktG zwar umstritten, nach hier vertretener Ansicht zu bejahen, vgl. hierzu die Nennungen unter Fn. 282.

214 Hier gilt ähnliches wie bei der Kombination von Ermächtigungsbeschlüssen, deren Möglichkeit sich unmittelbar aus dem Gesetz ergibt, vgl. hierzu noch sogleich in Kapitel 2 unter Abschnitt B.III.2.b.; insoweit zutreffend zu den Beschlussanforderungen bei einer Verteidigungsermächtigung i.S.d. § 33 Abs. 2 WpÜG bezüglich eines Konzeptbeschlusses i.S.d. Holzmüller/Gelatine-Grundsätze: *Krause/Pötzsch/Stephan*, in: Assmann/Pötzsch/Uwe H. Schneider WpÜG, § 33 Rn. 216, auch m.w.N.

Vergleichbarkeit unter dem hier entwickelten Maßstab betrachtet werden sollte.

C. Weitergehende Ordnung von Ermächtigungsoptionen

Die ermittelte einheitliche Funktion der weit überwiegenden Zahl der existenten Ermächtigungsoptionen erlaubt eine hieran orientiere Auslegung, soweit entsprechende Auslegungsfragen denn tatsächlich einen Bezug zur der entsprechenden Funktion aufweisen. Für die Beantwortung von Auslegungsfragen, die mit der grundlegenden Struktur und funktionalen Stellung von Ermächtigungsbeschlüssen im aktienrechtlichen Organisationssystem zusammenhängen, kann es aber weitergehend gewinnbringend sei, bei den innerhalb der Gruppe der Ermächtigungsoptionen existierenden strukturellen Unterschieden anzusetzen. Anders gewendet: Mit Blick auf die – aufzuzeigenden – konstruktionsbezogenen Unterschiede zwischen Ermächtigungsoptionen im Detail erscheint es naheliegend, dass auch entsprechende Argumentationen hieran anknüpfen können. Aber auch unabhängig davon sind schlicht im Interesse eines möglichst umfassenden Gesamtblicks über die gesetzliche Regelungsstruktur im Folgenden die generalisierbaren Unterschiede[215] der Regelungstechnik im Detail darzustellen. Auf diese Weise kann eine Art „Systematik“ des Regimes der Ermächtigungsoptionen erstellt werden.

Die maßgeblichen Differenzierungskriterien sind vor allem in Unterschieden hinsichtlich der genauen Wirkung und Stellung der einzelnen Ermächtigungsoptionen in der jeweiligen Kompetenzverteilung zu suchen. Es kann danach unterschieden werden, ob sich die jeweiligen Ermächtigungsbeschlüsse auf die Erweiterung bestehender Ermächtigungsbeschlüsse beziehen (dazu I.), wie umfangreich die jeweilige Delegationswirkung rechtstechnisch ist (dazu II.) und ob die Hauptversammlung über die jeweilige Thematik ausschließlich in Form eines Ermächtigungsbeschlusses befinden kann (dazu III.).

---

215 Wenn im Folgenden entsprechende Unterschiede hinsichtlich der Konstruktion einzelner Ermächtigungsoptionen anhand der existenten Ermächtigungsoptionen illustriert werden, ändert dies also nichts daran, dass die verwendeten Kriterien universell auf jegliche Ermächtigungsbeschlüsse/-optionen im hier verstandenen Sinne anwendbar sind.

I. „Annex-Ermächtigungen"

Ermächtigungsoptionen können derart ausgestaltet sein, dass entsprechende Ermächtigungen sich ihrer Konzeption nach zwingend auf eine durch eine „vorgelagerte" Ermächtigung geschaffene Handlungsmöglichkeit beziehen. Solche Ermächtigungen können als „Annex-Ermächtigungen" bezeichnet werden. Dabei ist aber zu beachten, wie der Konnex zwischen den Ermächtigungsinhalten genau ausgestaltet ist. Von Bedeutung kann nur ein *inhaltlicher* Konnex sein, also ein solcher, in denen die „ergänzende Ermächtigung" sich auf den Inhalt in der Sache, also den Umfang der vorgelagerten Ermächtigung bezieht. Nicht genügen kann hingegen, wenn die nachgelagerte Ermächtigung in einem situationsbezogenen Konnex besteht, also die Befugnisse des Vorstands im Nachgang zu der Ausnutzung der vorgelagerten Ermächtigung regelt: Ermächtigungen i.S.d. §§ 203 Abs. 1, 204 Abs. 2 und 205 Abs. 1 AktG beziehen sich auf den Umfang der Kompetenzen bei der *Ausnutzung einer eben solchen Ermächtigung* i.S.d. § 202 Abs. 1, 2 AktG, formen also den Handlungsspielraum des Vorstands bei der Ausnutzung des genehmigten Kapitals. Demgegenüber knüpfen etwa Beschlüsse i.S.d. § 71 Abs. 1 Nr. 8 S. 6 AktG an die Verwendung von auf Basis einer Ermächtigung i.S.d § 71 Abs. 1 Nr. 8 S. 1 AktG erworbenen Aktie an. Die Entscheidung zur Fassung einer Ermächtigung i.S.d. § 71 Abs. 1 Nr. 8 S. 6 AktG und die Entscheidung betreffend des „Ob" und „Wie" einer Ermächtigung i.S.d. § 71 Abs. 1 Nr. 8 S. 1 AktG mögen sich in gewissem Maße gegenseitig beeinflussen und insoweit einen einheitlichen organisationsrechtlichen Konnex bilden. Es besteht aber kein inhaltlicher Konnex dergestalt, dass eine Ermächtigung i.S.d. § 71 Abs. 1 Nr. 8 S. 6 AktG kraft ihrer Wirkung den Umfang der Ermächtigung i.S.d. § 71 Abs. 1 Nr. 8 S. 1 AktG und die Legitimität von nach Maßgabe dieser Ermächtigung vorgenommener Handlungen beeinflusst.

Jedenfalls Ermächtigungen i.S.d. §§ 203 Abs. 1, 204 Abs. 2 und 205 Abs. 1 AktG stellen „Annex-Ermächtigungen" im beschriebenen Sinne dar, Ermächtigungen i.S.d. § 71 Abs. 1 Nr. 8 S. 5[216] und S. 6 AktG hingegen nicht.

216 Ein solcher Beschluss wäre daher nur dann als Annex-Ermächtigung einzuordnen, wenn man anders als hier vertreten (zumindest konzeptionell) von der Notwendigkeit einer Wiederveräußerungsermächtigung ausginge. Dies ist aber abzulehnen, vgl. wiederum die Ausführungen und Nennungen im Rahmen der Einleitung, Abschnitt B.II.2.a.

Die Einordnung einer Ermächtigung i.S.d. § 33 Abs. 2 WpÜG hängt in diesem Zusammenhang zum einen davon ab, ob man die Regelung dahingehend versteht, dass es der Hauptversammlung erlaubt sei, jegliche Entscheidungsbefugnis[217] ihrerseits für den Fall einer Übernahmephase zu delegieren, unabhängig davon, ob dies nach dem allgemeinen Aktienrecht möglich ist.[218] Hält man eine solche Gestaltung für möglich,wäre eine entsprechende Ermächtigung nicht stets als Annex-Ermächtigung einzuordnen. Selbiges würde gelten, wenn man eine Erlaubnis zur Vornahme verhinderungsgeeigneter Maßnahmen kraft Ermächtigung auch bezüglich Entscheidungen der Geschäftsführung ohne entsprechendes Mitspracherecht der Hauptversammlung für möglich hielte.[219]

Beide Auslegungen des § 33 Abs. 2 WpÜG sind indes abzulehnen. Soweit es die erste Frage betrifft, lässt der Wortlaut der Vorschrift ein solch weitreichendes Verständnis zwar zu, impliziert es aber keinesfalls zwingend. Berücksichtigt man aber, dass das Aktienrecht keine allgemeine Delegationskompetenz der Hauptversammlung kennt,[220] kann die vorgeschlagene Auslegung nicht überzeugen. Es fehlt an Anhaltspunkten, wonach eine solche, mit Blick auf die grundsätzliche Strenge der Zuständigkeitsordnung des Aktienrechts wie ein „Fremdkörper“[221] anmutende Regelung tatsächlich gewollt war.[222] Soweit es die zweite Frage betrifft, ist zu berücksichtigen, dass nach dem Wortlaut des Gesetzes für diese Maßnahmen § 33 Abs. 1 WpÜG abschließend ist. Zudem ist schon nach der

---

217 Der Wortlaut des § 33 Abs. 2 WpÜG kann nicht dahingehend verstanden werden, dass nur jene Fälle erfasst werden, in denen der Hauptversammlung die alleinige Entscheidungsgewalt zukommt – vielmehr müssen auch die existenten Erfordernisse einer Mitwirkung an einer Maßnahme der Geschäftsführung ausreichend sein (vgl. hierzu sogleich). Dies entspricht auch dem regelmäßig unterstellten Verständnis, wenn bspw. auf § 71 Abs. 1 Nr. 8 S. 1 AktG oder auch auf die Holzmüller/Gelatine-Fälle Bezug genommen wird; vgl. etwa *Hirte/Mock*, in: KölnKomm-WpÜG, § 33 Rn. 102 sowie *Schlitt*, in: MünchKomm-AktG, § 33 WpÜG, Rn. 213 f.

218 So: *Grunewald*, in: Baums/Thoma WpÜG, § 33 Rn. 88; *Steinmeyer*, in: Steinmeyer WpÜG § 33 Rn. 37 f.; im Ergebnis ebenso, jedoch kritisch: *Schneider*, AG 2002, 125 (131).

219 So etwa: *Grunewald*, in: Baums/Thoma WpÜG § 33 Rn. 89.

220 Vgl. erneut die Ausführungen unter Abschnitt B in diesem Kapitel.

221 *Schneider*, AG 2002, 125 (131).

222 Ähnlich: *Krause/Pötzsch/Stephan*, in: Assmann/Pötzsch/Uwe H. Schneider WpÜG, § 33 Rn. 211; ebenso ablehnend: *Brandi*, in: Angerer/Geibel/Süßmann WpÜG, § 33 Rn. 81; *Hirte/Mock*, in: KölnKomm-WpÜG, § 33 Rn. 96 f.; *Schlitt*, in: MünchKomm-AktG, § 33 WpÜG, Rn. 211; *Ekkenga*, in: FS Kümpel, S. 95 (106).

hergebrachten Kompetenzordnung eine dahingehende Beschlussfassung im Wege einer Initiative der Hauptversammlung ausgeschlossen, § 119 Abs. 2 AktG.[223]

Eine Ermächtigung i.S.d. § 33 Abs. 2 WpÜG stellt demnach stets eine Annex-Ermächtigung dar. Dafür ist es insbesondere auch unerheblich, ob der Beschlussinhalt i.S.d. § 33 Abs. 2 WpÜG unmittelbar in dem jeweils in Bezug genommenen „Grundlagen"-Ermächtigungsbeschluss gefasst wird oder aber ein gesonderter Beschluss i.S.d. § 33 Abs. 2 WpÜG auf mehrere bestehende Ermächtigungen Bezug nimmt.[224] Jedenfalls wird dem Inhalt nach auf eine bestehende oder im Bestehen befindliche Ermächtigung Bezug genommen.

---

223 Im Ergebnis ebenso: *Ekkenga*, in: FS Kümpel, S. 95 (105); einschränkend, wenn in Bezug auf eine Konstellation i.S.d. § 119 Abs. 2 AktG von der Möglichkeit einer Ermächtigung ausgegangen wird: *Brandi*, in: Angerer/Geibel/Süßmann WpÜG, § 33 Rn. 83; wohl wie hier: *Schlitt*, in: MünchKomm-AktG, § 33 WpÜG Rn. 212 sowie *Hirte/Mock*, in: KölnKomm-WpÜG, § 33 Rn. 107. Nicht erfasst sind, wie erläutert, solche Fälle der Geschäftsführung, in denen der Hauptversammlung kraft geschriebenen oder ungeschriebenen Rechts eine Mitwirkungsbefugnis zusteht, fallen diese Konstellationen doch unter den Wortlaut des § 33 Abs. 2 WpÜG. Insoweit nicht überzeugend ist insbesondere der Verweis von *Krause/Pötzsch/Stephan*, in: Assmann/Pötzsch/Uwe H. Schneider WpÜG, § 33 Rn. 209 auf die Formulierungen des Finanzausschusses, in denen dieser als Beispiel für einen Anwendungsfall die „Veräußerung von Beteiligungen" aufführt (vgl. BT-Drucks. 14/7477, S. 13), da man dieses Beispiel auch als Verweis auf die Anwendbarkeit der Ermächtigungen bezüglich ungeschriebener Hauptversammlungs-Zuständigkeiten verstehen kann (so etwa *Hirte/Mock*, in: KölnKomm-WpÜG § 33 Rn. 102), deren Zulässigkeit hier aber eben nicht bestritten wird. Insoweit auch zutreffend: LG München, AG 2005, 261.

224 Die Zulässigkeit der letzteren Gestaltung ergibt sich schon aus dem Wortlaut des § 33 Abs. 2 WpÜG, wenn dieser fordert, dass „diese Handlungen in der Ermächtigung der Art nach zu bestimmen sind". Daraus folgt aber in einem Erst-Recht-Schluss, dass auch die Aufnahme in einen singulären Beschluss zur Legitimierung einer solchen „Handlung" zulässig ist; anschaulich die Differenzierung bei: *Krause/Pötzsch/Stephan*, in: Assmann/Pötzsch/Uwe H. Schneider WpÜG, § 33 Rn. 221.

II. Dispensierende und kompetenzübertragende Ermächtigungsbeschlüsse

1. Ansatzpunkt

Von wesentlicher Bedeutung ist vor allem die bereits angedeutete Frage nach dem Ausmaß der Delegationswirkung und der damit einhergehenden Abweichung von der ursprünglichen Kompetenzverteilung durch einen Ermächtigungsbeschluss. Ermächtigungsbeschlüssen kommt stets eine Legitimationswirkung für das von ihnen abgedeckte Handeln des Vorstands zu, sodass sie allesamt jedenfalls *Befugnis erweiternd* wirken. Die Funktionsweisen weichen jedoch im Detail voneinander ab.

So stellt etwa der Erwerb eigener Aktien für sich genommen einen Erwerb vermögenswerter Gegenstände dar. Infolgedessen fällt diese Maßnahme in den Bereich der dem Vorstand zugeordneten Geschäftsführung, § 77 AktG.[225] In Ergänzung zu den Ausnahmen des § 71 Abs. 1 Nr. 1–6 AktG kommt einem Ermächtigungsbeschluss nach § 71 Abs. 1 Nr. 7 und Nr. 8 S. 1 AktG somit eine legitimierende Wirkung dergestalt zu, dass eine Ausnahme von einem Verbot, ein *Dispens* erteilt wird. Anders funktioniert hingegen eine genehmigte Kapitalerhöhung nach § 202 Abs. 1, 2 AktG. Ein solcher Beschluss ist die Alternative zu einer ordentlichen Kapitalerhöhung durch die Hauptversammlung, §§ 182 ff. AktG. Die Entscheidung über die Erhöhung des Grundkapitals betrifft die Grundstruktur der Aktiengesellschaft sowie Gläubiger und Aktionäre gleichermaßen. Auch wenn sich dies nicht unmittelbar aus dem Wortlaut von §§ 119 Abs. 1 Nr. 7; 182 Abs. 1; 202 Abs. 1, 2 AktG in (beispielhafter) Abgrenzung zu dem Wortlaut von § 71 Abs. 1 Nr. 7, 8 S. 1 AktG ergibt, fällt die Entscheidung über die Erhöhung des Grundkapitals als solche einzig in die Zuständigkeit der Hauptversammlung. Sie stellt keine Geschäftsführungsaufgabe dar.[226] Wenn diese Entscheidung über die Erhöhung des Grundkapitals

225 So etwa auch: *Johannsen-Roth*, S. 167; *Lutter/Drygala*, in: KölnKomm-AktG, § 71 Rn. 27; *Merkt*, in: GroßKomm-AktG, § 71 Rn. 40; *Oechsler*, in: MünchKomm-AktG, § 71 Rn. 76; im Ergebnis ebenso, wenn nur auf eine fehlende ausdrückliche Kompetenzzuweisung an die Hauptversammlung abgestellt wird: *van Aerssen*, WM 2000, 391 (394).

226 *Ekkenga*, in: KölnKomm-AktG, Vorb. zu § 182 ff. AktG, Rn. 58; *Schürnbrand/Verse*, in: MünchKomm-AktG, Vorb. zu § 182 ff. AktG, Rn. 1.; *Kimpler*, S. 1 hebt vor allem die Änderung des Mitgliederkreises in Abgrenzung zu – eher der Geschäftsführung unterfallenden – Finanzierungsentscheidung als maßgeblichen Grund hervor. Ob jedoch tatsächlich der Verwässerungseffekt bzw. die Gefahr eines solchen bei Vornahme einer Kapitalerhöhung der maßgebliche Grund

in die Hände des Vorstands gelegt werden kann, wirkt eine dahingehende Ermächtigung zwar wiederum Befugnis erweiternd. Die Befugniserweiterung vollzieht sich aber nicht derart, dass eine Restriktion betreffend einer bestehenden Kompetenz des Vorstands aufgehoben wird. Vielmehr wird eine Kompetenz der Hauptversammlung als solche (teilweise) auf den Vorstand übertragen.[227]

Entscheidend für die Einordnung von Ermächtigungsoptionen in diese Systematik ist somit die Frage, welchem Organ die einzelnen Entscheidungsgewalten originär zugewiesen sind. Diese Abgrenzung kann vor allem dann relevant werden, wenn es um die Regeln der Interaktion zwischen Hauptversammlung und Vorstand bei der Fassung und Nutzung von Ermächtigungsbeschlüssen und die in diesen Zusammenhang jeweils bestehende Freiheit, respektive deren Grenzen geht.

Damit ist die in jeder Handelsgesellschaft anfallende Unterscheidung von Entscheidungen und Maßnahmen in zwei organisationsrechtliche Bereiche, also Basis- oder auch Strukturentscheidungen einerseits sowie Geschäftsführungs- und Verwaltungsmaßnahmen andererseits, angesprochen.[228] Da die insoweit verwendete Terminologie nicht immer einheitlich

---

für die Notwendigkeit der Beteiligung der Hauptversammlung ist, wird unterschiedlich beurteilt. Dies als separaten Grund neben der „Änderung der Grundlagen der Gesellschaft" ansehend: *v. Rechenberg*, S. 107; a.A. (Eigenschaft als Satzungsänderung entscheidend): *Veil*, in: K. Schmidt/Lutter AktG, § 182 Rn. 1; *Lorenz*, S. 187.

227 Eine solche Differenzierung findet sich ebenso bei *Lutter/Leinekugel*, ZIP 1998, 805 (812) sowie in sehr ähnlicher Form auch bei *Kimpler*, S. 120 f., wenngleich dieser daraus für den Fall des § 221 Abs. 2 AktG den – unzutreffenden (s. oben)– Schluss zieht, dass es sich bei einem solchem Beschluss nicht um eine Ermächtigung im engeren Sinne handele.

228 Vgl. allgemein hierzu: *Wiedemann*, ZGR 1975, 385 (411 ff.), diese Differenzierung spielt vor allem für die Bemessung der Reichweite des § 83 AktG eine große Rolle (Die h.M. versteht unter „Maßnahmen, die in die Zuständigkeit der Hauptversammlung fallen", nur die in § 119 Abs. 1 AktG und andernorts ausdrücklich der Hauptversammlung zugewiesenen Maßnahmen sowie Fälle des § 119 Abs. 2 AktG, will hingegen Beschlüsse über Fragen der Geschäftsführung mit rein „gesellschaftsinterner" Wirkung aus dem Anwendungsbereich herausnehmen; vgl.: *Fleischer*, in: Spindler/Stilz AktG, § 83 Rn. 4, 7; *Habersack*, in: GroßKomm-AktG, § 83 Rn. 6, 11; *Spindler*, in: MünchKomm-AktG, § 83 Rn. 8, 23; *Bürgers*, in: Bürgers/Körber AktG, § 83 Rn 2, 5; *Koch*, AktG, § 83 Rn. 2; *Seibt*, in: K. Schmidt/Lutter AktG, § 83 Rn. 4, 10; dabei die hier verwendete Bezeichnung einer reinen „Mitwirkung der Hauptversammlung" benutzend: *Werner*, AG 1972, 93 (99); a.A.: *Oltmann*, in: Heidel Aktienrecht, § 83 Rn. 2; *Mertens/Cahn*, in: KölnKomm-AktG, § 83 Rn. 4.). Aber auch außerhalb dieser Diskussion findet sich die Grundidee einer solchen Differenzierung bspw. bei

ist,[229] soll zur Vereinheitlichung dieser Darstellung und zur Vermeidung begrifflicher Ungenauigkeiten im Folgenden von einer „Zuständigkeit der Hauptversammlung" nur im Sinne einer „originären Kompetenz" gesprochen werden. Der Begriff „Zuständigkeit der Hauptversammlung" erfasst demnach lediglich *allein* der Hauptversammlung zustehende Entscheidungen. Der Begriff der „Geschäftsführungsangelegenheiten" umfasst hingegen auch Maßnahmen, für die der Vorstand gesellschaftsintern der Zustimmung der Hauptversammlung bedarf. Für eine solche Entscheidungsbefugnis der Hauptversammlung soll im Folgenden von „Mitwirkungsbefugnissen" gesprochen werden.

Die Zuordnung einzelner Entscheidungsfragen zu einer dieser beiden Gruppen ist nicht in dem Sinne determiniert, dass es ein trennscharfes oder gar finites System gäbe, nachdem sich die Einordnung der Entscheidungsbefugnisse richtet. Vielmehr gibt es sehr grundlegende Geschäftsführungsentscheidungen, andererseits aber auch „Strukturmaßnahmen", die einer Interaktion mit der Verwaltung bedürfen.[230] Der Gesetzestext ist wenig ergiebig. Der Begriff der Geschäftsführung im Sinne des § 77 AktG umfasst jedes Handeln des Vorstands für die Gesellschaft, unabhängig von seiner Natur.[231] Die aus dem Recht der anderen privatrechtlich organisierten Gesellschaften bekannte Abgrenzung gegenüber ausschließlich der Entscheidung der Gesellschafter obliegenden „Grundlagengeschäften" findet im Aktienrecht allenfalls in Form der Vorlagepflicht des Vorstands auf Basis der Holzmüller/Gelatine-Rechtsprechung eine Parallele.[232] Spie-

---

Drygala/Staake, in: KölnKomm-AktG, § 192 Rn. 128; *Florstedt*, in: KölnKomm-AktG, § 221 Rn. 178; *Hirte*, in: GroßKomm-AktG, § 221 Rn. 106 sowie *Zöllner*, in: KölnKomm-AktG (1. Auflage), § 119 Rn. 29.

229 Treffend: *Weber*, in: Hölters/Weber AktG, § 83 Rn. 3, wenn dieser davon ausgeht, dass § 83 AktG außerhalb von § 83 Abs. 2 AktG nur bei einer „ausschließlichen Entscheidungskompetenz" greife, ähnlich auch: *Habersack*, in: GroßKomm-AktG, § 83 Rn. 7 sowie *Spindler*, in: MünchKomm-AktG, § 78 Rn. 18, 21.

230 *Wiedemann*, ZGR 1975, 385 (411).

231 Allgemeine Ansicht, vgl. *Fleischer*, in: Spindler/Stilz AktG, § 77 Rn. 3 m.w.N.; damit weicht das Verständnis namentlich von dem im Rahmen des Personengesellschaftsrecht ab, wo die Befugnis auf die zur Verfolgung des Gesellschaftszwecks gerichteten Tätigkeiten begrenzt ist, vgl. statt vieler: *Jickeli*, in: MünchKomm-HGB, § 114 Rn. 6

232 *Fleischer* in Spindler/Stilz AktG, § 77 Rn. 7; *Mertens/Cahn* in KölnKomm-AktG, § 77 Rn. 5; *Seibt*, in: K. Schmidt/Lutter AktG, § 77 Rn. 4; *Spindler*, in: MünchKomm-AktG, § 77 Rn. 7; bezüglich der Situation im Recht der Personengesellschaften und GmbH vgl. *Jickeli*, in: MünchKomm-HGB, § 114, Rn. 4 ff. sowie *Schneider/Schneider*, in: Scholz GmbHG, § 37 Rn. 11 jeweils m.w.N.

gelbildlich fehlt es betreffend die Zuständigkeiten der Hauptversammlung schon an einer dahingenden positiven Definition durch das Gesetz. In § 119 Abs. 1 AktG findet sich stattdessen eine nicht abschließende Aufzählung, ergänzt um die jeweils spezialgesetzlich angeordneten Beschlusserfordernisse.[233] § 119 Abs. 1 AktG dient primär der Klarstellung, dass die Beschlusszuständigkeit der Hauptversammlung beschränkt ist und ihr keine Kompetenz-Kompetenz zukommt.[234] Deshalb kann die Norm nicht dahingehend verstanden werden, dass *nur* die dort aufgelisteten Beschlussgegenstände originäre Entscheidungsbefugnisse der Hauptversammlung darstellen.[235] Ebenfalls zweifelhaft sind Ansätze, wonach *jedenfalls* alle in § 119 Abs. 1 AktG genannten[236] oder zumindest die in § 119 Abs. 1 Nr. 6, 7, 9 AktG aufgezählten Beschlussgegenstände originäre Hauptversammlungskompetenzen darstellen.[237] § 119 Abs. 1 AktG ordnet eine Beschlusszuständigkeit der Hauptversammlung nur „in den im Gesetz und in der Satzung ausdrücklich bestimmten Fällen" an. Die Subsumierbarkeit einer Kompetenz unter § 119 Abs. 1 Nr. 6, 7, 9 AktG steht somit einer Charakterisierung einer Entscheidungsbefugnis als Maßnahme der Geschäftsfüh-

233 Ähnlich auch *Zöllner*, in: KölnKomm-AktG (1. Auflage), § 119 Rn. 29, der jedoch auch – noch vor Auftreten der Holzmüller-Problematik – darauf hinwies, dass praktische Zuordnungsprobleme nicht zu befürchten seien, da die insoweit zweifelhaften Bereiche wie bspw. die Prüfer- und Organfeststellung durch § 119 AktG eindeutig der Hauptversammlung zugewiesen seien.

234 Vgl. statt vieler *Kubis*, in: MünchKomm-AktG, § 119 Rn. 1.

235 Eine solche Sichtweise wäre auch unter wertenden Gesichtspunkten fragwürdig, da dann etwa Maßnahmen wie eine Verschmelzung nach §§ 65 Abs. 1, 73 UmwG oder ein Squeeze-Out nach § 327a AktG nicht der originären Kompetenz der Hauptversammlung zugeordnet werden dürften, vgl. aber nur die regelmäßige Nennung solcher Maßnahmen im Rahmen der Aufzählungen der in § 119 Abs. 1 AktG nicht genannten, aber mit den dort aufgeführten Maßnahmen vergleichbaren Maßnahmen: *Hoffmann*, in: Spindler/Stilz AktG, § 119 Rn. 9; *Kubis*, in: MünchKomm-AktG, § 119 Rn. 14; *Mülbert*, in: GroßKomm-AktG, § 119 Rn. 27; *Spindler*, in: K. Schmidt/Lutter AktG, § 119 Rn. 11). Insoweit im Gesamten ähnlich: *Mülbert*, in: GroßKomm-AktG, § 119 Rn. 5, 22.

236 *Zöllner*, in: KölnKomm-AktG (1. Auflage), § 119 Rn. 2, vgl. auch vgl. *Seibt*, in: K. Schmidt/Lutter AktG, § 83 Rn. 4.

237 In diese Richtung lassen sich insbesondere die Äußerungen zum Bestehen eines Initiativrechts der Hauptversammlung zur Fassung von Zustimmungsbeschlüssen i.S.d. § 221 Abs. 1 AktG verstehen, wenn in diesem Zusammenhang die Anwendbarkeit des § 119 Abs. 1 Nr. 6 AktG a.F., nunmehr also § 119 Abs. 1 Nr. 7 AktG angenommen (bspw. *Koch*, AktG, § 221 Rn. 9) bzw. verneint (bspw. bei *Florstedt*, in: KölnKomm-AktG, § 221 Rn. 26) wird.

rung nicht entgegen, wenn das Gesetz hierfür hinreichende Anhaltspunkte liefert.[238]

Letzten Endes kann es daher nur darauf ankommen, wie ausgeprägt der „grundlegende“ Charakter der in Rede stehenden Maßnahme ist. Maßgeblich muss sein, wie stark die Maßnahme die Rechtsstellung der Aktionäre, die fundamentalen Verhältnisse der Gesellschaft oder deren Ausrichtung im Ganzen betrifft und/oder in welchem Ausmaß sie aus sonstigen Gründen nach den Vorstellungen des Gesetzgebers von gesteigerter Wichtigkeit für die Aktionäre ist. Diese Erkenntnis ist dabei keinesfalls neu, wenn man die existierenden Formulierungen beachtet, wonach etwa die Hauptversammlung „die rechtlichen Grundlagen der AG“[239] gestalte oder eine Zuständigkeit der Hauptversammlung für alle „sozialrechtlichen Akte“ vorgesehen sei und dies insbesondere für „Akte gesellschaftlicher Betätigung, welche die lebenswichtigen Grundlagen der Gesellschaft und ihren rechtlichen und wirtschaftlichen Aufbau betreffen“ anzunehmen sei.[240] Für den Zweck dieser Arbeit reichen diese Ansätze in Kombination mit singulären Anhaltspunkten in den jeweiligen Gesetzestexten sowie Umständen der jeweiligen Gesetzgebungshistorie aber im Ergebnis aus, um eine Einordnung der Entscheidungsbefugnisse vorzunehmen.

2. Beispielhafte Einordnung der bestehenden Ermächtigungsoptionen

Obgleich die vorliegende Arbeit auf die Konzeption von Ermächtigungsoptionen bezogen ist, werden im Folgenden in gebotener Kürze die existierenden Ermächtigungsoptionen in die entwickelte Systematik eingeordnet. Dies ist ist schon deshalb geboten, weil man aber im Zusammenhang mit der Einordnung von Ermächtigungsoptionen in die beschriebene Ord-

238 *Habersack*, in: MünchKomm-AktG, § 221 Rn. 134; in diesem Sinne ist dann auch die Formulierung bei *Mülbert*, in: GroßKomm-AktG, § 119 Rn. 22 zu verstehen: „Abs. 1 1. Alt. begründet für diesen Gegenstandsbereich aber keine originären Entscheidungszuständigkeiten der Hauptversammlung. Vielmehr wiederholt der nicht abschließende Zuständigkeitskatalog lediglich beispielhaft anderweitig im Gesetz geregelte Kompetenzen.“ Es wird (richtigerweise, s. oben) nur in Abrede gestellt, dass § 119 Abs. 1 AktG abschließend sei hinsichtlich originärer Kompetenzen, nicht jedoch, dass alle in § 119 Abs. 1 AktG gelisteten Fälle Beispiele für eben solche sind.

239 So die Formulierung bei: *Servatius*, S. 4.

240 So die Formulierung bei: *Spindler*, in: MünchKomm-AktG, § 78 Rn. 18.

nung wiederum auf in der Konzeption von Ermächtigungsbeschlüssen ruhende Fragestellungen stößt.

Letzteres gilt insbesondere für die Einordnung der per Annex-Ermächtigung delegierbaren Entscheidungsbefugnisse. Die Einordnung von Annex-Ermächtigungserfordernissen gestaltet sich diffizil, weil konstruktiv-begriffslogische Erwägungen die Einordnung beeinflussen können. Es wäre denkbar, solche Ermächtigungen aufgrund des notwendigen Bezugs zu einer vorgelagerten Grundlagen-Ermächtigung *stets* als auf eine Angelegenheit der Geschäftsführung bezogen anzusehen. Ausgangspunkt für eine solche Sichtweise wäre der Gedanke, dass selbst wenn der gesonderte Kompetenzausschnitt, auf den sich das Annex-Ermächtigungserfordernis bezieht, Teil einer originären Zuständigkeit der Hauptversammlung ist, diese durch die notwendig vorgelagerte Grundlagen-Ermächtigung zu einer Angelegenheit der Geschäftsführung geworden ist. Annex-Ermächtigung wirken nach dieser Logik also stets dispensierend. Unbenommen der Frage, ob Folge einer Grundlagen-Ermächtigung die gesamte Entscheidungsangelegenheit inklusive jener Entscheidungsvarianten, die nach den gesetzlichen Vorgaben einer gesonderten Ermächtigung bedürfen, der Geschäftsführungskompetenz des Vorstands zuzuordnen sind,[241] kann diese Einordnung jedenfalls nicht alleine maßgeblich sein. Der Ansatz beruht vornehmlich auf begriffslogischen Erwägungen. Unbeleuchtet bliebe dann die Frage, welchem Organ die betroffene Kompetenz *abstrakt* zugeteilt ist.

Die Annex-Ermächtigungen eignen sich daher aufgrund des sie einenden Wesenszugs nicht für eine eindeutige Systematisierung anhand des hier angelegten Parameters. Nichtsdestotrotz ist eine Ordnung anhand der dargestellten unterschiedlichen Betrachtungsweisen möglich, solange bei der Nutzung der so entwickelten Systematik jeweils darauf geachtet wird, deren Alternativität zu berücksichtigen. Dementsprechend ist stets zu hinterfragen, ob für die jeweils in Rede stehende Frage maßgeblich sein muss, wem die originäre (Teil-)Entscheidungskompetenz abstrakt zugeordnet ist, oder ob darauf abzustellen ist, wie die Annex-Ermächtigung konkret wirkt. Die Systematisierung anhand der *konkreten* Wirkung der einzelnen Beschlüsse kann etwa für die Frage nach den exakten Rechtsfolgen bei Fassung eines Ermächtigungsbeschlusses oder eben den Folgen eines Handelns in Ermangelung eines solchen Beschlusses von Relevanz sein. Die Systematisierung anhand der *abstrakten* Zuordnung der Entscheidungsthematik ist hingegen für Fragestellungen, die das organisationsrechtliche

---

241 Kritisch etwa: *Groß/T. Fischer*, in: Heidel Aktienrecht, § 202 Rn. 122; vgl. hierzu vertieft im 2. Kapitel unter Abschnitt C.II.2.

Verhältnis zwischen Hauptversammlung und Vorstand betreffen, von Interesse. Da der erstgenannte Ansatz mehr auf begriffslogischen Elementen, als auf einer Betrachtung der Bedeutung der jeweiligen Sachmaterie aufbaut, soll für die folgende Betrachtung nur auf die abstrakte Zuordnung der Entscheidungsbefugnisse abgestellt werden.

a. Kapitalmaßnahmen „im engeren Sinne“

Unmittelbar auf den Umfang des Grundkapitals abzielende Maßnahmen zählen zu den originären Kompetenzen der Hauptversammlung. Sie betreffen die Zusammensetzung des Mitgliederkreises und stellen darüber hinaus ein bedeutsames Mittel zur Einflussnahme auf die langfristige Finanzplanung als Teil der strategischen Aufstellung der Gesellschaft dar.[242] Dem entspricht auch § 119 Abs. 1 Nr. 7 AktG. Ein korrespondierender Ermächtigungsbeschluss (§ 202 Abs. 1, 2 AktG) wirkt mithin kompetenzübertragend. Aufgrund der spiegelbildlichen, aber doch ebenso einschneidenden Wirkung in Bezug auf die Grundlagen der Gesellschaft und die Stellung des einzelnen Aktionärs kann auch für eine Kapitalherabsetzung nichts anderes gelten.[243] Ein dementsprechender Ermächtigungsbeschluss i.S.d. § 71 Abs. 1 Nr. 8 S. 6 AktG wirkt daher ebenso kompetenzübertragend.[244]

Dies gilt nach dem Gesagten auch für eine bedingte Kapitalerhöhung.[245] Die Delegationsbefugnis der Hauptversammlung gem. § 192 Abs. 2 Nr. 3 Alt. 2 AktG bezieht sich indes nicht auf die bedingte Kapitalerhöhung als solche, sondern lediglich auf die Ausgabe der Bezugsrechte[246] und

242 Zu letzterem: *v. Rechenberg*, S. 107.

243 Zutreffend: *v. Rechenberg*, S. 114; bei einer Kapitalherabsetzung durch Einziehung von Aktien ist die Vornahme der entsprechenden Einziehungshandlung zwar immer die Sache des Vorstands, jedenfalls die Entscheidung über das „Ob“ einer solchen Maßnahme, also die Entscheidung über die Herabsetzung als solches, ist jedoch einzig der Hauptversammlung zugeordnet.

244 Insoweit eine ähnliche Einordnung von § 71 Abs. 1 Nr. 8 S. 6 AktG dem Gedankengang nach bei *Bezzenberger*, Rn. 45.

245 Ein solcher Beschluss führt zwar nicht unmittelbar zur Änderung des Grundkapitals. Da aber der Eintritt der Kapitalerhöhung nur noch von der Ausübung der auf Basis der bedingten Kapitalerhöhung ausgegebenen Bezugsrechte abhängt, geben die Aktionäre ihr Gestaltungsrecht in Moment der Beschlussfassung „aus der Hand“ und beeinträchtigen ihre Rechtsstellung daher im vergleichbaren Maße wie bei einer ordentlichen Kapitalmaßnahme.

246 Die in Rede stehende Konstellation ist abzugrenzen von dem Fall einer Ausgabe von Bezugsrechten, die zum Ausschluss des gesetzlichen Bezugsrechts der

somit die Umsetzung des durch die bedingte Kapitalerhöhung abgesicherten Vergütungsprogramms. Zwar erschöpft sich die Ausgabe von Bezugsrechten in der Eingehung einer Verbindlichkeit, welche auf verschiedene Art und Weise erfüllt werden kann, beispielsweise auch durch die Veräußerung eigener Aktien. Entscheidend ist indes, dass im Fall einer Ermächtigung i.S.d. § 192 Abs. 2 Nr. 3 Alt. 2 AktG die die tatsächliche „Ausnutzung“ eines beschlossenen bedingten Kapitals zwar von der Entscheidung des Vorstands abhängt. Setzt der Vorstand aber das in Rede stehende Vergütungsprogramm auf, entsteht aufgrund der Absicherung durch das bedingte Kapital dieselbe Situation, wie wenn die Hauptversammlung von einer Ermächtigung abgesehen hätte.[247] Demzufolge unterfällt die Ausgabe von Bezugsrechten jedenfalls insoweit der originären Kompetenz der Hauptversammlung, wie das Bezugsrecht nur in Hinblick auf ein bedingtes Kapital eingeräumt wird.[248] Etwas anderes folgt insbesondere nicht daraus, dass § 192 Abs. 2 Nr. 3 Alt. 2 AktG als Alternative zu einer Ermächtigung eine „Zustimmung“ vorsieht, was unter rein semantischen Gesichtspunkten eine Geschäftsführungskompetenz nahe liegen lässt. Dem Wortlaut kann mit Blick auf die Wertungen des Gesetzgebers in §§ 182 ff., 222 ff. AktG in diesem Zusammenhang keine gesteigerte Bedeutung zukommen.[249] Eine entsprechende Ermächtigung wirkt daher kompetenzübertragend.

Aktionäre führen. In diesen Fällen zeitigt § 187 Abs. 1 AktG die Einordnung als originäre Kompetenz der Hauptversammlung (ähnlich: *Florstedt*, in: KölnKomm-AktG, § 221 Rn. 178; *Fuchs*, in: MünchKomm-AktG, § 192 Rn. 99). Bei einer bedingten Kapitalerhöhung greift dieser Gedanke aber nicht, da es ein solches gesetzliches Bezugsrecht in diesen Fällen naturgemäß nicht gibt (statt vieler: *Scholz*, in: MünchHb-AG, § 58 Rn. 18 unter Verweis auf BGH ZIP 2006, 368 (369)).

247 Ähnlich: *Koch*, AktG, § 192 Rn. 22.

248 In diese Richtung auch: *Drygala/Staake*, in: KölnKomm-AktG, § 197 Rn. 40, wenn hinsichtlich der Geltung des § 197 S. 2 AktG auf eben diese Konstellation abgestellt wird. Auf diese Weise gestaltet sich auch die Bemessung der Kompetenzverteilung bei der Ausgabe der in § 221 AktG geregelten Kapitalien stimmig, vgl. hierzu sogleich; im Ergebnis ebenso, wenn nur eine Überschreitung der Höchstziffer des bedingten Kapitals für schädlich gehalten wird (hierzu auch noch im 2. Kapitel unter Abschnitt C.I.2.): *Frey*, in: GroßKomm-AktG, § 197 Rn. 43 sowie *Fuchs*, in: MünchKomm-AktG, § 197 Rn. 22 f.; kritisch: *Wagner*, in: Heidel Aktienrecht, § 197 Rn. 6.

249 Vgl. zur Kritik an der Wortwahl auch *Claussen*, DB 1998, 177 (185), dort unter Fn. 104; *Drygala/Staake*, in: KölnKomm-AktG, § 192 Rn. 128; *Fuchs*, in: MünchKomm-AktG, § 192 Rn. 99 sowie *Koch*, AktG § 192 Rn. 22.

Nach dem Gesagten können Entscheidungsbefugnisse in Form von auf Kapitalmaßnahmen bezogenen Annex-Ermächtigungsoptionen keine andere Zuteilung erfahren.[250] Wenn bereits die grundlegenden Maßnahmen originär der Hauptversammlung zugewiesen sind, kann für damit verbundene Ausgestaltungsentscheidungen, die mit weitergehenden Gefahren für die Mitgliedshaft verbunden sind, nichts anderes gelten. Hinsichtlich der Befugnis zur Ausgabe von Vorzugsaktien kann ergänzend darauf verwiesen werden, dass die Ausgabe von gegenüber bestehenden Vorzugsaktien vorgehenden oder gleichstehenden Vorzugsaktien sowohl die Inhaber bestehender Vorzugsaktien als auch die übrigen Aktionäre tiefgreifend in ihrem unmittelbar in der Mitgliedschaft verankerten Recht auf den Bilanzgewinn nach § 58 Abs. 4 AktG[251] trifft und daher *nur* von der Hauptversammlung unter gesonderter Mitwirkung der betroffenen Vorzugsaktionäre entschieden werden kann. Die Bedeutung für die Inhaber der betroffenen Vorzugsaktien zeigt sich bereits in der Wertung des § 141 Abs. 2 S. 1 AktG, dessen Regelungsgehalt durch § 204 Abs. 2 AktG vor einer Umgehung geschützt werden soll.[252]

Nichts anderes gilt für die Entscheidungsbefugnis, über den Ausschluss des Bezugsrechts bei einer (genehmigten) Kapitalerhöhung zu befinden. Das Bezugsrecht der Aktionäre bei einer Kapitalerhöhung macht aufgrund der damit einhergehenden Möglichkeit zur Sicherung der Mitglieds- und Beteiligungsstruktur ein Kernrecht der Mitgliedschaft aus.[253] Die Grundidee der Verhinderung einer Verwässerung der eigenen Teilhabe ist nicht auf das Feld von Kapitalerhöhungen beschränkt und kommt an mehreren Stellen im Gesetz zum Ausdruck, etwa in § 71 Abs. 1 Nr. 8 S. 3–5, § 186 Abs. 3 sowie § 221 Abs. 4 AktG. Maßgeblich kann daher nur die Qualität der in Bezug genommenen Maßnahme sein, denn schließlich bezieht sich ein Bezugsrecht nicht nur formal, sondern auch inhaltlich stets auf eine irgendwie geartete „Ausgabehandlung". Die Frage, ob ein Bezugsrecht beste-

250 Auf der anderen Seite ist dies aus rein konstruktiv-logischen Gesichtspunkten nicht ausgeschlossen. Es wäre etwa begriffslogisch durchaus möglich davon auszugehen, dass die Hauptversammlung über das allgemeine „Ob" einer Maßnahme entscheidet, dem Vorstand jedoch die Bestimmung der Einzelheiten der Ausübung (das „Wie") obliegt und er bei eben dieser dem Grunde nach eine gewisse Freiheit haben mag.

251 *Drygala*, in: KölnKomm-AktG, § 58 Rn. 112; *Fleischer*, in: K. Schmidt/Lutter AktG, § 58 Rn. 43; *Arnold/Notz*, in: GroßKomm-AktG, § 58 Rn. 126; *Rieckers*, in: MünchHb-AG, § 17 Rn. 4.

252 Statt vieler: *Veil*, in: K. Schmidt/Lutter AktG, § 204 Rn. 14.

253 Vgl. die Nennungen bei *Schürnbrand/Verse*, in: MünchKomm-AktG, § 186 Rn. 1.

hen soll, beeinflusst die Reichweite der jeweilig beschlossenen Maßnahme und damit auch die Entscheidungsfindung diesbezüglich in erheblichem Maße.[254] Soweit es das Bezugsrecht bei einer Kapitalerhöhung betrifft, ist also auch die Entscheidungsbefugnis über dessen Ausschluss originär der Hauptversammlung zugeordnet und stellt eine Zuständigkeit der Hauptversammlung im beschriebenen Sinn dar.

b. Ausgabe von Titeln i.S.d. § 221 Abs. 2 AktG und Erwerb eigener Aktien

Abweichendes gilt hingegen für eine Ermächtigung i.S.d. § 221 Abs. 2 AktG.

Die Systematik des AktG, namentlich die Verortung des § 221 AktG im zweiten Abschnitt des 6. Teils unter der Überschrift „Maßnahmen der Kapitalbeschaffung“mag eine Gleichstellung mit den übrigen Fällen des § 119 Abs. 1 Nr. 7 AktG indizieren, die Zuständigkeiten der Hauptversammlung darstellen.[255] Auf den ersten Blick erscheint eine solche Einordnung auch aus teleologischer Sicht sinnvoll. Jedenfalls soweit es Wandelschuldverschreibungen betrifft, entsteht aufgrund der Emission – sofern

---

254 Regelmäßig ist insoweit von einem „untrennbaren und unselbstständigen Bestandteil des Kapitalerhöhungsbeschlusses“ die Rede, vgl. etwa *Ekkenga*, in: KölnKomm-AktG, § 186 Rn 127; *Rieder/Holzmann*, in: Grigoleit AktG, § 186 Rn. 45; *Schürnbrand/Verse*, in: MünchKomm-AktG, § 186 Rn. 1, 74; RGZ 118, 67 (70).

255 Im Schrifttum ist in Bezug auf die Frage nach dem Bestehen eines Initiativrechts der Hauptversammlung zur Fassung eines dementsprechenden Beschlusses umstritten, ob eine solche Maßnahme unter § 119 Abs. 1 Nr. 6 AktG a.F., respektive nunmehr also § 119 Abs. 1 Nr. 7 AktG fällt (dies verneinend: *Habersack*, in: MünchKomm – AktG, § 221 Rn. 133 sowie *Florstedt*, in: KölnKomm-AktG, § 221 Rn. 26, 184, a.A.: *Scholz*, in: MünchHb-AG, § 64 Rn. 17; *Koch*, AktG, § 221 Rn. 9; *Hirte*, in: GroßKomm-AktG, § 221 Rn. 106.). Indes ist zu berücksichtigen, dass § 119 Abs. 1 AktG, wie gesehen, nur eine Indizwirkung zukommen kann. Die Einordnung der Ausgabe von Kapitalien i.S.d. § 221 AktG als Maßnahme der Kapitalbeschaffung i.S.d. § 119 Abs. 1 Nr. 7 steht somit einer Charakterisierung einer solchen Handlung als Maßnahme der Geschäftsführung nicht entgegen, wenn das Gesetz hierfür hinreichende Anhaltspunkte liefert. (zutreffend: *Habersack*, in: MünchKomm-AktG, § 221 Rn. 134; der Sache nach ähnlich auch *Hirte*, a.a.O.) Die Annahme einer Geschäftsführungsbefugnis unter gleichzeitiger Befürwortung eines Initiativrechts der Hauptversammlung unter Verweis auf § 119 Abs. 1 Nr. 7 AktG wäre daher nicht schon in Bezug auf den Verweis als solchen zwangsläufig als Widerspruch einzuordnen. Die Frage nach dem Bestehen eines Initiativrechts der Hauptversammlung kann hier also dahinstehen.

nicht schon ein hinreichend großes bedingtes Kapital nach § 192 Abs. 1, 2 Nr. 1 AktG besteht – eine Drucksituation für die Aktionäre zur Vornahme etwaiger Kapitalmaßnahmen zwecks Erfüllung der bestehenden Verpflichtung.[256]

Gegen eine originäre Kompetenz der Hauptversammlung auf Basis einer Vergleichbarkeit zu § 119 Abs. 1 Nr. 7 AktG spricht aber, dass die Emission von Wandelschuldverschreibungen nach dem Gesetz an dieselben Anforderungen geknüpft sind wie die Ausgabe von Genussrechten und Gewinnschuldverschreibungen. Zwar betreffen auch solche Titel Rechte, die typischerweise nur den Aktionären als Ausfluss ihrer Mitgliedschaft zustehen. Dies impliziert aber nur die Mitwirkung der Hauptversammlung, nicht hingegen die Einordnung des Beschlusserfordernisses i.S.d. § 221 AktG als eine originäre Beschlusskompetenz.[257] Rechtstechnisch erschöpft sich die Emission solcher Titel in der Eingehung schuldrechtlicher Verpflichtungen ohne Bezug zu einer konkreten Kapitalmaßnahme. Anders als bei einer Kapitalerhöhung verändert die Emission der Kapitalien die Struktur der Gesellschaft nicht unmittelbar[258] und anders als bei einer Ermächtigung i.S.d. § 192 Abs. 2 Nr. 3 Alt. 2 AktG kommt der Hauptversammlung in diesen Fällen ein erneutes Mitspracherecht im Rahmen der Erfüllung der emittierten Titel zu.[259]

Dementsprechend ist von einer Geschäftsführungskompetenz auszugehen.[260] Ebenso stellt auch die Entscheidungsmacht über den Ausschluss

---

256 Aus dem Eingriff in die „vermögensrechtliche Seite der Aktionärsstellung" daher eine „Alleinzuständigkeit der Hauptversammlung" folgernd: *v. Rechenberg*, S. 112.

257 Vgl. zu den Gründen für die Beteiligung der Hauptversammlung im Einzelnen: *Merkt*, in: K. Schmidt/Lutter AktG, § 221 Rn. 9 sowie bereits soeben unter Abschnitt IV.1 in diesem Kapitel.

258 Insoweit von einer „Rückwirkung auf die mitgliedschaftliche Sphäre" sprechend: *Habersack*, in: MünchKomm-AktG, Rn. 134; vgl. in diesem Zusammenhang auch die ähnliche Argumentation betreffend der Einordnung des Erwerbs eigener Aktien sogleich.

259 Vgl. erneut die Ausführungen von *Drygala/Staake*, in: KölnKomm-AktG, § 197 Rn. 40 sowie die weiteren Nennungen unter Fn. 249. Etwas anderes ergibt sich auch nicht aus der Wertung von § 187 Abs. 1 AktG zur Ausgabe von Bezugsrechten bei einer ordentlichen Kapitalerhöhung, wird diese Regelung doch durch § 221 AktG verdrängt, vgl. hierzu *Ekkenga*, in: KölnKomm-AktG, § 187 Rn. 5; *Habersack*, in: MünchKomm-AktG, § 221 Rn. 214 jeweils m.w.N., anders nur: *Wiedemann*, in: GroßKomm-AktG, § 187 Rn. 9.

260 Ganz h.M., vgl.: *Florstedt*, in: KölnKomm-AktG, Rn. 26; *Fuchs*, S. 369; *Hirte*, in: GroßKomm-AktG, § 221 Rn. 99. Anders ließe sich allenfalls *Scholz*, in: MünchHb-AG, § 64 Rn. 17 verstehen, der eine Pflicht zur Ausführung auf

des Bezugsrechtes nach § 221 Abs. 4 AktG unter Anwendung der obigen Überlegungen eine bloße Mitwirkungsbefugnis der Hauptversammlung dar.[261]

Ebenfalls im Ergebnis als Mitwirkungsbefugnis einzuordnen ist die Entscheidungbefugnis der Hauptversammlung im Zusammenhang mit dem Erwerb eigener Aktien. Dies gilt unbenommen der Vergleichbarkeit der wirtschaftlichen Folgen des Erwerbs eigener Aktien zu der Situation einer Kapitalherabsetzung.[262] Auch die mitunter vorgenommene Einordnung unter § 119 Abs. 1 AktG[263] steht hierzu nicht in einem zwingenden Widerspruch. Aktien und somit auch eigene Aktien sind ihrem Wesen nach Vermögensgegenstände. Der Erwerb und die Veräußerung solcher ist ein klassisches Feld der Geschäftsführung. Daran ändern auch die speziellen Folgen des Erwerbs eigener Aktien und die entsprechende Schutzfunktion der §§ 71 ff. AktG nichts.[264] Diese bedingen zwar in gewissermaßen ein Zusammenwirken von Vorstand und Hauptversammlung, nicht jedoch eine alleinige Kompetenz der Hauptversammlung. Das zeigt des § 71 Abs. 1 AktG letztlich selbst.[265] Für die Veräußerung eigener Aktien, die

---

§ 83 Abs. 2 AktG stützt. Nach dem hier vertretenen Verständnis würde dies eine originäre Hauptversammlungskompetenz voraussetzen. Indes ist dieses Verständnis im Rahmen des § 83 Abs. 2 AktG, wie gesehen, nicht unbestritten; zudem wird § 221 AktG teilweise auch als ein Sonderfall von § 119 Abs. 2 AktG angesehen (*Florstedt*, a.a.O.; *Fuchs*, a.a.O.), für den § 83 Abs. 2 AktG nach h.M. wiederum gelten soll – aus der Argumentation von *Scholz* lässt sich daher nicht mit Sicherheit ableiten, wie die Kompetenzsituation eingeschätzt wird.

261 Entsprechendes würde für eine Ermächtigung i.S.d. § 71 Abs. 1 Nr. 8 S. 5 AktG gelten, wenn man anders als hier vertreten von der grundsätzlichen Notwendigkeit einer Veräußerungsermächtigung ausginge und dementsprechend auch § 71 Abs. 1 Nr. 8 S. 5 AktG der Charakter einer Annex-Ermächtigung zuerkannte.

262 Der Erwerb eigener Aktien führt zu einer Erhöhung des relativen Stimmgewichts der übrigen Aktionäre (vgl. § 71b AktG) und einer faktischen Verringerung des Eigenkapital; in diesem Zusammenhang wird häufig von einer „Kapitalherabsetzung auf Zeit“ gesprochen, vgl. *Huber*, in: FS Kropff, S. 101 (106, 111 f.); *Lüken*, S. 72; ähnlich: *Lutter*, AG 1997, Sonderheft August, S. 52 (56) („pulsierendes Eigenkapital“).

263 *Spindler*, in: K. Schmidt/Lutter AktG, § 119 Rn. 11; *Mülbert*, in: GroßKomm-AktG, § 119 Rn. 15; anders: *Kubis*, in: MünchKomm-AktG, § 119 Rn. 13.

264 Hierzu instruktiv: *Bednarz*, S. 57 ff., S. 118 ff.

265 Ausweislich § 71 Abs. 1 Nr. 1 – 8 AktG ist der Erwerb eigener Aktien auch in Konstellationen ohne jedwede Beteiligung der Hauptversammlung erlaubt. Vgl. ergänzend *Bednarz*, S. 121 f., wonach eine Zuordnung der originären Entscheidungshoheit zur Hauptversammlung mit Blick auf § 174 AktG durchaus

spiegelbildlich „kapitelerhöhend" wirkt, sei es auch unter Missachtung des grundsätzlichen Bezugsrechts der Aktionäre, kann nichts anderes gelten.

Hinsichtlich der Einstellung von Teilen des Jahresüberschusses in andere Gewinnrücklagen ist darauf zu verweisen, dass diese Entscheidung notwendiger Teil der Befugnis zur Aufstellung des Jahresabschlusses ist. Eben diese liegt ausweislich § 173 AktG beim Vorstand und Aufsichtsrat und nicht bei der Hauptversammlung, sodass auch die Rücklagenbildung dem Ermessen von Vorstand und Aufsichtsrat unterfällt.[266] Die gesetzlich angeordnete der Rücklagenbildung auf die Hälfte des Jahresabschlusses stellt somit eine Beschränkung der Geschäftsführungsbefugnis dar.

c. Sonderfall: Annex-Ermächtigung nach § 33 Abs. 2 WpÜG

Eine gesonderte, über die aus der Eigenart von Annex-Ermächtigungen folgende hinausgehende Schwierigkeit ergibt sich bezüglich der Einordnung einer Annex-Ermächtigung i.S.d. § 33 Abs. 2 WpÜG. Diese Entscheidungsbefugnis bezieht sich nicht auf die Vornahme einer ihrer rechtstechnischen *Wirkung* nach bestimmten Handlung, sondern auf die bloße *Eignung* einer Handlung. Dementsprechend kann für die Einordnung dieser Entscheidungsbefugnis aber nicht auf die Art und Weise sowie die Reichweite der Wirkung einer konkreten Art von Maßnahmen abgestellt werden. Maßgeblich kann nur die vergleichsweise *abstrakt* anmutende Kompetenz sein, bestimmte Maßnahmen in der Situation einer drohenden Übernahme der Aktiengesellschaft vorzunehmen.

Entscheidungsbefugt hinsichtlich der Veräußerung eines Anteils ist nur der Inhaber dieser Rechtsposition, also der Aktionär. Diese Entscheidung über den Verkauf eines Anteils ist insofern kein Teil jenes Bündels an

---

möglich gewesen wäre, eine solche jedoch nach der Systematik nicht intendiert ist.

266 Vgl. *Drygala*, in: KölnKomm-AktG, § 58 Rn. 5 sowie *Arnold/Notz*, in: Groß-Komm-AktG, § 58 Rn. 47; zwar wird im Rahmen von § 58 Abs. 2 S. 1 AktG zu weilen von einer „gesetzlichen Ermächtigung" des Vorstands oder Aufsichtsrats zur Feststellung des Jahresabschlusses gesprochen (vgl. *Bayer*, in: MünchKomm-AktG, § 58 Rn. 39), diese Wortwahl dient jedoch nur der Abgrenzung ggü. der Notwendigkeit einer satzungsmäßigen Ermächtigung zur Schaffung einer Zuständigkeit der Hauptversammlung nach § 58 Abs. 1 AktG – wenngleich diese gesetzgeberische Wertung schon mit Blick auf die Historie (vgl. erneut die Ausführungen unter Abschnitt A.IV.4. in diesem Kapitel) keinesfalls selbstverständlich ist, so ist sie doch zu akzeptieren.

Kompetenzen, das zwischen Vorstand und Hauptversammlung aufzuteilen ist.[267] Auf diese Befugnis bezieht sich § 33 Abs. 2 AktG aber nur mittelbar. Primär geht es darum, die Freiheit des Aktionärs diesbezüglich zu bewahren. Ziel ist es, dass der Vorstand nicht eigenmächtig an den Interessen der Aktionäre „vorbei regiert". Eine derartige Entscheidungshoheit kann durchaus Teil der Kompetenzverteilung zwischen Vorstand und Hauptversammlung sein.

Für die Einordnung der Entscheidungsbefugnis als eine originäre Kompetenz der Hauptversammlung spricht insoweit, dass es nicht um ein Beteiligungsrecht *aus* der Mitgliedschaft, sondern die mit dem Recht *an* der Mitgliedschaft einhergehende Freiheit geht. Ein viel vitaleres *Mitgliedsschafts*recht dürfte sich kaum finden lassen.[268]

Die konkreten Wertungen des Gesetzes und dessen Systematik sprechen aber recht klar für die Einordnung als Angelegenheit der Geschäftsführung. Anders als im Regierungsentwurf vorgesehen,[269] reicht für die Zulässigkeit von Abwehrmaßnahmen des Vorstands ausweislich § 33 Abs. 1 S. 1

267 Vor diesem Hintergrund mag man daran zweifeln, ob die Differenzierung zwischen kompetenzübertragenden und dispensierend wirkenden Ermächtigungsbeschlüssen als auf das Verhältnis von Vorstand und Hauptversammlung bezogene Betrachtung bez. § 33 Abs. 2 WpÜG tatsächlich anwendbar ist, entsprechend etwa: *Ekkenga, in:* FS Kümpel, S. 95 (9) sowie dem Ansatz nach ähnlich auch *Grunewald*, in: Baums/Thoma WpÜG, § 33 Rn. 89, wenn zur Zulässigkeit einer Ermächtigung in Geschäftsführungsangelegenheiten darauf verwiesen wird, dass hinsichtlich der Frage nach der Zulässigkeit einer Verteidigung schon kein Kompetenzübergriff gegeben sei; sehr ähnlich auch LG Düsseldorf AG 2000, 233 (234): „Das von einem Dritten, dem Bieter kommende Übernahmeangebot (kann) für sich allein gar keinen Kompetenzkonflikt zwischen den Aktionären bzw. der Hauptversammlung und dem Vorstand der Zielgesellschaft auslösen."

268 Ähnlich: *Busch*, S. 169 f. (jedoch ohne gesonderte Differenzierung zwischen der Möglichkeit einer Kompetenzverlagerung und der Annahme einer gesonderten Vorstandspflicht); auf die andernfalls eintretende „Wehrlosigkeit" der Gesellschaft abstellend: *Winter/Harbarth*, ZIP 2002, 1 (17); im Ergebnis ebenso, teilweise aber noch in Bezug auf die Regelungsentwürfe: *Fleischer/Kalss*, Wertpapiererwerbs- und Übernahmegesetz, S. 130; *Hopt*, ZHR 166 (2002), 383 (425); *Marsch-Barner*, in: Bad Homburger Hb-Übernahmerecht, E 40; wohl auch: *Altmeppen*, ZIP 2001, 1073 (1076). Entsprechend sprach sich auch die überwiegende Ansicht zur Einordnung der inhaltsgleichen „Neutralitätspflicht" vor Novellierung des § 33 WpÜG aus, vgl. *Adams*, AG 1990, 243 (245); *Hopt*, ZGR 1993, 534 (548 f.); *Mülbert*, IStR 1999, 83 (88) sowie *Busch*, S. 170; anders nur: *van Aubel*, S. 155 ff. differenzierend: *Hirte/Mock*, in: KölnKomm-WpÜG, § 33 Rn. 28; offen gelassen bei: *Merkt*, ZHR 165 (2001), 224 (249 f.).

269 Vgl. § 33 Abs. 1 S. 1 WpÜG-RegE; BT-Drs. 14/7304, S. 16.

WpÜG bereits die Zustimmung des Aufsichtrats aus. Es bedarf daher nicht *stets* einer irgendwie gearteten Beteiligung der Hauptversammlung.[270]

Bei dem Verweis auf den Wortlaut des § 33 Abs. 1 S. 1, 2 WpÜG ist jedoch zu beachten, dass sich nach teilweise vertretener Ansicht die Ausnutzung einer Ermächtigung in einer Übernahmesituation *nur* nach § 33 Abs. 2 WpÜG richten können soll, also *nur* eine dahingehende Bestimmung seitens der Hauptversammlung vom Verhinderungsverbot befreit.[271] Diese Sichtweise zu Grunde gelegt, wäre das vorgetragene Argument nicht zwingend. Es ist aber jedenfalls zu bedenken, dass § 33 Abs. 1 WpÜG bereits die *Eignung* einer Maßnahme zur Beeinträchtigung und nicht erst die Verfolgung eines entsprechenden Zwecks für die Eröffnung des Anwendungsbereiches ausreichen lässt, zugleich aber eben auch eine solche Eignung fordert und kein strikte zeitraumbezogene Stillhaltepflicht regelt. Die Entscheidung über den Einsatz einer die drohende Übernahme zu verhindern geeigneten Maßnahme stellt folglich eine separate Entscheidungsbefugnis dar und nicht bloß den zweckbezogenen Ausschnitt der sachlichen Entscheidungsbefugnis hinsichtlich der konkret in Rede stehenden Maßnahme. Folglich kann es bei der Zuordnung einer solchen etwaigen Generalentscheidungsbefugnis beim Einsatz von Ermächtigungsbeschlüssen wenn, dann nur um die Bewahrung der entsprechend in Rede stehenden Entscheidungsbefugnisse gehen. Dies rechtfertigt indes keine Einordnung der Entscheidungsbefugnis als originäre Kompetenz der Hauptversammlung.

Nichtsdestotrotz kann § 33 Abs. 1, 2 WpÜG auch nicht so verstanden werden, dass diese „Zwecksetzungskompetenz" aus den jeweiligen Entscheidungsbefugnissen auszuklammern und pauschal dem Vorstand zuzuschreiben ist. Dafür sind diese Kompetenzteile zu zentral. Dies erscheint nur auf den ersten Blick widersprüchlich: Es gibt auf der einen Seite die Kompetenz, allgemein über die Frage zu befinden, ob in einer Übernahmesituation verhinderungs*geeignete* Maßnahmen getroffen werden sollen. Diese ist dem Vorstand zugeordnet. Auf der anderen Seite steht die Befug-

---

270 Vor diesem Hintergrund ebenso ablehnend gegenüber der Einordnung als originäre Kompetenz der Hauptversammlung: *Brandi*, in: Angerer/Geibel/Süßmann WpÜG, § 33 Rn. 17; *Ekkenga/Schirrmacher*, in: Beurskens/Ehricke/Ekkenga WpÜG, § 33 Rn. 18; *Grunewald*, in: Baums/Thoma WpÜG, § 33 Rn. 104; *Krause/Pötzsch/Stephan*, in: Assmann/Pötzsch/Uwe H. Schneider WpÜG, § 33 Rn. 87; *Schlitt*, in: MünchKomm-AktG, § 33 WpÜG Rn. 58, 240; *Steinmeyer*, in: Steinmeyer WpÜG, § 33 Rn. 9, 56 f.; *Bürgers/Holzborn*, ZIP 2003, 2273 (2274); *Cahn*, ZHR 167 (2003), 262 (283); *Ekkenga*, in: FS Kümpel, S. 95 (100).

271 Vgl. erneut die Nennungen unter Fn. 575.

nis, bei der Entscheidung über *bestimmte Maßnahmen* bewusst darüber zu befinden, ob diese im Fall einer Übernahmesituation *zum Zwecke* der Übernahmeverteilung eingesetzt werden sollen. Diese Kompetenz liegt nicht zwingend beim Vorstand. Sie ist vielmehr Teil der jeweiligen Kompetenz allgemein über Maßnahmen dieser Art zu befinden. Zwar umfasst die Entscheidung über den „absichtlichen" Einsatz einer Maßnahme zum Zwecke der Verteidigung notwendiger Weise auch deren Eignung hierzu und ebenso wird der Vorstand bei der Wahrnehmung seiner „allgemeinen" Kompetenz über den Einsatz geeigneter Mittel diesen Einsatz regelmäßig auch bezwecken. Hervorgehoben werden soll an dieser Stelle nur, dass diese nach der Gesetzessystematik originär dem Vorstand zugeordnete Kompetenz nicht notwendigerweise zu einer Aushöhlung der Kerninhalte anderer Hauptversammlungskompetenzen führen kann. Es besteht insofern eine Überschneidung mit der Kompetenzverteilung bezüglich der Grundlagen-Ermächtigungen.

III. Differenzierung nach Maßgabe der Existenz alternativer Beschlussoptionen

Von Relevanz kann schließlich die Frage sein, ob die Hauptversammlung alternativ zur Fassung eines Ermächtigungsbeschlusses einen auf ein konkret beschriebenes Vorhaben bezogenen, singulären Zustimmungs- oder Einzelbeschluss fassen kann.[272]

Bezüglich der Annex-Ermächtigungsoptionen ist wiederum auf die abstrakte Beschlussmöglichkeit abzustellen. Maßgeblich ist demnach, ob die Hauptversammlung *allgemein* in der Lage ist, sich bezüglich der in Rede stehenden Thematik nicht nur in Form einer notwendigerweise in gewis-

272 Nicht von gesonderter Relevanz kann insoweit sein, ob ein solcher singulärer Beschluss des Vorstands zur Ausführung *verpflichten* kann, denn insoweit wäre mit Blick auf das dargelegte Verständnis von § 83 Abs. 2 AktG das jeweilige Kompetenz*verhältnis* zwischen Vorstand und Hauptversammlung von Bedeutung. Die Differenzierungs-Ergebnisse fielen daher parallel aus. Eine Ausnahme könnte allenfalls bezüglich einer Ermächtigung i.S.d. § 221 Abs. 2 AktG gelten – ob im Fall eines schlichten Zustimmungsbeschlusses nach § 221 Abs. 1 AktG eine Ausführungspflicht bestehen soll, wird unterschiedlich beurteilt. Die h.M. bejaht eine solche, stützt sich hierfür aber nicht auf § 83 Abs. 2 AktG, vgl. zum Ganzen: *Habersack*, in: MünchKomm-AktG, § 221 Rn. 133 ff.

sem Maße abstrahierten Ermächtigung zu äußern, sondern auch bezüglich einer konkreten Maßnahme dieser Art.[273]

Hinsichtlich einer Ermächtigung nach § 33 Abs. 2 WpÜG ist insoweit zu beachten, dass ein entsprechender singulärer Beschluss trotz fehlender ausdrücklicher Regelung zumindest mittelbar möglich ist. Die sich aus § 16 Abs. 4 WpÜG ergebende, anerkannte Möglichkeit eines Ad-Hoc-Beschlusses oder einer Ad-Hoc-Ermächtigung hinsichtlich einer Verteidigungsmaßnahme während einer Übernahmephase meint nicht die Zulässigkeit eines Einzelbeschlusses des Inhalts, dass der Vorstand eine bestehende Ermächtigungs- oder sonstige Handlungsoption zur Abwehr einsetzen darf. Vielmehr ist hiermit gemeint, dass § 33 Abs. 2 WpÜG nicht verhindert, dass auch während der Übernahmephase noch Beschlüsse wie etwa eine Kapitalerhöhung oder ein Beschluss i.S.d. § 71 Abs. 1 Nr. 8 S. 1 AktG zwecks der Übernahmeabwehr gefasst werden können. Beschlüsse zu dieser Zeit werden sich aber regelmäßig auf einen solchen Zweck beziehen. Insoweit existiert zwar technisch keine Möglichkeit, einen Einzelbeschluss zu fassen, nach dem eine Verteidigung zulässig wäre. Jedoch ist es jedenfalls mittelbar möglich, dem Vorstand in einer konkreten Situation ad-hoc die Vornahme einer Verteidigungshandlung zu gestatten.

---

273 Namentlich hinsichtlich der Ermächtigungsbefugnis nach § 33 Abs. 2 WpÜG ist insoweit zu beachten, dass ein entsprechender singulärer Beschluss trotz fehlender ausdrücklicher Regelung zumindest mittelbar möglich ist. Die sich aus § 16 Abs. 4 WpÜG ergebende Möglichkeit eines Ad-Hoc-Beschlusses oder einer Ad-Hoc-Ermächtigung hinsichtlich einer Verteidigungsmaßnahme während einer Übernahmephase (vgl. statt vieler: *Grunewald*, in: Baums/Thoma WpÜG, § 33 Rn. 85 m.w.N.) meint zwar nicht die Zulässigkeit eines Einzelbeschlusses des Inhalts, dass der Vorstand eine bestehende Ermächtigungs- oder sonstige Handlungsoption zur Abwehr einsetzen darf. Vielmehr ist hiermit gemeint, dass § 33 Abs. 2 WpÜG nicht verhindert, dass auch während der Übernahmephase noch Beschlüsse wie etwa eine Kapitalerhöhung oder ein Beschluss i.S.d. § 71 Abs. 1 Nr. 8 S. 1 AktG zwecks der Übernahmeabwehr gefasst werden können. Beschlüsse zu dieser Zeit werden sich aber regelmäßig auf einen solchen Zweck beziehen. Insoweit existiert zwar technisch nicht die Option, einen eigenen Einzelbeschluss zu fassen, nach dem eine Verteidigung zulässig wäre. Jedoch bleibt es möglich, dem Vorstand in einer konkreten Situation ad hoc die Vornahme einer Verteidigungshandlung zu gestatten.

D. Zwischenergebnis

Ermächtigungsbeschlüsse nehmen hinsichtlich ihrer Konzeption und Wirkung eine gesonderte Stellung im Organisationsrecht der Aktiengesellschaft ein. Die kodifizierten Ermächtigungsoptionen beruhen weder auf im Einzelnen identischen Erwägungen noch auf einem durch präzise Parameter bestimmten Regelungssystem. Jedoch sind sie auf strukturell ähnliche Erwägungen zurückzuführen. Ermächtigungsoptionen zielen nach dem Willen des Gesetzgebers im Regefall darauf ab, ein fundamentales Entscheidungsdilemma bei der Gestaltung des Organisationsrechts der Aktiengesellschaft zumindest ein Stück weit zu entschärfen.

Ermächtigungsoptionen werden als spezifisches Instrument zur Steigerung der Flexibilität des Vorstands unter Beibehaltung der Mitwirkung der Aktionäre als wirtschaftliche Eigentümer der Aktiengesellschaft eingesetzt. Die Betrachtung von Ermächtigungsoptionen bzw. dahingehender Beschlüsse als eine eigene „Gruppe" von Hauptversammlungsbeschlüssen ist vor diesem Hintergrund gerechtfertigt. Diese Sichtweise wird dadurch bestärkt, dass innerhalb dieser „Gruppe" weitergehende, mit der Grundkonzeption von Ermächtigungsbeschlüssen zusammenhängende Differenzierungen entsprechender Beschlussoptionen hinsichtlich deren Stellung und Bedeutung für das aktienrechtliche Organisationssystem möglich sind.

2. Kapitel: Entwicklung allgemeiner Regeln zur Fassung und Wirkung von Ermächtigungsbeschlüssen

Die Feststellung einer dem Grunde nach einheitlichen Funktion von Ermächtigungsbeschlüssen bzw. entsprechenden Beschlussoptionen, der Existenz von systematisierbaren Erwägungen hinsichtlich der Regelung solcher Beschlussoptionen im Detail sowie der Möglichkeit einer weitergehenden grundlegenden Ordnung von Ermächtigungsoptionen je nach Stellung im Kanon der Beschlussoptionen und Wirkung im Detail wäre nur dann tatsächlich gewinnbringend, wenn sich die Besonderheiten dieser „Gruppe" von Beschlüssen auch in konkreten Regelungsfragen widerspiegeln. Nachfolgend ist daher zu untersuchen, inwieweit die grundlegenden Regeln für die Fassung solcher Hauptversammlungsbeschlüsse auf mit der Funktion von Ermächtigungsbeschlüssen zusammenhängende einheitliche Gedanken zurückzuführen sind und sich entsprechende Anforderungen systematisch kohärent, ggf. sogar bis ins Detail, verknüpfen lassen (dazu A.). Auf Basis selbiger Logik sind neben diesen negativen Gestaltungsgrenzen sodann die grundlegenden Grenzen der (positiven) Gestaltungsfreiheit (hierzu B.) und die Fehlerfolgen bei Missachtung der positiven wie negativen Gestaltungsgrenzen zu untersuchen und bestimmen (und C.). Notwendige Vorüberlegung für eine Vielzahl der unter den zuletzt genannten Aspekten zu prüfenden Fragestellungen sind dabei hinsichtlich der genauen Wirkung von Ermächtigungsbeschlüssen anzustellen.

Bei der Begutachtung all dieser Aspekte ist es von Bedeutung, das mit der Existenz von Ermächtigungsoptionen adressierte „Grundproblem" im Auge zu behalten, die richtige Austarierung zwischen Aktionärskontrolle und Verwaltungsfreiräumen. In Bezug auf die grundsätzlichen Anforderungen an die Fassung von Ermächtigungsbeschlüssen ist zu bedenken, dass die beschriebene Problematik erst jüngst im Rahmen des ARUG II wieder seine Aktualität bewiesen hat. Vor allem mit den §§ 120a, 134a ff. AktG hat der sog. Stewardship-Gedanke[274] dergestalt Einzug in das AktG

274 Vgl. grundlegend: *Donaldson/Davis*, Australian Journal of Management 16 (1991), 49 sowie *Davis et al*, The Academy of Management 22 (1997), 20; schwerpunktmäßig bezog sich dieser Ansatz seiner Genese nach auf das Verhältnis zwischen Vorstand und Aktionären im Rahmen einer kritischen Auseinan-

gefunden, dass insbesondere institutionelle Anleger zu einer tatsächlichen Wahrnehmung ihrer mitgliedschaftlichen Rechte angehalten werden sollen.[275] Wenngleich sich dieser Gedankengang primär auf die Steigerung der Aktionärsaktivität als solche und nicht auf das konzeptionelle Verhältnis von Hauptversammlung und Vorstand bezieht, zeigt sich dennoch, dass nach der Konzeption des Gesetzgebers ein wesentlicher Aspekt der Kompetenzverteilung auch darin besteht, die tatsächliche Wahrnehmung bestehender Mitwirkungsobliegenheiten sicherzustellen.

Wenn Ermächtigungsoptionen die Funktionalität der Kompetenzstruktur der Aktiengesellschaft fördern sollen, besteht eine solcher Effekt dann nicht mehr, wenn Ermächtigungsoptionen die Kompetenzordnung in zu weitreichendem Maße derogieren könnten.

A. *Einheitlich bestimmbare Mindestanforderungen an die Fassung von Ermächtigungsbeschlüssen?*

Bei den für diese Betrachtung relevanten[276] Anforderungen an die Fassung eines Ermächtigungsbeschlusses ist zwischen Anforderungen an den *Inhalt* eines Ermächtigungsbeschlusses (dazu I.) und Anforderungen an die *Beschlussfassung* als solche (dazu II.) zu unterscheiden. Obgleich sich eine Vielzahl von Anforderungen unmittelbar aus dem Wortlaut der jeweiligen Norm, aus der systematischen Stellung oder dem Verweises auf andere Normen herleiten lässt, schweigt das Gesetz nicht nur in Bezug auf die

---

dersetzung mit dem Principal-Agent-Ansatz. Dass das Aktienrecht diesen Ansatz nunmehr im Zusammenhang mit institutionellen Anlegern etc. aufnimmt, zeugt aber letztlich nur von der Universalität des Ansatzes.

275 Vgl. statt vieler zu diesem Zusammenhang: *Tröger*, ZGR 2019, 126 (136ff.) sowie kritisch unter Verweis auf die Gefahr im Zusammenhang mit sog. Common Ownerships: *Florstedt*, ZIP 2019, 1693.

276 Die folgende Betrachtung beschränkt sich dem Zuschnitt der Arbeit entsprechend wiederum auf ermächtigungsbeschlussspezifische Fragestellungen, also solche, die sich auf Anforderungen oder die Details deren Erfüllung beziehen, die strukturell im Konzept des Ermächtigungsbeschlusses begründet sind. Die Fragen bezüglich notwendiger Quoren, seien sie auch zum Teil umstritten (zu den Anforderungen an das Quorum außerhalb einer ausdrücklichen gesetzlichen Regelung vgl. bspw. die Diskussion in Bezug auf § 71 Abs. 1 Nr. 8 S. 6 AktG, ob die von § 179 II, 222 AktG statuierten Beschlussanforderungen Anwendung finden; zusammenfassend statt vieler: *Merkt*, in: GroßKomm-AktG, § 71 Rn. 298) oder Berichtspflichten des Vorstands (vgl. etwa § 203 Abs. 1 S. 2 i.V.m. § 186 Abs. 4 AktG) außen vor gelassen werden.

Übertragung von Anforderungen auf vergleichbare Konstellationen. Auch Details zu den Anforderungen der kodifizierten Gestaltungsanforderungen sind häufig nicht geregelt.

I. Inhaltsbezogene Beschlussanforderungen

Ermächtigungsspezifische, inhaltsbezogene Beschlussanforderungen betreffen den notwendigen Grad der Konkretisierung im Allgemeinen(dazu 1.) und dabei im Besonderen Angaben zur (maximalen) Dauer einer Ermächtigung (dazu 2.).

1. Konkretisierungserfordernisse

Das Gesetz sieht an verschiedenen Stellen vor, dass Ermächtigungsbeschlüsse hinsichtlich des Inhalts und Grenzen der dem Vorstand zu erteilenden Befugnisse Details angeben müssen. Derartige Beschlüsse dürfen sich also nicht in einer inhaltsarmen Blankoermächtigung, die die Ausgestaltung der jeweiligen Maßnahme in vollem Umfang dem Vorstand überlässt, erschöpfen. Diesen Regelungen kommen, soweit sie tatsächlich in der gesetzgeberischen Entscheidung zur Regelung einer Ermächtigungsoption begründet sind, wiederum einheitliche Funktionen zu. Aus diesen Funktionen lassen sich sowohl Rückschlüsse für die Annahme von über den Gesetzeswortlaut hinausgehenden Beschlussanforderungen als auch für die Einzelheiten der jeweiligen Anforderungen ableiten.

Von Relevanz können für die Zwecke der folgenden Betrachtung dabei nur solche Erfordernisse sein, die mindestens mittelbar an der Eigenschaft des in Rede stehenden Beschlusses als Ermächtigung anknüpfen. Negativ formuliert bedeutet dies, dass solche Gestaltungserfordernisse auszuklammern sind, die erkennbar nicht auf die *delegierende* Wirkung des Beschlusses reagieren, sondern etwa nur der formalen Abgrenzung einer solchen Ermächtigungen gegenüber ähnlichen Ermächtigungen dienen[277] oder funktional an die zu delegierende Thematik anknüpfen.[278]

Den Bezugspunkt der Konkretisierungserfordernisse wählt der Gesetzgeber naheliegender Weise in Abhängigkeit von der jeweils zur Delegation stehenden Maßnahme. Dennoch zeigen sich bereits hier erste Gemeinsamkeiten. Das Gesetz sieht an mehreren Stellen Erfordernisse zur Bemessung des gegenständlichen Volumens einer Ermächtigung (vgl. die Erfordernisse zu der Angabe eines maximalen täglichen Handelsbestandes nach § 71 Abs. 1 Nr. 7 AktG, der Festsetzung einer erwerbsbezogenen Volumengrenze nach § 71 Abs. 1 Nr. 8 S. 1 AktG bzw. eines Nennbetrages nach § 202 Abs. 1, 2 AktG). Ebenso gibt es mehrfach Erfordernisse zur weitergehenden Bestimmung der zulässigen Ausführungshandlung, etwa dem Wert nach (vgl. die Erfordernisse zur Festsetzung der zulässigen Gegenwerte für den Erwerb eigener Aktien (§§ 71 Abs. 1 Nr. 7 und Nr. 8 S. 1 AktG)[279]

---

277 Auszuklammern ist etwa das Erfordernis einer Zweckangabe bei einer Ermächtigung i.S.d. § 71 Abs. 1 Nr. 7 AktG, welches nur der Abgrenzung von den übrigen, den Erwerb von eigenen Aktien zumindest mittelbar legitimierenden Beschlüssen (Nr. 3, 6, 8) dient; dass nicht bloß *Ermächtigungsbeschlüsse* i.S.d. § 71 Abs. 1 Nr. 7 und Nr. 8 S. 1 AktG für den Verkehr (und damit vor allem die Gläubiger) voneinander abgegrenzt werden sollen, ergibt sich aus dem Umstand, dass dieses Erfordernis bereits vor Einführung des § 71 Abs. 1 Nr. 8 S. 1 AktG existierte (anders: *Oechsler*, in: MünchKomm-AktG, § 71 Rn. 198).

278 Demnach auszuklammern sind die primär für die bedingte Kapitalerhöhung als solche geltenden Konkretisierungserfordernisse in § 193 Abs. 2 Nr. 2, 3 AktG und die unmittelbar Beschlüsse i.S.d. § 192 Abs. 2 Nr. 3 AktG in Bezug nehmende Regelung des § 193 Abs. 2 Nr. 4 AktG, welche auf § 192 Abs. 2 Nr. 3 AktG im Ganzen, also auch die Variante der bloßen „Zustimmung" zur Ausgabe von Bezugsrechten Bezug nimmt. Bezüglich § 193 Abs. 2 Nr. 4 AktG kommt hinzu, dass diese Regelung ihrer Funktion nach primär eine Kompetenznorm zugunsten der Hauptversammlung darstellt (vgl. *Koch*, AktG, § 193 Rn. 7; *Rieckers*, in: Spindler/Stilz AktG, § 193 Rn. 25). Wenn des Weiteren § 71 Abs. 1 Nr. 8 S. 5 Hs. 2 AktG auf die genannten Regelungen Bezug nimmt und nach überwiegender Meinung zudem insoweit teleologisch zu extendieren ist, dass analog § 193 Abs. 2 Nr. 3 AktG im Fall des Erwerbs zur Bedienung eines Aktienoptionsplans auch der Ausgabepreis durch die Hauptversammlung festzusetzen ist (statt vieler: *Merkt*, in: GroßKomm-AktG, § 71 Rn. 292 m.w.N.; anders noch: *Bosse* NZG 2001, 594 (596) sowie *Kessler/Suchan*, BB 2000, 2529 (2532)), kann nichts anderes gelten. Die Erfordernisse betreffen dann zwar stets einen Ermächtigungsbeschluss, der Regelungsgrund liegt aber in der Angleichung der Anforderung an Optionspläne bzw. einem dahingehenden Umgehungsschutz.

279 Ob die Notwendigkeit zur Angabe auch eines Mindestpreises tatsächlich angemessen ist, ist eine kontrovers diskutierte Frage; kritisch insoweit bspw. *Bednarz*, S. 175; *Bezzenberger*, Rn. 43; *Büscher*, S. 94; *Johannsen-Roth*, S. 168 f.; *Möller*, Rn. 50 sowie *Schmid/Mühlhäuser*, AG 2001, 493 (498); anders unter Verweis

sowie zur Festsetzung des Ausgabebetrages gem. §§ 192 Abs. 2 Nr. 3, 221 Abs. 2 AktG[280]). Zum Teil wird auch eine Präzisierung der zulässigen Ausführungshandlungen der Art nach verlangt (vgl. die Notwendigkeit der Bestimmung der erlaubten Verteidigungsmaßnahmen und einer entsprechenden Zweckangabe nach § 33 Abs. 2 WpÜG).[281]

Schließlich schreibt das Gesetz bezüglich mehrerer Ermächtigungsbeschlüsse die Geltung eine Höchstfrist vor (vgl. § 71 Abs. 1 Nr. 7, Nr. 8 S. 1; 202 Abs. 1, 2 AktG; 221 Abs. 2 AktG, § 33 Abs. 2 WpÜG).[282]

---

auf die kapitalmarktrechtliche Bedeutung des Erwerbs eigener Aktien: *Cahn*, in: Spindler/Stilz AktG, § 71 Rn. 110; *Oechsler*, in: MünchKomm-AktG, § 71 Rn. 214; vermittelnd: *Bezzenberger*, ZHR 180 (2016), 8, (28 f.).

280 Auch wenn der Wortlaut des § 221 Abs. 2 AktG selbst keine Anforderungen an den Ermächtigungsbeschluss stellt, ergibt sich doch jedenfalls aus § 193 Abs. 2 Nr. 3 AktG, dass im Fall einer Unterlegung bzw. Absicherung der Ausgabe von Wandelschuldverschreibungen durch ein bedingtes Kapital wahlweise die bedingte Kapitalerhöhung oder der Beschluss nach § 221 Abs. 2 AktG den (Mindest-)Ausgabebetrag bestimmen muss. § 193 Abs. 2 Nr. 3 AktG hat insoweit vor allem klarstellenden Charakter, vgl. zur Diskussion vor der Novellierung zusammenfassend: *Seiler*, in: Spindler/Stilz AktG, § 221 Rn. 64; de lege ferenda nach wie vor kritisch: *Scholz*, in: MünchHb-AG, § 64 Rn. 20.

281 Vgl. § 33 Abs. 2 WpÜG: „ (...) Handlungen, (...), um den Erfolg von Übernahmeangeboten zu verhindern"). Zwar könnte man erwägen, dass sich diese notwendige Angabe auf den eigentlichen Inhalt des Ermächtigungsbeschlusses bezieht und insoweit nicht eine notwendige *Präzisierung* der Umstände und Bedingungen der Ermächtigung darstellt. Indes lässt § 33 Abs. 1 WpÜG bereits eine Verhinderungs*eignung* ausreichen (statt vieler: *Hirte/Mock*, in: KölnKomm-WpÜG, § 33 Rn. 55), während § 33 Abs. 2 WpÜG bezüglich der Ermächtigung eine solche in Bezug auf eine finale Handlung fordert. Folglich bedarf die Ermächtigung einer solchen *gesonderten* Zweckvorgabe; vgl. *Krause/Pötzsch/Stephan*, in: Assmann/Pötzsch/Uwe H. Schneider WpÜG, § 33 Rn. 218; *Schlitt*, in: MünchKomm-AktG, § 33 WpÜG Rn. 220. Ob diese Gestaltung des Gesetzes nun mit Blick auf den Anknüpfungspunkt in § 33 Abs. 1 WpÜG überzeugend ist, sei zumindest bezweifelt.

282 Nach ganz überwiegender Ansicht gilt eine solche Höchstfrist über den Wortlaut hinaus auch für eine Ermächtigung i.S.d. § 192 Abs. 2 Nr. 3 Alt. 2 AktG (so unter Verweis auf den unionsrechtlichen Hintergrund: *Wulff*, S. 61 ff., statt vieler ebenso: *Fuchs*, in: MünchKomm-AktG, § 192 Rn. 101 m.w.N., differenzierend nur: *Frey*, in: GroßKomm-AktG, § 192 Rn. 113). Ähnliches gilt in Bezug auf Ermächtigungen i.S.d. § 71 Abs. 1 Nr. 8 S. 5 AktG (für eine Annahme einer Maximalfrist: *Büscher*, S. 299 sowie früher: *Bezzenberger*, in: K. Schmidt/Lutter AktG (2.Auflage), § 71 Rn. 83, de lege ferenda vor Verabschiedung des KontraG ebenso: *Huber*, in: FS Kropff, S. 101 (119); *Martens*, AG 1996, 337 (342); anders (nunmehr) *Bezzenberger*, in: K. Schmidt/Lutter-AktG, § 71 Rn. 81; *Kocher*, NZG 2010, 172 (173 f.)), während die entsprechende Frage in Bezug auf § 71 Abs. 1 Nr. 8 S. 6 AktG wesentlich umstrittener ist (für eine Annahme einer

a. Einheitliche Funktionen von Konkretisierungserfordernissen

Die Notwendigkeit einer konkretisierenden Gestaltung der *Ermächtigungs*wirkung folgt aus der beschriebenen Funktion von Ermächtigungsbeschlüssen.

Zur Herleitung der Notwendigkeit entsprechender Konkretisierungen kann nicht einzig auf die Steigerung der Kompetenzfülle des Vorstands abgestellt werden. Der Gefahr eines Kompetenzexzesses infolge eines Ermächtigungsbeschlusses etwa kann regulativ bereits durch umfang- und dauerbezogene Höchstgrenzen begegnet werden, zumal auch in diesem Fall im Wege eines Erst-Recht-Schlusses die Möglichkeit zur Festsetzung einer niedrigeren umfangsmäßig enger gefassten Ermächtigung durch die Hauptversammlung im Einzelfall möglich wäre.[283] Dass die Hauptversammlung zu Konkretisierungen gezwungen sein soll, ergibt sich daraus aber nicht.

Die Erweiterung der Befugnisse des Vorstands stehen daher in keinem unmittelbaren Zusammenhang zu der Existenz von Konkretisierungserfordernissen. Eine Verbindung besteht aber jedenfalls mittelbar. Die Verbindungslinie zwischen diesen beiden Aspekten besteht in dem Zusammenhang mit der Funktion von Ermächtigungsoptionen. Im Einzelnen:

Ermächtigungsoptionen sollen der Hauptversammlung ermöglichen, dem Vorstand eine notwendige oder wünschenswerte Handlungsschnelligkeit und inhaltliche Flexibilität zu verschaffen. Die hinreichende Funktionalität und Attraktivität einer als Kapitalsammelbecken ausgestalteten Rechtspersönlichkeit wird unter anderem durch die Möglichkeit gewährleistet, bezüglich zentraler oder sehr wirkungsintensiver Maßnahmen eine Flexibilität des Vorstands zu schaffen, ohne dass den wirtschaftlichen Eigentümern das gebotene Mitwirkungsrecht genommen wird. Eine Mitwirkung kann indes dem Begriffssinn nach bereits in Form einer reinen Blankoermächtigung erfolgen. Die flexibilisierende Funktion der Ermäch-

Maximalfrist: *Grigoleit/Rachlitz*, in: Grigoleit AktG, § 71 Rn 134; *Koch*, AktG, § 71 Rn. 19n; *Lutter/Drygala*, in: KölnKomm-AktG, § 71 Rn. 198; *Oechsler*, in: MünchKomm-AktG, § 71 Rn. 311; dagegen: *Bezzenberger*, in: Schmidt/Lutter AktG, § 71 Rn. 28; *Kocher*, NZG 2010, 172, (173 f.); *Merkt*, in: GroßKomm-AktG, § 71 Rn. 299; *Cahn*, in: Spindler/Stilz AktG, § 71 Rn. 148; *Kallweit/Simons*, AG 2014, 352 (356); *Rieckers*, ZIP 2009, 700 (701)).

283 Vgl. etwa entsprechend die anerkannte Möglichkeit engerer Grenzen bez. einer Ermächtigung i.S.d. § 71 Abs. 1 Nr. 7 AktG ist dies anerkannt; vgl. *Lutter/Drygala*, in: KölnKomm-AktG, § 71 Nr. 113; *Merkt*, in: GroßKomm-AktG, § 71 Rn. 246; *Oechsler*, in: MünchKomm-AktG, § 71 Rn. 199.

tigungsbeschlüsse würde durch eine solche Mitwirkung nicht gestört und ebenso wenig würde ein Schweigen des Gesetzes die Aktionäre dem Grunde nach daran hindern, nicht doch weitergehende Vorgaben zur Ausnutzung der Ermächtigung zu machen.[284] Indem die Hauptversammlung aber stellenweise dazu angehalten ist, bestimmte Aspekte der Ermächtigung *selber* festzulegen und gewisse Grenzen *selbst* zu ziehen, stellt der Gesetzgeber sicher, dass sich die Mitwirkung der Hauptversammlung nicht bloß in der Delegation erschöpft, sondern eine tatsächliche Gestaltung stattfindet.[285]

Dies kann vor dem gezeigten Hintergrund auf zwei zentrale Erwägungen zurückgeführt werden: Einerseits kommt den Angabeerfordernissen eine gewisse *Warnfunktion* zu. Die Aktionäre werden angehalten, sich mit dem Inhalt der Beschlüsse auseinanderzusetzen, sodass -in der Theorie – sichergestellt ist, dass eine hinreichende Würdigung der mit der Ermächtigung verbundenen Gefahren und Chancen und mit dem tatsächlichen Umfang der in Rede stehenden Ermächtigung stattfindet.[286] Ein solches Verständnis zeigt sich etwa in Äußerungen des BGH, wenn dieser bezüglich der Anforderungen an einen Beschluss i.S.d. § 221 Abs. 2 AktG (vertieft dazu sogleich) ausführt:

> *„Damit die Hauptversammlung die auf die Aktionäre und die Gesellschaft zukommenden Risiken hinreichend sicher einschätzen kann, muß der Beschluß das Volumen der Emission begrenzen. Eine hinreichende Begrenzung, die dem Vorstand zugleich ausreichende Reaktionsmöglichkeiten auf die Entwicklung des Kapitalmarktes beläßt, kann dadurch gewährleistet werden, daß der Höchstbetrag des Nennwertes festgesetzt wird, bis zu dem Genußscheine begeben werden dürfen.“*[287]

---

284 Zur Herleitung dieser letzteren Gestaltungsoption sogleich unter Abschnitt B.III in diesem Kapitel.

285 Eine solche Gesetzesgestaltung kann auf unterschiedlichen Erwägungen beruhen. Man könnte etwa darauf abstellen, dass auf diese Weise für etwaige Gläubiger oder Investoren die Gestaltungsspielräume des Vorstands auf Basis der Veröffentlichung der Inhalte von Hauptversammlungs-Beschlüssen transparenter werden und sie sich über etwaige „Gefahren“ informieren können. Denkbar erscheint ein solcher Gedanke mit Blick auf den faktisch kapitalherabsetzenden Charakter vor allem bei einer Ermächtigung zum Erwerb eigener Aktien. In der Gesamtbetrachtung kommt diesen Erwägungen aber nur eine Nebenrolle zu, entscheidender sind die im Folgenden genannten Erwägungen.

286 Inwieweit ein solcher Gedankengang im Lichte der Erkenntnisse der rationalen Apathie tatsächlich zielführend ist und nicht auch konkretisierte Beschlüsse schlicht „durchgewunken“ werden, sei hier dahingestellt.

287 BGH NJW 1995, 260; ähnlich auch *Bezzenberger*, wenn dieser etwa in Bezug auf einen Ermächtigungsbeschluss i.S.d. § 71 Abs. 1 Nr. 8 S. 1 AktG formuliert, dass,

Bedeutender ist aber ein weiterer Gedanke, der vor allem auf den *Schutz der Kompetenzordnung* abzielt. Ermächtigungsbeschlüssen kommt die beschriebene Ausgleichsfunktion zu. Das Gebot einer Flexibilisierung der Entscheidungsfindung unter Wahrung der Mitwirkungsnotwendigkeit der Hauptversammlung würde aber zu einer Unterwanderung letzterer führen, wenn sich die Mitwirkung in einer inhaltsleeren Delegation erschöpften könnte. Ermächtigungsoptionen sollen die Entscheidungsfindung im notwendigen oder zumindest nützlichen Maße flexibilisieren, aber nicht die Kompetenzordnung als solche derogieren. Durch die Mindestgestaltungserfordernisse wird sichergestellt, dass die ursprüngliche Kompetenzordnung in gewisser Weise fortwirkt, da die Hauptversammlung als mitwirkendes oder sogar originär zuständiges Organ die wesentlichen Parameter der Ermächtigung selber bestimmt und somit die Stellung als zur Entscheidung mitberufene Instanz in Grundzügen erhalten bleibt.[288] In diesem Zusammenhang schlägt also eine *kompensatorischen* Funktion der Ermächtigung auf die damit verbundenen Angabeerfordernissen durch bzw. wird durch diese abgesichert.[289] Vor allem bei kompetenzübertragenden Ermächtigungen und/oder solchen mit einer Einzelbeschluss-Alternative ist dieser Wesenszug besonders ausgeprägt. Aber auch bei den übrigen Ermächtigungsoptionen greift der dargelegte Grundgedanke, wonach die Hauptsammlung in einem gewissen Maße tatsächlich *mitwirken* soll.

Neben diesen konzeptionellen Erwägungen kann auch auf die erwähnten Wertungen der §§ 120a, 134a ff. AktG und den darin zu Tage tretenden Stewardship-Gedanken verwiesen werden: Wenn es für den Gesetzgeber von Bedeutung ist, dass die Ausübung mitgliedschaftlicher Rechte nicht durch das zunehmende Aufkommen institutioneller Anleger nivelliert wird, insoweit also ein Interesse an einer tatsächlichen Wahrnehmung von Mitwirkungsbefugnissen besteht, dann liegt *notwendigerweise* zugleich ein

---

indem die Aktionäre angehalten sind, sich mit der Frage nach dem Volumen der Ermächtigung zu befassen, sichergestellt werde, dass „die Aktionäre (…) abschätzen können, worauf sie sich einlassen."; *Bezzenberger*, in: K. Schmidt/Lutter AktG, § 71 Rn. 21; ähnlich: *ders.*, ZHR 180 (2016), 8 (16).

288 Sehr ähnlich, wenn darauf abgestellt wird, dass andernfalls dem Zweck der Grundlagen-Kompetenz der Hauptversammlung bzw. der Mitgliedsrechte der Aktionäre widersprochen wäre: LG Stuttgart, AG 1992, 236 (237 f.), zustimmend: *Eberspächer* S. 201.

289 Ähnlich in Bezug auf einen Beschluss i.S.d. § 71 Abs. 1 Nr. 8 S. 1 AktG: *Bednarz*, S. 122, wenngleich der Fokus bei der Verwendung dieses Terminus bei *Bednarz* eher auf dem Umstand liegt, dass mit der Ermächtigung i.S.d. § 71 Abs. 1 Nr. 8 S. 1 AktG die Unterwanderung der Entscheidungszuständigkeit nach § 174 Abs. 2 Nr. 2 AktG kompensiert wird.

Interesse an einer tatsächlichen Ausübung der entsprechenden Kontrollrechte des aus den Aktionären bestehenden Organ der Hauptversammlung.

Der Gedanke, dass eine Änderung der Entscheidungszuständigkeiten der Mit*wirkung* der Hauptversammlung bedarf, gilt dabei letztlich unabhängig davon, ob die Änderung der Zuständigkeiten im Interesse einer gesteigerten Handlungsfähigkeit des Vorstands in zeitlicher Hinsicht oder im Interesse der Anpassung der Entscheidungsbefugnisse an die allgemeinen Interessen der Gesellschaft erfolgen. Mit Blick auf die überwiegende Funktion vom Ermächtigungsoptionen, die Aktiengesellschaft unter Wahrung grundlegender Kompetenzen der Hauptversammlung *hinsichtlich bestimmter Maßnahmen* im notwendigen und wünschenswerten Maß handlungsfähig zu gestalten, mag dieser Gedanke bei abweichend konzeptionierten Ermächtigungsoptionen (konkret also: § 58 Abs. 2 S. 2 Alt. 2 AktG) nicht ebenso stark ausgeprägt zu sein. Aber auch diesen Fällen stehen am Ende konkrete Maßnahmen in Rede, die nach der Wertung des Gesetzes der Mitwirkung der Hauptversammlung bedürfen.[290]

Konkretisierungsvorgaben weisen in Bezug auf die Hauptversammlung eine *Warnfunktion* und schließlich – bedeutender – hinsichtlich der Kompetenzordnung als solcher eine *kompensatorische* Funktion auf. Insbesondere bei den nicht gläubigerschützend wirkenden Regelungen dominieren diese beiden Funktionen.[291] Bei Beschlusserfordernissen, die mit der Gefahr der entsprechenden Ausführungsakte für die Gläubiger zusammenhängen kommt schließlich noch eine *Informationsfunktion* hinzu.[292]

---

290 Konkret für den Fall des § 58 Abs. 2 S. 2 Alt. 2 AktG mag man ergänzend darauf abstellen, dass bei einer zu pauschalen Ermächtigung seitens der Hauptversammlung im Rahmen der Delegation die zum Umfang der Rückstellungsbefugnis des Vorstands komplementäre Entscheidungsbefugnis der Hauptversammlung nach § 58 Abs. 4 AktG unterlaufen werden könnte.

291 Konkret also etwa bei den Regelungen bezüglich einer genehmigten Kapitalerhöhung und dem Erfordernis zur Bestimmung der Art der zulässigen Verteidigungsmaßnahmen im Rahmen eines Beschlusses i.S.d. § 33 Abs. 2 WpÜG.

292 Diese Funktion greift etwa bei Ermächtigungsbeschlüssen i.S.d. § 71 Abs. 1 Nr. 7 und 8 S. 1 AktG; entsprechend bspw. in Bezug auf die Gegenwertangaben vornehmlich auf die Möglichkeit zur Information seitens der Gläubiger abstellend: *Mayer/Albrecht vom Kolke*, in: Hölters/Weber AktG, § 71 Rn. 20; *Oechsler*, in: MünchKomm-AktG, § 71 Rn. 213; DNotI-Report 2006, 127 (128).

b. Ableitungen aus den einheitlichen Funktionen

Wenn den ermächtigungsbeschlussspezifischen Konkretisierungserfordernissen somit einheitliche Erwägungen zu Grunde liegen, sind, soweit der Vergleichsmaßstab trägt, dementsprechend auch die genauen Anforderungen an die Erfüllung dieser Konkretisierungserfordernisse einheitlich zu bestimmen. Darüber hinaus erlaubt es die Vergleichbarkeit der Erwägungsgründe, Regelungslücken ausfindig zu machen, im Einklang mit der Regelungssystematik auszufüllen und auf diese Weise Ergänzungen zu den geschriebenen Anforderungen herzuleiten.

Die dargestellten Funktionen der Ermächtigungsoptionen und der diese betreffenden Anforderungen bestimmen dabei den Ausgangspunkt: Die Auslegung der geschriebenen Konkretisierungsanforderungen und die Annahme ungeschriebener Anforderungen sind derart vorzunehmen, dass die jeweiligen Funktionen ihre Wirkung entfalten können. Indes dürfen die Anforderungen zugleich nicht „überfordernd" wirken. Andernfalls drohte der Zweck von Ermächtigungsoptionen, die Flexibilisierung der Geschäftsführung unter Wahrung zentraler Mitspracherechte, konterkariert zu werden.[293] Die Anforderungen dürfen also nur so streng ausgelegt werden, wie dies zur Erfüllung der damit verbundenen Funktionen nötig ist. Der Warnfunktion etwa kann schon dann genügt sein, wenn sichergestellt ist, dass die Aktionäre für die Bedeutung einer anstehenden Beschlussfassung zumindest sensibilisiert wurden

Die dargestellten Erwägungen zur Notwendigkeit etwaiger Angaben sind zudem rechtspolitisch keinesfalls „zwingend". Sie können also nur dort greifen, wo eine dahingehende gesetzgeberische Wertung wenigstens mittelbar gegeben ist. Keinesfalls kann aber auf Basis dieser Erwägungen davon ausgegangen werden, dass jedweder Ermächtigungsbeschluss stets möglichst genau zu konkretisieren ist.

---

293 Vgl. *Henze*, in: FS Ulmer, S. 211 (233), wonach (in Bezug auf Ermächtigung betreffend ungeschriebener Zuständigkeiten der Hauptversammlungen, der Sache nach aber übertragbar) die Möglichkeit eines Ermächtigungsbeschlusses nur sinnvoll sei, wenn man diese Gelegenheit „nicht durch ein Übermaß an Anforderungen bereits im Keim" ersticke.

aa. Notwendige Tiefe der mandatorischen Konkretisierungen

Mit Blick auf die obigen Ausführungen ist wegen der Warn- und Kompensationsfunktion im Rahmen der ausdrücklich geregelten Konkretisierungserfordernisse jedenfalls eine inhaltliche Gestaltung nötig, sei sie auch nur „vorgeschoben."

Nicht ausreichen kann also insbesondere die schlichte Wiederholung des Gesetzeswortlautes.[294] Ein solches Vorgehen würde dem Ziel der entsprechenden Regelungen, eine Befassung der Aktionäre mit dem in Rede stehenden Aspekt der Ermächtigung sicherzustellen und die Stellung der Hauptversammlung im Entscheidungsprozess zu wahren, nicht entsprechen. Insoweit kann auch ein offen gehaltener Gesetzeswortlaut eng auszulegen sein.[295]

Auf der anderen Seite erfordern die genannten Erwägungen aber keine besonders detailliert ausformulierte und/oder besonders leicht verständliche oder gar starren Grenzen.

---

294 Eine Ausnahme kann nach dem Gesagten nur dann gelten, wenn das entsprechende Gestaltungserfordernis nur zur Abgrenzung ähnlich gelagerter Fällen oder der schlicht expliziten Fassung eines Beschlusses dient; als Beispiel für eine solche Ausnahme lässt sich etwa das eher formalen, dem Abgrenzungsbedarf geschuldeten Erfordernis einer Zweckangabe nach § 71 Abs. 1 Nr. 7 AktG nennen, vgl. insoweit zutreffend zur Möglichkeit der schlichten Wiederholung des Gesetzeswortlautes: *Bezzenberger*, in: K. Schmidt/Lutter AktG, § 71 Rn. 49; *Koch*, AktG, § 71 Rn. 19b; *Mayer/Albrecht vom Kolke*, in: Hölters/Weber AktG, § 71 Rn. 17; *Lutter/Drygala*, in: KölnKomm-AktG, § 71 Rn. 111; *Oechsler*, in: MünchKomm-AktG, § 71 Rn. 198.

295 Auch wenn etwa der Wortlaut des § 58 Abs. 2 S. 2 Alt. 1 AktG dies nicht eindeutig vorschreibt, ist es in diesem Lichte überzeugend davon auszugehen, dass eine solche Ermächtigung nicht durch schlichte Wiederholung des Gesetzeswortlautes („mehr als die Hälfte") vorgenommen werden kann (entsprechend: *Döllerer*, BB 1965, 1405 (1415); *Eckardt*, NJW 1967, 369 (369 f.); *Geßler*, DB 1966, 215 (216); *Bayer*, in: MünchKomm-AktG, § 58 Rn. 47; *Drinhausen*, in: *Heidel* AktG, § 58 Rn. 24; *Fleischer*, in: K. Schmidt/Lutter AktG § 58 Rn. 24; *Grigoleit/Zellner*, in: Grigoleit AktG, § 58 Rn. 10; *Koch*, AktG, § 58 Rn. 11; *Waclawik*, in: Hölters/Weber AktG, § 58 Rn. 16; anders (Wiederholung des Gesetzeswortlauts ausreichend): *Becker*, BB 1966, 764 (765); *Cahn/v. Spanneberg*, in: Spindler/Stilz AktG, § 58 Rn. 45; *Drygala*, in: KölnKomm-AktG, § 58 Rn. 48; *Arnold/Notz*, in: GroßKomm-AktG, § 58 Rn. 52). Eine andere Frage ist, ob insoweit dann aber zumindest eine zahlenmäßige Bestimmung nötig ist, oder eine bloße Umformulierung des Gesetzeswortlautes im Rahmen der Ermächtigung ausreicht, dafür etwa: *Koch*, AktG, § 58 Rn. 11 sowie *Waclawik*, in: Hölters/Weber AktG, § 58 Rn. 16.

Für die Bestimmung von Gegenleistungswerten, Volumengrenzen sowie Nennbetragsangaben folgt aus dem beschriebenen Zusammenhang etwa, dass die Grenzwerte nicht zwingend in absoluten Zahlenwerten ausgedrückt werden müssen. Ausreichend ist auch eine relative Bestimmung, etwa in Abhängigkeit vom Börsenkurs (bei Gegenleistungswerten) oder der Kapitalziffer und Ähnlichem. Es muss „lediglich" eine einschränkende *Gestaltung* seitens der Hauptversammlung gegeben sein. Die genauen Parameter der Nutzung einer Ermächtigung mögen auf diese Weise nicht bereits im Moment der Beschlussfassung final feststehen. Letzteres ist vor dem gezeigten Hintergrund aber auch nicht geboten.[296] Auf die Frage, ob das Gesetz selbst die Maximalgrenze der Ermächtigung prozentual bemisst (wie etwa in § 71 Abs. 1 Nr. 7, 8 S. 1 AktG), kommt es demnach nicht entscheidend an.[297] Gegen eine solche Sichtweise kann insbesondere nicht eingewendet werden, dass auf diese Weise die Gefahr einer nachträglichen Änderung des Umfangs der Ermächtigung durch eine nachfolgende Änderung der jeweiligen Bezugsgröße drohe.[298] Dieser Gefahr kann dadurch abgeholfen werden, dass man für die Bezugsgröße der relativen Angabe stets auf den Umfang der Bezugsgröße im Zeitpunkt der Beschlussfassung abstellt.[299] Dafür spricht die beschriebene Warnfunktion, wenn demnach

296 Zutreffend: *Cahn*, in: Spindler/Stilz AktG, § 71 Rn. 110; *Bezzenberger*, ZHR 180 (2016), 8 (16 f.); im Ergebnis ebenso für den wohl wichtigsten Fall der relativen Anbindung an den Börsenpreis: *Bednarz*, S. 139; *Bezzenberger*, in: K. Schmidt/Lutter AktG, § 71 Rn. 22; *Koch*, AktG, § 71 Rn. 19e; *Lutter/Drygala*, in: Köln-Komm-AktG, § 71 Rn. 127; *Merkt*, in: GroßKomm-AktG, § 71 Rn. 249; *Oechsler*, in: MünchKomm-AktG, § 71 Rn. 213; *Wieneke*, in: Bürgers/Körber AktG, § 71 Rn. 32, OLG Hamburg NZG 2005, 218 (221); sowie ebenfalls bereits RegBegr. BT-Drs. 13/9712, S. 13.

297 Indes darauf abstellend: *Bednarz*, S. 139; gemessen am beschriebenen Zweck ist es aber auch möglich (wenngleich eben nicht notwendig), die Grenze absolut zu bestimmen, zutreffend: *Oechsler*, in: MünchKomm-AktG, § 71 Rn. 200.

298 So aber in Bezug auf eine Ermächtigung i.S.d. § 202 Abs. 1, 2 AktG: *Apfelbacher/Metzner*, in: Hölters/Weber AktG, § 202 Rn. 41; *Bayer*, in: MünchKomm-AktG, § 202 Rn. 64; *Hirte*, in: GroßKomm-AktG, § 202 Rn. 133; *Kuntz*, in: KölnKomm-AktG, § 202 Rn. 67 *Rieder/Holzmann*, in: Grigoleit AktG, § 202 Rn. 17; *Veil*, in: K. Schmidt/Lutter AktG, § 202 Rn. 18; *Wamser*, in: Spindler/Stilz AktG, § 202 Rn. 70.

299 Ebenfalls für die Möglichkeit einer relativen Bestimmung: *Lutter*, in. Köln-Komm-AktG (2. Auflage), § 202 Rn. 11. Entsprechend verfährt auch die überwiegende Anzahl der Stimmen in der Literatur hinsichtlich der Frage, auf welchen Zeitpunkt für die Bemessung der Höchstgrenze i.S.d. § 71 Abs. 1 Nr. 8 S. 1 AktG, die sich in Relation zur Höhe des Grundkapitals bemisst, abzustellen ist, vgl.: *Cahn*, in: Spindler/Stilz AktG, § 71 Rn. 104; *Oechsler*, in: MünchKomm-AktG, § 71 Rn. 220; *Wieneke*, in: Bürgers/Körber AktG, § 71 Rn. 33; *Bednarz*,

die Aktionäre bei der Beschlussfassung die Auswirkungen tatsächlich möglichst umfassend einschätzen können sollen. Soweit dem jeweiligen Gestaltungserfordernis eine zusätzliche Informationsfunktion im Interesse der Gläubiger zukommt, kann dies zu keinem anderen Ergebnis führen. Die Transparenz einer prozentualen Bemessung des Ermächtigungsvolumen mag geringer sein als bei einer Bemessung in absoluten Werten. Aus der beschriebenen Informationsfunktion folgt aber in Ermangelung konkreter gesetzlicher Wertungen nicht, dass die entsprechenden Gestaltungen für Aktionäre, Gläubiger oder Dritte leicht verständlich sein müssen. Stellt man aber wie hier vertreten für die Bemessung der Bezugsgröße stets auf den Zeitpunkt der Beschlussfassung ab, ist die Grenze für Dritte zumindest mittelbar zu ermitteln.

Soweit eine genaue Bestimmung der durch den Ermächtigungsbeschluss eröffneten Maßnahmen ihrer Art nach verlangt ist, erfordert dies keine detaillierte Beschreibung möglicher Instrumente und Einsatzstrategien. Vielmehr reicht eine abstrakte Beschreibung oder auch eine kataloghafte Aufzählung. Am Beispiel des § 33 Abs. 2 WpÜG wäre die Grenze zur Unbestimmtheit etwa erst dann überschritten, wenn sich der Beschlussinhalt sinngemäß in Aussagen, wonach „alle Maßnahmen auch zur Verteidigung gegen eine Übernahme zulässig“ sein sollen, erschöpft.[300]

Weniger aus der kompensatorischen Wirkung der Ermächtigung, sondern vielmehr aus der beschriebenen Warnfunktion der Konkretisierungserfordernisse ergibt sich auch, dass dort, wo mehrere dem Wesen nach unterschiedliche Ermächtigungsalternativen auf Basis einer Norm zur Verfügung stehen, hinreichend deutlich gemacht werden muss, zu welchen

---

S. 139; *Kiem*, ZIP 2000, 209 (211); *Last*, S. 42; anders: *Lutter/Drygala*, in: KölnKomm-AktG, § 71 Rn. 134; *Merkt*, in GroßKomm-AktG, § 71 Rn. 265 sowie *Büscher*, S. 101.

300 Entsprechend: *Hirte/Mock*, in: KölnKomm-WpÜG, § 33 Rn. 118; *Schlitt*, in: MünchKomm-AktG, § 33 WpÜG Rn. 219; *Steinmeyer*, in: Steinmeyer WpÜG, § 33 Rn. 43; vgl. auch BT-Drs. 14/7034, S. 58; für ein solches Verständnis streitet über das beschriebenen Telos hinaus hinsichtlich dieser konkreten Vorschrift auch deren Gesetzgebungsgeschichte. So war im entsprechenden Referentenentwurf noch vorgesehen, dass die Maßnahmen „im Einzelnen“ bestimmt werden müssten (vgl. hierzu die Änderungsanregung des Bundesrates BegrBeschluss BR, BT-Drs. 14/7034, S. 85 und auch die unter Verweis auf die zu hohen Anforderungen ergangene Kritik zum ursprünglichen Regierungsentwurf: Stellungnahme des DAV-Handelsrechtsausschuss, NZG 2001, 1003 (1007); *Krieger*, RWS-Forum 2001, S. 298 (315 f.); *Thaeter*, NZG 2001, 789 (790)).

Maßnahmen der Vorstand ermächtigt werden soll.[301] Eine katalogmäßige Aufzählung muss insoweit aber wiederum ausreichend sein. Auch das geschriebene Aktienrecht fordert außerhalb rein preislicher Grenzen regelmäßig keine Angaben hinsichtlich der konkreten Ausgestaltung der in Rede stehenden Maßnahmen in der Form, dass der *Inhalt* der Maßnahmen festzulegen ist.[302]

Aus den genannten Funktionen folgt schließlich, dass die Geltung entsprechender Gestaltungsvorgaben nicht durch das notwendige Zusammentreffen mehrerer Ermächtigungsbeschlüsse derogiert werden kann. Wenn etwa § 33 Abs. 2 WpÜG „nur“ fordert, dass die in Bezug genommenen Ermächtigungsinhalte „der Art nach“ zu bestimmen sind, tangiert das nicht die für die einzelnen Grundlagen-Ermächtigungen geltenden Konkretisierungserfordernisse.[303] Umgekehrt kann ein einfacher Ermächtigungsbeschluss eine Vorgabe, wonach die Ermächtigung (nur) zum Zwecke der Übernahmeverteidigung eingesetzt werden kann, nur dann enthal-

---

301 Ausdrücklich findet sich diese Wertung, wie gesehen, in § 33 Abs. 2 WpÜG, nichts anderes kann dann aber auch für eine Ermächtigung i.S.d. § 221 Abs. 2 AktG gelten. Auch hier ist folglich eine Konkretisierung hinsichtlich der Art der Titel, zu deren Ausgabe der Vorstand ermächtigt werden soll, zu fordern, im Ergebnis ebenso: *Florstedt*, in: KölnKomm-AktG, § 221 Rn. 221; *Groß*, in: Happ Aktienrecht, 12.04 Rnd. 6.1; *Habersack*, in: MünchKomm-AktG, § 221 Rn. 155; *Haberstock/Greitemann*, in: Hölters/Weber AktG, § 221 Rn. 60. Auf § 205 Abs. 2 AktG ist dieser Gedankengang in Bezug auf die Notwendigkeit der Benennung zulässiger Sacheinlagegegenstände hingegen mit Blick auf den Wortlaut der Norm nicht übertragbar – Festsetzungen diesbezüglich können im Ermächtigungsbeschluss gefasst werden, müssen dies aber nicht; ähnlich: *Bayer*, in: MünchKomm-AktG, § 205 Rn. 10; *Hirte*, in: GroßKomm-AktG, § 205 Rn. 7; *Scholz*, in: MünchHb-AG, § 59 Rn. 53.

302 Folglich besteht für eine Ermächtigung im Sinne des § 221 Abs. 2 AktG (vorbehaltlich der Geltung von § 193 Abs. 2 Nr. 4 AktG aber eben auch e contrario dessen) keine Notwendigkeit zur Festlegung der Bezugskonditionen und Genussrechtsbedingungen, ebenso: *Florstedt*, in: KölnKomm-AktG, § 221 Rn. 221; *Habersack*, in: MünchKomm-AktG, § 221 Rn. 155; *Koch*, AktG, § 221 Rn. 11; *Stadler*, in: Bürgers/Körber AktG, § 221 Rn. 28; anders noch: *Karollus*, in: GHEK AktG, § 221 Rn. 60 und auch LG Hamburg v. 20.10. 2005, BeckRS 2006, Nr. 04051.

303 Ebenso: *Hirte/Mock*, in: KölnKomm-WpÜG, § 33 Rn. 100 f.; *Krause/Pötzsch/Stephan*, in: Assmann/Pötzsch/Uwe H. Schneider WpÜG, § 33 Rn. 220; Begr.RegE BT-Drucks. 14/7034, S. 58; a.A.: *Grunewald*, in: Baums/Thoma WpÜG, § 33 Rn. 90.

ten, wenn hierbei die Anforderungen des § 33 Abs. 2 WpÜG beachtet werden.[304]

bb. Ergänzende Konkretisierungsanforderungen – insbesondere: Notwendigkeit von Zweckvorgaben?

Entsprechend den genannten Funktionen von Ermächtigungsoptionen und den daraus abgeleiteten Funktionen von Konkretisierungsanforderungen lässt sich auch die Frage beantworten, inwieweit dahingehende Beschlüsse *konzeptionellen*[305], ergänzenden Gestaltungsanforderungen unterworfen sind. Das gilt insbesondere für die Frage, ob die Hauptversammlung angehalten ist, dem Vorstand in Abgrenzung zu einer bloßen Vorratsermächtigung auch einen verbindlichen Einsatz- und Verwendungszweck

304 Insoweit von einer „Sperrwirkung" sprechend: *Steinmeyer*, in: Steinmeyer WpÜG, § 33 Rn. 51. Nicht zwangsläufig, aber doch regelmäßig können in einem solche Fall, zumindest wenn sich eine Ermächtigung in Bezug auf diese Maßnahme erschöpft, aber dann bereits auch Erfordernisse des § 33 Abs. 2 WpÜG erfüllt sein, weil dem Erfordernis einer Benennung der tauglichen Mittel und der Zweckangabe Genüge getan ist.

305 Ausgeklammert werden soll insoweit die Frage, wie mit den divergent anmutenden Wertungen des Gesetzes hinsichtlich der Notwendigkeit der Konkretisierung einer Ermächtigung betreffend Kapitalmaßnahmen (im weiten Sinne) umzugehen ist. So fordert § 202 Abs. 1, 2 AktG und § 71 Abs. 1 Nr. 7, 8 S. 1 AktG die Festsetzung eines entsprechenden Volumens, während § 221 Abs. 2 AktG und § 71 Abs. 1 Nr. 8 S. 6 AktG sich diesbezüglich in Schweigen hüllen. Überwiegend wird hingegen in Bezug auf § 221 Abs. 2 AktG dennoch das Erfordernis einer Nennbetragsangabe ausgegangen, vgl. BGH NJW 1995, 260 (zum Wortlaut vgl. bereits oben im Rahmen von Abschnitt A.I.1.a. in diesem Kapitel), sowie für die Literatur statt vieler: *Florstedt*, in: KölnKomm-AktG, § 221 Rn. 221; anders noch (zumindest hinsichtlich der Ausgabe von Wandelschuldverschreibungen): *Krieger*, in: MünchHb-AG (1. Auflage), § 63 Rn. 9.). Auch der unionsrechtliche Hintergrund spricht für eine solche Sichtweise, wenn Art. 29 Abs. 4 i.V.m. Abs. 2 S. 1 RL 2012/30 EU bestimmt, dass die „Satzung, der Errichtungsakt oder die Hauptversammlung zu einer Erhöhung des gezeichneten Kapitals bis zu einem Höchstbetrag ermächtigen" kann, den sie „unter Beachtung des gegebenenfalls gesetzlich vorgeschriebenen Höchstbetrags *festlegt*" *(Hervorhebung durch den Verfasser)*. Auch bezüglich einer Ermächtigung i.S.d. § 71 Abs. 1 Nr. 8 S. 6 AktG erscheint die Annahme eines solchen Erfordernisses nicht ausgeschlossen. Zwar bestimmen die Aktionäre durch die Notwendigkeit zur Festsetzung eines Erwerbsvolumens nach § 71 Abs. Nr. 8 S. 1 AktG faktisch auch bereits das maximale Einziehungsvolumen. Jedoch ist die Einziehung erworbener Aktien nicht nur technisch, sondern auch qualitativ ein anderer Vorgang als deren Erwerb mit der Aussicht auf eine Wiederveräußerung.

vorzugeben. Die Annahme eines solchen Erfordernisses setzt mit Blick auf den weiten Gestaltungsspielraum des Gesetzgebers eine konkrete gesetzliche Wertung voraus. Schließlich stellt es in gewisser Hinsicht ein zentrales Funktionsmerkmal von Ermächtigungsbeschlüssen dar, dass der Vorstand auch über den Zweck der Maßnahme entscheiden soll. Schließlich ist der Zweck einer Maßnahme für die Entscheidung bzgl. dem „Ob" und „Wie" einer Maßnahme von maßgeblicher Bedeutung.

Vor diesem Hintergrund kann das etwaige (partielle) Verbot von Vorratsermächtigungen[306] nicht schlicht unter Verweis auf die damit einhergehende Gefahr der Unterlaufung des § 23 Abs. 5 AktG gerechtfertigt oder hergeleitet werden. Ebendiese Gefahr ist Teil der Ermächtigungsoptionen originär anhaftenden Risiken und somit auch Teil jenes Bündels an Gestaltungsfragen, das vom Gesetzgeber durch die bereits geregelten Konkretisierungserfordernisse adressiert wird. Anders gewendet: Das geschriebene Aktienrecht kennt durchaus Gestaltungsmittel, um einer Unterlaufung des § 23 Abs. 5 AktG entgegenzutreten.[307] Die kodizifierten Zweckangabeerfordernisse taugen aufgrund ihres singulären Regelungshintergrunds nicht für einen ergänzenden Rückschluss *e contrario*.[308] Daraus kann mit Blick auf die übrigen Konkretisierungserfordernisse aber nicht geschlossen werden, dass der Gesetzgeber unbewusst keine Zweckangabeerfordernisse zur Sicherung der kompensatorischen Funktion von Ermächtigungsbeschlüssen statuiert hat. Eine ausfüllungsbedürftige planwidrige Regelunglücke

---

306 Zum Begriffsverständnis vgl. die Ausführungen im Rahmen der Einleitung unter Abschnitt B.I.1.

307 S. bereits die obigen Ausführungen bei Abschnitt A.I.1.a. in diesem Kapitel; ähnlich auch die Argumentation von *Ekkenga*, AG 2001, 615 (616) in Bezug auf die Gestaltungsgrenzen bei einem Beschluss i.S.d. § 202 Abs. 1, 2 AktG, vgl. auch *Bayer*, in: MünchKomm-AktG, § 202 Rn. 58 ff., 72; *Kuntz*, in: KölnKomm-AktG, § 202 Rn. 85 sowie *Scholz*, in: MünchHb-AG, § 59 Rn. 13 ff.; § 64 Rn. 23; anders nur: *Wamser*, in: Spindler/Stilz AktG, § 202 Rn. 62 unter Verweis auf BGH NZG 2009, 589 (591). Dieses Urteil bezog sich jedoch auf die Sonderkonstellation der Schaffung eines genehmigten Kapitals unter Ausschluss des Bezugsrechtes (dazu sogleich) bezieht und nicht auf eine „normale" genehmigte Kapitalerhöhung.

308 Ausdrücklich notwendig sind Zweckvorgaben bei Ermächtigungen i.S.d. § 71 Abs. 1 Nr. 7 AktG und § 33 Abs. 2 WpÜG. Jedoch beziehen sich diese Erfordernisse nicht auf die Risiken einer zu extensiven Ermächtigungspolitik, sondern ergeben sich aus der Notwendigkeit der Abgrenzung gegenüber einer anderen Ermächtigung (§ 71 Abs. 1 Nr. 7 AktG) bzw. entsprechen dem primären Beschlussinhalt der korrespondierenden Ermächtigung (§ 33 Abs. 2 WpÜG).

lässt sich daher kaum ausmachen.[309] Die nach der gesetzgeberischen Konzeption somit dem Grunde nach fehlende Notwendigkeit von Zweckangaben ist im Grundsatz zu akzeptieren.[310] Ein allgemeines Verbot einer Vorratsermächtigung existiert nicht.

Eine inzwischen wohl anerkannte solche Ausnahme zu dieser Feststellung ergibt sich aus der Rechtsprechung zur Rechtmäßigkeit einer Ermächtigung i.S.d. § 203 Abs. 2 AktG sowie – aufgrund der strukturell vergleichbaren Ermächtigungsinhalte – in Bezug auf solche i.S.d. § 71 Abs. 1 Nr. 8 S. 5 AktG und § 221 Abs. 4 AktG i.V.m. § 203 Abs. 2 AktG analog.[311] Die Anforderungen an eine Ermächtigung zum Ausschluss des Bezugsrechts nach § 203 Abs. 2 AktG sowie deren Ausnutzung ist eine seit Langem in der Rechtsprechung und Literatur kontrovers erörterte Frage. In der Holzmann-Entscheidung judizierte der BGH noch, dass die Ermächtigung des Vorstands zum Ausschluss des Bezugsrechts denselben materiellen Anforderungen, sprich dem in der Kali+Salz-Rechtsprechung

309 Im Nachgang zum Erlass des KontraG wurde vor allem die fehlende Notwendigkeit einer Zweckvorgabe i.R.d. § 71 Abs. 1 Nr. 8 S. 1 AktG kritisiert. Da jedoch ein solches Erfordernis im Laufe des Gesetzgebungsverfahrens fallen gelassen wurde (vgl. etwa noch RefE ZIP 197, 2129 (2130)) und somit eine bewusste Entscheidung des Gesetzgebers gegeben ist, bleibt für eine einschränkende Auslegung kein Raum; vgl. insoweit die Kritik bei *Bosse*, NZG 2000, 923 (924) sowie *Saria*, NZG 2000, 458 (462); offen gelassen von: OLG München AG 2003, 163; vgl. zudem auch die Äußerungen im Rahmen des Gesetzgebungsverfahrens von *Seibert*, in: WM 1997, 1 (9) sowie *Zimmer*, NJW 1998, 3521 (3529); zusammenfassend: *Bednarz*, S. 131 ff. Ob diese Kritik berechtigt ist, sei an dieser Stelle dahingestellt. Angemerkt sei nur, dass die Entscheidung, bei der „befristeten Kapitalherabsetzung" auf ein solches Erfordernis zu verzichten, mit dem Fehlen eines solchen Erfordernisses bei einer in gewisser Weise konträr wirkenden genehmigten Kapitalerhöhung durchaus im Einklang steht. Auch der europarechtliche Hintergrund zeitigt kein abweichendes Verständnis, vgl. *Möller*, Rn. 79.

310 Ähnlich (zweckfreie Ermächtigungen sind dem Aktiengesetz keineswegs fremd): *Bednarz*, S. 133; Erwähnung findet dieser Umstand bzw. das daraus folgende Ergebnis regelmäßig nur hinsichtlich § 71 Abs. 1 Nr. 8 S. 1 AktG (gegen die Notwendigkeit einer Zweckvorgabe etwa: *Bezzenberger*, in: K. Schmidt/Lutter AktG, § 71 Rn. 18; *Merkt*, in: GroßKomm-AktG, § 71 Rn. 266; *Oechsler*, in: MünchKomm-AktG § 71 Rn. 222) sowie hinsichtlich einer Ermächtigung i.S.d. § 202 AktG (vgl. die Nennungen unter Fn. 307).

311 Zur Notwendigkeit einer materiellen Inhaltskontrolle der Maßnahme auch bei der Veräußerung eigener Aktien unter Missachtung der Vorgabe der §§ 53a, 71 Abs. 1 Nr. 8 S. 3 AktG sowie in Rahmen von § 221 Abs. 4 AktG jeweils statt vieler *Bezzenberger*, in: K. Schmidt/Lutter AktG, § 71 Rn. 82 sowie *Florstedt*, in: KölnKomm-AktG, § 221 Rn. 237; zu den Details vgl. sogleich.

etablierten Erfordernis einer sachlichen Rechtfertigung,[312] unterliege wie die Entscheidung über den Ausschluss des Bezugsrechts bei einer ordentlichen Kapitalerhöhung. Bereits bei der Beschlussfassung mussten demnach „bestimmte tatsächliche Anzeichen dafür (bestehen), dass der Vorstand während der Dauer seiner Ermächtigung im Gesellschaftsinteresse genötigt sein könnte, die Kapitalerhöhung mit einem Bezugsrechtsausschluß durchzuführen."[313] Diese Anforderungen wurden im Siemens/Nold-Urteil weitestgehend entschärft. Demnach bedarf weder der Direktausschluss des Bezugsrechts noch die Ermächtigung des Vorstands zum Ausschluss bereits im Zeitpunkt der Beschlussfassung einer sachlichen Rechtfertigung nach den Kali+Salz-Grundsätzen. Vielmehr sei ausreichend, dass die Maßnahme, zu deren Durchführung der Vorstand ermächtigt werden solle, im Interesse der Gesellschaft liege und sie der Hauptversammlung im jeweils notwendigen Vorstandsbericht in allgemein umschriebener Form bekanntgegeben werde. Diesem Erfordernis soll bereits eine abstrakte Umschreibung des künftigen Verwendungszwecks genügen können.[314]

Für die materielle Rechtmäßigkeit der Ausschlussermächtigung oder der Schaffung eines bezugsrechtslosen genehmigten Kapitals genügt es mithin, dass der Beschluss bei abstrakt-genereller Beurteilung der beschriebenen Maßnahmen im Interesse der Gesellschaft liegt. Einer sachlichen Rechtfertigung des Beschlusses im Sinne der Holzmann-Grundsätze bedarf es nicht mehr.[315] Im Fall einer Ausschlussermächtigung soll es Sache des Vorstands sein, „in eigener Verantwortung zu prüfen, ob aus unternehmerischer Sicht der Ausschluss des Bezugsrechts der Aktionäre im Interesse der Gesellschaft liegt"[316]. Trotz einiger Kritik zu Beginn,[317] ist diese Rechtsprechung zumindest hinsichtlich der Anforderungen an die Fassung des Ermächtigungsbeschlusses mittlerweile weitestgehend anerkannt.[318]

---

312 BGHZ 71, 40 (Kali+Salz); bereits vorher war das Erfordernis einer positiven sachlichen Rechtfertigung im Schrifttum herausarbeitet worden, vgl. insb. *Zöllner*, S. 335 ff. sowie *Füchsel*, BB 1972, 1533. Dieses Erfordernis ist freilich nicht mehr unbestritten, vgl. zusammenfassend und m.w.N. *Scholz*, in: MünchHb-AG, § 57 Rn. 118.

313 BGHZ 83, 319 (321 f.) (Holzmann).

314 Vgl. zu beidem: BGHZ 136, 133 (Siemens/Nold).

315 BGHZ 136, 133 (139) (Siemens/Nold); BGHZ 144, 290 (295) (adidas); BGHZ 164, 249 (256) (Mangusta/Commerzbank)

316 BGHZ 136, 133 (139) (Siemens/Nold).

317 Vgl. etwa: *Lutter*, JZ 1998, 50; *ders.*; in: FS Zöllner, 1998, S. 363 (372 ff.); *Bayer*, ZHR 163 (1999), 505 (512) sowie *Zöllner*, AG 2002, 585 (587 ff.).

318 Vgl.: *Hirte*, in: GroßKomm-AktG, § 203 Rn. 72 f., 77; *Rieder/Holzmann*, in: Grigoleit AktG, § 203 Rn. 20; *Scholz*, in: MünchHb-AG, § 59 Rn. 31, 33; *Veil*, in:

Auch wenn diese Rechtsprechung ein besonderes Augenmerk auf die Formulierung des obligatorischen Vorstandsberichtes legt, handelt es sich doch zumindest mittelbar um eine Anforderung an den entsprechenden Ermächtigungsbeschluss. Die Hauptversammlung macht sich diesen Bericht durch die Beschlussfassung letztlich zu eigen. Die Ermächtigung kann also nicht ohne konkreten Anlass und somit „auf Vorrat" ausgegeben werden.

Ob das im Siemens/Nold-Urteil festgesetzte Maß der notwendigen Mitwirkung rechtspolitisch sinnvoll oder doch ein „Unglück" ist,[319] mag angesichts der Fülle der hierzu verfügbaren Forschung und des stets gegebenen Spielraums, der dem Gesetzgeber aber in gewisser Weise auch den Gerichten bei der Festsetzung des Rechts und der Auslegung von Gesetzen zukommt, an dieser Stelle nicht weiter erörtert werden. Maßgeblich soll hier nur sein, ob sich diese Rechtsprechung in die beschriebenen Erwägungen hinsichtlich der Notwendigkeit von Konkretisierungsanforderungen einpflegen lässt.

Vorweggenommen: Dies ist nicht der Fall. Zwar ergibt sich die Notwendigkeit einer Zweckvorgabe nach der Holzmann- und Siemens/Nold-Rechtsprechung nicht aus Gründen einer notwendigen Abgrenzung zu anderen Ermächtigungen (so bei § 71 Abs. 1 Nr. 7 AktG) oder aus dem primären Inhalt des Ermächtigungsbeschlusses (so bei § 33 Abs. 2 WpÜG). Allerdings handelt es sich bei dem Erfordernis der sachlichen Rechtfertigung und dem entsprechenden Gestaltungserfordernis primär um eine Anforderung, die auf den Ermächtigungsinhalt als solchen, respektive die damit einhergehende Möglichkeit zur Ungleichbehandlung der Aktio-

---

K. Schmidt/Lutter AktG, § 203 Rn. 25; kritisch hingegen nach wie vor: *Bayer*, in: MünchKomm-AktG, § 203 Rn. 130 f. Von der Frage, ob es überhaupt einer sachlichen Rechtfertigung der Vorstandsentscheidung zur Ausnutzung der Ermächtigung bedarf (hierzu strukturell im Rahmen von Abschnitt B.II.1. in diesem Kapitel), abzugrenzen ist die Frage, ob sich durch die Siemens/Nold-Rechtsprechung die Grundsätze zur Beurteilung des Bestehens einer sachlichen Rechtfertigung im Fall des genehmigten Kapitals an sich, also auch für die Umsetzungsentscheidung des Vorstands, geändert haben (so etwa: *Ihrig*, WiB 1997, 1181 (1182).), oder allein die Anforderungen an die Rechtfertigung des Ermächtigungsbeschlusses einer neuen Betrachtung unterzogen wurde (entsprechend: *Bayer*, in: MünchKomm-AktG, § 203 Rn. 118, 127; *Hirte*, in: GroßKomm-AktG, § 203 Rn. 79; *Rieder/Holzmann*, in: Grigoleit AktG, § 203 Rn. 23, 29; *Scholz*, in: MünchHb-AG, § 59 Rn. 62; *Schürnbrand/Verse*, in: MünchKomm-AktG, § 186 Rn. 96; *Natterer*, ZIP 2002, 1672 (1678 f.); *Pentz*, ZGR 2001, 901 (904); *Rodloff*, ZIP 2003, 1076 (1079); sowie OLG Schleswig AG 2005, 48 (50).

319 *Lutter*, JZ 1998, 50.

näre reagiert. Es geht nicht um die bestmögliche Wahrung der kompensatorischen Wirkung der Ermächtigung. Es geht um die Frage, ob die Maßnahme als solche in der bestehenden oder prognostizierten Situation objektiv gerechtfertigt ist. Ein ermächtigungsbeschlussspezifisches Konkretisierungserfordernis kann hierin also nicht erblickt werden, wenngleich die momentane Rechtsprechung mit der Systematik der Konkretisierungsanforderung in der Sache konsistent ist: Die Notwendigkeit einer gesonderten, zumindest mittelbaren Zweckangabe bleibt unberührt. Will man die Ermächtigung aber nicht zu weiten Teilen ihrer originären Funktion berauben, dürfen die Anforderungen an die nötigen Konkretisierungen nicht zu hoch gesetzt werden. Ebendies war einer der Hauptkritikpunkte an der Holzmann-Rechtsprechung.[320]

Auch die Siemens/Nold-Rechtsprechung kann daher nicht als Maßstab für die Annahme einer Zweckangabe aufgrund der Kompensationsfunktion der Ermächtigung herangezogen werden. „Analogiefähig" ist diese Rechtsprechung nur insoweit, wie tatsächlich eine dem Ausschluss eines Bezugsrechtes bei einer Kapitalerhöhung i.S.d. § 203 Abs. 2 AktG vergleichbare Entscheidungsbefugnis in Rede steht. Dies ist im Fall einer Ermächtigung zu einer „anderen" Veräußerung erworber eigener Aktien i.S.d. § 71 Abs. 1 Nr. 8 S. 5 AktG[321] sowie für eine Ermächtigung i.S.d. § 221 Abs. 4 AktG i.V.m. § 203 Abs. 2 AktG analog[322] anzunehmen.

Ermächtigungsbeschlüsse bedürfen daher außerhalb der genannten Fälle keinerlei konkretisierenden Angaben hinsichtlich der legitimen Zwecke ihrer Ausnutzung durch den Vorstand. Solche Erfordernisse ließen sich zwar rechtfertigen, die Ausgestaltung liegt aber im Gestaltungsspielraum des Gesetzgebers. Dieser hat sich allerdings soweit es um Zweckangabenerfordernisse zur Wahrung der kompensatorischen Funktion von Ermächtigungsbeschlüssen geht, gegen eine entsprechende Regelungstech-

---

320 Vgl. insoweit zur bereits vor der Kehrtwende des BGH geäußerten Kritik bspw. *Heinsius*, in: FS Kellermann, S. 115 (120); *Martens*, ZIP 1992, 1677 (1681 ff.) sowie *ders.*, ZIP 1993, 512 (512 f.) („Rechtfertigungslast jenseits praktischer Vernunft").

321 Zutreffend: *Oechsler*, in: MünchKomm-AktG, § 71 Rn. 279; *Habersack*, ZIP 2004, 1121 (1126) wohl auch: *Lutter/Drygala*, in: KölnKomm-AktG, § 71 Rn. 181; anders (Beschluss bedarf der sachlichen Rechtfertigung): *Merkt*, in: GroßKomm-AktG, § 71 Rn. 286; *Mayer/Albrecht vom Kolke*, in: Hölters/Weber AktG, § 71 Rn. 29.

322 Vgl.: *Florstedt*, in: KölnKomm-AktG, § 221 Rn. 254; *Hirte*, in: GroßKomm-AktG, § 221 Rn. 147; *Koch*, AktG, § 221 Rn. 39; *Merkt*, in: K.*Schmidt/Lutter* AktG, § 221 Rn. 106.

nik entschieden.[323] Ein Ermächtigungsbeschluss bleibt in dieser Hinsicht trotz seiner in mehrfacher Hinsicht besonderen Wirkung und der damit einhergehenden Anforderungen im Grundsatz eine Willensbildung einer Gruppe, die zu ihrer Wirksamkeit nicht weitergehende Angaben zu den Motiven ihrer Willensbildung machen muss.

Mittelbar lässt sich daraus auch ableiten, dass es der Hauptversammlung konzeptionell nicht verwehrt ist, eine Ermächtigung konkludent zu erteilen. Insbesondere stehen die beschriebenen Funktionen der Konkretisierungsanforderungen einer solchen Annahme nicht entgegen, allenfalls bedingen diese, dass für die Annahme eines Ermächtigungsbeschlusses die dahingehende Auslegung auf vergleichsweise eindeutigen Umständen beruht.[324] Unbenommen bleibt, dass einzelne Ermächtigungsbeschlüsse aus formellen Gesichtspunkten einer Abgrenzung ggü. ähnlich gelagerten Beschlussinhalten bedürfen können.[325]

---

323 Im Fall einer Ermächtigung i.S.d. § 71 Abs. 1 Nr. 8 S. 1 AktG folgt dieses Ergebnis neben den genannten Erwägungen jedenfalls aus der entsprechenden Gesetzgebungshistorie, vgl. hierzu die Ausführungen und Nennungen unter Fn. 309. So hat sich der Gesetzgeber von einem dahingehenden Erfordernis im Rahmen des Gesetzgebungsverfahren bewusst abgekehrt (vgl. etwa noch RefE ZIP 197, 2129 (2130), mit rechtspolitischen Bedenken gegen die (zugleich zugestandene) Situation de lege lata etwa Bosse, NZG 2000, 923 (924), vgl. ergänzend statt vieler: *Bednarz*, S. 132 ff.). Auch der europarechtliche Hintergrund zeitigt kein abweichendes Verständnis, vgl. *Möller*, Rn. 79.

324 In diese Richtung auch: OLG Stuttgart, NZG 2001, 232 (233).

325 Namentlich ist dies etwa bei einer Ermächtigung i.S.d. § 193 Abs. 2 Nr. 3 Alt. 2 AktG in Abgrenzung zu einem „Zustimmungsbeschluss" (§ 193 Abs. 2 Nr. 3 Alt. 1 AktG) sowie im Rahmen einer Ermächtigung i.S.d. § 203 Abs. 2 AktG zur Abgrenzung gegenüber einem Direktausschluss nach § 203 Abs. 1 AktG der Fall. Abseits dieser Abgrenzungserfordernisse kann aber gerade in Bezug auf die im Rahmen des § 186 Abs. 3 AktG anerkannte Wertung für Beschlüsse i.S.d. § 203 Abs. 2 AktG (von der Notwendigkeit einer „ausdrücklichen" Ermächtigung ausgehend, jedoch die Feststellung eines solchen Inhalts mittels Auslegung für ausreichend erachtend: *Lutter*, in: KölnKomm-AktG (2. Auflage), § 203 Rn. 17; *Kimpler*, S. 64; OLG Stuttgart, NZG 2001, 232 (233); ohne die genannte Einschränkung: *Hirte*, in: GroßKomm-AktG, § 203 Rn. 57), § 71 Abs. 1 Nr. 8 S. 5 AktG (unter Bezugnahme auf § 186 Abs. 3 ebenso: *Groß*, in: Happ Aktienrecht, 13.01, Rnd. 20.1; *Merkt*, in: GroßKomm-AktG, § 71 Rn. 286) sowie § 221 Abs. 4 AktG i.V.m. § 203 Abs. 2 AktG analog nichts anderes gelten. Auch bei Ermächtigung zur Sachkapitalerhöhung ist eine andere Bewertung nicht geboten – zwar fordert das Gesetz genau wie bei §§ 71 Abs. 1 Nr. 8 S. 5; § 203 Abs. 2; 204 Abs. 2 AktG, dass „die Ermächtigung" (bezogen auf den Beschluss nach § 202 Abs. 1, 2 AktG) die Möglichkeit einer Sachkapitalerhöhung „vorsieht" – daraus folgt aber nicht, dass diese Möglichkeit *ausdrücklich* im soeben beschriebene Sinne adressiert werden muss (anders die herrschende Ansicht

2. Fristsetzungserfordernisse

Die dargestellten einheitlichen Erwägungen zur Reichweite der Konkretisierungserfordernisse lassen sich zugleich für die Bestimmung des notwendigen Ausmaßes an Fristbestimmungen im Rahmen eines Ermächtigungsbeschlusses fruchtbar machen.

a. Notwendigkeit von Fristvorgabenn (nur) im Fall einer gesetzlichen Höchstfrist

Aus der Konstruktion aktienrechtlicher Ermächtigungsbeschlüsse folgt nicht per sè, dass eine unbefristete Ermächtigung ausgeschlossen ist. Eine entsprechende Modifikation des Organisationssystems ist auch bei einer als unbefristet titulierten Ermächtigung stets reversibel. Denn der entsprechende Beschluss kann wieder aufgehoben oder eine entsprechende Satzungspassage geändert werden.[326] Dessen unbenommen ist es aber offenkundig, dass eine flächendecke Befugnis zur Fassung unbefristeter Ermächtigungsbeschlüsse den skizzierten Gefahren erheblichen Vorschub leisten könnte, also etwa dem Risiko einer weitgehenden Selbstentmachtung der Hauptversammlung entgegen dem Grundgedanken des § 23 Abs. 5 AktG. Gesetzliche Fristbestimmungen können dieser Gefahr in zweierlei Hinsicht begegnen: Zum einen stellen sie sicher, dass die Hauptversammlung hinsichtlich der in Rede stehenden Entscheidungen zumindest regelmäßig mitwirken muss, sodass auch neue Aktionäre sowie Minderheitsaktionäre vor einer Selbstentmachtung geschützt sind, zugleich aber eine effektive Möglichkeit zur Flexibilisierung des Vorstandshandelns besteht.[327] Davon zu trennen ist der Umstand, dass die etwaige Notwendigkeit einer *eigenständigen* Fristbestimmung an Stelle einer Befristung einer Ermächtigung

---

in der Literatur: vgl. *Apfelbacher/Metzner*, in: Hölters/Weber AktG, § 205 Rn. 6; *Bayer*, in: MünchKomm-AktG, § 205 Rn. 10; *Kuntz*, in: KölnKomm-AktG, § 205 Rn. 35; *Marsch-Barner*, in: Bürgers/Körber AktG, § 205 Rn. 3; *Wamser*, in: Spindler/Stilz AktG, § 205 Rn. 14).

326 Zur Möglichkeit der Aufhebung einer Ermächtigung vgl. sogleich noch unter Abschnitt B.III.d. in diesem Kapitel.

327 Anschaulich bereits: *Schlegelberger/Quassowksi/Herbig/Geßler/Hefermehl*, AktG, § 169 Anm. 11, vgl. auch: *Florstedt*, in: KölnKomm-AktG, § 221 Rn. 16; *Habersack*, in: MünchKomm-AktG, § 221 Rn. 156; *Oechsler*, in: MünchKomm-AktG, § 71 Rn. 43 sowie *Wamser*, in: *Spindler/Stilz* AktG, § 202 Rn. 10.

kraft Gesetzes im bereits zuvor beschriebenen Maße die Kompensationsfunktion einer Ermächtigung fördert.

Für einzelne Regelungen mag sich die Notwendigkeit einer selbstständigen und ausdrücklichen Fristsetzung aus einer europarechtskonformen Auslegung der Vorschriften ergeben.[328] Ebenso sind aber die beschriebenen Gedankengänge zur Funktion von Konkretisierungserfordernissen auch auf diese Frage replizierbar. Gegen ein Abstellen auf die Funktionen von Konkretisierungserfordernissen könnte zwar sprechen, dass die Existenz eines irgendwie gearteten Gestaltungserfordernisses in Rede steht und nicht die Ausgestaltung etwaiger Erfordernisse im Detail. Auf der anderen Seite wäre es aber kaum nachvollziehbar, unter Verweis auf die replizierbare Erwägungen vergleichsweise detaillierte Angaben zum gegenständlichen Umfang einer Ermächtigung und den Parametern der Ausführungshandlung zu verlangen, hinsichtlich des gewichtigen Aspekts der Dauer ebendieser Ermächtigung aber ein Schweigen des Beschlusses zu tolerieren. In diesem Lichte kann es im Grundsatz nicht so sein, dass jedwede Ermächtigung in Ermangelung einer gesonderten Aussage der Hauptversammlung kraft Gesetzes auf die gesetzlich vorhergesehene maximale Fristdauer beschränkt ist. Vielmehr ist zu fordern, dass die Hauptversammlung stets dazu angehalten ist, die Frist selbst zu bestimmen. Dabei darf sie jedoch die gesetzlich vorgesehene Grenze nicht überschreiten.[329]

---

328 Vgl. etwa in Bezug auf § 71 Abs. 1 Nr. 7 und 8 S. 1 AktG: *Merkt*, in: GroßKomm-AktG, § 71 Rn. 254, 264 sowie (zum Teil ausdrücklich nur hinsichtlich § 71 Nr. 8 S. 1 AktG, aber aufgrund der Identität der zugrunde liegenden europarechtlichen Bestimmung jedenfalls auf § 71 Abs. 1 Nr. 7 AktG übertragbar): *Bezzenberger*, in: K. Schmidt/Lutter AktG, § 71 Rn. 20; *Büscher*, S. 97 und *Möller*, Rn. 19 f.; ebenso unter Verweis auf Art. 21 Abs. 1 a) RL 2012/30/EU („Die Genehmigung für den Erwerb wird von der Hauptversammlung erteilt, welche (....) die Geltungsdauer der Genehmigung, die sich nach den nationalen Rechtsvorschriften richtet, dabei aber fünf Jahre nicht überschreiten darf (...) festlegt.“): *Bednarz*, S. 129.

329 Plausibel erscheint es in diesem Zusammenhang auch, ergänzend oder alternativ darauf abzustellen, dass die Kompetenzerweiterung des Vorstands nicht mit den gesetzlichen Regelungen zur Fassung einer Ermächtigung einhergeht, sondern mit dem Ermächtigungsbeschluss selber, woraus gefolgert werden könnte, dass dieses Gestaltungsmittel alle solchen grundlegenden Informationen enthalten muss, die für den Bestand einer Ermächtigung unmittelbar von Bedeutung sind wie etwa die Laufzeit oder das Volumen. Eine solche Hervorhebung einzelner Gestaltungserfordernisse führt indes zu schwerwiegenden Friktionen auf Ebene der Fehlerfolgen (vgl. hierzu vertieft die Ausführungen Abschnitt C.II.2. in diesem Kapitel) und kann daher nicht maßgeblich sein.

Umgekehrt folgt daraus aber auch, dass dort, wo das Gesetz eine „ewig währende“ Ermächtigung nicht – ausdrücklich – von vorneherein für unzulässig erachtet, auch keine zwingende Notwendigkeit zur Befristung seitens der Hauptversammlung bestehen kann. Anders gewendet: Die *Notwendigkeit* einer ausdrücklichen Befristung der Ermächtigung durch die Hauptversammlung kommt nach der gesetzlichen Konzeption von vorneherein nur bei solchen Beschlüssen in Betracht, für die eine Maximalfrist vorgeschrieben ist.

b. Rückschlüsse für den notwendigen Inhalt einer Fristsetzung

Ist gesichert, dass die Hauptversammlung bezüglich einiger Ermächtigungen eine Laufzeit bestimmen muss, greifen auch insoweit wiederum die Erwägungen zur Funktion der Konkretisierungserfordernisse. Die Laufzeit der Ermächtigung stellt aufgrund ihres unmittelbaren Bezugs zum Bestand einer Ermächtigung im Ganzen einen zentralen Parameter für deren Umfang dar. Auch in diesem Zusammenhang muss daher gefordert werden, dass die Hauptversammlung in hinreichendem Maß *tatsächlich* gestaltend tätig wird. Andernfalls droht die grundlegende Idee hinter der Bestimmung einer Maximalfrist, die *wiederkehrende* Beteiligung der Aktionäre, leerzulaufen.

Aus diesen Erwägungen ergibt sich in Parallele zu den obigen Ausführungen auch, dass die Notwendigkeit einer *ausdrücklichen* Fristbestimmung nicht durch einen bloßen Verweis auf die entsprechende Norm oder auch die Wiedergabe des entsprechenden Wortlauts (beispielsweise: „Im Übrigen gelten die Grenzen des § 202 Abs. 2 AktG“ oder „für höchstens 5 Jahre“) gewahrt werden kann.[330] Vielmehr wird man fordern müssen, dass die entsprechende Frist sich aus dem Beschluss selbst ergibt, sei es durch Nennung des Endtermins bei gesetzlicher Festsetzung des Ermächtigungsbeginns oder durch Festlegung der Ermächtigungsdauer ab Fristbeginn.[331]

330 In diese Richtung etwa *Kimpler*, S. 50.

331 Nicht nötig ist nach dem Gesagten hingegen die Nennung von Beginn, Fristdauer *und* Endtermin, ergibt sich der Endtermin doch bei Angabe von Fristbeginn und Fristdauer jedenfalls aus den Regelungen des § 187 Abs. 2 BGB; andererseits kann auf die Nennung des Fristbeginns schon aus Gründen der Bestimmtheit nur dann verzichtet werden, wenn sich der Fristbeginn wie im Fall des § 202 Abs. 1, 2 AktG aus dem Gesetz ergibt („ab Eintragung“); vgl. insoweit zutreffend bez. eines Beschlusses i.S.d. § 71 Abs. 1 Nr. 8 S. 1 AktG: *Koch*, AktG, § 71 Rn. 19e; *Oechsler*, in: MünchKomm-AktG, § 71 Rn. 211; *Bednarz*, S. 130 f;

Wenn sichergestellt werden soll, dass die Hauptversammlung tatsächlich an der Entscheidungsfindung entsprechend ihrer Stellung mitwirkt, kann es nicht ausreichen, dass der Gesetzestext paraphrasiert wird.[332] Genauso, wie die Hauptversammlung das Volumen einer Ermächtigung zumindest dem Anschein nach tatsächlich bestimmen muss, muss sie auch tatsächlich über die Laufzeit befinden.

Dieser Gedankengang lässt sich nach Ansicht des OLG Celle auch im Wortlaut der jeweiligen Vorschriften festmachen, konkret an der jeweiligen Verwendung des Wortes „höchstens".[333] Das Wort „höchstens" wäre nach Ansicht des Gerichts als überflüssig einzuordnen, wenn das Gesetz zulassen wollte, dass die Frist durch einfache Bezugnahme auf das der Hauptversammlung bei ihrer Beschlussfassung eingeräumte Legalermessen bestimmt werden kann, da sich die Grenze dann aus der zahlenmäßigen Laufdauer der Frist bereits mit logischer Notwendigkeit ergebe.[334] Dieses Argument ist zwiespältig. Die Verwendung des Wortes „höchstens" könnte auch mit der Intention verwendet worden sein, klarzustellen, dass die Hauptversammlung grundsätzlich die Frist selber festsetzen muss. Ein Bezug zum Ausmaß dieser Gestaltung wäre dann nicht gegeben. Zwar lässt sich die grundsätzliche Notwendigkeit einer Gestaltung durch die Hauptversammlung – wie gesehen – auch unbenommen des Wortes „höchstens" herleiten. Es ist aber eben nicht ausgeschlossen, dass der Gesetzgeber gerade diesen Umstand klargestellt wissen wollte. Irrelevant ist die Verwendung des Wortes „höchstens" in diesem Lichte nur für die Herleitung der Zulässigkeit einer kürzeren Ermächtigung, da sich eine solche jedenfalls aus einem Erst-Recht-Schluss ergeben würde.[335] Es bleibt im Ergebnis fest-

---

im letztgenannten Punkt abweichend: *Kiem*, ZIP 2000, 209 (211) sowie *Möller*, Rn. 27.

332 Ähnlich hinsichtlich eines Beschlusses nach § 71 Abs. 1 Nr. 8 S. 1: *Möller*, Rn. 25.

333 Konkret beziehen sich die entsprechenden Gedankengänge des OLG Celle zwar nur auf eine Ermächtigung i.S.d. § 202 Abs. 1, 2 AktG, aufgrund der einheitlichen Konstruktion und der identischen Formulierungen in den jeweiligen Bestimmungen, müssen diese Erwägungen aber wenn, dann auf alle mit einer Höchstfrist versehenen Ermächtigungsoptionen übertragbar sein.

334 OLG Celle, NJW 1962, 2120.

335 Insoweit kritisch gegenüber der Rechtsprechung des OLG Celle unter Verweis darauf, dass das Abstellen auf die Möglichkeit der Herbeiführung einer identischen Rechtslage durch einen Erst-Recht-Schluss nicht von entscheidender Bedeutung sein kann, um die Irrelevanz des Wortlauts für die Frage nach einer kürzeren Ermächtigung aufzuzeigen und damit die Relevanz für die Frage nach der Notwendigkeit einer Bestimmung zu verneinen: *Kimpler*, S. 47.

zuhalten, dass der Gesetzeswortlaut einer Anwendung der vorgestellten Erwägungen keinesfalls entgegensteht.

Dies unterstellt, ergibt sich ein kohärentes Gesamtbild hinsichtlich des notwendigen Umfangs der Gestaltung einer Ermächtigung durch die Hauptversammlung aber nur, wenn man eine allein aus sich heraus verständliche Fristbestimmung im Rahmen des entsprechenden Beschlusses fordert.[336]

II. Beschlussbezogene Anforderungen – gemeinsame Beschlüsse kraft inhaltlicher Konnexität?

Von Bedeutung ist die Betrachtung von Ermächtigungsbeschlüssen als „Gruppe" schließlich für die Frage, ob der starke inhaltliche Konnex diverser Ermächtigungsoptionen die Hauptversammlung dazu zwingt, derartige Ermächtigungen stets gemeinsam zu fassen, um der Aufspaltung einheitlicher Entscheidungsgegenstände samt der damit einhergehenden Gefahren entgegenzuwirken.

Wie gesehen, beziehen sich einige Ermächtigungsbeschlüsse ihrem Inhalt nach notwendiger Weise auf die Konturierung einer durch einen vorgelagerten Ermächtigungsbeschluss geschaffenen Handlungsmöglichkeit (Annex-Ermächtigungen) oder zumindest auf eine durch die Ausnutzung der vorgelagerten Ermächtigung entstandene Handlungsoption (vgl. etwa

336 Im Ergebnis ebenso statt vieler jeweils: *Habersack*, in: MünchKomm-AktG, § 221 Rn. 157; *Hirte/Mock*, in: KölnKomm-WpÜG, § 33 Rn. 121; *Oechsler*, in: MünchKomm-AktG, § 71 Rn. 211; *Veil*, in: K. Schmidt/Lutter AktG, § 202 Rn. 17 sowie *Bednarz*, S. 130; a.A. hinsichtlich einer Ermächtigung i.S.d. § 221 Abs. 2 AktG: *Stadler*, in: Bürgers/Körber AktG, § 221 Rn. 27. Mit diesen Erwägungen nicht im Widerspruch steht der Umstand, dass die Notwendigkeit einer Fristsetzung zumindest hinsichtlich Beschlüssen i. S. d. § 203 Abs. 2; 204 Abs. 2; 205 Abs. 1 AktG „systembedingt" ausscheidet: Wie bereits festgestellt, beziehen sich solche Ermächtigungen notwendigerweise auf ein genehmigtes Kapital („die Ermächtigung"). Demzufolge ist es, unabhängig von der Frage, ob nicht sogar eine gemeinsame Beschlussfassung zwingend notwendig ist (dazu sogleich), nicht möglich, eine Ermächtigung im Sinne des § 203 Abs. 2, § 204 Abs. 2 S. 1 oder § 205 Abs. 1 AktG in dem Sinne selbstständig zu fassen, dass eine solche Ermächtigung für mehrere während der Laufzeit beschlossene Ermächtigungen i.S.d. § 202 Abs. 1, 2 AktG gilt. Eine ausdrückliche Fristsetzung ist im Fall dieser Ermächtigungen daher unabhängig von der Existenz eines allgemeinen Befristungserfordernisses obsolet. Entsprechendes gilt bei einer Ermächtigung i.S.d. § 221 Abs. 4 AktG i.V.m. § 203 Abs. 2 AktG analog gegenüber der Grundlagen-Ermächtigung nach § 221 Abs. 2 AktG.

§ 71 Abs. 1 Nr. 8 S. 6 AktG). Der Bezug zum Inhalt eines anderen Beschlusses darf nicht darüber hinwegtäuschen, dass die jeweiligen Ermächtigungen einen eigenen und somit auch separaten Inhalt aufweisen. Abzugrenzen sind derartige Konstellationen daher von Beschlussoptionen, die als bloße Alternative zu einer eigenen Festsetzung eines notwendigen inhaltlichen Aspektes eines vom Vorstand auszuführenden Beschlusses ausgestaltet sind, wie dies etwa bei der „Ermächtigung" zur Bestimmung des Ausgabekurses bei einer ordentlichen Kapitalerhöhung (§ 182 Abs. 3 AktG) der Fall ist. Der bloße Bezug zum Inhalt eines anderen Beschlusses kann für sich genommen nicht genügen, um von einem Erfordernis einer gemeinsamen Beschlussfassung auszugehen.

Tauglicher Ansatzpunkt für das Erfordernis einer gemeinsamen Beschlussfassung wäre daher nur der Gedanke, dass die Inhalte von Annex-Ermächtigungen mit den Inhalten der jeweiligen Grundlagen-Ermächtigungen in einem so starken inhaltlichen Verbund stehen können, dass die Entscheidung über die „nachfolgende" Ermächtigung zwangsläufig auch von den Erwägungen zur Entscheidung über die Fassung der jeweiligen Grundlagen-Ermächtigung tangiert wird und vice versa. Wird beispielweise ein Beschluss zur Fassung eines genehmigten Kapitals samt einer Ermächtigung des Vorstands zum Ausschluss des Bezugsrechts oder eine Ermächtigung zum Erwerb eigener Aktien nach § 71 Abs. 1 Nr. 8 S. 1 AktG nach Ankündigung einer weitergehenden Beschlussvorlage i.S.d. § 71 Abs. 1 Nr. 8 S. 5 oder 6 AktG zur Abstimmung gestellt, ist zu erwarten, dass die Aktionäre ihre Entscheidung zur Annahme oder Ablehnung der Grundlagen-Ermächtigung wenigstens auch davon abhängig machen, wie groß der anvisierte Handlungsspielraum der Verwaltung ist. Nähme man nun pauschal die Möglichkeit einer nachträglichen Erteilung einer Annex-Ermächtigung an, könnte dies dazu führen, dass ein Aktionär im Beispiel der Entscheidung zur Schaffung des genehmigten Kapitals oder der Ermächtigung zum Erwerb eigener Aktien die Möglichkeit des Ausschlusses des Bezugsrechts oder der Einziehung der erworbenen Aktien gar nicht in seine Entscheidungsfindung mit einbezogen hat, sich dieser Ergänzung aber beispielsweise in Folge veränderter Mehrheitsverhältnisse nicht erwehren kann. Mit der in Bezug auf die Konkretisierungsangaben dargestellten Warnfunktion scheint dies nur schwerlich in Einklang zu bringen sein. Dementsprechend findet sich auch wiederkehrend die These, dass in diesen Fällen eine nachträgliche Ermächtigung nicht möglich sei.[337]

So zutreffend dieser Gedankengang im Ausgangspunkt sein mag, so sehr gilt auch an dieser Stelle wieder ähnliches wie in Bezug auf die Notwendigkeit von Zweckvorgaben: Außerhalb konkreter Erwägungen des Gesetzgebers, dahingehender Wertungen, gesetzessystematischer Implikationen und/oder zwingend anmutender Interessenlagen kann der Spielraum der Hauptversammlung bei der Beschlussfassung nicht eingeengt werden. In Abwesenheit spezifischer Wertungen ist es Sache des idealisierten privatautonomen Aktionärs, sich mit den Risiken einer entsprechenden Grundlagen-Ermächtigung umfassend zu beschäftigen. Für ein solches Verständnis spricht auch, dass tatsächlich entsprechenden Wertungen des Gesetzgebers existieren, wenn etwa § 71 Abs. 1 Nr. 8 S. 5 AktG auf § 186 Abs. 3 S. 1 AktG Bezug nimmt. § 186 Abs. 3 S. 1 AktG sieht den Bezugsrechtsausschluss als einen untrennbaren und unselbstständigen Teil des Kapitalerhöhungsbeschlusses an und statuiert und in Folge dessen die Notwendigkeit eines gemeinsamen Beschlusses.[338] Eine Ermächtigung i.S.d. § 71 Abs. 1 Nr. 8 S. 5 AktG ist daher gemeinsam mit der Erwerbsermächtigung zu fassen.[339]

---

337 Entsprechendes wird gefordert etwa in Bezug auf Ermächtigungen i.S.d. § 71 Abs. 1 Nr. 8 S. 5 AktG (*Lutter/Drygala*, in: KölnKomm-AktG, § 71 Rn. 180; *Merkt*, in: GroßKomm-AktG, § 71 Rn. 286; *Oechsler*, in: MünchKomm-AktG, § 71 Rn. 276; *Wieneke*, in: Bürgers/Körber AktG, § 71 Rn. 41; *Oechsler*, ZHR 170 (2006), 72 (79 f.)) sowie § 71 Abs. 1 Nr. 8 S. 6 AktG (*Oechsler*, in: MünchKomm-AktG, § 71 Rn. 309; im Ergebnis ebenso: *Koch*, AktG, § 71 Rn. 19n; *Mayer/Albrecht vom Kolke*, in: Hölters/Weber AktG, § 71 Rn. 31; *Lutter/Drygala*, in: KölnKomm-AktG, § 71 Rn. 197).

338 Vgl. Nennungen zu § 71 Abs. 1 Nr. 8 S. 6 AktG in der Fußnote zurvor sowie allgemein zur dahingehenden Lesart des § 186 Abs. 3 AktG in Bezug auf eine ordentliche Kapitalerhöhung: *Ekkenga*, in: KölnKomm-AktG, § 186 Rn. 127. Geht man wie hier von der fehlenden Notwendigkeit einer Veräußerungsermächtigung aus, wird man § 71 Abs. 1 Nr. 8 S. 5 AktG so lesen müssen, dass sich das gemeinsame Beschlusserfordernis auf die *Erwerbs*ermächtigung bezieht. Geht man hingegen davon aus, dass die (notwendige) Veräußerungsermächtigung in der Erwerbsermächtigung enthalten sei, und leitet dieses Ergebnis nicht kraft gesetzlicher Fiktion, sondern im Rahmen einer Auslegung her, müsste man sich mit der Frage beschäftigen, auf welchen Beschluss sich das Erfordernis einer gemeinsamen Entscheidung bezieht, wenn im Einzelfalle der Erwerbsbeschluss klar aussagt, dass die Veräußerung nicht abgedeckt ist.

339 Diese konkrete Wertung mag nicht das primäre Ziel des Verweises gewesen sein, wenn die Gesetzesbegründung davon spricht, dass die geregelte Option wirtschaftlich dem Bezugsrechtsausschluss bei neuen Aktien entspreche, deshalb unter entsprechender Anwendung des § 186 Abs. 3 und 4 AktG ein dahingehender Beschluss der Hauptversammlung nötig sei, wozu es allerdings

Im weitesten Sinne konzeptionell in der Funktionsweise entsprechender Ermächtigungen veranlagt zeigt sich das Erfordernis einer gemeinsamen Beschlussfassung nur in solchen Fällen, in denen das Gesetz die entsprechenden Annex-Ermächtigungen von vorneherein nicht als gesonderte Ermächtigungs*beschluss*optionen, sondern als separate Beschlussinhalte einer einheitlichen (Grundlagen-)Ermächtigungen begreift.

Illustrieren lässt sich dies anhand der Annex-Ermächtigungen im Recht des genehmigten Kapitals. In den jeweiligen Vorschriften ist davon die Rede, dass „die Ermächtigung" einen entsprechenden Inhalt aufweisen muss. Aus dieser Formulierung folgt zwar nicht, dass eine nachträgliche Beschlussfassung ausgeschlossen ist. Jedoch wird die Gestaltungsfreiheit der Hauptversammlung dahingehend eingegrenzt, dass nur die Grundlagen-Ermächtigung im Ganzen geändert werden kann und dementsprechend auch nur in diesem Zusammenhang eine nachträgliche Aufnahme einer entsprechenden Annex-Ermächtigung möglich ist.[340] Ein solches Verständ-

---

eines Vorstandsberichts und eines sachlichen Grundes bedürfe (vgl. BT-Drs. 13/9712, S. 14.). Die spezifische Relevanz eines Bezugsrechtsausschlusses liegt aber auch der Regelung des § 186 Abs. 3 S. 1 AktG zu Grunde, sodass der Verweis auf § 186 Abs. 3 S. 1 AktG keineswegs unbewusst geschehen sein kann. Diese Wertung des Gesetzgebers ist mit Blick auf die eingangs dargelegten Erwägungen auch ohne weiteres nachvollziehbar. Die abweichende Argumentation unter Rückgriff auf einen Rückschluss *maiore ad minus* aus den Schranken der §§ 202 ff. AktG kann daher schon in Ermangelung einer planwidrigen Regelungslücke nicht überzeugen, so aber: *Bezzenberger*, in: K. Schmidt/Lutter AktG, § 71 Rn. 81; *Huber*, in: FS Kropff, S. 101 (119); zustimmend: *Groß*, in: Happ Aktienrecht, 13.01, Rnd. 20.2. Eine andere Frage ist, ob das gemeinsame Beschlusserfordernis auch im Fall einer Verwendung zur Bedienung von Aktienoptionsprogrammen gilt. Hierfür ist entscheidend, ob der Verweis auf § 193 Abs. 2 Nr. 4 AktG in § 71 Abs. 1 Nr. 8 S. 5 Hs. 2 AktG insoweit in einem Alternativitätsverhältnis zu dem auf § 186 Abs. 3 AktG steht (zusammenfassend: *Oechsler*, in: MünchKomm-AktG, § 71 Rn. 281), vgl. in Bezug auf die Frage nach einer notwendigen Koinzidenz von Erwerbsermächtigung und dem Beschluss zur Aufsetzung des Optionsprogramms insoweit ablehnend: *Lutter/Drygala*, in: KölnKomm-AktG, § 71 Rn. 190; LG Berlin AG 2000, 328 (329), a.A.: *Oechsler*, in: MünchKomm-AktG, § 71 Rn. 283.)

340 Zutreffend: *Bayer*, in: MünchKomm-AktG, § 203 Rn. 92, *Hirte*, in: GroßKomm-AktG, § 203 Rn. 58 und *Kuntz*, in: KölnKomm-AktG, § 202 Rn. 39. Für diese Feststellungen bedarf es aufgrund der Formulierung des Gesetzes bezüglich einer Ermächtigung zum Ausschluss des Bezugsrechtes auch keines Verweises auf § 186 Abs. 3 AktG; indes so: *Marsch-Barner*, in: Bürgers/Körber AktG, § 71 Rn. 27; *Rieder/Holzmann*, in: Grigoleit AktG, § 203 Rn. 24; zutreffend eher *Bayer*, a.a.O.: „(...) geht das Gesetz in § 203 Abs. 2 S. 1 wohl eher davon aus, dass die Ermächtigung im Rahmen der Schaffung eines genehmigten Kapitals erteilt

nis lässt sich in der Sache auf die eingangs erwähnten Erwägungen zur Notwendigkeit gemeinsamer Beschlussfassungen stützen. Schließlich wird sichergestellt, dass über die Grundlagen-Ermächtigung im Verbund mit den noch weitergehenden Ergänzungen der Annex-Ermächtigung entschieden wird.[341] Ein abweichendes, in gewisser Form dann extensives Verständnis derartiger Formulierungen des Gesetzeswortlautes ist daher nicht angezeigt.

Außerhalb solch konkreter gesetzgeberischer Wertungen ist die Notwendigkeit einer gemeinsamen Beschlussfassung bei Annex-Ermächtigungen hingegen nach dem Gesagten zu verneinen.[342] Dies muss in Ermangelung konkreter Wertungen des Gesetzgebers erst recht auch dann gelten, wenn sich eine Ermächtigung auf eine durch die Ausnutzung der vorgelagerten Ermächtigung entstandene Handlungsoption bezieht (de lege lata also im Fall des § 71 Abs. 1 Nr. 8 S. 6 AktG). In diesen Fällen ist der inhaltliche Zusammenhang schwächer ausgeprägt als bei Annex-Ermächtigungen im hier verstandenen Sinne. Wenn das Gesetz es selbst bei Annex-Ermächtigungen dem Grunde nach zulässt, dass eine entsprechende

---

wird, so dass der Verweis auf § 186 Abs. 3 S. 1 zur Herstellung einer solchen Einheit gar nicht erforderlich wäre".

341 Auf Basis der Herleitung der Möglichkeit einer solchen Ermächtigung in Analogie zu § 203 Abs. 2 AktG kann in Folge dessen auch für eine Ermächtigung zum Ausschluss des Bezugsrechtes bei Ausgabe der in § 221 AktG geregelten Kapitalien nichts anderes gelten – die Beschlussfindung hierüber ist untrennbarer Bestandteil der Grundlagen-Ermächtigung i.S.d. § 221 Abs. 2 AktG, die Möglichkeit einer nachträglichen Änderung des Beschlusses im Ganzen bleibt unberührt; Im Ergebnis ebenso, jedoch auf den Verweis des § 221 Abs. 4 AktG auf § 186 Abs. 3 AktG abstellend: *Habersack*, in: MünchKomm-AktG, § 221 Rn. 173; *Koch*, AktG, § 221 Rn. 40; ohne Beanstandung auch: OLG Schleswig AG 2003, 48 (49).

342 Konkret gilt dies also für eine Ermächtigung i.S.d. § 33 Abs. 2 WpÜG – bezüglich solcher Ermächtigungbeschlüsse stellt sich die Frage erst gar nicht, wenn man § 33 Abs. 2 WpÜG hinsichtlich kraft Ermächtigungsbeschlüssen bestehende Kompetenzen nicht als lex specialis ggü. § 33 Abs. 1 S. 2 Alt. 3 WpÜG ansieht, (vgl. hierzu wiederum die Nennungen unter Fn. 575). Hinzukommt bezüglich dieser Norm im speziellen, dass der Gesetzeswortlaut selber recht deutlich von Möglichkeit der Fassung eines separaten Beschlusses i.S.d. § 33 Abs. 2 WpÜG ausgeht, denn andernfalls wäre eine Bestimmung der Maßnahmen „der Art nach" kaum sinnvoll denkbar, vgl. wiederum die Differenzierung bei *Krause/Pötzsch/Stephan*, in: Assmann/Pötzsch/Uwe H. Schneider WpÜG, § 33 Rn. 221.)

Ermächtigung erst nachträglich beschlossen wird, kann dies auch bei solchen Ermächtigungen nicht ausgeschlossen sein.[343]

B. Zur Wirkung von Ermächtigungsbeschlüssen und der positiven Gestaltungsfreiheit der beteiligten Organe

Wie mehrfach hervorgehoben, liegt ein maßgebliches Charakteristikum von Ermächtigungsbeschlüssen darin, dass die Hauptversammlung dem Vorstand eine Angelegenheit losgelöst von der Befassung mit einem konkreten Einzelvorhaben überantworten kann, der Vorstand insoweit also eine neuartige Entscheidungsbefugnis erhält.[344] Offen geblieben ist bisher, wie diese Entscheidungsbefugnis rechtstechnisch, vor allem mit Blick auf die Beeinflussung des organschaftlichen Verhältnisses von Hauptversammlung und Vorstand und unter Berücksichtigung der Funktion von Ermächtigungsbeschlüssen, einzuordnen ist (dazu I.) Die entsprechenden Erkenntnisse erlauben sodann Rückschlüsse für die Bemessung der positiven Gestaltungsfreiheit der beteiligten Organe – namentlich also die des Vorstands auf der Ebene der Ausnutzung einer Ermächtigung (dazu II.) sowie die der Hauptversammlung bei der Fassung der Ermächtigung oder der nachträglichen Beeinflussung einer solchen (dazu III.).

343 Im speziellen Fall des § 71 Abs. 1 Nr. 8 S. 6 AktG ließe sich das Erfordernis einer gemeinsamen Beschlussfassung mit der Ermächtigung i.S.d. § 71 Abs. 1 Nr. 8 S. 6 AktG nur dann analog § 71 Abs. 1 Nr. 8 S. 5 Hs. 2 AktG herleiten, wenn man davon ausginge, dass der Gesetzgeber bei der Regelung des § 71 Abs. 1 Nr. 8 S. 5 Hs. 2 AktG nicht bloß die Entscheidung über eine drohende Ungleichehandlung der Aktionäre gemeinsam entschieden haben wollte, sondern vielmehr die auch bei einer Ermächtigung i.S.d. § 71 Abs. 1 Nr. 8 S. 6 AktG drohende dauerhafte Veränderung der Beteiligungsstruktur im Blick hatte. Die Gesetzgebungsunterlagen sind insoweit unergiebig, vgl. BT-Drs. 13/9712 S. 13 sowie *Martens*, AG 1996, 337 (343 f.). Im Ergebnis ist also der h.M. zuzustimmen, wenn diese eine nachträgliche Beschlussfassung für möglich hält, vgl. statt vieler und m.w.N.: *Merkt*, in: GroßKomm-AktG, § 71 Rn. 299 sowie *Rieckers*, ZIP 2009, 700 (701).

344 Bei Ermächtigungsbeschlüssen, die alternativ zu einem Einzelbeschluss gefasst werden können, mag dieser Wesenszug stärker ausgeprägt sein als bei jenen Ermächtigungsbeschlüssen, die die einzige Möglichkeit zur Mitwirkung der Hauptversammlung darstellen. Auch bei diesen ist die Überantwortung einer *abstrakt* umschriebenen Entscheidungsgewalt aber zumindest ein bedeutsames Gestaltungsmerkmal des Gesetzgebers, ergibt sich die entsprechende Gestaltung des Gesetzes doch wie gesehen aus der Natur der jeweils in Rede stehenden Entscheidungsbefugnisse.

I. Wirkung von Ermächtigungsbeschlüssen im organisationsrechtlichen Gefüge der Aktiengesellschaft – Rechtstechnische Einordnung der Entscheidungsbefugnis des Vorstands

Entsprechend der dargestellten Bedeutung der neu entstehenden Entscheidungsbefugnis des Vorstands in Folge eines Ermächtigungsbeschlusses finden sich häufig Ausführungen zum Ausmaß der „Freiheit" des Vorstands in diesen Belangen, wenn etwa formuliert wird, dass der Vorstand hinsichtlich der Entscheidung über die Durchführung der in Rede stehenden Handlung „sowohl hinsichtlich des ‚Ob überhaupt', als auch hinsichtlich des ‚wann' (...) frei ist"[345] oder aber der Vorstand „nach seinem unternehmerischen Ermessen"[346] entscheide.[347]

Von dieser tatsächlichen Umschreibung der „Entscheidungsposition" des Vorstands zu trennen ist die rechtstechnische Einordnung der Befugnisse des Vorstands, also die Frage, ob diese mit dem *originären* unternehmerischen Ermessen des Vorstands i.S.d. § 76 AktG gleichzusetzen sind bzw. als Teil dessen angesehen werden können. Die Mehrheit des Schrifttums scheint dies zu bejahen, wenn in Bezug auf die entstehende Entscheidungsbefugnis häufig von einer Geschäftsführungsmaßnahme gesprochen wird.[348]

Jedenfalls soweit es Ermächtigungen betrifft, die eine originär der Hauptversammlung zugeordnete Entscheidungsbefugnis delegieren, erscheint diese Nomenklatur aber fragwürdig. Betrachtet man das interne organisationsrechtliche Verhältnis von Vorstand und Hauptversammlung, kommt der Situation in Folge eines kompetenzübertragenden Ermächti-

345 *Florstedt*, in: KölnKomm-AktG, § 221 Rn. 215.

346 *Stadler*, in: Bürgers/Körber AktG, § 221 Rn. 21.

347 Dies ist zumindest insoweit, und so sind die jeweiligen Äußerungen angesichts der übrigen Ausführungen auch zu verstehen, korrekt, wie der Ermächtigungsbeschluss keine beschränkenden Vorgaben enthält, zu deren grundsätzlicher Zulässigkeit vgl. sogleich unter Abschnitt B.III.1 in diesem Kapitel.

348 Vgl. etwa die Nennungen zur Entscheidungsbefugnis des Vorstands im Nachgang zu einer Ermächtigung i.S.d. § 221 Abs. 2 AktG unter Fn. 345 und 346 sowie des Weiteren *Bayer*, in: MünchKomm-AktG, § 202 Rn. 86; *Koch*, AktG, § 202 Rn. 20; *Lutter*, in: KölnKomm-AktG (2. Auflage), § 204 Rn. 17; *Scholz*, in: MünchHb-AG, § 59 Rn. 42; *Veil*, in: K. Schmidt/Lutter AktG, § 202 Rn. 21; *Wamser*, in: Spindler/Stilz AktG, § 202 Rn. 86; OLG Düsseldorf ZIP 2008, 1922 (1923); *Eberspächer*, S. 197; *Lutter/Leinekugel* ZIP 1998, 805 (813); *Yanli*, S. 23 sowie implizit auch BGH NZG 2006, 20 (21) (Mangusta/Commerzbank II), wenn ein Anfechtungsrecht der Aktionäre betreffend Beschlüsse des Vorstands unter Verweis auf die „Gewaltenteilung" im Aktienrecht verneint wird.

gungsbeschlusses vielmehr eine gewisse Hybridstellung zu. Zur Verdeutlichung kann der Vergleich zu dispensierenden Ermächtigungen der Hauptversammlung bzw. eine Rekapitulation der mit diesen Kriterien angesprochenen Unterschiede beitragen: Bei dispensierenden Ermächtigungen wirkt die Hauptversammlung bloß mit. Die Zuständigkeit ist originär bzw. jedenfalls mehrheitlich dem Vorstand zugeordnet. Die schlussendliche Entscheidung soll nicht die Hauptversammlung treffen, sie wird nur aufgrund der gesteigerten Relevanz für die mitgliedschaftliche Sphäre involviert. Bei kompetenzübertragenden Ermächtigungsbeschlüssen hingegen ist originär einzig die Hauptversammlung für die Entscheidungsfindung zuständig, nur diese ist die maßgebliche Instanz. Zwar führt eine kompetenzübertragende Ermächtigung dazu, dass die Entscheidungsgewalt an den Vorstand überantwortet wird. Jedoch existiert diese Überantwortung eben nur in Abhängigkeit der jeweiligen Ermächtigung.[349] Die Kompetenz des Vorstands existiert nicht wegen einer gesetzlichen Wertung, nach der der Vorstand für derartige Entscheidungen das geeignete Organ ist.

Wenn also die Hauptversammlung oder auch schlicht die Ermächtigung selbst auf eben diese überantwortete Kompetenz Bezug nimmt, kann das *insoweit* nicht unmittelbar mit einem Übergriff in eine orginäre Geschäftsführungsangelegenheit verglichen werden. Die entstandene Kompetenz hat sowohl die Züge einer Geschäftsführungskompetenz als auch die einer reinen Ausführungsbefugnis. Jedenfalls begrifflich erscheint es daher konsistenter, nicht von einer „Geschäftsführungsbefugnis" zu sprechen. Schon

349 Ähnlicher Gedankengang („abgeleitetes unternehmerisches Ermessen") bei Kimpler, ZGR 1998, 35 (52), sowie *Hopt*, ZGR 1993, 534 (562) und *Martens*, ZIP 1994, 669 (670), wenngleich sich die entsprechenden Äußerungen nur auf die Entscheidungsfreiheit des Vorstands bei der Entscheidung über einen Ausschluss des Bezugsrechtes im Rahmen der Ausnutzung eines genehmigten Kapitals beziehen. Die hierfür angebrachte Argumentation ist aber auf alle Konstellationen einer kompetenzübertragenden Ermächtigung übertragbar; folgerichtig daher, wenn dieser Gedanke auf die Kompetenz beim genehmigten Kapital als solche (also nicht nur die Sonderkonstellation des § 203 Abs. 2 AktG) bezogen wird: *Ekkenga*, AG 2001, 567 (569); *ders.*, AG 2001, 615 (628); vermittelnd („formell wird die Entscheidung über die Kapitalerhöhung zu einer Geschäftsführungsmaßnahme, inhaltlich bleibt sie Grundlagenentscheidung"): *Hirte*, in: GroßKomm-AktG, § 202 Rn. 21. sowie *Kuntz*, in: KölnKomm-AktG, § 202 Rn. 135 ff. Ein ähnliches Verständnis zeigt sich in ausgeprägter Form auch bei *Schürnbrand*, ZHR 171 (2007), 731 (739) in Bezug auf die Folgen einer Missachtung beschränkender Vorgaben beim genehmigten Kapital („nicht einzusehen, warum infolge der Delegation die besondere Qualität als Grundlagenentscheidung verloren gehen sollte").

in dieser Hinsicht zweifelhaft ist in der Folge dann auch, dass die allgemeinen Grundsätze bezüglich des Schutzes der Geschäftsführungskompetenz vollumfängliche Geltung beanspruchen können sollen.[350] Ob stattdessen nun der Begriff der „Ausführungsbefugnis“[351] adäquat ist oder ein Terminus wie etwa „Ermächtigtenbefugnis“ passender wäre, mag offenstehen.

Nach dem Gesagten unkompliziert gestaltet sich hingegen die Bezeichnung und Einordnung von Entscheidungsbefugnissen des Vorstands in Folge einer dispensierend wirkenden Ermächtigung. Die intragesellschaftliche Kompetenz liegt in diesen Fällen von vorneherein beim Vorstand, das Erfordernis einer Beteiligung der Hauptversammlung betrifft entsprechend lediglich die Pflichtenstellung des Vorstands, sodass die entsprechende Entscheidungsbefugnis schlicht eine Geschäftsführungsangelegenheit i.S.d. § 76 AktG darstellt.[352]

II. Reichweite der Vorstandsautonomie

Noch ohne größere Bedeutung ist diese Unterscheidung hinsichtlich der rechtstechnischen Einordnung der Entscheidungsbefugnis für die Bemessung der Reichweite der entstehenden Vorstandsautonomie in sachlicher Hinsicht. Dennoch zeigt sich auch hier der Vorteil einer auf die Funktion dieser Regelungen aufbauenden separaten Betrachtung von Ermächtigungsbeschlüssen. Die konzeptionellen Grenzen[353] dieser Vorstandsauto-

350 Hierzu vertieft sogleich unter Abschnitt B.III.a. in diesem Kapitel.

351 Der Terminus „Ausübungsbefugnis“ findet sich bei *Ekkenga*, AG 2001, 567 (569) sowie *ders.*, AG 2001, 615 (628); zu den daraus für das genehmigte Kapital abgeleiteten grundsätzlichen Folgen vgl. *ders.*, AG 2001, 567 (569 f.) sowie auch sogleich im Folgenden.

352 Kritisch insoweit die Formulierung bei *Bezzenberger* in: K. Schmidt/Lutter AktG, § 71 Rn. 24: „(Der Vorstand) handelt hierbei nicht kraft originärer Geschäftsführungskompetenz, sondern seine Befugnis leitet sich von der Hauptversammlung ab.“ Die Kompetenz für den Erwerb eigener Aktien liegt ungeachtet der Frage nach der *Erlaubnis* beim Vorstand und nicht bei der Hauptversammlung. Man wird *Bezzenberger* daher dahingehend verstehen müssen, dass sich die Erlaubnis nicht aus einer originären Kompetenzverteilung ergebe.

353 Auf diese soll die Betrachtung wiederum begrenzt werden, sodass etwa die teils *gesetzlich* vorgesehenen Zustimmungsvorbehalte des Aufsichtrats (etwa §§ 58 Abs. 2 S. 1, 204 Abs. 1 S. 2 AktG, § 33 Abs. 2 S. 4 WpÜG.) hier außen vor bleiben (zur Möglichkeit einer solchen Vorgabe durch die Hauptversammlung s. sogleich unter Abschnitt B.III.1.c.). Zwar ist die Existenz eines solchen Erfordernisses teilweise umstritten (vgl. etwa bezüglich einer Ermächtigung i.S.d. § 71 Abs. 1 Nr. 8 S. 5 [dafür, jedoch divergierend hinsichtlich des genauen Be-

nomie ergeben sich vergleichsweise unkompliziert aber eben auch einheitlich unter Einbezug der entsprechenden Erwägungen. Dies gilt jedenfalls, soweit es die Beachtung von gesetzlichen und von der Hauptversammlung gezogenen Grenzen betrifft (dazu 1.). Etwas mehr Begründungsaufwand bedürfend, im Ergebnis aber ebenso vergleichsweise eindeutig zu beantworten ist die Frage, inwieweit der Vorstand seinerseits an die Änderung des Kompetenzgefüges als solches gebunden ist (dazu 2.).

1. Grenzen der Entscheidungsbefugnis bei der Ausnutzung einer Ermächtigung

Die Entscheidungsbefugnisse des Vorstands sind in der Sache dahingehend begrenzt, dass der Vorstand angehalten ist, die von der Hauptversammlung in der jeweiligen Ermächtigung formulierten Beschränkungen und Vorgaben – soweit diese zulässig sind – zu beachten. Dies ergibt sich unmittelbar aus der Delegation- bzw. Mitwirkungskompetenz der Hauptversammlung.

Naheliegend ist es auch, dass durch die Ausgabe einer Ermächtigung nicht jene materiellen Grenzen unterlaufen werden können, denen die Hauptversammlung bei der Fassung eines entsprechenden Einzelbeschlusses unterläge. Insoweit muss es also zu einer Adressatenverlagerung der entsprechenden Gestaltungsgrenzen kommen. Dogmatisch begründen lässt sich dieser Umstand dadurch, dass Ermächtigungsoptionen eine Flexibilisierung der Entscheidungsfindung nur in Bezug auf die Umgestaltung

---

schlussgegenstandes: *Huber*, in: FS Kropff, S. 101 (119) sowie *Reichert/Harbarth*, ZIP 2001, 1441 (1445 f.)] und einer solchen i.S.d. § 221 Abs. 2 AktG [dafür: *Hirte*, in: GroßKomm-AktG, § 221 Rn. 116; vgl. auch LG Frankfurt WM 1997, 473 (475)], ablehnend hingegen die jeweils h.M., vgl. statt vieler und m.w.N. jeweils: *Habersack*, in: MünchKomm-AktG, § 221 Rn. 152 sowie *Florstedt*, in: KölnKomm-AktG, § 221 Rn. 210 einerseits sowie *Bezzenberger*, in: K. Schmidt/Lutter AktG, § 71 Rn. 83a und *Lüken*, S. 200 anderseits). Die geschriebenen Erfordernisse rechtfertigen sich aber regelmäßig mit der gesteigerten Bedeutsamkeit der jeweiligen Maßnahme. Die exakte Abgrenzung dieser Maßnahmen von jenen, die nicht derart bedeutend oder potentiell gefährlich sind, dass es einer Zustimmung des Aufsichtrats bedürfte, unterfällt dem rechtspolitischen Gestaltungsspielraum, vgl. etwa in Bezug auf § 33 Abs. 2 S. 4 WpÜG: BT-Drs. 14/7034, S. 58 f. Da es sich insoweit um singuläre Entscheidungen des Gesetzgebers hinsichtlich der Bedeutung der jeweiligen Maßnahme der Sache nach handelt, ist eine auf die Konzeption von Ermächtigungsbeschlüssen abstellende Betrachtung nicht gewinnbringend.

der organschaftlichen Kompetenzverteilung und/oder der Erweiterung der Vorstandsbefugnisse gestatten, der Hauptversammlung aber keine darüberhinausgehende Entscheidungsgewalt zur Geltung des objektiven Rechts zukommen lassen sollen. Gestaltungsgrenzen, die primär an den Inhalt der Maßnahme und nicht etwa an den Inhaber der jeweiligen Kompetenz anknüpfen, können demnach nicht derogiert werden.[354]

2. Zwingende Zuordnung der Entscheidungsgewalt in Folge der Ermächtigung?

Der Umstand, dass eine Handlungsmacht bzw. -befugnis des Vorstands durch eine Ermächtigung entsteht, führt dem Grunde nach ebenso wenig zu Besonderheiten hinsichtlich der Frage, ob sich der Vorstand dieser Entscheidungsbefugnis begeben kann.

Die Grenzen der Zulässigkeit einer Bindung der Aktiengesellschaft durch den Vorstand oder die Hauptversammlung ist insbesondere in Bezug auf Strukturmaßnahmen oder sonstige wichtige Entscheidungskompetenzen eine intensiv diskutierte Frage. Weitestgehende Einigkeit besteht hinsichtlich der Grundlagen dieser Thematik, die zum Großteil auch die Zulässigkeit solcher Gestaltungen im Rahmen von Ermächtigungsbeschlüssen zeitigen. Soweit es die originären Kompetenzen der Hauptversammlung betrifft, kann der Vorstand diesbezüglich jedenfalls keine Abreden treffen, die die Aktiengesellschaft, respektive die Hauptversammlung, gesellschaftsrechtlich an der Vornahme einer solchen Maßnahme hindern würde. Dies gilt insbesondere unabhängig davon, ob die Hauptversammlung diesem Vorhaben zustimmt oder nicht. Zulässig ist hingegen nach überwiegender Meinung eine rein schuldrechtlich wirkende Verpflichtung. Eine solche Gestaltung bedarf jedoch der Zustimmung der Hauptversammlung und ist auch dem Umfang nach nicht grenzen-

---

354 Wenngleich etwa die Siemens/Nold-Rechtsprechung die Anforderungen an einen Ermächtigungsbeschluss zum Ausschluss des Bezugsrechtes herabgesetzt hat, ändert dies nichts daran, dass die Ausnutzung einer entsprechenden Ermächtigung durch den Vorstand dem Erfordernis einer konkreten sachlichen Rechtfertigung genügen muss. Ebenso wenig können bei der Kapitalerhöhung die Vorgaben der §§ 8, 9, 139 II AktG (um nur einige Beispiele zu nennen) missachtet werden; vgl. allgemein für den Fall eines Beschlusses i.S.d. § 203 Abs. 2 AktG: *Ekkenga*, AG 2001, 567 (568); *Hirte*, in: GroßKomm-AktG, § 202 Rn. 20.

los möglich.[355] Soweit es die Geschäftsführungskompetenz des Vorstands anbelangt, gilt nach überwiegender Meinung ein Verbot der Vorwegbindung, wenn die Abrede die Ebene der Leitungsautonomie betrifft.[356]

Für die Beurteilung der aufgeworfenen Frage ist folglich wiederum auf die Differenzierung zwischen kompetenzübertragenden und dispensierend wirkenden Ermächtigungen abzustellen.

In Bezug auf kompetenzübertragende Ermächtigungen ist maßgeblich, wie sich die angesproche Hybridstellung, also die bloß abgeleitete Kompetenz des Vorstandes auswirkt. Möchte man eine restriktive Sichtweise einnehmen, ließe sich vortragen, dass die Ermächtigung den grundlegenden Charakter derartiger Entscheidungen nicht tangiert und entsprechend die beschriebenen Grundsätze vollumfänglich gelten müssen. Auf der anderen Seite entspricht es der primären Gestaltungswirkung einer Ermächtigung, dass die letztendliche Entscheidungshoheit im festgelegten Umfang beim Vorstand liegen soll. Dass diese Entscheidungshoheit faktisch noch davon abhängig ist, dass die Hauptversammlung den Beschluss nicht wieder aufhebt,[357] tangiert die Zulässigkeit nicht Denn selbst wenn es zu einer Aufhebung der Ermächtigung käme, wäre die Hauptversammlung an bis dato vorgenommene Ausnutzungshandlungen in dem Sinne „gebunden“, dass sie diese nicht durch die bloße Aufhebung der Ermächtigung in ihrem Bestand beeinflussen kann. Entscheidend ist aber letztlich, sich die beschriebene Herleitung der Hybridstellung vor Augen zu führen. Die entsprechenden Gedankengänge beziehen sich auf das besondere organschaftliche, also interne Verhältnis von Hauptversammlung und Vorstand. Die Handlungskompetenz des Vorstands existiert nicht wegen einer gesetzlichen Wertung, sondern nur aufgrund der Gestaltung der Hauptversammlung. Dennoch liegt sie als solche im delegierten Umfang in Folge einer

---

355 Soweit der Vorstand autonom handelt, folgt dies schon aus der Kompetenzverteilung als solcher, im Übrigen aus dem zwingenden Charakter der Verbandsordnung, vgl. insoweit in Bezug auf eine ordentliche Kapitalerhöhung: *Ekkenga*, in: KölnKomm-AktG, § 182 Rn. 13, 18; *Scholz*, in: MünchHb-AG, § 57 Rn. 14; *Schürnbrand/Verse*, in: MünchKomm-AktG, § 182 Rn. 11; *Wiedemann*, in: GroßKomm-AktG, § 182 Rn. 37; *Schäfer*, ZGR 2008, 455 (464 f.) sowie allgemein: *Stein*, in: MünchKomm-AktG, § 179 Rn. 77. In Bezug auf schuldrechtliche Vereinbarungen noch enger etwa *Lutter*, in: KölnKomm-AktG (2. Auflage), § 182 Rn. 15.

356 Eine Differenzierung hinsichtlich der Zulässigkeit rein schuldrechtlicher Absprachen wie bei den Strukturmaßnahmen der Hauptversammlung findet nicht statt, vgl. exemplarisch: *Spindler*, in: MünchKomm-AktG, § 76 Rn. 28 ff.

357 Zur entsprechend Gestaltungsbefugnis der Hauptversammlung vgl. sogleich unter Abschnitt B.III.d in diesem Kapitel.

Ermächtigung eben beim Vorstand. Die durch die Sachthematik indizierte notwendige Beteiligung der Hauptersammlung hat in den in Rede stehenden Fällen bereits stattgefunden. In Folge der Delegation der Kompetenz entfällt daher in diesen Konstellation die Notwendigkeit einer (erneuten) gesonderten Beteiligung der Hauptversammlung.

Die Gestaltungsfreiheit des Vorstands hat aber auch insoweit wieder ihre Grenzen. Sehr wohl Anwendung finden muss nämlich der beschriebene Gedanke, wonach unabhängig von der Zuordnung der bestehenden Kompetenz zu einem bestimmten Organ geltende Regeln aufrechterhalten bleiben müssen. In Folge einer Ermächtigung nicht gegenstandlos werden daher die außerhalb der Notwendigkeit einer Beteiligung der Hauptversammlung geltenden Grenzen zur Bindung der Aktiengesellschaft im beschriebenen Sinne. Ermächtigungsoptionen legitimieren als Ausnahme vom zwingenden Charakter der Kompetenzordnung einzig die „Aufgabe" einer Kompetenz im Sinne einer Übertragung an den Vorstand. Eine Übertragung an eine Instanz außerhalb dieser Beteiligten durch die Hauptversammlung ist nicht gestattet.[358] Die Autonomie des Vorstands wird man daher dahingehend einschränken müssen, dass die Gesellschaft sich auch in Folge einer Ermächtigung nicht gegenüber einem Dritten mit gesellschaftsrechtlicher[359] Wirkung zur Durchführung oder Unterlassung einer Strukturmaßnahme verpflichten kann.[360] Insbesondere der für die entgegengesetzte Ansicht ins Feld geführte Verweis, wonach der Vorstand

---

358 Vgl. insoweit auch die Argumentation zur Möglichkeit einer „abweichenden" Delegation durch die Hauptversammlung unter Abschnitt B.III.cc. in diesem Kapitel.

359 Abzugrenzen hiervon ist die Frage, ob nicht bereits die Leitungsautonomie betroffen und der Vorstand jedenfalls deswegen an einer solchen Gestaltung gehindert ist.

360 So auch für das genehmigte Kapital: *Hirte*, in: GroßKomm-AktG, § 202 Rn. 91;; zustimmend: *Bayer*, in: MünchKomm-AktG, § 202 Rn. 35; *Kuntz*, in: Köln-Komm-AktG, § 202 Rn.. 192, *ders.*, in: Ekkenga, Handbuch der AG-Finanzierung, § 8 Rn. 88; *ders.*; AG 2016, 101 (112, 114) sowie auch LG München, NZG 2012, 1152 (1153); wohl anders, wenn zwar nicht ausdrücklich zwischen gesellschaftsrechtlichen und schuldrechtlichen Bindungen differenziert, jedoch ausdrücklich die Ansicht von *Hirte* abgelehnt wird (hinsichtlich einer Pflicht zur Unterlassung): *Ekkenga*, in: KölnKomm-AktG, § 182 Rn. 14; ebenso, wenn die Einschlägigkeit des Verbots der Vorwegbindung bestritten wird: *Fleischer*, in: Spindler/Stilz AktG, § 76 Rn. 89; *Bungert/Wannsleben*, ZIP 2013, 1841 (1844); *Reichert*, ZGR 2015, 1 (21 ff.); vgl. auch *Scholz*, in: MünchHb-AG, § 57 Rn. 14, § 59 Rn. 43 unter Verweis auf *Schäfer*, ZGR 2008, 455 (464); *Fleischer*, WM 2002, 2305 (2314); wohl auch: *Technau*, AG 1998, 445 (457); abzugrenzen ist die hier betrachtete Konstellation vom vorzeitigen Abschluss von Zeichnungs-

insoweit in seiner eigenen Kompetenz handele,[361] verfängt folglich nicht. Ergänzend kann darauf abgestellt werden, dass sich der Vorstand durch eine solche Bindung der ihm eingeräumten Kompetenz begibt, obgleich doch nur die Hauptversammlung für den Entzug dieser Ermächtigung durch eine Aufhebung zuständig ist.[362] Indes überzeugt es nicht, unter Verweis auf die drohende Pflichtenkollision auch die Möglichkeit einer rein schuldrechtlichen Verpflichtung abzulehnen.[363] Insoweit unterscheidet sich die Situation nicht fundamental von einer drohenden Pflichtenkollision, die bei einer schuldrechtlichen Verpflichtung bezüglich einer „normalen" Beschlussfassung durch die Hauptversammlung eintreten kann.

Keine Besonderheiten ergeben sich in Bezug auf die Ausnutzung dispensierend wirkender Ermächtigungen. In diesen Fällen hat die Hauptversammlung bereits von vorneherein keine vergleichbar mächtige Position. Die Grenzen einer solchen Gestaltung bestimmen sich nach den allgemeinen Grenzen der Entledigung der Leitungsautonomie.[364]

Der in Folge der Ermächtigung entstandenen Kompetenzordnung steht es schließlich nicht entgegen, dass der Vorstand bei einer schwerwiegenden Änderung der tatsächlichen Umstände gehalten sein kann, vor der Ausnutzung einer Ermächtigung erneut die Zustimmung der Hauptversammlung einzuholen, auch wenn diese einen solchen Vorbehalt nicht ausdrücklich bestimmt hat. Hierin liegt schon mit Blick auf § 119 Abs. 2 AktG keine unzulässige Weiterverlagerung der Entscheidungshoheit des Vorstands. Ergänzend kann man auf den Rechtsgedanken des § 313 BGB abstellen. Die etwaige Pflicht zur Befragung der Hauptversammlung folgt dann aus dem Ermächtigungsverhältnis selbst, sodass kein Widerspruch zu der Kompetenzlage droht.[365]

---

vorverträgen, diesbezüglich greift § 187 Abs. 2 AktG, vgl. zur einschränkenden Auslegung statt vieler: *Ekkenga*, in: KölnKomm-AktG, § 182 Rn. 20 m.w.N.

361 So etwa: *Ekkenga*, in: KölnKomm-AktG, § 182 Rn. 14 a.E.

362 So das Argument bei *Kuntz*, AG 2016, 101 (112).

363 So aber: *Bayer*, in: MünchKomm-AktG, § 202 Rn. 35, *Kuntz*, in: KölnKomm-AktG, § 202 Rn. 193, vgl. dort auch m.w.N.

364 Zutreffend insoweit in Bezug auf Ermächtigungen i.S.d. § 71 Abs. 1 Nr. 8 S. 1 AktG und § 221 Abs. 2 AktG: *Bungert/Wannsleben*, ZIP 2013, 1841 (1843) sowie auch *Reichert*, ZGR 2015, 1 (23); zu eng hingegen, wenn schon die Zustimmungsbindung als solche kritisiert wird: LG München, NZG 2012, 1152 (1153).

365 Ebenfalls auf eine etwaig wegfallende Geschäftsgrundlage abstellend: *Ekkenga*, AG 2001, 567 (579); vgl. zudem auch *Kimpler*, S. 94.

III. Reichweite der positiven Gestaltungsautonomie der Hauptversammlung

Von den Hintergründen und den Ausmaßen der Erfordernisse zur *notwendigen* Ausgestaltung einer Ermächtigung zu trennen ist die Frage, inwieweit die Gestaltungsfreiheit bei der Fassung von Ermächtigungsbeschlüssen in positiver Hinsicht konzeptionellen Grenzen[366] unterworfen ist.

Von gesteigerte Relevanz für die hier vorgenommene Betrachtung ist vor allem die Frage nach dem Ausmaß der Zulässigkeit von Vorgaben, die den Vorstand in seiner grundsätzlichen Entscheidungsautonomie hinsichtlich der Ausnutzung der Ermächtigung beschränken. Die funktionsbezogene Betrachtung von Ermächtigungsbeschlüssen als eigene Gruppe und der Rückbezug zur organschaftlichen Beziehung zwischen Hauptversammlung und Vorstand ist insbesondere in diesem Zusammenhang gewinnbringend und erlaubt eine zwar nicht einheitliche, aber doch in sich geschlossene und konsistente Bemessung der Rechtslage (hierzu unter 1.). Weniger stark ausgeprägt, aber doch vorhanden ist ein solcher Zusammen-

---

366 Auszuklammern sind entsprechend wiederum Beschränkungen der Gestaltungsfreiheit, die nicht mit der Verlagerung der Entscheidungsgewalt, sondern mit dem jeweiligen sachlichen Entscheidungsgegenstand einhergehen. Beispielhaft steht dafür etwa die Frage, ob die Modalitäten einer Ermächtigung einer Sachkontrolle unterliegen und in Folge dessen bspw. eine Ermächtigung i.S.d. § 71 Abs. 1 Nr. 8 S. 1 AktG fehlerhaft ist, wenn sie nach ihren Angaben zu keinem denkbar zulässigen Zweck einsetzbar ist (so etwa OLG München, NZG 2002, 678; *Merkt*, in: Großkomm-AktG, § 71 Rn. 266; *Oechsler*, in: MünchKomm-AktG, § 71 Rn. 207; dagegen etwa: *Cahn*, in: Spindler/Stilz AktG, § 71 Rn. 95 sowie *Koch*, AktG, § 71 Rn. 19g. *Bednarz* führt dies dahingehend fort, dass die Kapitalgrenze des § 71 Abs. 2 AktG stets bereits bei der Beschlussfassung eine Relevanz entwickelt, vgl. *Bednarz*, S. 191.) oder unangemessene Preisvorgaben macht (insoweit unter Verweis auf § 57 Abs. 1 AktG auf das Erfordernis einer marktüblichen Gegenleistung abstellend: *Oechsler*, in: MünchKomm-AktG, § 71 Rn. 215; ähnlich auch *Bednarz*, S. 175 f. („umgekehrter Drittvergleich"), deutlich weiter hingegen: *Bezzenberger*, in: K. Schmidt/Lutter AktG, § 71 Rn. 22; *Lutter/Drygala*, in: KölnKomm-AktG, § 71 Rn. 131 ff.). Ähnliches gilt auch für die Frage nach den Gestaltungsgrenzen bei der Festsetzung eines Ausgabepreises im Rahmen einer (Ermächtigung zur) Kapitalerhöhung (vgl. insoweit: *Scholz*, in: MünchHb-AG § 59 Rn. 23 sowie *Ekkenga*, AG 2001, 615 (622); ohne ausdrückliche Einschränkung hingegen etwa: *Wamser*, in: Spindler/Stilz AktG, § 202 Rn. 84) oder Vorgaben zur Wahl der Zeichner (kritisch etwa unter Verweis auf das Neutralitätsgebot: *Cahn*, ZHR 163 (1999), 554 (589 f.); auch *Bayer* sieht dies nur für zulässig an, wenn das Bezugsrecht ausgeschlossen ist (*Bayer*, in: MünchKomm-AktG, § 202 Rn. 77); anders: *Ekkenga*, AG 2001, 615 (625)).

hang zwischen den originären Funktionen von Ermächtigungsoptionen und der Bemessung einheitlicher Gestaltungsgrenzen hinsichtlich nicht weitergehend beschränkenden Vorgaben der Hauptversammlung, etwa hinsichtlich der Festsetzung des Fristbeginns oder der Kombination gleichartiger Beschlüsse. Verallgemeinerungsfähige Gestaltungsgrenzen ergeben sich in diesen Fällen weniger aus dem organschaftlichen Verhältnis von Hauptversammlung und Vorstand, sondern aus den grundsätzlichen Erwägungen des Gesetzgebers, einzelne Ermächtigungsbefugnisse dem gegenständlichen Umfang nach zu begrenzen (hierzu unter 2.).

1. Gestaltungsgrenzen hinsichtlich weitergehender Beschränkungen im Rahmen der Ermächtigung

Hinsichtlich der Ausgestaltung beschränkender Vorgaben sind mannigfaltige Gestaltungen denkbar. Strukturell differenzieren lässt sich zwischen Vorgaben betreffend den möglichen Inhalt oder den Anlass einer Ausnutzungsentscheidung (dazu Abschnitt b.) und solchen, die die Durchführung einer bestehenden Ermächtigung des Vorstands von dem Einverständnis einer weiteren Instanz abhängig machen (dazu Abschnitt c.). Darauf aufbauend ist auch zu klären, inwieweit derartige Änderungen bis hin zu einer Aufhebung einer bestehenden Ermächtigung auch nachträglich erfolgen können (dazu Abschnitt d.). Zuvorderst ist aber darzulegen, dass beschränkende Vorgaben nach Maßgabe der Grundkonzeption von Ermächtigungsoptionen und entsprechenden Beschlüssen für sich genommen zulässig sind (dazu Abschnitt a.).

a. Grundsätzliche Zulässigkeit weitergehender Beschränkungen

Der Hauptversammlung steht im Grundsatz die Möglichkeit offen, über das gesetzliche Mindestmaß hinausgehend beschränkende Vorgaben vorzusehen. Dies ist in der Literatur in Bezug auf die einzelnen Ermächtigungsoptionen überwiegend unstrittig.[367] Die Herleitung dieses Ergebnis-

367 Vgl. jeweils in Bezug auf § 71 Abs. 1 Nr. 8 S. 1 AktG: *Bednarz*, S. 148 f.; *Benckendorff*, S. 226; *Möller*, Rn. 84; *Lutter/Drygala*, in: KölnKomm-AktG, § 71 Rn. 139 f.; *Merkt*, in: Großkomm-AktG, § 71 Rn. 268, 270 f.; *Oechsler*, in: MünchKomm-AktG, § 71 Rn. 223, 224; in Bezug auf § 71 Abs. 1 Nr. 8 S. 6 AktG implizit, wenn die Möglichkeit zur Ausgabe von Stückaktien über die Herabsetzung

ses variiert indes sehr stark. Teils wird mit einem Rückschluss *maiore ad minus* aus der Möglichkeit der völligen Versagung einer Ermächtigung argumentiert[368], teils auch mit einer europarechtskonformen Auslegung[369] und teils wird die Zulässigkeit beschränkender Vorgaben auf eine Gesamtanalogie zu §§ 193 Abs. 2; 204 Abs. 1 S. 1 AktG, § 194 UmwG gestützt, wenn die Hauptversammlung „gemäß § 119 Abs. 1 AktG zuständig ist.“[370] In Bezug auf einen Beschluss i.S.d. § 202 Abs. 1 AktG wird zum Teil an einen Erst-Recht-Schluss zu dem erforderlichen Bezug zum Vorstandsbericht bei einer Ermächtigung i.S.d. § 203 Abs. 2 AktG angeknüpft.[371]

---

des Kapitals oder die Erhöhung der Kapitalquote je Aktie als Verfahrensalternative zu entscheiden unter den Vorbehalt einer entsprechenden Vorgabe im Ermächtigungsbeschluss gestellt wird: *Koch*, AktG, § 71 Rn. 19n; in Bezug auf § 192 Abs. 2 Nr. 3 Alt. 2 AktG: *Wulff*, S. 95; in Bezug auf § 202 Abs. 1, 2 AktG: *Bayer*, in: MünchKomm-AktG, § 202 Rn. 76; *Hirte*, in: GroßKomm-AktG, § 202 Rn. 138; *Scholz*, in: MünchHb-AG, § 59 Rn. 23; *Ekkenga*, AG 2001, 615 (615 f.); bereits zur Vorgängervorschrift § 169 AktG a.F. entsprechend: *Schlegelberger/Quassowksi/Herbig/Geßler/Hefermehl*, AktG, § 169 Anm. 15; in Bezug auf § 221 Abs. 2 AktG: *Fest*, in: Hopt/Seibt SVR, § 221 Rn. 538; *Habersack*, in: MünchKomm-AktG, § 221 Rn. 155; *Hirte*, in: GroßKomm-AktG, § 221 Rn. 102, 110; Koch, AktG, § 221 Rn. 10; *Scholz*, in: MünchHb-AG, § 64 Rn. 23; in Bezug auf § 33 Abs. 2 WpÜG: *Hirte/Mock*, in: KölnKomm-WpÜG, § 33 Rn. 118; *Krause/Pötzsch/Stephan*, in: Assmann/Pötzsch/Uwe H. Schneider WpÜG, § 33 Rn. 215; *Schlitt*, in: MünchKomm-AktG, § 33 WpÜG, Rn. 221. Abweichendes gilt nur für eine Ermächtigung i.S.d. § 58 Abs. 2 S. 2 Alt. 1 AktG, hier sollen Beschränkungen außerhalb betragsmäßiger Angaben nicht möglich sein, vgl. *Cahn*/v. *Spanneberg*, in: Spindler/Stilz AktG, § 58 Rn. 50; ähnlich: *Adler/Düring/Schmaltz*, Rechnungslegung, § 58 AktG Rn. 67, vgl. hierzu noch sogleich.

368 So bezüglich einer Ermächtigung i.S.d. § 71 Abs. 1 Nr. 8 S. 1 AktG unter Einbeziehung von § 119 Abs. 2 AktG hinsichtlich Zweckbeschränkungen: *Oechsler*, in: MünchKomm-AktG, § 71 Rn. 223; in diesem Zusammenhang hingegen auf § 119 Abs. 1 Nr. 6 AktG a.F., entsprechend der heutigen Fassung also auf § 119 Abs. 1 Nr. 7 AktG abstellend: *Bednarz*, S. 147 ff.

369 Vgl. *Bednarz*, S. 148 f.

370 So etwa *Bergau*, AG 2006, 769 (773) in Bezug auf die allgemeine Kompetenz zur Bindung an Vorgaben bei Ausführung von Beschlüssen der Hauptversammlung. In Bezug auf die Beschränkung dieser These auf Fälle des § 119 Abs. 1 AktG ist nicht genau ersichtlich, welches Verständnis und welche Bedeutung *Bergau* der dortigen Aufzählung zumisst. Da *Bergau* aber den von ihm erkannten allgemeinen Rechtsgedanken dahingehend formuliert, dass dieser greife, „wenn die Zuständigkeit der Hauptversammlung“ begründet ist, kann die nachfolgende Formulierung wohl nicht dahingehend verstanden werden, dass eine Beschränkung ausschließlich in den von § 119 Abs. 1 AktG aufgelisteten Fällen möglich sein soll. Naheliegender erscheint es, dass diese Formulierung lediglich zur Abgrenzung ggü. den Fällen des § 119 Abs. 2 AktG gewählt wurde.

371 So: *Ekkenga*, AG 2001, 615 (616).

Nach hier vertretener Ansicht findet sich eine einheitliche Begründung indes in der Konzeption und Funktion von Ermächtigungsoptionen. Dass es die Möglichkeit beschränkender Vorgaben dem Grunde nach geben muss, ist der Sache nach recht einsichtig. Auf die häufig genannte Erwägung, dass die Hauptversammlung bei einer Ermächtigung kaum schlechter stehen könne als bei einer ordentlichen Beschlussfassung, bei welcher Durchführungsvorgaben eben zulässig sind, kommt es dabei nicht an.[372] Vielmehr kann eine etwaige Verkürzung der Beschlusskompetenz auf eine bloße Befindung über die allgemeine Möglichkeit der Maßnahme als solche, ohne Absicherung der Entscheidungsmotive o.Ä., schon im Lichte der Funktion von Ermächtigungsoptionen kaum interessengerecht sein. Die Möglichkeit, sich mit Einzelheiten einer Beschlussausführung zu befassen, ist zwar nicht ein begriffslogisch notwendiger, aber in einem mehrgliedrigen Organsystem der Sache nach inherenter Bestandteil der Kompetenz, sich überhaupt mit der in Rede stehenden Maßnahme zu befassen. Andernfalls hätte das die Mitwirkung benötigende Organ im Ergebnis doch eine sehr weitreichende inhaltliche Entscheidungsfreiheit, sodass das Mitwirkungserfordernis zumindest in den Grenzen der notwendigen Angaben zu einem reinen Formalismus zu werden drohte. Insbesondere bei aktienrechtlichen Ermächtigungsbeschlüssen kann dieses Ergebnis im Regelfall nicht richtig sein: Die Möglichkeit zur Flexibilisierung der Verwaltung unter Beachtung des zentralen Mitsprache- und Mit*gestaltungs*rechts der wirtschaftlichen Eigentümer kann vom Gesetzgeber kaum dahingehend gewollt sein, dass die notwendige Gestaltung auch das Maximum des Zulässigen darstellt. Dies würde die kompensatorische Gestaltungswirkung von Ermächtigungserfordernissen und auch wertungsmäßig die Feststellungen zu den vergleichsweise detailliert zu formulierenden Anforderungen konterkarieren.

Dieser Ansatz lässt sich auch technisch begründen, indes eben nicht im Wege eines Erst-Recht-Schlusses aus der Möglichkeit der Versagung einer Ermächtigung im Ganzen. Vielmehr ist der Blick darauf zu richten, dass bei Beschränkungen der entstehenden Entscheidungsbefugnis des Vorstands unmittelbar das organschaftliche Verhältnis von Vorstand und Hauptversammlung betroffen ist. Folglich ist wiederum zwischen kompetenzübertragenden und dispensierend wirkenden Ermächtigungsbeschlüssen einerseits, und nach Maßgabe der Funktion der konkreten Ermächtigungsoption andererseits zu differenzieren.

---

372 Vgl. in Bezug auf eine Kapitalherabsetzung bereits RGZ 80, 81 (84); zustimmend: *Oechsler*, in: MünchKomm-AktG, § 222 Rn. 22 m.w.N.

Hinsichtlich dispensierend wirkenden Ermächtigungen ist zu bedenken, dass die Formulierung von Vorgaben außerhalb der gesetzlich ausdrücklich zugelassenen Bestimmungen in den Bereich der Geschäftsführung des Vorstands eingreift. Der Vorstand hat in diesen Fällen in Ermangelung eines Ermächtigungsbeschlusses keine Geschäftsführungs*befugnis*. Nach der innergesellschaftlichen Kompetenzverteilung unterfällt die Entscheidung aber dessen Geschäftsführungs*kompetenz*. Die entsprechenden Ermächtigungsoptionen bzw. -erfordernisse geben der Hauptversammlung ein Mitwirkungsrecht. Dieses bezieht sich jedoch nicht auf eine Erweiterung der Geschäftsführungskompetenz im Sinne einer Umgestaltung der innergesellschaftlichen Kompetenzordnung. Es bezieht sich auf eine Erweiterung der Geschäftsführungsbefugnis. Angaben zur Nutzung dieser Ermächtigung betreffen wiederum auch die Frage, welches Organ innergesellschaftlich über das „Ob" und „Wie" solcher Maßnahmen befinden soll. Im Fall dispensierend wirkender Ermächtigungsoptionen beträfen diese Vorgaben also die originäre Entscheidungshoheit des Vorstands und mithin seine Geschäftsführungs*kompetenz*. Es handelt sich bei diesen Vorgaben daher nicht um ein *minus*, sondern um ein *aliud* zur Erweiterung der Handlungsbefugnisse des Vorstands durch die Abfassung der Ermächtigung. Der Rückschluss *maiore ad minus* kann daher nicht überzeugen.[373] Wie ange-

373 Letzten Endes könnte man diese Frage auch dahinstehen lassen, wenn man davon ausgeht, dass bei Beschlüssen in Bezug auf Maßnahmen der Geschäftsführung nur dem Vorstand das Initiativrecht zusteht (so etwa: *Schlitt*, in: MünchKomm-AktG, § 33 WpÜG, Rn. 58, vgl. zusammenfassend zum Zusammenhang mit der Kompetenzzuteilung im Rahmen von § 221 AktG: *Florstedt*, in: KölnKomm-AktG, § 221 Rn. 184 und *Habersack*, in: MünchKomm-AktG, § 221 Rn. 133 f.), folglich also die Hauptversammlung sowieso nicht „von sich aus" beschränkende Angaben machen könnte, sondern vielmehr nur in Folge eines entsprechenden Vorschlags des Vorstands, in Folge dessen ein solcher Beschluss ein Fall des § 119 Abs. 2 AktG wäre und ihm somit nach ganz herrschender Auffassung Bindungswirkung zukäme (statt aller: *Kubis*, in: MünchKomm-AktG, § 119 Rn. 27). Insoweit könnte es weder eines Erst-Recht-Schlusses, noch einer teleologischen Reduktion (vgl. sogleich) bedürfen. Der hier gewählte Ansatz hat aber den Vorteil, dass er auch in solchen Fällen, in denen das Bestehen eines Initiativrechts der Hauptversammlung trotz des Geschäftsführungscharakters unterschiedlich beurteilt wird (vgl. etwa die Äußerungen zu § 221 AktG), einen einheitlichen Ansatz bietet und überdies auch deswegen zielführender ist, weil die Beantwortung der Frage nicht von vorgeschalteten, im Laufe der Zeit potentiellen Änderungen unterworfenen Rechtsfragen abhängt. Schließlich ist die Frage nach der Zulässigkeit solcher Vorgaben auch jedenfalls für den Fall relevant, dass die Beschlussfassung der Hauptversammlung vom Vorschlag des Vorstands abweicht, denn grundsätzlich entfaltet auch ein solcher Beschluss

deutet, ist die Lösung nach hier vertretener Auffassung vielmehr in der skizzierten Funktion von Ermächtigungsbeschlüssen zu suchen. Ziel ist es, der Erheblichkeit und Relevanz der betroffenen Maßnahme Rechnung zu tragen, ohne der Aktiengesellschaft die notwendige Flexibilität zu nehmen. Der dargelegte „Übergriff" in den Kompetenzbereich des Vorstands ist in diesen Fällen also vom Gesetzgeber erwünscht. Insoweit muss man § 119 Abs. 2 AktG einer teleologischen Reduktion unterwerfen.[374] Letztlich zeigen auch die entsprechenden Gesetzgebungsmaterialien mitunter, dass der Gesetzgeber von der Möglichkeit beschränkender Angaben ausging[375] – diese Vorstellungen entsprechen aber nicht dem Wortlaut des §§ 76, 119 Abs. 2 AktG.

In Bezug auf kompetenzübertragende Ermächtigungen ist der teils verwendete Verweis auf §§ 193 Abs. 2, 204 Abs. 1 S. 1 AktG, § 194 UmwG nicht überzeugend. Die Normen sind für eine Gesamtanalogie zur Herleitung der verfolgten These nicht zielführend. So statuieren § 193 Abs. 2 AktG und § 194 UmwG lediglich Mindestangaben, äußern sich folglich nicht zur Möglichkeit von fakultativen Angaben. § 204 Abs. 1 S. 1 AktG betrifft nur einen Teil der denkbaren Vorgaben im Rahmen eines Beschlusses nach § 202 Abs. 1, 2 AktG. Die (deklaratorische) Hauptaussage dieser Norm liegt zudem in der subsidiären Entscheidungszuständigkeit des Vorstands.

Bei der Abmessung der Gestaltungsgrenzen im Zusammenhang mit der Fassung kompetenzübertragender Ermächtigungen sind entsprechend an-

(eben im Rahmen der Entscheidungskompetenzen der Hauptversammlung) Bindungswirkung (*Hoffmann*, in: Spindler/Stilz AktG, § 119 Rn. 22; *Bungert*, in: MünchHb-AG, § 35 Rn. 20 jeweils m.w.N.)

374 Eine teleologische Reduktion ist sowohl dann möglich, wenn eine gesetzliche Regelung entgegen ihrem Wortsinn gemäß der immanenten Teleologie einer Einschränkung bedarf, als auch dann, wenn eine solche Sichtweise nötig ist, um den Zweck einer anderen Norm oder anderer Normen zu erreichen, vgl. *Larenz*, Methodenlehre, S. 391, 394; zu den Grenzen dieser Reduktion vgl. sogleich.

375 Vgl. etwa bez. § 71 AktG: Begr. RegE, BT-Drs. 13/9712, S. 13 sowie in Bezug auf § 33 WpÜG: Begr. RegE, BT-Drucks. 14/7034, S. 58. Ob es sich nun um eine teleologische Reduktion oder eine „bloße" einschränkende Auslegung handelt, mag man unterschiedlich beurteilen. Nach hier vertretener Auffassung ist eine teleologische Reduktion anzunehmen, weil sich als eine der zentralen Aussagen mehr oder minder unmittelbar aus dem Wortlaut von § § 76, 119 Abs. 2 AktG ergibt, dass der Hauptversammlung insoweit keine Mitsprachebefugnisse zustehen und somit die Grenze des möglichen Wortsinns überschritten werden muss (zur Abgrenzung vgl. *Larenz*, Methodenlehre, S. 366). Im Ergebnis kann dies aber auch dahinstehen, denn in beiden Fällen ist die Folge gleichwertig „gesetzestreu", vgl. auch hierzu *Larenz*, a.a.O., S. 391.

dere Punkte entscheidend. Zum einen könnte man darauf verweisen, dass mangels einer im Vorlauf zur Ermächtigung bestehenden Entscheidungskompetenz des Vorstands keine Gefahr eines irgendwie gearteten Übergriffs in die Entscheidungskompetenz des Vorstands bestehe. Dieser eher begriffslogische Ansatz geht aber letzten Endes in selbige Richtung wie der angesprochene Erst-Recht-Schluss. Maßgeblich muss vielmehr sein, dass der entstehenden Entscheidungsbefugnis des Vorstands, wie bereits mehrfach angemerkt, eine Hybridstellung zukommt soweit es um das organschaftliche Verhältnis zur Hauptversammlung geht. Wenn das maßgebliche Problem hinsichtlich der Zulässigkeit von beschränkenden Vorgaben der Übergriff in eine zumindest „im Entstehen befindliche" Entscheidungsbefugnis des Vorstands ist, ist folglich genau diese Hybridstellung betroffen. Diese Entscheidungsbefugnis kann aber, wie gesehen, nicht mit einer orginären Geschäftsführungsbefugnis gleichgesetzt werden. Es besteht folglich *in dieser Hinsicht* kein *schutzbedürftiger* Kompetenzbereich des Vorstands. Ergänzend ist zu bedenken, dass zu einer umfassenden originären Kompetenz unabhängig von der Art ihrer Ausübung stets die vollumfängliche sachliche Gestaltungsmacht gehört. Wenn es der Hauptversammlung exemplarisch am Beispiel einer Kapitalerhöhung einerseits kraft ihrer originären Kompetenz zusteht, *notwendigerweise* Zweck, Zeitpunkt, Umfang und Parameter einer ordentlichen Kapitalerhöhung zu bestimmen, und sie andererseits alternativ zu einer Ermächtigung des Vorstands befähigt ist, kann bei Nutzung dieser zweiten Option hinsichtlich der inhaltlichen Gestaltungsmacht kaum etwas anderes gelten, auch wenn in diesen Fällen diese Bestimmungen nicht *notwendig* sind.

Von vorneherein Abweichendes gilt nach dem Gesagten hingegen (nur), wenn das Ziel der entsprechenden Ermächtigungsoption nicht die Auflösung des grundlegenden Konfliktes zwischen dem Interesse an einem möglichst handlungsstarken Vorstand einerseits und dem effektiven Schutz der Aktionäre durch möglichst weitgehende Mitwirkung andererseits ist. Zumindest soweit es um dispensbezogene Ermächtigungsoptionen geht, kann die dargestellte teleologische Reduktion des § 119 Abs. 2 AktG nicht greifen. In diesen Fällen sind daher über mandatorische Konkretisierungen hinausgehende Beschränkungen der Ausnutzungsbefugnis des Vorstands nicht rechtmäßig.[376]

376 Namentlich zuzustimmen ist daher den unter Fn. 367 a.E. genannten Stimmen, wonach im Rahmen einer Ermächtigung i.S.d. § 58 Abs. 2 S. 2 Alt. 2 AktG keine anderen als betragsmäßige Begrenzungen zulässig sind.

Zusammengefasst gilt somit: Die grundsätzliche Zulässigkeit beschränkender Vorgaben im Rahmen von Ermächtigungsbeschlüssen existiert (nur) bei (den Regellfall bildenden) auf die Steigerung der Handlungsfähigkeit gerichteten Ermächtigungsoptionen und ergibt sich in der Sache jeweils aus eben dieser Funktion. Technischer Ansatzpunkt ist für dispensierende Ermächtigungen eine teleologische Reduktion der §§ 76, 119 Abs. 2 AktG, im Fall kompetenzübertragender Ermächtigungen hingegen die originäre Kompetenzverteilung als solche, in deren Folge bereits abseits einer einschränkenden Auslegung ein Verstoß gegen §§ 76, 119 Abs. 2 AktG stets zu verneinen ist.[377]

b. Grenzen der Zulässigkeit von Vorgaben bezüglich des Inhalts oder Anlasses einer Ausnutzungsentscheidung

Entsprechende Gestaltungen zunächst dahingehend denkbar, dass die Hauptversammlung Vorgaben betreffend den Inhalt, Anlass oder sonstigen Rahmenbedingungen der Ausnutzungsentscheidung als solcher macht. Welche Einschränkungen im Detail bei den einzelnen Ermächtigungsbeschlüssen überhaupt strukturell sinnvoll und möglich sind, variiert aufgrund der Verschiedenartigkeit der einzelnen Ermächtigungsoptionen.[378] Auf Basis der einheitlichen Herleitung der grundsätzlichen Zulässigkeit derartige Vorgaben lassen sich aber auch einheitliche Grenzen der Gestaltungsfreiheit ziehen.[379] Soweit etwaige Vorgaben mit sonstigen Wer-

---

377 Für einige Ermächtigungsoptionen mag sich die grundsätzliche Zulässigkeit von Vorgaben ergänzend (un-)mittelbar aus dem Gesetz ergeben. So lässt § 205 Abs. 1, 2 AktG die Aufnahme der Festsetzungen zur Vornahme einer Sachkapitalerhöhung ausdrücklich zu, wenn die Möglichkeit gewährt wird, diese Festsetzungen auch dem Vorstand zu überlassen. Selbiges gilt bezüglich der Entscheidung über den Inhalt der Aktienrechte und die Bedingungen der Aktienausgabe bei Ausnutzung eines genehmigten Kapitals, vgl. § 204 Abs. 1 S. 1 AktG. In der Möglichkeit, diese Bestimmung dem Vorstand zu überlassen, liegt wohl eher der eigentliche Regelungsgehalt der genannten Vorschriften. Dies ändert jedoch nichts an dem daraus zu ziehenden Rückschluss.

378 Beispielsweise sind weitreichende Verfahrensvorgaben insbesondere bei einer Ermächtigung zum Erwerb eigener Aktien nach § 71 Abs. 1 Nr. 8 S. 1 AktG denkbar (etwa: „nur über die Börse“ oder „nur nach Zustimmung des Aufsichtrats“), bei einer Ermächtigung i.S.d. § 202 Abs. 1, 2 AktG zumindest in dieser Form hingegen kaum.

379 Ausgeklammert werden soll daher an dieser Stelle wiederum Fragestellungen, die sich nur auf einzelne Ermächtigungsoptionen beziehen, beispielsweise al-

tungen des Aktienrechts nicht vereinbar wären, kann § 119 Abs. 2 AktG insoweit keiner einschränkenden Auslegung zugänglich und ebenso die mit der originären Kompetenzzuordnung einhergehende Gestaltungskompetenz begrenzt sein.

Von besonderer Relevanz ist in diesem Kontext die Frage, ob der Vorstand zu einer Ausnutzung einer Ermächtigung verpflichtet werden kann und inwieweit dazu wesensmäßig vergleichbare Vorgaben möglich sind (dazu Abschnitt aa.). Wesentlich unproblematischer zu beantworten ist die Frage, inwieweit die Hauptversammlung im Rahmen einer einheitlichen Ermächtigung Ausübungszeiträume vorgeben kann (dazu Abschnitt bb.).

aa. Vorgabe einer Ausnutzungspflicht

Der Vorstand einer Aktiengesellschaft leitet die Geschäfte eigenverantwortlich. Anders als bei einer GmbH (vgl. § 37 Abs. 1 GmbHG) steht den Eignern der Gesellschaft kein allgemeines Weisungsrecht gegenüber dem Vorstand zu. Eine Pflicht des Vorstands zur Ausführung eines Beschlusses gilt zum einen, wenn es sich um eine im Rahmen der Zuständigkeit der Hauptversammlung beschlossene Maßnahme handelt, die jedoch einer Ausführung bedarf (§ 83 Abs. 2 AktG). Eine Pflicht zur Ausführung besteht auch, wenn der Vorstand eine Entscheidung der Hauptversammlung über Fragen der Geschäftsführung zuvor verlangt hat (§§ 119 Abs. 2, 83 Abs. 2 AktG).[380] Für die als Folge von Ermächtigungsbeschlüssen enstehende Entscheidungsbefugnis ist eine gesonderte Betrachtung vorzunehmen.

aaa. Erwägungen zur grundsätzlichen Möglichkeit einer solchen Vorgabe

Zumindest die semantische Bedeutung des Begriffs „Ermächtigung“ entfaltet hinsichtlich der Vorgabe einer Ausnutzungspflicht keine Sperrwirkung,

---

so an den konkreten Wortlaut oder Sachzwänge im Zusammenhang mit der konkret in Rede stehenden Maßnahme anknüpfen. So ist etwa umstritten, ob im Rahmen einer Ermächtigung i.S.d. § 202 Abs. 1, 2 AktG Mindestbeträge festgesetzt werden können (dies verneinend: *Ekkenga*, AG 2001, 615 (616) sowie *Kuntz*, in: KölnKomm-AktG, § 202 Rn. 99; ohne dahingehende Einschränkung hingegen: *Hirte*, in: Großkomm-AktG, § 202 Rn. 138).

380 Vgl. zum Ganzen bereits die Ausführungen und Nennungen unter Abschnitt B.I.2 im Rahmen der Einleitung.

denn auch in der Anweisung zur Vornahme einer Handlung, zu der der Adressat im Ausgangspunkt nicht befugt ist, steckt begriffsnotwendig die Verschaffung einer entsprechenden Handlungsmacht, sei es durch Übertragung einer Kompetenz oder Aufhebung eines Verbotes, und mithin eine „Ermächtigung".

Jedoch kommt diesen Beschlüssen unter funktionaler Betrachtung eben eine speziellere Rolle zu als die bloße Verschaffung einer Handlungsmacht. Die schlichte Bezeichnung eines derartigen Beschlussinhaltes als „Ermächtigung" kann daher mit Blick auf die besondere Stellung von Ermächtigungsbeschlüssen in dem künstlich geschaffenen Kompetenzsystem der Aktiengesellschaft keine gesteigerte Bedeutung zukommen.[381] Nichtsdestotrotz zeigt dieser Gedanke, dass es sich technisch um zwei verschiedene Inhalte eines oder mehrerer Rechtsgeschäfte handelt, ähnlich wie bei Vollmachten i.S.d. § 167 BGB oder wie bei einer einwilligenden Verfügungsermächtigung i.S.d. §§ 182, 185 BGB: Sowohl eine Vollmacht als auch eine Einwilligung sind ein vom weiteren zivilrechtlichen Verhältnis der beteiligten Parteien abstrahiertes Rechtsgeschäft.[382] Aus ihnen folgt jeweils nur die Möglichkeit der Vornahme eines Rechtsgeschäftes durch den Adressaten. Eine etwaige Pflicht dazu kann sich hingegen nur aus dem kausalen Rechtsgeschäft ergeben, beispielsweise aus einem Auftrag, Dienst- oder Arbeitsvertrag.

Folglich ist konstruktiv-technisch zu differenzieren zwischen der Befähigung des Vorstands einerseits und der etwaigen Verpflichtung andererseits. Es wirkt daher verkürzt, wenn aus der Eigenschaft einer „Ermächtigung" gefolgert wird, dass keine Pflicht zur Nutzung der gewonnenen Handlungskompetenzen bestehen könne.[383] Dies stimmt zumindest insoweit, wie es um die unmittelbare Folge einer Ermächtigung geht. Denn im Ausgangspunkt steht die Nutzung eines Ermächtigungsbeschlusses als dessen primäre Folge grundsätzlich im Ermessen des Vorstands – eine Pflicht zur Ausnutzung kann sich hiernach nur dann ergeben, wenn sich

---

381 Tendenziell anders: *Bednarz,* S. 145 sowie *Grabolle*, S. 68, wenn diese sich in der Aussage erschöpfen, dass der Vorstand wegen des Charakters des Beschlusses jedenfalls nicht kraft diesens zur Ausnutzung einer Ermächtigung verpflichtet ist.

382 Vgl.: *Schäfer*, in: Bamberger/Roth/Hau/Poseck BGB, § 167 Rn. 2; *Schilken*, in: Staudinger BGB, § 167 Rn. 2; *Bayreuther*, in: MünchKomm-BGB, § 185 Rn. 24.

383 So bspw. *Cahn*, in: Spindler/Stilz AktG, § 71 Rn. 96; *Habersack*, in: MünchKomm-AktG, § 221 Rn. 133 sowie *Yanli*, S. 24 f.

aufgrund besonderer Umstände dieses Ermessen auf Null reduziert.[384] Zu trennen ist hiervon aber die Frage, ob nicht mittels einer Erklärung seitens der Hauptversammlung eine gesonderte Ausnutzungspflicht statuiert werden kann. Dies ist nach dem bisher Gesagten weder begrifflich noch konstruktiv kraft der Stellung solcher Beschlüsse im aktienrechtlichen Kompetenzsystem ausgeschlossen.[385]

(i) Erneutes Rekurrieren auf die Kompetenzlage als maßgebliches Kriterium

Ausgeschlossen ist im Ausgangspunkt nur die Herleitung einer entsprechenden Gestaltungsoption im Wege eines Rückschlusses *maiore ad minus.* Dies gilt selbst dann, wenn man die grundsätzlichen Zulässigkeit beschränkender Vorgaben im Fall dispensierender Ermächtigungen auf einen Rückschluss *maiore ad minus stützen wollte.* Auch bei einer Pflicht zur Ausübung wird notwendig zunächst die Möglichkeit bzw. Erlaubnis zum Handeln geschaffe. Jedoch ist eine irgendwie geartete Pflicht zur Ausnutzung mit Blick auf die grundsätzliche Entschließungsfreiheit des Vorstands qualitativ nicht als ein *minus* gegenüber der Versagung einer Ermächtigung einzuordnen, sondern als ein *aliud.* Es stellt aus Sicht des

384 Das Bestehen eines Gestaltungsermessens des Vorstands in Folge einer Ermächtigung ist letzten Endes so selbstverständlich, dass es nicht selten gar nicht erst ausdrücklich adressiert wird (bspw. betreffend Beschlüssen nach § 71 Abs. 1 Nr. 7, 8 S. 5 AktG; § 192 Abs. 2 Nr. 3 Alt. 2 oder den § § 203 Abs. 2; 204 Abs. 2, 205 Abs. 1 AktG), der Vollständigkeit halber sei dennoch auf die ausdrücklichen Nennungen hingewiesen. Vgl. daher hinsichtlich § 71 Abs. 1 Nr. 8 S. 1 AktG: *Cahn*, in: Spindler/Stilz AktG, Rn. 96; *Lutter/Drygala*, in: KölnKomm-AktG, § 71 Rn. 139 a.E..; *Merkt*, in GroßKomm-AktG, § 71 Rn. 240, 274; *Wieneke*, in: Bürgers/Körber AktG, § 71 Rn. 30; *Bednarz* S. 146; *Kiem*, ZIP 2000, 209 (211 f.); *Lüken*, S. 138; *Peltzer*, WM 1998, 322 (328); hinsichtlich § 71 Abs. 1 Nr. 8 S. 6 AktG: *Oechsler*, in: MünchKomm-AktG, § 71 Rn. 302; hinsichtlich § 202 Abs. 1, 2 AktG: *Bayer*, in: MünchKomm-AktG, § 202 Rn. 34; *Hirte*, in: GroßKomm-AktG Rn. 91; *Veil*, in: K. Schmidt/Lutter AktG, § 202 Rn. 13, 21; a.A. hinsichtlich § 202 Abs. 1, 2 AktG in gewisser Weise *van Venrooy*, AG 1981, 205 (208, 210); hinsichtlich § 221 Abs. 2 AktG: *Florstedt*, in: KölnKomm-AktG, § 221 Rn. 215; *Habersack*, in MünchKomm-AktG, § 221 Rn. 133, 153, 160; *Hirte*, in: GroßKomm-AktG, § 221 Rn. 106; hinsichtlich § 33 Abs. 2 WpÜG: *Grunewald*, in: Baums/Thoma WpÜG, § 33 Rn. 99; *Hirte*, in: KölnKomm-WpÜG, § 33 WpÜG Rn. 114; *Schlitt*, in: MünchKomm-AktG, § 33 WpÜG Rn. 234; *Steinmeyer*, in: Steinmeyer WpÜG, § 33 Rn. 48.

385 So aber tendenziell in Bezug auf ein genehmigtes Kapital: *Yanli*, S. 24 f.

Vorstands einen elementaren Unterschied dar, ob die Ermächtigung derart gefasst ist, dass er in einer Situation die bestehende Ermächtigung nur unter Beachtung ganz bestimmter Modalitäten ausnutzen kann oder es komplett unterlassen muss, ihm mithin nur die Entscheidung über das „Ob“ bleibt oder ob ihm selbst diese Entscheidung abgenommen wird, selbst wenn er bezüglich der Modalitäten der verpflichtend gestalteten Ausnutzung dann möglicherweise wieder einen Entscheidungsspielraum haben mag. Ein Rückschluss *maiore ad minus* führt daher an dieser Stelle nicht weiter.

Ebensowenig kann maßgeblich sein, dass die im Fall einer Ausnutzungsverpflichtung anvisierte Rechtsfolge der Situation eines kurzfristig gefassten und verpflichtend wirkenden Einzelbeschlusses ähnelt, unter funktionaler Betrachtung also der Inhalt eines solchen Beschlusses in die Ermächtigung verfrachtet wird. Vereinzelt findet sich der Gedanke, dass dort, wo das Gesetz eine konkrete Befassung im Wege eines Einzelbeschlusses für zulässig hält, eine solche auch eben nur auf diesem Wege erfolgen könne, während bei Ermächtigungsbeschlüssen ohne eine solche Alternative ein derartiger Ausschlusseffekt nicht gegeben sei.[386] Dieser Rückschluss ist aber in zweierlei Hinsicht nicht überzeugend: Zum einen könnte man die Systematik des Gesetzes auch gänzlich konträr deuten, etwa dahingehend, dass die Zulässigkeit einer Ausnutzungspflicht zuvorderst davon abhängig zu machen ist, ob das Gesetz der Hauptversammlung bezüglich der jeweiligen Thematik allgemein, also außerhalb der Fälle des § 119 Abs. 2 AktG, die Möglichkeit eines Einzelbeschlusses und somit die Möglichkeit einer Befassung mit der Materie bezogen auf ein konkretes Vorhaben in die Hand gibt.[387] Der Umkehrschluss ist also bereits in systematischer Hinsicht nicht zwingend. Aber auch in der Sache geht der entsprechende Gedankengang fehl. In die Option eines Einzelbeschlusses kann nicht stets die gesetzgeberische Wertung gelesen werden, dass eine irgendwie geartete Befassung mit einer konkreten Maßnahme (nicht bzw. nur hier) möglich sein soll. Hierzu muss man sich erneut die im Detail durchaus strukturelle Divergenz der Gründe für die Regelung von Ermächtigungsoptionen vor Augen halten.[388] Damit geht zunächst einher, dass nicht selten der Er-

386 So: *Hirte*, RWS-Forum 1999, S. 211 (238 f.) bezüglich einer Ermächtigung i.S.d. § 71 Abs. Nr. 8 S. 1 AktG unter Verweis auf die konträre Regelungssystematik in § 192 Abs. 2 Nr. 3 AktG; ähnlich: *Büscher*, S. 99.

387 Maßgeblich wäre also die im 1. Kapitel unter Abschnitt C.III. entwickelte Systematik.

388 Vgl. erneut die Ausführungen im unter Abschnitt A.IV. in Kapitel 1.

mächtigungsbeschluss die *ergänzende* Alternative ggü. dem Einzelbeschluss als „Grundform" der Befassung mit der Maßnahme ist und nicht umgekehrt. Wesentlich gewichtiger ist aber der Umstand, dass die fehlende Möglichkeit eines Einzelbeschlusses auch dem Umstand geschuldet sein kann, dass ein Einzelbeschluss vergleichsweise wenig Sinn ergeben würde, weil beispielsweise eine auf wenige Tage oder sogar Stunden gemünzte Flexibilität und Reaktionsfähigkeit zumindest wünschenswert ist. In diesen Fällen ist die Option zur Fassung eines Einzelbeschlusses schon nicht notwendig.[389] Aus den Regelungsvarianten kann somit kaum die Wertung gezogen werden, dass das Gesetz der Hauptversammlung die Möglichkeit einer Auseinandersetzung mit einem konkreten Vorhaben an einer Stelle bewusst vorenthalte bzw. andernorts eröffne.

Schließlich ist erneut darauf zu verweisen, dass die hiesige Fragestellung nicht allein die Gestaltungsfreiheit der Hauptversammlung betrifft, sondern die Bestimmung des Kompetenzgefüges zwischen Hauptversammlung und Vorstand und deren organisationsrechtliches Verhältnis. In diesem Zusammenhang dann (gleich in welche Richtung) an ein eher formell anmutendes Kriterium anzuknüpfen, überzeugt nicht. Es liegt es vielmehr nahe, die Kompetenzverteilung hinsichtlich der in Rede stehenden Maßnahme in den Fokus der Betrachtung zu rücken. Diese würde bei einer reinen Differenzierung nach Maßgabe der bestehenden Beschlussalternativen außen vor bleiben.[390]

In diesem Lichte auch nicht zielführend kann es ein, auf das konkrete gesetzgeberische Motiv hinter der Ausgestaltung des Mitwirkungserfordernisses als Ermächtigungsoption abzustellen. Wollte man etwa andenken, die Möglichkeit zur Statuierung einer Ausnutzungspflicht davon abhängig zu machen, ob mit der Regelungstechnik die Flexibilität hinsichtlich der Vornahme der jeweiligen Maßnahme erhöht werden sollte oder aber ob eine solche Maßnahme sinnvollerweise nur bei der Existenz einer entsprechenden Flexibilität durchgeführt werden kann, würde dies mehrere Aspekte unberücksichtigt lassen: Zum einen steht der Umstand, dass eine Mitwirkung in Form einer Ermächtigung „kraft Natur der Maßnahme" funktionsgerechter erscheint, einer Ausübungspflicht nicht entgegen. Schließlich bleibt auch insoweit mit Blick auf die gesteigerte

---

389 Gerade in diesem Lichte ist der von *Hirte* (vgl. Fn. 386) gezogene Rückschluss aus § 192 Abs. 2 Nr. 3 Alt. 2 AktG betreffend § 71 Abs. 1 Nr. 8 S. 1 AktG nicht überzeugend.

390 Insoweit ähnlich hinsichtlich der Argumentation von *Hirte* betreffend den Erwerb eigener Aktien: *Johannsen-Roth*, S. 167.

Handlungsschnelligkeit des Vorstands gegenüber der Hauptversammlung die gewünschte Flexibilität des Vorstands gewahrt. Zum anderen weist dieses Kriterium keine unmittelbare Verbindung zum organschaftlichen Verhältnis von Hauptversammlung und Vorstand auf und kann somit aus den zuvor genannten Gründen für die Beantwortung der Frage nicht adäquat sein.

Naheliegender ist nach dem Gesagten die Anknüpfung an die konkrete Ausgestaltung des organschaftlichen Verhältnisses, respektive die Verteilung der originären Entscheidungsbefugnis bezüglich der jeweiligen Sachthematik. Ausgangspunkt der Überlegungen muss daher sein, dass (vorbehaltlich gesonderter gesetzlicher Wertungen) der Hauptversammlung bei kompetenzübertragend wirkenden Ermächtigungen in Bezug auf die Ausgestaltung der entstehenden Vorstandskompetenz ein größerer Spielraum zukommen muss als bei rein dispensierenden Ermächtigungen.[391]

(ii) Zulässigkeit einer Ausnutzungspflicht nur bei einer originären Entscheidungsbefugnis seitens der Hauptversammlung

Im Ergebnis wird man zu dem Schluss kommen müssen, dass bei kompetenzübertragenden Beschlüssen die Regelung einer situationsbezogenen Ausübungspflicht zulässig ist. Bei dispensierend wirkenden Ermächtigungen besteht eine solche Gestaltungsoption hingegen nicht.

Für dieses Verständnis sind die erwähnten Überlegungen zur rechtstechnischen Einordnung der Entscheidungsbefugnis des Vorstands als hybride „Ausübungs-“ oder „Ermächtigtenbefugnis“ maßgeblich. Dieser Ansatz stellt insbesondere keinen Widerspruch zur Argumentation im Rahmen der Bemessung der Vorstandsautonomie im Nachgang einer Ermächtigung dar. Es geht an dieser Stelle um die Reichweite der Gestaltungsbefugnis der Hauptversammlung mit unmittelbarem Bezug zum organschaftlichen Verhältnis gegenüber dem Vorstand geht und nicht etwa um dessen Handlungspotenzen nach außen.[392] Zwar bringt der Gedankengang einer bezüglich der Wirkung der Ermächtigung beschränkten Rechtsfolge ins-

---

391 Wie bereits angedeutet, ist in Bezug auf Annex-Ermächtigungen wiederum auf die abstrakte Zuordnung der Entscheidungshoheiten abzustellen und nicht auf die konkrete Verteilung der Zuständigkeiten infolge der Grundlagen-Ermächtigung, vgl. erneut die Ausführungen im 1. Kapitel unter Abschnitt C.II.2. zu Beginn.

392 Vgl. insoweit erneut die Ausführungen bei Abschnitt B.II in diesem Kapitel.

besondere auf Ebene der Bemessung der Außenwirkung von Vorgaben der Hauptversammlung einige Friktionen mit sich. Ob die insofern anzubringenden Einwände[393] auch im Innenverhältnis von Hauptversammlung und Vorstand durchgreifen, mag erörterungsbedürftig sein.[394] Im Ergebnis kommt es darauf aber nicht an. Denn jedenfalls der weitergehende Gedankengang hinsichtlich der Schutzbedürftigkeit der Entscheidungsbefugnis des Vorstands spricht für eine Anweisungskompetenz der Hauptversammlung.

Das Aktienrecht gesteht der Hauptversammlung hinsichtlich aller Entscheidungen, für die die Möglichkeit eines kompetenzübertragenden Ermächtigungsbeschlusses besteht, auch die Option eines dann gem. § 83 Abs. 2 AktG verpflichtend wirkenden Einzelbeschlusses zu. Dies hängt zwar zuvorderst mit dem Charakter dieser Entscheidung als Teil der originären Hauptversammlungskompetenzen zusammen. Nichtsdestotrotz zeigt es auch, dass die Hauptversammlung den Vorstand grundsätzlich zur Vornahme einer solchen Maßnahme anweisen kann.[395] Die Hauptversammlung im Fall einer kompetenzübertragenden Ermächtigung schlechter zu stellen als im Fall eines Einzelbeschlusses mit Ausführungspflicht

---

393 Vgl. hierzu die Darstellung in Abschnitt C.II.2 in diesen Kapitel.

394 Hiergegen spricht, dass es um die Kompetenzen der Hauptversammlung *vor* einer etwaigen Übertragung der jeweiligen Kompetenz als solcher geht. Hilfsweise wäre jedenfalls festzuhalten, dass auch in diesen Fällen aber jedenfalls die obige Argumentation zur einschränkenden Auslegung von § § 76, 119 Abs. 2 AktG Berücksichtigung finden muss.

395 Die Möglichkeit zur Fassung eben solcher Beschlüsse mag die Bedeutung der hier aufgeworfenen Frage in der Praxis mindern; völlig bedeutungslos wird sie dadurch aber nicht, denn schließlich kann durchaus ein Interesse daran bestehen, bestimmte Umstände tatsächlich auszunutzen. Auf Basis dieses Arguments ließe sich natürlich andenken, einzig auf diesen Umstand, also die Möglichkeit zur Fassung eines verpflichtend wirkenden Einzelbeschlusses, abzustellen, womit auch im Rahmen von § 221 Abs. 2 AktG eine situationsbezogene Verpflichtung möglich wäre. Bezüglich eines Zustimmungsbeschlusses nach § 221 Abs. 1 AktG wird zwar eine begrenzte Ausführungspflicht bejaht (vgl. zusammenfassend *Florstedt*, in: KölnKomm-AktG, § 221 Rn. 180), richtigerweise kann diese mit Blick auf die Einordnung der in § 221 AktG geregelten Finanzierungsmaßnahmen als Akt der Geschäftsführung aber nicht auf § 83 Abs. 2 AktG gestützt werden (ebenso: *Hirte*, in: GroßKomm-AktG, § 221 Rn. 105, a.A.: *Stadler*, in: Bürgers/Körber AktG, § 221 Rn. 22) und folgt somit nicht aus dem kompetenzrechtlichen Verhältnis von Hauptversammlung und Vorstand. Nach hier vertretener Ansicht kann aber allein dieses Verhältnis maßgeblich sein, denn stellt man nur auf die Möglichkeit einer Verpflichtung im Wege eines singulären Zustimmungsbeschlusses ab, wären mit Blick auf § 119 Abs. 2 AktG wiederum alle Fälle erfasst, sodass dieses Kriterium kaum passend sein kann.

nach § 83 Abs. 2 AktG, leuchtet nicht ein. Denn die Ermächtigungsoptionen sollen bei aller Divergenz hinsichtlich der Entschlussgründe im Einzelnen stets eine adäquate, reaktive Führung der Aktiengesellschaft unter angemessener Beteiligung der Hauptversammlung ermöglichen.

Es mag primäre Ziel der Ermächtigungsoptionen sein, die Vorteile einer Entscheidungsfindung durch den im Vergleich zur Hauptversammlung flexibleren Vorstand zu nutzen. Damit ist aber keineswegs gesagt, dass die Hauptversammlung nur ein Interesse daran haben kann, dass in einer bestimmten Situation die Möglichkeit zur schnellen Reaktion existiert. Vielmehr kann ebenso ein Interesse bestehen, dass diese Möglichkeit auch tatsächlich genutzt wird. Die Vorteile einer zügigen Reaktion seitens des Vorstands bleiben auch in diesen Konstellationen existent. Eine entsprechende Vorgabe läuft der Funktion von Ermächtigungsoptionen somit nicht zuwider.

Zusammengefasst gilt daher: Die Festsetzung einer situationsbezogenen Pflicht zur Ausführung einer Ermächtigung kann im Interesse der Hauptversammlung stehen und geht bei einer kompetenzübertragend wirkenden Ermächtigung auch mit der grundlegenden Kompetenzordnung des Aktiengesetzes und der Stellung von Ermächtigungsoptionen konform.[396]

---

396 Insbesondere in Bezug auf ein genehmigtes Kapital ist nicht immer ganz klar, ob generell eine irgendwie geartete Ausnutzungspflicht kraft Vorgaben der Hauptversammlung bei einer Ermächtigung für (nicht) möglich gehalten wird, oder nicht vielmehr bloß eine (nachträgliche) Anweisung mittels gesonderten Einzelbeschlusses ausgeschlossen sein soll. Mit Blick auf die fehlende Differenzierung wird man die Äußerungen aber wohl dahingehend verstehen müssen, dass jegliche Gestaltung, die zu einer Ausnutzungspflicht führt, abzulehnen sei. Denn insbesondere eine „Anweisung" würde semantisch nicht nur den Fall einer nachträglichen Anordnung umfassen (zu den Gestaltungsoptionen s. sogleich); insoweit steht die wohl ganz h.M. der hier vertretenen Ansicht ablehnend gegenüber, vgl. im Einzelnen: *Bayer*, in: MünchKomm-AktG, § 202 Rn. 34, 86; *Hirte*, in: Großkomm-AktG, § 202 AktG Rn. 91; *Koch*, AktG, § 202 Rn. 6, 20; *Kuntz*, in: KölnKomm-AktG, § 202 Rn. 97; *Marsch-Barner*, in: Bürgers/Körber AktG, § 202 Rn. 15; ausdrücklich gegen jedwede Form einer *Ausnutzungspflicht*: *Ekkenga*, AG 2001, 615 (616) (in Bezug auf § 202 AktG) sowie wohl auch *van Aerssen*, WM 2000, 391 (394) in Bezug auf § 71 Abs. 1 Nr. 8 S. 1 AktG; bez. § 71 Abs. 1 Nr. 8 S. 6 die Möglichkeit einer Einziehungspflicht wohl bejahend: *Oechsler*, in: MünchKomm-AktG, § 71 Rn. 313 („Auch die Einräumung eines *Einziehungsermessens* ist möglich und häufig gerade Sinn der Ermächtigung nach § 71 Abs. 1 Nr. 8 S. 6", zumal diese Feststellung von der nachfolgend diskutierten Frage, ob der Vorstand bei Existenz einer Ermächtigung i.S.d. § 71 Abs. 1 Nr. 8 S. 6 AktG auch ohne dahingehende Äußerung der Hauptversammlung eine andere Verwendung der erworbenen Aktien beschließen kann (vgl. hierzu *Merkt*, in: Großkomm-AktG, § 71 Rn. 300 m.w.N.),

Der Vorstand hat in diesen Fällen keine „geschützte" Position, kraft deren er vor solchen Vorgaben der Hauptversammlung gefeit wäre. Des Weiteren laufen dahingehende Vorgaben der Hauptversammlung der Funktion einer Ermächtigung auch nicht zuwider.

Auf dispensierende Ermächtigungen ist dieser Gedankengang nicht replizierbar. In diesen Konstellationen besteht eine von vorneherein *geschützte* Autonomieposition des Vorstands, die nach hier vertretener Ansicht im Falle einer kompetenzübertragenden Ermächtigung fehlt. Die Kompetenzordnung des Aktienrechts steht einem solchem Beschlussinhalt daher entgegen. Infolgedessen greifen dann auch die bezüglich den kompetenzübertragenden Ermächtigungen angestellten Erwägungen zu deren Funktion nicht durch. Bei dispensierenden Ermächtigungen soll die Hauptversammlung nur *mit*wirken. Eine Verpflichtung des Vorstands zur Ausnutzung einer Ermächtigung kraft dahingehender Anordnung der Hauptversammlung ist somit ausgeschlossen.[397]

Diese Differenzierung kann in ihrer vergleichsweisen Simplizität aber nur so lange gelten, wie sich die in Rede stehende Entscheidungsbefugnis auf den Inhalt und die Tragweite einer bestimmten Maßnahme bezieht. Knüpft das Gesetz für die Notwendigkeit der Beteiligung der Hauptversammlung an andere Umstände an, bedarf es gesonderter Überlegungen. Illustrieren lässt sich dieser Gedanke an der Regelung des § 33 Abs. 2 WpÜG. Dort bezieht sich das entsprechende Ermächtigungserfordernis nicht auf die Relevanz *bestimmter Maßnahmen,* sondern auf die Relevanz bestimmter Maßnahmen in einer *bestimmten Situation.* Maßgeb-

abzugrenzen ist). Bei einer solchen Gestaltung droht insbesondere auch keine Überschneidung mit § 71 Abs. 1 Nr. 6 AktG, denn ein Beschluss i.S.d. 71 Abs. 1 Nr. 8 S. 6 AktG bezieht sich stets nur auf die bereits erworbenen Aktien und nicht auf noch zu erwerbende.

397 Ebenso bereits strukturell gegen jegliche Ausnutzungsverpflichtung kraft einer Vorgabe, unabhängig von deren genauer Konstruktion bez. § 58 Abs. 2 S. 2 Alt. 1 AktG: *Drygala*, in: KölnKomm-AktG, § 58 Rn. 49 (im Umkehrschluss zu § 58 Abs. 1), ähnlich: *Drinhausen*, in: Heidel Aktienrecht, § 58 Rn. 22; *Paefgen*, in: Henssler/Strohn Gesellschaftsrecht, § 58 AktG Rn. 9 sowie *Nauss*, AG 1967, 127 (132); anders noch: *v. Godin/Wilhelmi*, AktG (3. Auflage), § 58 Anm. 3; bezüglich § 71 Abs. 1 Nr. 8 S. 1 mit vergleichbarer Argumentation, wenn auf § 119 Abs. 2 AktG rekurriert wird: *Oechsler*, in: MünchKomm-AktG, § 71 Rn. 224; vgl. im Übrigen *Cahn*, in: Spindler/Stilz AktG, § 71 Rn. 96; *Lutter/Drygala*, in: KölnKomm-AktG, § 71 Rn. 139; *Merkt*, in GroßKomm-AktG, § 71 Rn. 274; *Wieneke*, in: Bürgers/Körber AktG, § 71 Rn. 30; *Bednarz* S. 146 f.; *Kiem*, ZIP 2000, 209 (211 f.); *Peltzer*, WM 1998, 322 (328); *Johannsen-Roth*, S. 166; wie gesehen anders: *Hirte*, RWS-Forum 1999, S. 211 (238 f.) sowie *Büscher*, S. 99 f.

lich muss daher die Kompetenzzuteilung hinsichtlich der dann jeweils konkret in Rede stehenden Maßnahme sein. Demzufolge gilt, dass die Hauptversammlung den Vorstand grundsätzlich nicht zur Vornahme verhinderungsgeeigneter Sachen verpflichten kann, denn diese Entscheidung ist Sache der Geschäftsführung.[398] Unberührt davon bleibt aber die Möglichkeit, in der die Maßnahme grundlegend legitimierenden Ermächtigung darüber zu befinden, dass diese Maßnahme gezielt zu Verteidigungszwecken eingesetzt werden soll. Nach den vorstehenden Ausführungen ist eine entsprechende Vorgabe somit nur bei kompetenzübertragenden Grundlagen-Ermächtigungen möglich.[399] Die Pflicht zum Einsatz folgt dann konstruktiv aus der Grundlagen-Ermächtigung und nicht der Annex-Ermächtigung i.S.d. § 33 Abs. 2 WpÜG. Auch wenn beide Beschlüsse im begrifflichen Sinne gemeinsam gefasst werden können, handelt es sich technisch doch um separate Gestaltungsgeschäfte.[400]

bbb. Konkrete Gestaltungsformen derartiger Vorgaben

Die erarbeiteten Wesensmerkmale und Funktionen eines Ermächtigungsbeschlusses sowie die dargelegten Möglichkeiten zur weiteren Untergliederung dieser „Gruppe" von Beschlüssen erlauben über die Feststellung der allgemeinen Zulässigkeit der Vorgabe einer Ausnutzungspflicht hinaus auch eine kohärente Darstellung der konkret zulässigen Gestaltungsvarianten. So ist zu klären, ob es zulässig sein kann, einen Ermächtigungsbeschluss von vorneherein derart zu formulieren, dass sich dessen Inhalt in einer sofortigen und bei Eintritt definierter Bedingungen in Kraft tretenden Pflicht zum Tätigwerden erschöpft. Des Weiteren ist zu erörtern, ob die Hauptversammlung den Vorstand zur Ausnutzung einer bestehenden Ermächtigung mittels eines separaten, nachfolgenden Einzelbeschlusses für den Einzelfall „anweisen" kann. Eine singuläre gesetzliche Aussage zu

---

398 Ebenso: *Hirte/Mock*, in: KölnKomm-WpÜG, § 33 Rn. 114, anders (entsprechende Verpflichtung stets möglich): *Brandi*, in: Angerer/Geibel/Süßmann WpÜG, § 33 Rn. 84; *Schlitt*, in: MünchKomm-AktG, § 33 WpÜG Rn. 221; dies kann aber jedenfalls nicht überzeugen, wenn das Verhinderungsverbot (zutreffend) als eine bloße Organpflicht eingeordnet wird, so eben unter anderem auch: *Brandi*, in: Angerer/Geibel/Süßmann WpÜG, § 33 Rn. 17 sowie *Schlitt*, in: MünchKomm-AktG, § 33 WpÜG Rn. 58.

399 Ohne diese Einschränkung: *Hirte/Mock*, in: KölnKomm-WpÜG, § 33 Rn. 114.

400 Zur Überlagerung der Kompetenzbereiche vgl. bereits die Ausführungen in Kapitel 1 unter Abschnitt C.II.2.c.

dieser Thematik findet sich in § 204 Abs. 1 S. 1 AktG, welche aber nicht als grundlegende Wertung herhalten kann.

(i) Vorgabe im Rahmen der Ermächtigung selbst – faktische Begrenzung auf vorab geregelte situationsbezogene Ausübungspflicht?

Es stellt, wie gesehen, begrifflich keinen Widerspruch dar, eine Ermächtigung zur strikten „Verpflichtung“ zu deklarieren. Dies gilt insbesondere auch dann, wenn sich die Verschaffung der Handlungsmacht auf die Fälle beschränkt, in denen auch eine Pflicht gelten soll. Nach den obigen Ausführungen wäre zumindest bei kompetenzübertragenden Ermächtigungen eine solche Gestaltung auch unter organisationsrechtlichen Gesichtspunkten durchaus möglich.

Faktisch ist dies jedoch nach der momentanen Rechtslage ausgeschlossen. Allen in Rede stehenden Ermächtigungsoptionen steht als Alternative die Möglichkeit zur Fassung eines verpflichtend wirkenden Einzelbeschlusses (vgl. § 83 Abs. 2 AktG) zur Seite.

Sofern sich ein Beschlussinhalt also darin erschöpft, dass die „Ermächtigung“ zeitnah umzusetzen ist, ist ein solcher Beschluss typologisch nichts anderes als ein eben solcher Einzelbeschluss. Sofern sich der Inhalt der Ermächtigung darauf bezieht, dass diese ausschließlich bei Eintritt bestimmter Umstände ausnutzungsfähig ist, in diesen Fällen aber sodann auch eine Pflicht zu einer solchen gelten soll, entspricht dies typologisch einem bedingten Einzelbeschluss.[401]

Es zeigt sich somit eine ungeschriebene Voraussetzung bei der Abfassung von Ermächtigungsbeschlüssen, bzw. (umgekehrt) eine Gestaltungsschranke bei der Bestimmung von Ausnutzungspflichten: Von einer „Ermächtigung“ kann nur gesprochen werden, wenn dem Vorstand außerhalb der Fälle einer Ausnutzungspflicht eine Ausnutzungsautonomie verbleibt. Um eine Abgrenzung der beiden Institute zu gewährleisten, wenn der Beschlussinhalt einer „Ermächtigung“ nicht vollumfänglich eindeutig ist, wird man eine vergleichsweise ausdrückliche Wortwahl gerade dann fordern müssen, wenn die Hauptversammlung eine Ausnutzungspflicht

401 Die Aufnahme einer Bedingung in einen Beschluss ist dem Grunde nach zulässig; vgl.: *Austmann*, in: MünchHb-AG, § 40 Rn. 57; *Grundmann*, in: GroßKomm-AktG, § 133 Rn. 44 sowie *Lutter*, in: FS Quack 1991, 301 (308 f.) und *Seibt*, in: K. Schmidt/Lutter AktG, § 179 Rn. 35 m.w.N. betreffend satzungsändernde Hauptversammlungsbeschlüsse.

implementieren will. Sofern dahingehende Bestimmungen unklar bleiben, insbesondere also keine eindeutigen Hinweise für eine Auslegung als (un-/bedingter) Einzelbeschluss vorhanden sind, muss der Beschluss unter Umständen sogar als zu unbestimmt angesehen werden.

Wahrt der Hauptversammlungsbeschluss dieses Erfordernis, formuliert er also eindeutig, dass der Vorstand nur in bestimmten Fällen zur Ausnutzung der Ermächtigung verpflichtet sein, im Übrigen aber die Entscheidung ihm obliegen soll, stehen dieser Gestaltung keine weiteren organisationsrechtlichen Bedenken entgegen. Eine mögliche Bezeichnung für diese Gestaltungsvariante wäre die Regelung einer „situationsbezogenen Ausnutzungspflicht". Zwar ließe sich das Ziel dieser Gestaltung theoretisch auch durch die Fassung eines entsprechenden Einzelbeschlusses samt Verringerung des Volumens einer bestehenden Ermächtigung erreichen. Die zeitliche Flexibilität des Vorstands wird bei der Wahl dieser Konstruktion aber eingebüßt. Zugleich führt die Statuierung einer situationsbezogenen Ausübungspflicht nicht notwendigerweise zu den oben beschriebenen Abgrenzungsschwierigkeiten gegenüber einem herkömmlichen, mit einer Ausführungspflicht versehenen Einzelbeschluss. Zulässig wäre demnach etwa eine Gestaltung, wonach ein genehmigtes Kapital vom Vorstand auszunutzen ist, wenn sich eine seit längerem ins Auge gefasste Übernahme eines anderen Unternehmens tatsächlich zu realisieren lassen scheint. Das inherente Gestaltungserfordernis bedingt aber auch, dass man eine entsprechende Ermächtigung konsequenterweise nicht so verstehen können wird, dass der Vorstand gehalten ist, das Volumen einer Ermächtigung im entsprechenden Umfang der situationsbezogenen Ausnutzungspflicht unangetastet zu lassen. Dies würde mittelbar zu einer Stillhaltepflicht des Vorstands führen, sodass der Sache nach doch wieder ein bedingter Einzelbeschluss vorläge.

Gesonderte Erwägungen müssen für die Bestimmung der Gestaltungsfreiheit der Hauptversammlung bei Annex-Ermächtigungen gelten. Die Ausgestaltung der entsprechenden Grundlagen-Ermächtigung steht, wie gesehen, hinsichtlich ihrer Modalitäten im Gestaltungsspielraum der Hauptversammlung. Wenn der Hauptversammlung die Möglichkeit gegeben wird, die Grundlagen-Ermächtigung um eine weitere Handlungsmöglichkeit zu erweitern, dann ist es ihr nach diesen Grundsätzen im Ausgangspunkt *insoweit* auch möglich, diese Handlungsmöglichkeit zur Handlungspflicht zu machen und somit *insoweit* den Handlungsspielraum des Vorstands hinsichtlich der Grundlagen-Ermächtigung zu beschränken. Anders gewendet: Statuieren die Ermächtigungen, dass sie nur in bestimmter Weise, konkret etwa nur unter Verwendung der zusätzlichen Annex-Ermächtigung, ausgenutzt werden sollen, dann handelt es sich bei einer solchen Bestimmung nicht um eine Beschränkung des Entschließungsermessens im Ganzen. Es liegt dann vielmehr eine Vorgabe zur Beschränkung des Ausgestaltungsermessens vor. Eine solche Bestimmung gleicht hinsichtlich ihrer Wirkung den zulässigen Angaben zum Verfahren oder den sonstigen Modalitäten einer Ausnutzung. Auch in diesen Fällen erschöpft sich die Beschränkung der Ermächtigung faktisch in der Aussage, dass, wenn der Vorstand die Ermächtigung ausnutzen möchte, er dies nur in einer ganz bestimmten Weise darf. Derartige Gestaltungen sind folglich zulässig.[402] Dies gilt auch und insbesondere für die Ausgestaltung von Annex-Ermächtigungen betreffend dispensierend wirkenden Ermächtigungsbeschlüssen. Hierin liegt kein Widerspruch zu den soeben dargestellten Argumenten zur Unzulässigkeit einer solchen „Verpflichtung“ bei den übrigen Ermächtigungsbeschlüssen. Denn betreffend der *Ausgestaltung einer Ermächtigung* ist es durchaus der Wille des Gesetzgebers, dass die Hauptversammlung hier nicht bloß *mit*wirkt, sodass auch kein Verstoß gegen §§ 77, 119 Abs. 2 AktG gegeben ist.[403]

Diese Argumentation trägt aber nur insoweit tragfähig, wie die Annex-Ermächtigung die Modalitäten der Umsetzung einer Ausnutzungsentscheidung betrifft. Soweit die Ermächtigung sich hingegen auf das Entschließungsermessen bezieht, wäre wiederum ein Verstoß gegen §§ 76, 119 Abs. 2 AktG gegeben. Der Vergleich zu den übrigen Gestaltungsvorgaben versagt hier.[404]

---

402 Daher zutreffend in Bezug auf eine Ermächtigung i.S.d. § 205 Abs. 1 AktG: *Bayer*, in: MünchKomm-AktG, § 205 Rn. 10; *Hirte*, in: GroßKomm-AktG, § 203 Rn. 7; *Kuntz*, in: KölnKomm-AktG, § 205 Rn. 36; *Marsch-Barner*, in: Bürgers/Körber AktG, § 205 Rn. 3; *Veil*, in: K. Schmidt/Lutter AktG, § 205 Rn. 4; *Wamser*, in: Spindler/Stilz AktG, § 205 Rn. 14.

403 Ausdrücklich adressiert wird dieser Umstand regelmäßig nur hinsichtlich einer Ermächtigung i.S.d. § 205 Abs. 1 AktG (vgl. Nennungen unter Fn. 402) sowie einer solchen i.S.d. § 71 Abs. 1 Nr. 8 S. 5 AktG, vgl. *Bezzenberger*, in: K. Schmidt/Lutter AktG, § 71 Rn. 81 sowie implizit *Reichert/Harbarth*, ZIP 2001, 1441 (1446). Nach hier vertretener Ansicht gilt dieser Gedanke aber eben für alle Annex-Ermächtigungen, also auch für Beschlüsse nach § 203 Abs. 2 und § 204 Abs. 1 AktG. Für den Fall einer Annex-Ermächtigung i.S.d. § 203 Abs. 2 AktG mag die praktische Relevanz dieser Feststellung mit Blick auf die unter faktischen Gesichtspunkten quasi mit einer identischen Rechtsfolge versehenen Möglichkeit eines Direktausschlusses nach § 203 Abs. 1 AktG gering sein.

404 Namentlich hinsichtlich einer Ermächtigung i.S.d. § 33 Abs. 2 WpÜG bleibt es also dabei, dass eine strikte Verpflichtung grundsätzlich ausgeschlossen ist. Die Möglichkeit einer Einsatzpflicht kraft dahingehender Vorgabe in der kom-

(ii) Keine Verpflichtung kraft eines nachgelagerten Einzelbeschlusses

Zu klären bleibt schließlich, ob sich aus der Ermächtigungs- und Verpflichtungsbefugnis der Hauptversammlung zumindest im Fall kompetenzübertragender Beschlüsse auch die Möglichkeit ergibt, mittels eines gesonderten, nachgelagerten Einzelbeschlusses festzusetzen, dass eine bestehende Ermächtigung im Ganzen oder zu Teilen ausgeführt werden soll (im Folgenden „begleitender Einzelbeschluss“ genannt). Eine solche Gestaltung wäre etwa dann sinnvoll, wenn die Hauptversammlung die Erhöhung des Grundkapitals in gewissem Umfang wünscht, dabei aber den Gesamtumfang des bestehenden Aktienerwerbs- bzw. Kapitalerhöhungspotentials nicht erweitern will. Die Zulässigkeit dieser Gestaltung ergibt sich nicht aus der Möglichkeit zur Festsetzung einer situationsbezogenen Ausübungspflicht. Es geht es nicht um die Ausformung der Ermächtigung, sondern um die Fassung eines separaten, mit Bezug auf die bestehende Ermächtigung versehenen Beschlusse und somit um eine nachträglichen Einengung der Vorstandsautonomie in Form einer konkreten Anweisung.

Das Ergebnis einer solchen Beschlussmöglichkeit ist nicht von vorneherein irregulär. Auch in diesem Zusammenhang kann darauf verwiesen werden, dass sich das Ergebnis auch durch eine die Fassung eines entsprechenden Einzelbeschlusses samt Verringerung des Volumens einer bestehenden Ermächtigung erreichen ließe.

Entscheidend muss nach den vorstehenden Ausführungen zur Zulässigkeit einer situationsbezogenen Ausübungspflicht sein, ob die Hauptversammlung ein schutzwürdiges Interesse an dem „kürzeren“ Weg über einen auf die Ermächtigung bezogenen, begleitenden Einzelbeschluss hat.[405]

Für den Vorstand, dessen grundsätzliche Autonomie das Aktienrecht so sehr betont, stellt es keinen qualitativen Unterschied dar, ob ihm eine Handlungsmöglichkeit von vorneherein mit der Maßgabe gewährt wird, diese bei entsprechenden Umständen auch auszunutzen, oder ob er nachträglich zur Ausnutzung einer in dieser Hinsicht unbeschränkten Ermächtigung angewiesen wird. Nichtsdestotrotz ist die Zulässigkeit einer

---

petenzübertragenden Grundlagen-Ermächtigung bleibt hingegen unangetastet, vgl. zuvor.

405 Angedacht (aber abgelehnt) wurde dieser Ansatz, wie gesehen, vor allem in Bezug auf eine Ermächtigung i.S.d. § 202 Abs. 1, 2 AktG (vgl. Nennungen unter Fn. 396) sowie von *Hirte*, RWS-Forum 1999, S. 211 (238 f.) in Bezug auf eine Ermächtigung i.S.d. § 71 Abs. 1 Nr. 8 S. 1 AktG.

solchen Gestaltung im Ergebnis zu verneinen. Die Hauptversammlung mag ein anerkennswertes Interesse haben, den Vorstand zur „Ausnutzung einer Ermächtigung" zu zwingen. Der dargestellte alternative Weg zur Erreichung dieses Ziels würde aber im Vergleich zur Fassung eines begleitenden Einzelbeschlusses zu keiner weitergehenden Ausführungsverzögerung führen. Anders als bei Statuierung einer situationsbezogenen Ausübungspflicht kann die Reaktionsschnelligkeit des Vorstands nicht ausgenutzt werden. Mithin kann aber auch nicht jenes Interesse umgesetzt werden, was nach hier vertretener Ansicht maßgeblich dafür spricht, der Hauptversammlung dem Grunde nach die Möglichkeit zur Statuierung einer Ausnutzungsverpflichtung zuzusprechen. Dass die Wirkung eines begleitenden Einzelbeschlusses dem Aktienrecht nicht fremd ist, zwingt nicht dazu, der Hauptversammlung die Möglichkeit eines kürzeren Weges zum Erreichen dieses Effektes zuzugestehen. Die Erwägungen hinter der Verpflichtungs- und Ermächtigungsbefugnis der Hauptversammlung rechtfertigen die Zulässigkeit einer nachgelagerten Anweisung zur Ausnutzung daher nicht.[406] Ergänzend ist darauf zu verweisen, dass es zwecks Vermeidung einer Unterlaufung der Beschlussanforderungen jedenfalls naheliegend wäre, die Beschlussanforderungen an einen „ordentlichen" Einzelbeschluss zu übertragen.[407] In Bezug auf solche Ermächtigungsbeschlüsse, die der Aufnahme in den Satzungstext bedürfen, erschiene es dann aber bereits zweifelhaft, inwieweit sich eine konkrete Anordnung mit dem Organisationscharakter[408] der Satzung vereinbaren ließe.

406 Ergänzend kann darauf verwiesen, dass es zwecks Vermeidung einer Unterlaufung von Gestaltungserfordernissen naheliegend wäre, die Beschlussanforderungen, die für einen „ordentlichen" Einzelbeschluss gelten, auf die Fassung eines auf die Ausnutzung einer Ermächtigung bezogenen Einzelbeschluss zu übertragen (zur Vergleichbarkeit der Wirkung vgl. nur: *Hirte*, in: GroßKomm-AktG, § 202 Rn. 91.). In Bezug auf solche Ermächtigungsbeschlüsse, die der Aufnahme in den Satzungstext bedürfen, erschiene es dann aber bereits zweifelhaft, inwieweit sich eine konkrete Anordnung mit dem Organisationscharakter der Satzung vereinbaren ließe (vgl. zur Qualifikation der Satzung als „Schuld- und Organisationsvertrag": *Pentz*, in: MünchKomm-AktG, § 23 Rn. 10 m.w.N.)

407 Zur Vergleichbarkeit der Wirkung vgl. auch *Hirte*, in: GroßKomm-AktG, § 202 Rn. 91.

408 Vgl. zur ie Qualifikation der Satzung als „Schuld- und Organisationsvertrag" statt vieler und m.w.N.: *Pentz*, in: MünchKomm-AktG, § 23 Rn. 10.

ccc. Zwischenergebnis

Es ist demnach festzuhalten, dass die Hauptversammlung bei kompetenzübertragend wirkenden Ermächtigungen den Vorstand zur Ausnutzung einer Ermächtigung verpflichten kann, allerdings nur in Form einer situationsbezogenen Ausübungspflicht. Bei deren Gestaltung muss dem Vorstand ein Bereich verbleiben, in dem der Vorstand das Entschließungsermessen ausüben kann. Bei dispensierend wirkenden Ermächtigungen ist die Statuierung einer Ausnutzungspflicht schon im Ausgangspunkt nicht möglich. Gesonderte Erwägungen ergeben sich für Annex-Ermächtigungsoptionen. Die Ausnutzung einer entsprechenden Ermächtigung kann, soweit sie sich auf den *Inhalt* der Entscheidung zur Ausnutzung der korrespondierenden Grundlagen-Ermächtigung bezieht, vollumfänglich (insbesondere also auch in Bezug auf dispensierende Ermächtigungen) als Verpflichtung ausgestaltet werden werden.

Zur Bewahrung des Vorstands vor etwaigen Unsicherheiten hinsichtlich der Frage, ob er zur Vornahme einer Handlung „lediglich" ermächtigt oder nicht sogar verpflichtet ist, kann eine solche Pflicht aber nur bei Verwendung entsprechend eindeutiger oder zumindest klar bestimmbarer Parameter angenommen werden.

ddd. Gestaltungsgrenzen für vergleichbare Vorgaben

Aus diesen Gestaltungsgrenzen lässt sich auch ableiten, dass die Hauptversammlung befugt ist, bei der Festsetzung anderweitiger mandatorischer oder fakultativer Angaben derart vorzugehen, dass sich die Vorgaben alleine oder in ihrer Gesamtheit derart verdichten, dass dem Vorstand de facto kein Entscheidungsspielraum mehr verbleibt.[409]

Die Grenze der Gestaltungsfreiheit findet sich erst dort, wo eine Umgehung der beschriebenen Gestaltungsgrenzen zur Beschränkung des Entschließungsermessens droht. Wie eingangs festgestellt, können sich die Gestaltungsgrenzen in Bezug auf Ermächtigungsvorgaben nur aus gesonderten gesetzlichen Regelungen oder Wertungen ergeben. Soweit es um die

---

409 Dies etwa in Bezug auf einen Ermächtigung i.S.d. § 71 Abs. 1 Nr. 8 S. 1 AktG verneinend: *Bednarz*, S. 149 ff., ähnlich: *Seidler*, S. 72 sowie *Kiem*, ZIP 2000, 209 (211). *Bednarz* fordert insoweit, dass die Ermächtigungsfrist nicht zu kurz und die Angaben zur Preispanne und Gesamtvolumen nicht zu eng bemessen sein dürfen.

Wahrung der Flexibilität des Vorstands bei der Ausnutzung einer Ermächtigung geht, kommt als zu berücksichtigende Wertung nur die organisationsrechtlich indizierte Kompetenzaufspaltung in der Aktiengesellschaft in Betracht. Diese führt im Bereich der dispensierenden Ermächtigungen zu einem Verbot der Beseitigung des Entschließungsermessens, während bei kompetenzübertragenden Ermächtigungen nur bestimmte Gestaltungen einer solchen Ausnutzungspflicht unzulässig sind. Vor der Grenze zur unzulässigen Verpflichtung eine weitere Gestaltungsgrenze in Bezug auf eine „zu weitgehende Beschränkung" zu ziehen, überzeugt daher nicht. Mit einer solchen Gestaltungsgrenze ginge auch eine erhöhte Rechtsunsicherheit einherginge, da die die Grenzen zwischen zulässigen und unzulässigen Entscheidungen dann mehr oder minder fließend wären.

Solange das Entschließungsermessen des Vorstands bei der Ausnutzung dispensierender Ermächtigungen als solches unberührt verbleibt, er also pflichtgemäß noch über das „Ob" einer Ausnutzung der Ermächtigung entscheiden kann,[410] sind weitergehende Einschränkungen der übrigen Gestaltungsfreiheit somit zulässig. Entsprechendes gilt für die Gestaltung kompetenzübertragender Beschlüsse: Solange nicht faktisch die Wirkung eines (bedingten) Einzelbeschlusses oder einer nachträglichen Weisung erreicht wird, stellen weitgehende beschränke Vorgaben keine unzulässige Umgehung dar.

bb. Vorgabe von Ausübungzeiträumen

Auch gesonderte Vorgaben zu Ausübungszeiträumen sind nicht von vorneherein unzulässig.[411] Sinnvoll kann eine solche Vorgabe nur in der Form sein, dass während der festgesetzten Ermächtigungsdauer mindestens zwei Zeiträume vorgegeben werden, in denen die Ausnutzung der Ermächtigung möglich sein soll. Bei der Bestimmung eines einzelnen

---

410 So die anschauliche Formulierung bei *Ekkenga*, AG 2001, 615 (616). Ausgeschlossen wäre daher bspw. eine Ermächtigung i.S.d. § 71 Abs. 1 Nr. 8 S. 1 AktG mit der Vorgabe, die Ermächtigung in einer Situation auszunutzen, von deren zeitnahem Eintritt die Hauptversammlung Kenntnis zu haben glaubt, und zugleich die Ermächtigung derart zu befristen, dass de facto nur eine Ausnutzung der Ermächtigung für eben diese Situation möglich ist. Wie hier auch *Kuntz*, in: KölnKomm-AktG, § 202 Rn. 90.

411 Im Ergebnis ebenso bez. einer Ermächtigung i.S.d. § 71 Abs. 1 Nr. 8 S. 1 AktG: *Merkt*, in: GroßKomm-AktG, § 71 Rn. 271; anders bez. einer solchen i.S.d. i.S.d. § 202 Abs. 1, 2 AktG: *Ekkenga*, AG 2001, 615 (616).

Zeitraums entspräche diese Vorgabe schlicht der Angabe der Ermächtigungsdauer. Die erstgenannte Gestaltung ist letztlich wirkungsgleich mit der Ausgabe von mehreren gesonderten Ermächtigungen, deren Fristbeginn jedoch unterschiedlich festgesetzt wurde.[412] Hierin liegt bezüglich der Wahrung der gesetzlichen Gestaltungsgrenzen dann kein Problem, wenn man die gesetzlich volumen- und fristbezogenen Gestaltungsgrenzen dahingehend versteht, dass bei der Existenz paralleler Beschlüsse eine aggregierende Betrachtung vorzunehmen ist.[413] In diesem Fall drohen keine gesetzliche Wertungen unterlaufen zu werden.

Abgrenzungsschwierigkeiten drohten nur dann, wenn man mit der h.M. davon ausginge, dass Fristvorgaben die Vertretungsmacht des Vorstands bei kompetenzübertragenden Ermächtigungen im Außenverhältnis begrenzen, inhaltiche Vorgaben hingegen nicht.[414] In diesem Fall wäre es von großer Bedeutung, ob man Vorgaben zu Ausübungszeiträumen dieselbe Wirkung zumisst wie Fristvorgaben. Würde man dies verneinen, wäre es außerordentlich wichtig, festzustellen, ob eine einheitliche Ermächtigung oder mehrere separate Ermächtigungen ausgegeben werden sollen. Unbenommen der Frage, ob der h.M. in der genannten Angelegenheit überhaupt zu folgen ist, kann man diese Abgrenzungsschwierigkeiten aber in den Griff bekommen, wenn man auf Basis des Bestimmtheitsgrundsatzes fordert, dass die Hauptversammlung sich entsprechend klar ausdrücken muss. Maßgebliche Prüfungsinstanz wäre bei eintragungspflichtigen Ermächtigungsbeschlüssen das Registergericht.

c. Regelung von Zustimmungsvorbehalten

Der Stoßrichtung nach ähnlich, in der Sache aber gesondert zu betrachten sind Gestaltungen, in denen die Hauptversammlung vorschreibt, dass die Ausnutzungsentscheidung in ihrer Gesamtheit der Zustimmung einer weiteren Entscheidungsinstanz bedarf. Konzeptionell sind in Bezug auf solche Gestaltungen zwei Einwände denkbar. Zum einen steckt in der privatautonomen Festlegung eines Zustimmungsvorbehalts, sofern sich dieser nicht wiederum auf die Hauptversammlung selber bezieht, stets

412 Zu den Grenzen der Zulässigkeit einer Festsetzung des Fristbeginn vgl. sogleich.

413 Zur Notwendigkeit einer solchen vgl. sogleich unter Abschnitt B.III.2.b.

414 Zur Kritik an diesem Ansatz vgl. sogleich noch die Ausführungen unter Abschnitt C.II.2.b.cc.

auch eine gewisse Delegation von Entscheidungsbefugnissen seitens der Hauptversammlung. Eine solche ist zumindest hinsichtlich geschriebener Hauptversammlungszuständigkeiten aber dem Grunde nach unzulässig.[415] Das Gesetz sieht in Gestalt von Ermächtigungsoptionen eine Delegationskompetenz vor. Diese Kompetenzen beschränken sich jedoch auf eine Delegation zu Gunsten des Vorstands. Eine Teil-Delegation an eine andere Instanz oder Person könnte sich daher als eine unzulässige Hingabe eigener Entscheidungsgewalt darstellen. Die Einschaltung einer dritten Entscheidungsinstanz könnte auch deswegen fragwürdig sein, weil auf diese Weise der Vorstand in seiner Geschäftsführungskompetenz beschnitten wird und somit wiederum die Frage nach einem etwaig rechtswidrigen Kompetenzübergriff im Raum steht.

Im Einzelnen ist zu differenzieren zwischen der Regelung eines Zustimmungsvorbehalts zu Gunsten des Aufsichtrats, der Hauptversammlung sowie Dritter, insbesondere einzelner Aktionäre.

aa. Zustimmungsvorbehalt zu Gunsten des Aufsichtrats

Wenn das Aktienrecht die Notwendigkeit einer Willensbildung der Aktionäre bei den in Rede stehenden Maßnahmen für geboten hält, kann im Grundsatz auch das Bedürfnis, die schlussendliche Entscheidung des Vorstands von einer (im Idealfall fachkundigen) Institution kontrollieren zu lassen, nicht von der Hand gewiesen werden. Entspricht es zudem der Aufgabe des Aufsichtrats, den Vorstand bei der Führung der Geschäfte der Gesellschaft zu überwachen (vgl. § 111 Abs. 1 AktG), liegt es durchaus nahe, für die Ausübung der Ermächtigung die Notwendigkeit einer Zustimmung seitens des Aufsichtrats vorzusehen. Die Berücksichtigung dieses Interesses müsste freilich auch mit den Vorgaben des Aktienrechts vereinbar sein.

Auszuklammern sind Fälle, in denen ein entsprechendes Zustimmungserfordernis schon kraft Gesetzes existiert.[416] Jedenfalls dort kann auch die deklaratorische wortlautgetreue oder auch nur sinngemäße Wiederholung des Wortlautes der gesetzlichen Anforderungen nicht schädlich sein.

Der erste der genannten möglichen Einwände, die unzulässige (teilweise) Delegation eigener Entscheidungsbefugnisse, greift nicht durch. Wenn

---

415 Vgl. hierzu erneut die Ausführungen im 1. Kapitel unter Abschnitt B.I.

416 Vgl. etwa § 204 Abs. 1 S. 2 AktG sowie zu Diskussionen zur Existenz weiterer singulärer gesetzlicher Zustimmungsvorbehalte die Nennungen unter Fn. 353.

§ 111 Abs. 4 S. 2 AktG die Statuierung von Zustimmungsvorbehalten des Aufsichtrats hinsichtlich originären Geschäftsführungsangelegenheiten erlaubt, kann die Hauptversammlung in Fällen, in denen sie eine solche Geschäftsführungsangelegenheit[417] erst „schafft", dieser Gestaltungsoption kaum beraubt sein. Vielmehr ist der Aufsichtsrat nach der Aufgabenteilung sogar das prädestinierte Organ für einen solchen Zustimmungsvorbehalt.

Schwieriger zu beurteilen ist die Legitimität des zweiten potentiellen Einwands, der unzulässigen Beschränkung der Geschäftsführungsautonomie des Vorstands. Ausgangspunkt ist hier auch die Regelung des § 111 Abs. 4 S. 2 AktG. Diese lässt Zustimmungsvorbehalte des Aufsichtrats betreffend Maßnahmen der Geschäftsführung im *Rahmen der Satzung* zu, sog. statutarische Zustimmungsvorbehalte. Nur insoweit erlaubt das Gesetz ausdrücklich eine derartige Beschränkung der Geschäftsführungskompetenz des Vorstands kraft einer dahingehenden Gestaltung der Hauptversammlung. Die hier in Rede stehenden Gestaltungsoptionen wären daher abzulehnen, wenn § 111 Abs. 4 S. 2 AktG so zu lesen wäre, dass *nur* in der Satzung ein entsprechender Vorbehalt vorgesehen werden kann, namentlich also nicht auch in einem einfachen Ermächtigungsbeschluss, der nicht zu einer Satzungsänderung führt. Zudem könnte § 111 Abs. 4 S. 2 AktG auch so zu verstehen sein, dass derartige Zustimmungsvorbehalte *abstrakt* für vorab definierte Fälle vorgesehen werden müssen und somit nicht bezüglich einer einzelnen Ermächtigung in Form eines „singulären" Vorbehalts statuiert werden können.

aaa. Kein Rückschluss maiore ad minus

Diesen Einwänden kann man nicht durch einem Rückschluss *maiore ad minus* beikommen. Ansatzpunkt eines solchen Rückschlusses wäre der Gedanke, dass keine bestehende Geschäftsführungskompetenz des Vorstands eingeschränkt werde, sondern vielmehr lediglich eine Erweiterung der Handlungsoptionen und daher § 111 Abs. 4 S. 2 AktG einer solchen

417 An *dieser* Stelle nicht bemüht werden kann das oben gezeichnete Bild einer „hybriden Ermächtigten-/Ausübungsbefugnis". Dieses bezieht sich wie gesehen auf die grundsätzliche Zulässigkeit weitergehender Beschränkungen und die Einordnung des unmittelbar zwischen der Hauptversammlung und Vorstand enstehenden organisationsrechtlichen Verhältnis. Der hier genannte Einwand betrifft indes die Möglichkeit einer „weitergehenden" Delegation von Befugnissen der Hauptversammlung.

Festsetzung im Rahmen eines „einfachen“ Ermächtigungsbeschlusses der Hauptversammlung nicht entgegenstünde.[418] Dies gleicht dem bereits in Bezug auf die allgemeine Möglichkeit von Beschränkungen formulierten Gedanken: Wenn es der Hauptversammlung möglich ist, eine Ermächtigung zu unterlassen, muss es ihr auch erst recht möglich sein, eine solche Ermächtigung nach ihrem Willen zu gestalten und zu beschränken.[419]

Unbenommen des Umstands, dass dieser Rückschluss nach hier vertretener Ansicht bereits bezüglich der allgemeinen Möglichkeit beschränkender Vorgaben nicht überzeugend ist, ist jedenfalls die Herleitung der Zulässigkeit von Zustimmungsvorbehalten zu Gunsten des Aufsichtrats im Wege eines solchen Erst-Recht-Schlusses fragwürdig. Zu Recht wird darauf hingewiesen, dass ein solcher Beschlussinhalt die Kompetenzordnung der Aktiengesellschaft als solche modifiziert, indem mit dem Aufsichtsrat ein dem Gesetz nach unbeteiligtes Organ eingeschaltet wird.[420] Die Regelung

---

418 Losgelöst von einem konkreten Ermächtigungsbeschluss so: *Habersack*, in: MünchKomm-AktG, § 111 Rn. 118; bez. einer Ermächtigung i.S.d. § 71 Abs. 1 Nr. 8 S. 1 AktG so: *Bednarz* S. 200 f.; *Rieckers*, ZIP 2009, 700; *Möller*, Rn. 90 ff.; betreffend einen solchen i.S.d. § 71 Abs. 1 Nr. 8 S. 6 AktG: *Oechsler*, in: MünchKomm-AktG; § 71 Rn. 308; *Bednarz*, S. 202; *Rieckers*, ZIP 2009, 700 (701); mit abweichender Herleitung bezüglich eines Beschlusses i.S.d. 221 Abs. 2 AktG: *Habersack*, in: MünchKomm-AktG, § 221 AktG Rn. 152; ohne derartige Argumentation, jedoch im Ergebnis ebenso: *Bezzenberger*, in: K. Schmidt/Lutter AktG, § 71 Rn. 23; *Lutter/Drygala*, in: KölnKomm-AktG, § 71 Rn. 139; *Merkt*, in: K. Schmidt/Lutter AktG, § 221 Rn. 10; *Wieneke*, in: Bürgers/Körber AktG, § 71 Rn. 34; § 221 Rn. 13; *Fest*, in: Hopt/Seibt SVR, § 221 Rn. 560; *Stadler*, in: Bürgers/Körber AktG, § 221 Rn. 31 sowie *Seidler*, S. 72; offen gelassen bei: *Florstedt*, in: KölnKomm-AktG, § 221 Rn. 210; von der grundsätzlichen Zulässigkeit eines solchen Beschlussinhalts bez. § 221 Abs. 2 AktG ausgehend auch: LG Frankfurt a.M., WM 1997, 473 (475); betreffend Beschlüsse i.S.d. § 192 Abs. 2 Nr. 3 Alt. 2 AktG findet sich keine ausdrückliche Stellungnahme. Bezüglich eines genehmigten Kapitals erübrigt sich die Diskussion in der Regel, weil in der notwendigen Beteiligung des Aufsichtsrats hinsichtlich des Inhalts und Bedingungen der auszugebenden Aktien nach § 204 Abs. 1 S. 2 AktG regelmäßig notwendigerweise auch eine Beteiligung hinsichtlich des „Ob“ der Ausnutzung (zumindest zu diesen Konditionen) liegt, auch wenn § 202 Abs. 3 AktG insoweit nur eine Soll-Regelung statuiert.

419 Recht anschaulich („aus ähnlichen Überlegungen“) bei *Oechsler*, in: MünchKomm-AktG, § 71 Rn. 223. Gegen diese Sichtweise kann nicht eingewendet werden, dass wegen des Blockadepotentials des Aufsichtsrats nicht nur das „Wie“ der Ausnutzung einer Ermächtigung betroffen sei, sondern bereits das „Ob“, denn schließlich steckt in *jeder* Beschränkung des „Wie“auch eine Beschränkung hinsichtlich des „Ob“ der Ausnutzung in eben diesem Umfang.

420 Vor diesem Hintergrund die Möglichkeit eines Zustimmungsvorbehalts im Rahmen eines einfachen Ermächtigungsbeschlusses verneinend: *Bergau*, AG

eines Zustimmungsvorbehalts zu Gunsten des Aufsichtrats im Rahmen des Ermächtigungsbeschlusses ist mit einer Vorgabe von Inhalts- und Zweckbeschränkungen im bloßen „2-Organ-Verhältnis" daher nicht vergleichbar. Ein Zustimmungsvorbehalt zu Gunsten des Aufsichtsrats statuierender Ermächtigungsbeschluss ist daher im Verhältnis zur Versagung einer Ermächtigung kein *minus*, sondern ein *aliud*.

bbb. Erneutes Rekurrieren auf die ursprüngliche Kompetenzverteilung

Vielmehr ist entsprechend dem Vorgehen zur allgemeinen Zulässigkeit beschränkender Vorgaben auf die originäre Kompetenzverteilung Bezug zu nehmen. Dass es an dieser Stelle weniger um die Möglichkeit eines derartigen Eingriffs in die originären oder delegierten Kompetenzen des Vorstands geht (vgl. § 111 Abs. 4 AktG), sondern vor allem um die formellen Anforderungen an eine solche, steht dem nicht entgegen, solange und soweit der Wortlaut des Gesetzes eine dahingehende Differenzierung zulässt. Dabei ist, wie gesehen, zumindest im Grundsatz der Ansicht beizupflichten, wonach eine pauschale Ausnahme von der Grundregel des § 111 Abs. 4 S. 1 AktG *de lege lata* nicht möglich ist. Entscheidend ist aber die Reichweite dieser Feststellung.

Maßgeblich dafür muss vor allem die Zulässigkeit des Eingriffs in die Geschäftsführungskompetenz sein.[421] Insoweit überzeugt es aber nicht, schlicht darauf zu verweisen, dass jedenfalls im *Nachgang* zur Delegation eine Angelegenheit der „Geschäftsführung" bestehe, bzw. dass bereits die der Ausführungspflicht nach § 83 Abs. 2 AktG immanente Ausführungskompetenz eine hinreichende Angelegenheit der Geschäftsführung i.S.d. § 111 Abs. 4 S. 2 AktG darstelle.[422] Maßgeblich muss vielmehr das etablierte Verständnis zur genauen Stellung der Entscheidungsbefugnis des Vorstands in Folge eines Ermächtigungsbeschlusses sein.

2006, 769, (771 ff.); betreffend eine Ermächtigung i.S.d. § 71 Abs. 1 Nr. 8 S. 1 AktG ebenso: *Cahn*, in: Spindler/Stilz AktG, § 71 Rn. 99; *Kiem*, ZIP 2000, 209 (211); wohl auch ((nur) möglich nach § 111 Abs. 4 S. 2 AktG) *van Aerssen*, WM 2000, 391 (394); zu einer Ermächtigung i.S.d. § 221 Abs. 2 AktG ebenfalls einschränkend (nur im Rahmen einer Satzungsbestimmung nach § 111 Abs. 4 S. 2 AktG): *Karollus*, in: GHEK AktG, § 221 Rn. 71.

421 Zustimmend: *Bergau*, AG 2006, 769 (771 f.).

422 In diese Richtung tendenziell *Bergau*, AG 2006, 769 (773), der insoweit dann die Notwendigkeit einer Gesetzesgrundlage für eine „Eingriffsmöglichkeit" der Hauptversammlung in diese Kompetenz sieht.

Im Rahmen der kompetenzübertragend wirkenden Ermächtigungsbeschlüsse ist eine in Hinblick auf die Beeinträchtigung durch die Hauptversammlung pauschal *schützensbedürftige* Geschäftsführungs*kompetenz* nicht gegeben, sondern nur eine die „Ausübungs-"/„Ermächtigtenbefugnis". § 111 Abs. 4 S. 2 AktG ist begrifflich wie sachlich einschränkend auszulegen: Der Regelung kann zumindest bei Abfassung eines kompetenzübertragenden Ermächtigungsbeschlusses keine Geltung zukommen, für die Statuierung eines Zustimmungsvorbehalts des Aufsichtsrats ist demnach keine Satzungsbestimmung notwendig. Bei Fassung von dispensierend wirkenden Ermächtigungsbeschlüssen existiert hingegen zuvor *gesellschaftsintern* eine *Kompetenz* des Vorstands, wenngleich ihm die Geschäftsführungs*befugnis* fehlt. In diesen Fällen ist § 111 Abs. 4 S. 2 AktG begrifflich wie auch sachlich dem Grunde nach einschlägig.[423]

Soweit es die einschränkende Auslegung hinsichtlich der Gestaltung kompetenzübertragender Ermächtigung betrifft, läuft eine solche Sichtweise nicht der Funktion des § 111 Abs. 1, 4 S. 2 AktG zuwider. Diese besteht vor allem in der Abgrenzung der Kompetenzen zwischen Aufsichtsrat und Vorstand. Die zentrale Feststellung des § 111 Abs. 4 S. 1, 2 AktG ist, dass dem Aufsichtsrat keine Maßnahme der Geschäftsführung übertragen werden kann (S. 1).[424] In eben diesem Zusammenhang ist dann auch § 111 Abs. 4 S. 2 AktG zu lesen, der insoweit „lediglich" die Überwachungs- und Kontrollfunktion des Aufsichtrats (§ 111 Abs. 1 AktG) hervorhebt und daher eine Mitwirkung an der Geschäftsführung durch entsprechende satzungsmäßige Vorgaben für ausdrücklich zulässig bzw. seit dem TransPuG sogar für verpflichtend erklärt.[425] Der Umstand, dass die konkreten Felder der Mitwirkung in der Satzung verankert sein müssen und somit auch bei Ermächtigungsbeschlüssen nichts Abweichendes gelten soll, kann daher kaum als die zentrale Aussage des § 111 Abs. 4 S. 2 AktG gesehen werden. Im Gesetzgebungsverfahren wurde diesem Umstand keine wesentliche Be-

423 Abweichend in Bezug auf § 71 Abs. 1 Nr. 8 S. 1 AktG: *Bednarz*, S. 200 f. sowie *Möller*, Rn. 90, wonach erst durch den Ermächtigungsbeschluss der Geschäftsführungsbereich des Vorstands festgelegt werde und somit § 111 Abs. 4 S. 2 AktG begrifflich nicht einschlägig sei. Dies entspricht der hier verfolgten Idee in Bezug auf kompetenzübertragende Beschlüsse, erscheint aber angreifbar, weil dies wiederum in Richtung eines Rückschlusses *maiore ad minus* geht, wenn darauf abgestellt wird, dass erst die Hauptversammlung die Handlungsmöglichkeit schaffe (so dann auch *Bednarz*, S. 201).

424 Vgl. *Habersack*, in: MünchKomm-AktG, § 111 Rn. 110 sowie *Spindler*, in: Spindler/Stilz AktG, § 111 Rn. 77.

425 Vgl. *Hopt/Roth*, in: GroßKomm-AktG, § 111 Rn. 27, 583.

deutung zugemessen.[426] Am naheliegendsten ist daher, dass die Satzung aufgrund ihres Organisationscharakters und der damit einhergehenden Eigenschaft als einfach handhabbare Informationsquelle zur Beachtung der Vorbehalte für deutlich geeigneter gehalten wurde als ein einfacher Hauptversammlungsbeschluss. Ein einfacher Hauptversammlungsbeschluss, der abstrakt die Zustimmungsvorbehalte aufzählt, wäre in der Tat alles andere als sinnvoll gewesen. Selbiges gilt für einzelne Beschlüsse, die sich darin erschöpfen, einen Zustimmungsvorbehalt anzuordnen.

Folglich indiziert der Regelungszusammenhang nicht, dass *nur* abstrakt vorgegebene Zustimmungsvorbehalte vom Gesetz akzeptiert werden. Ebenso wenig kommt dem Satzungserfordernis als solchem eine gesteigerte Bedeutung zu, es steht also einem auf die Formulierung „Maßnahmen der Geschäftsführung" gestützten Verständnis von § 111 Abs. 4 S. 2 AktG nicht entgegen. Geht es folglich in der Sache primär um den Schutz des Kompetenzbereiches des Vorstands, finden die aufgezeigten Erwägungen Anwendung. Dem Vorstand steht hinsichtlich der Ausnutzung kompetenzübertragender Ermächtigungen kein geschützter Geschäftsführungsbereich bezüglich des „Ob" der Maßnahme zu, in den unzulässiger Weise eingegriffen werden könnte. Der Schutzzweck des § 111 Abs. 1, 4 S. 1, 2 AktG erfordert folglich nicht in jedem Falle eine satzungsmäßige Anordnung eines Zustimmungsvorbehaltes.

§ 111 Abs. 4 S. 2 AktG ist somit jedenfalls dahingehend auszulegen, dass sie der Regelung von singulären Zustimmungsvorbehalten im Rahmen eines kompetenzübertragenden Ermächtigungsbeschlusses nicht entgegensteht. Ebensowenig bedarf es einer gesonderten gesetzlichen Grundlage, um den vermeintlichen Eingriff der Hauptversammlung zu rechtfertigen.[427]

Diese Argumentationskette greift nur für kompetenzübertragende Ermächtigungsbeschlüsse. Anderes gilt nach dem bisher Gesagten für dispensierende Ermächtigungsbeschlüsse. Die Zulässigkeit eines Zustimmungsvorbehalts ließe sich in diesen Fällen allenfalls auf Basis einer teleologischen Reduktion begründen. Maßgeblich hierfür wäre wieder der Verweis auf die beschriebene Funktion von § 111 Abs. 1, 4 AktG und den Umstand, dass dem Satzungserfordernis, jedenfalls soweit es um die Regelung abstrakt anstatt singulär formulierter Zustimmungsvorbehalte geht, keine gesteigerte Bedeutung zukommt. Zwar kann man dem Gesetzgeber nicht ohne weiteres unterstellen, dass er sich hinsichtlich des Satzungserfordernis-

426 Vgl. *Kropff*, AktG 1965, S. 3
427 So aber *Bergau*, AG 2006, 769 (772).

ses keine Gedanken gemacht hat. Ein Ermächtigungsbeschluss besitzt aber die Eigenheit, dass er eine neue Entscheidungsbefugnis schafft, bezüglich derer eine singuläre Entscheidung über die Existenz von Zustimmungsvorbehalten konstruktiv durchaus sinnvoll gestaltet werden kann. Die Überlegenheit einer Satzungsregelung bei der Vorgabe von Zustimmungsvorbehalten auf dem gesamten Gebiet der Geschäftsführungsmaßnahmen ist in diesen Fällen nicht mehr gegeben. Dementsprechend ist die Aufnahme eines solchen Vorbehalts in einen einfachen Hauptversammlungsbeschluss, sofern sich dieser denn auf die Schaffung der vom Vorbehalt getroffenen Handlungsoptionen bezieht, nicht sinnwidrig. Die Formulierung des § 111 Abs. 4 S. 2 AktG ist in Bezug auf Ermächtigungsbeschlüsse daher zu weitgehend. § 111 Abs. 4 S. 1 AktG ist dahingehend teleologisch zu reduzieren, dass die Hauptversammlung auch bei dispensierenden Ermächtigungen einen Zustimmungsvorbehalt zu Gunsten des Aufsichtrats in dem entsprechenden Ermächtigungsbeschluss vorsehen kann.

Misst man dem Satzungserfordernis hingegen ein höheres Gewicht zu, ließe sich die Zulässigkeit entsprechender Vorgaben bei dispensierenden Ermächtigungsbeschlüssen nicht hilfsweise dadurch erreichen, dass man entgegen der ganz h.M. in der aktienrechtlichen Literatur sog. *Satzungsdurchbrechungen* zumindest partiell für zulässig erachtete. Unter einer Satzungsdurchbrechung versteht man Fälle, in denen sich die Hauptversammlung (im Einzelfall) über die Satzung hinwegsetzt, ohne die Satzung zu ändern.[428] Mit Blick auf die auf (befristete) Dauer angelegte Ermächtigung und dem dementsprechend ebenso auf Dauer angelegten Zustimmungsvorbehalt könnte jedoch allenfalls von einer sog. zustandsbegründenden Satzungsdurchbrechung ausgegangen werden, deren Zulässigkeit einhellig abgelehnt wird.[429]

---

428 Anders als *Bergau*, AG 2006, 769 (773) meint, ist der Ansatz dieser Rechtsfigur unmittelbar auf die hiesige Konstellation anwendbar und nicht bloß „in Parallele“. Aufgrund der nach § 111 Abs. 4 S. 2 AktG zwingend vorzunehmenden Aufzählung der Felder von Zustimmungsvorbehalten enthält die Satzung durchaus auch die Aussage, dass im Übrigen keine Zustimmungsvorbehalte bestehen. Dementsprechend verstößt in den hier diskutierten Fällen ein einfacher Hauptversammlungsbeschluss, sofern man sie entgegen der hier vertretenen Ansicht für unzulässig hält, gegen die eigene Satzung, sodass die Figur der Satzungsdurchbrechung (sofern man sie denn akzeptiert) unmittelbar Anwendung finden kann.

429 Vgl. BGH NZG 2009, 342 (347) (Kirch/Deutsche Bank) sowie zusammenfassend *Stein*, in: MünchKomm-AktG, § 179 Rn. 39 (zugleich m.w.N.). Die Annahme einer sog. punktuellen Satzungsdurchbrechung, die vereinzelt für zulässig erachtet wird (vgl. etwa: *Boesebeck*, NJW 1960, 2265 (2267); *Priester*, ZHR 151

ccc. Zwischenergebnis

Demgemäß ist nach hier vertretenem Verständnis hinsichtlich der Herleitung, aber nicht hinsichtlich des Ergebnisses zwischen kompetenzübertragenden und dispensierend wirkenden Ermächtigungen zu differenzieren. In beiden Fällen ist es möglich, einen Zustimmungsvorbehalt zu Gunsten des Aufsichtsrats vorzusehen.

bb. Zustimmungsvorbehalt zu Gunsten der Hauptversammlung

Denkbar mag es des Weiteren sein, die Möglichkeit zur Ausnutzung einer erteilten Ermächtigung von der erneuten Zustimmung der Hauptversammlung abhängig zu machen. Insoweit droht von vorneherein keine über die Ermächtigung des Vorstands hinausgehende Delegation an eine dritte Instanz. Für die Zulässigkeit einer solchen Gestaltung kommt es somit maßgeblich darauf an, ob man darin eine unzulässige Beschränkung der Kompetenz des Vorstands sieht.

Der Übergriff in die Entscheidungsautonomie als solcher kann nach dem bisher Gesagten nicht schädlich sein. Wie bereits dargestellt, liegt in einer eng gefassten Ermächtigung kein unzulässiger Übergriff der Hauptversammlung in die Kompetenzen des Vorstands, solange dem Vorstand zumindest in den Fällen dispensierender Ermächtigungen ein Entschließungsermessen verbleibt. Der Bezug zur allgemeinen Zulässigkeit inhaltsbeschränkender Angaben bei dispensierend wirkenden Ermächtigungen rechtfertigt auch eine abweichende Behandlung gegenüber der Grundregel, wonach weder die Satzung noch die Hauptversammlung per singulärem Beschluss im Bereich der Geschäftsführung einen Zustim-

---

(1987), 40 (53 ff.)) wäre zumindest im Grundsatz denkbar, wenn die Ermächtigung derart ausgestaltet ist, dass sie sich in einer einmaligen Nutzungsmöglichkeit erschöpft. Aber auch dann könnte man argumentieren, dass aufgrund der zeitlichen Streckung und aufgrund des initialen Entscheidungsrechts des Vorstands dennoch eine zustandsbegründende Satzungsdurchbrechung gegeben sei. Letztlich zeigt dieser Umstand die Validität des von der Mehrheit der Stimmen vorgebrachten Arguments gegen die Zulässigkeit von Satzungsdurchbrechungen, wonach die vorgeschlagene Differenzierung zwischen punktuellen und zustandsverändernden Satzungsdurchbrechungen nicht trennscharf möglich ist (so etwa: *Zöllner*, in: FS Priester, S. 879 (888 f.); *Stein*, in: MünchKomm-AktG, § 179 Rn. 40 m.w.N.; anschaulich für den Fall von Zustimmungsvorbehalten bei Ermächtigungsbeschlüssen: *Bergau*, AG 2006, 769 (774 f.)).

mungsvorbehalt der Hauptversammlung statuieren können.[430] Ermächtigungsbefugnisse nehmen insoweit eine Sonderrolle ein. Einer Rekursion auf die damit verbundene Zulässigkeit von Verfahrensvorgaben[431] oder aber auf die Zulässigkeit einer Entmächtigung[432] bedarf es dabei nicht.[433]

Soweit es um Ermächtigungsbeschlüsse geht, mit deren Beschlussgegenstand sich die Hauptversammlung nach dem Aktiengesetz nicht alternativ mittels eines Einzelbeschlusses auseinandersetzen kann, steht einer solchen Gestaltung auch nicht entgegen, dass sich die Hauptversammlung auf diese Weise ein Mitentscheidungsrecht an einer konkret umrissenen Maßnahme sichert. Die entsprechende Regelungstechnik beruht, wie gesehen, nicht einmal zwingend auf einer dahingehenden bewussten Wertung des Gesetzgebers.

Die Regelung eines Zustimmungsvorbehalts zu Gunsten der Hauptversammlung ist daher möglich.[434] Ob eine solche Gestaltung tatsächlich sinnvoll ist, mag mit Blick auf die grundsätzlichen Erwägungen zur Möglichkeit von Ermächtigungsbeschlüssen und deren spezifischer Funktion bezweifelt werden.[435]

---

430 Vgl. *Habersack*, in: GroßKomm-AktG, § 82 Rn. 27 sowie *Spindler*, in: MünchKomm-AktG, § 82 Rn. 42.

431 So in Bezug auf die Ermächtigung zur Wiederveräußerung eigener Aktien: *Huber*, in: FS Kropff, S. 101 (117).

432 So in Bezug auf den Erwerb eigener Aktien: *Bednarz*, S. 201 f.

433 Eine gewisse Einschränkung bezüglich der Gestaltungsfreiheit bei der Regelung von Vorbehalten ergibt sich mittelbar aus den vorstehenden Überlegungen zur Zulässigkeit der Statuierung einer Ausnutzungspflicht. Der Zustimmungsvorbehalt darf dementsprechend nicht dahingehend formuliert werden, dass der Vorstand bei einem positivem Votum der Hauptversammlung zur entsprechenden Handlung sodann auch verpflichtet wäre. Für dispensierend wirkende Ermächtigungen ergibt sich dies schon aus der allgemeinen Unzulässigkeit jeglicher Gestaltung, die zu einer Ausnutzungspflicht führen könnte. Für kompetenzübertragende Ermächtigungsbeschlüsse folgt dies hingegen erst aus der Unzulässigkeit nachgelagerter, einer separaten Weisung gleichkommender Einzelbeschlüsse, die durch eine solche Gestaltung unterlaufen werden könnte.

434 In Bezug auf eine Ermächtigung zum Erwerb eigener Aktien ebenso: *Bednarz*, S. 201 f.; *Merkt*, in: Großkomm-AktG, § 71 Rn. 271; *Oechsler*, in: MünchKomm-AktG, § 71 Rn. 223 sowie auch RegBegr. BT-Drs. 13/9712, S. 13, allerdings unter Verweis auf § 272 Abs. 1 S. 4 bis 6 HGB a.F.; Durch die Änderung des § 272 HGB hat sich indes nichts an der Zulässigkeit entsprechender Angaben geändert, überzeugend: *Oechsler*, a.a.O.

435 Zweifelnd in Bezug auf den Erwerb eigener Aktien: *Bednarz*, S. 202.

cc. Zustimmungsvorbehalt zu Gunsten von Aktionären oder gesellschaftsexternen Dritten

Unzulässig wäre hingegen eine Vorgabe, wonach der Vorstand für die Ausnutzung der in Rede stehenden Ermächtigung der Zustimmung einer dritten Person bedarf.[436] Es kommt im Ergebnis nicht darauf an, ob der Vorstand hierdurch in unzulässiger Weise in seiner Geschäftsführungs- bzw. Ermächtigtenbefugnis beeinträchtigt wird. Derartige Gestaltungen stellen vielmehr eine unzulässige (Teil-)Delegation der Kompetenzen der Hauptversammlung dar,[437] für deren ausnahmsweise Zulässigkeit sich auch keine zu § 111 Abs. 4 AktG vergleichbare Wertung findet. Dass es um die Nutzung von Ermächtigungsoptionen geht, führt zu keinem anderen Ergebnis. Diese Regelungen erlauben nur eine Delegation an den Vorstand. Somit verbleibt es bei der Grundregel, dass die Kompetenzordnung der Aktiengesellschaft genommen zwingend ist und sich die Hauptversammlung ihrer Zuständigkeiten nicht begeben kann.[438] Soweit es um Zustimmungsvorbehalte zu Gunsten eigener Aktionäre geht, kommt hinzu, dass den betreffenden Aktionären sodann ein faktisches Mehrstimmrecht bezüglich der jeweiligen Maßnahmen zukäme – einem solchen steht aber §§ 12 Abs. 2, 134 Abs. 1 AktG entgegen.[439]

---

436 Ebenso in Bezug auf eine Ermächtigung i.S.d. § 221 Abs. 2 AktG: *Hirte*, in: Großkomm-AktG, § 221 Rn. 116; *Stadler*, in: Bürgers/Körber AktG, § 221 Rn. 31; hiervon abzugrenzen ist der Fall, dass sich der Vorstand der Aktiengesellschaft dazu verpflichten will, nur bei Zustimmung eines Dritten eine Ermächtigung auszunutzen, (vgl. hierzu LG München, NZG 2012, 1152) oder aber eine solche strikt zu unterlassen; vgl. hierzu jeweils bereits unter Abschnitt B.II.2. in diesen Kapitel.

437 Vgl. hierzu auch, wenngleich nicht nur in Bezug auf Ermächtigungen: *Lutter*, in: FS Quack, S. 301 (307), sowie *Zöllner*, in: KölnKomm-AktG (2. Auflage), § 179 Rn. 170.

438 Siehe erneut die Ausführungen im 1. Kapitel unter Abschnitt B. I. und B.II.

439 Ähnlich: *Stadler*, in: Bürgers/Körber AktG, § 221 Rn. 31. Das absolute Verbot von Mehrstimmrechten steht heute insbesondere im Hinblick auf Treuestimmrechte französischer Provenienz im Fokus von Reformdiskussionen, vgl. dazu monographisch: *Chatard*

d. Möglichkeit einer nachträglichen Beeinflussung des Ermächtigungsbeschlusses („Entmächtigung")

Die genannten Erwägungen zur organschaftlichen Beziehung zwischen Hauptversammlung und Vorstand infolge eines Ermächtigungsbeschlusses zeitigen auch die Zulässigkeit einer nachträglichen Beeinflussung des Ermächtigungsbeschlusses bis hin zu einer diesen vollkommen aufhebenden „Entmächtigung". Es ist der Hauptversammlung im Ergebnis unverwehrt, entsprechende Beschlüsse und somit auch die Entscheidungsbefugnisse des Vorstands als solche nachträglich noch zu beeinflussen und sogar vollumfänglich zu beseitigen.

Beschlüsse der Hauptversammlung können von dieser grundsätzlich im Nachhinein wieder aufgehoben werden. Einschränkungen gibt es nur im Hinblick auf das Ausmaß der Rechtsfolgen: Eine Rückwirkung ist nur insoweit möglich, wie es auf Basis des bestehenden Beschlusses zu keinen Bindungen im Außenverhältnis gekommen ist oder aber kein schutzwürdiges Vertrauen seitens Aktionären, Organen, Organmitgliedern oder externen Dritten besteht.[440] Dementsprechend können durch die Aufhebung insbesondere solche Rechtsgeschäfte nicht in ihrem Bestand tangiert werden, die nach Maßgabe eines Beschlusses der Hauptversammlung wirksam abgeschlossen wurden.

Diese Grundsätze können unter Beachtung der Funktionen von Ermächtigungsoptionen friktionslos auf dem Umgang mit Ermächtigungsbeschlüssen übertragen werden.

In der nachträglichen Beeinflussung der Entscheidungsautonomie ist kein gegen nach § 119 Abs. 2 AktG verstoßendes, weil kompetenzübergreifendes Vorgehen zu erblicken.[441] Ein solcher Rückschluss auf § 119 Abs. 2 AktG wäre nur dann zielführend, wenn das entscheidende Augenmerk auf dem Ergebnis einer Ermächtigung – die Erweiterung der Geschäftsführungsbefugnis bzw. -kompetenz – läge und nicht auf dem Umstand der

440 Vgl. *Austmann*, in: MünchHb-AG, § 40 Rn. 59; *Grundmann*, in: GroßKomm-AktG, § 133 Rn. 146; *Tröger*, in: KölnKomm-AktG, § 133 Rn. 221 f. sowie *Bednarz*, S. 153.

441 Vgl. zum entsprechenden Ansatz im speziellen *Bednarz*, S. 155, wonach zumindest bezogen auf einen Beschluss nach § 71 Abs. 1 Nr. 8 S. 1 AktG eine solche Aufhebungsmöglichkeit dem Bestehen eines dauerhaften Zustimmungsvorbehalts der Hauptversammlung gleichkäme. Ähnlich, aber allgemeiner: *Tröger*, in: KölnKomm-AktG, § 133 Rn. 227, wonach Beschlüsse i.S.d. § 119 Abs. 2 AktG grundsätzlich nicht wieder aufgehoben werden können, es sei denn, dass der Vorstand eine erneute Beschlussfassung beantragt.

Entstehung dieser Position auf Basis einer Willensbildung der Hauptversammlung.[442]

Es entspricht allerdings der Wertung des Aktienrechts, dass unabhängig davon, ob eine Ermächtigung dispensierend oder kompetenzübertragend wirkt, der Vorstand in diesen Fällen nur dann tätig werden können soll, wenn die Hauptversammlung an der Entscheidungsfindung mitgewirkt hat. Dass auch die Hauptversammlung aber ihren Willen ändern kann, ist diesem System immanent.

§ 119 Abs. 2 AktG Regelung soll die Kompetenzordnung dahingehend bewahren, dass die Hauptversammlung nicht über Angelegenheiten entscheidet, die originär dem Vorstand zugeordnet sind, und somit in dessen Kompetenzen *übergreift*. Im Fall kompetenzübertragender Beschlüsse lag diese Kompetenz aber originär bei der Hauptversammlung und im Fall dispensierender Beschlüsse entspricht es der ausdrücklichen gesetzlichen Wertung, dass der Vorstand die Hoheit über die Entscheidung hat, aber dennoch der Mitwirkung der Hauptversammlung bedarf. Von einem im Bestand geschützten Bereich des Vorstands infolge einer Ermächtigung, in den eine Entmächtigung überzugreifen droht, kann daher keine Rede sein. Auch insoweit passt also das Bild einer „Ermächtigtenbefugnis". Wenn das Gesetz die Mitwirkung der Hauptversammlung fordert, ist der Vorstand in Bezug auf diese Angelegenheiten demnach stets der aktuellen Willensbildung der Hauptversammlung unterworfen.[443] Eine Entmächtigung ist jederzeit möglich, und zwar – insoweit anders als bei den übrigen Beschlüssen i.S.d. § 119 Abs. 2 AktG – im Fall dispensierend wirkender Ermächtigungen nicht nur bei einer erneuten Rückfrage des Vorstands.[444]

Unbenommen bleibt, dass der Vorstand auf den Bestand der Ermächtigung bis zur Aufhebung grundsätzlich vertrauen darf. iIsbesondere für die Frage einer organschaftlichen Haftung kann die Aufhebung des Beschlus-

---

442 Jedenfalls soweit es um eine nicht einer gesetzlichen Höchstfrist unterliegenden und einer Satzungsänderung bedürfenden Ermächtigung geht, kann eine solche Folge nicht angenommen werden – andernfalls wäre die Satzung in dieser Hinsicht auf ewig unabänderlich, was mit dem Organisationscharakter der Satzung unvereinbar wäre.

443 So die Formulierung bei *Bednarz*, S. 156.

444 Im Ergebnis ebenso zu den einzelnen Ermächtigungsoptionen: *Bayer*, in: MünchKomm-AktG, § 202 Rn. 47; § 202 Rn. 7; *Oechsler*, in: MünchKomm-AktG, § 71 Rn. 228; *Bednarz*, S. 156; vgl. auch *Scholz*, in: MünchHb-AG § 59 Rn. 12 sowie *Yanli*, S. 20 ff.

ses dem Vorstand gegenüber keine Rückwirkung entfalten. Ausgeführte Rechtsgeschäfte bleiben wirksam.[445]

Analoges gilt sodann für die bloß teilweise Einschränkung einer bestehenden Ermächtigung, denn hierin liegt letzten Endes eine zulässige Teil-Aufhebung.

Hinsichtlich der Anforderungen an eine solche entmächtigende Beschlussfassung ergeben sich keine Besonderheiten, es verbleibt bei der Geltung der allgemeinen Regeln.[446]

2. Gestaltungsgrenzen ohne Bezug zu einer (weitergehenden) Beschränkung einer Ermächtigung

Soweit es die angesprochenen Gestaltungsgrenzen hinsichtlich des Ausmaßes der Delegation betrifft, ist zuvorderst an die gesetzlich vorgesehenen Höchstgrenzen bezüglich des Volumens und der Laufzeit einzelner Ermächtigungen zu denken.[447] Die Existenz und Bemessung solcher Grenzen an sich ist ein Aspekt der jeweiligen Sachthematik. Einheitlich zu

---

445 Eine Ausnahme ergibt sich im Fall erworbener Aktien insbesondere nicht aus dem Umstand, dass die Aktionäre, also eben jene Personen, die am Ermächtigungsbeschluss und dessen Aufhebung mitwirken, die Vertragspartner der Ausführungsgeschäfte sind, überzeugend: *Bednarz*, S. 154.

446 Vgl. etwa *Tröger*, in: KölnKomm-AktG, § 133 Rn. 228 zur Frage nach den Beschlussanforderungen an die Aufhebung einer Satzungsänderung, sowie insoweit dann zutreffend: *Bayer*, in: MünchKomm-AktG; § 202 Rn. 47. *Bayer* ist mit Blick auf die Zwecke der Gestaltungsanforderungen insbesondere auch dahingehend zuzustimmen, dass nicht jedwede Änderung eines Beschlusses i.S.d. § 202 Abs. 1, 2 AktG nach Maßgabe der § 202 Abs. 2–4 AktG getroffen werden muss, vgl. im Einzelnen und m.w.N. *Bayer*, in: MünchKomm AktG, § 202 Rn. 48 sowie auch *Hirte/Mock* in: KölnKomm-WpÜG, § 33 Rn. 131 ff.

447 Auszuklammern sind nach dem Zuschnitt der Arbeit wiederum nicht ermächtigungsspezifische Sonderfragen, etwa eine tiefergehende Betrachtung der Frage nach der Notwendigkeit einer sachlichen Rechtfertigung und der Anforderungen an eine solche im Rahmen einer Ermächtigung i.S.d. § § 71 Abs. 1 Nr. 8 S. 5; 203 Abs. 2; 221 Abs. 4 i.V.m. § 203 Abs. 2 AktG. Wenngleich die hierzu ergangene Rechtsprechung sich durchaus als eine Begrenzung der Ermächtigungskompetenz darstellt (zutreffend: *Ekkenga*, AG 2001, 567, (572 ff.)), beruht sie, wie bereits angemerkt, auf dem separaten, nicht mit der Eigenschaft als Ermächtigung verbundenen Gleichbehandlungsgrundsatz. Nicht weiter erörtert werden soll dementsprechend bspw. auch die Frage, ob sich dieses Erfordernis auch auf die Bemessung der Laufzeit einer entsprechenden Ermächtigung auswirkt; für die Notwendigkeit einer besonderen Legitimation für lang bemessene Ermächtigungen, vgl. insoweit *Simon*, AG 1985, 237 (238 f.) sowie *Lutter*,

beantworten ist aber die Frage, inwieweit die Hauptversammlung durch solche Bestimmungen auch bei der (notwendigen) Festsetzung einer Frist (dazu Abschnitt a.) und bei der Kombination mehrerer gleichartiger Beschlüsse (dazu Abschnitt b.) Gestaltungsgrenzen unterworfen ist.

a. Gestaltungsgrenzen bei der Festsetzung des genauen Fristlaufs

Es wurde bereits festgestellt, dass die Hauptversammlung regelmäßig Fristangaben vorgeben kann und im Fall gesetzlich vorgeschriebener Höchstfristen dies in einem hinreichenden Maße sogar muss. Eine andere Frage ist aber, ob die Hauptversammlung *nur* den Umfang der Laufzeit vorgeben kann bzw. muss oder auch darüber hinausgehend den Geltungszeitraum der Lage nach, insbesondere also den Beginn der Frist bestimmen kann.

Im Ausgangspunkt wird man begrifflich und sachlich differenzieren müssen zwischen Bestimmungen betreffend den Beginn einer etwaigen gesetzlichen Höchstfrist einerseits und Bestimmungen betreffend den Beginn der Laufzeit der konkreten Ermächtigung andererseits.[448] In Folge dessen ist hinsichtlich der Zulässigkeit der hier besprochenen Angaben auch zu unterscheiden zwischen solchen Ermächtigungen, die einer gesetzlichen Höchstfrist unterliegen, und solchen ohne derartige Schranken.

Führt man sich den Zweck der gesetzlich geregelten Höchstfristen vor Augen, ist es vergleichsweise einsichtig, dass die Hauptversammlung auf den Beginn *dieser* Fristen keinen Einfluss haben kann und es insoweit ausschließlich auf die Beschlussfassung bzw. Eintragung des Beschlusses oder die Gründung der Gesellschaft ankommen kann.[449] Diese Gestaltungsgren-

in: KölnKomm-AktG (2. Auflage), § 203 Rn. 35; abweichend: *Hirte*, in: GroßKomm-AktG, § 203 Rn. 59 ff.; *Koch*, AktG, § 203 Rn. 30.

448 Anschaulich etwa: *Grunewald*, in: Baums/Thoma WpÜG, § 33 Rn. 94; *Kuntz*, in: KölnKomm-AktG, § 202 Rn. 47 sowie *Wamser*, in: Spindler/Stilz AktG, § 202 Rn. 65 ff.

449 In Bezug auf § 33 Abs. 2 WpÜG war umstritten, ob im Fall einer Bezugnahme auf ein genehmigtes Kapital es sodann auf den Zeitpunkt der Beschlussfassung oder den der Eintragung ankommt; für das Abstellen auf die Eintragung: *Brandi*, in: Angerer/Geibel/Süßmann WpÜG, § 33 Rn. 88; *Schlitt*, in: MünchKomm-AktG, § 33 WpÜG, Rn. 221; nunmehr auch: *Krause/Pötzsch/Stephan*, in: Assmann/Pötzsch/Uwe H. Schneider WpÜG, § 33 Rn. 225, anders noch: *Krause/Pötzsch/Stephan*, in: Assmann/Pötzsch/Uwe H. Schneider WpÜG (2. Auflage), § 33 Rn. 85; dass aber jedenfalls der Beginn der Höchstfrist nicht disponibel ist, entspricht der ganz h.M; eine Ausnahme hierzu bildet *Hirte*, vgl. insoweit die Nennungen unter Fn. 453.

zen sollen sicherstellen, dass die Hauptversammlung ihre eigenen Kompetenzen und Mitspracherechte nicht in zu umfangreichem Maß aushöhlt.[450] Die dementsprechenden Regelungen können dann kaum durch eine Verlegung des Fristbeginns umgangen werden. Im Fall des § 202 Abs. 1, 2 AktG ergibt sich dies bereits aus dem Wortlaut der Vorschrift („für höchstens fünf Jahre nach Eintragung").

Diese Erwägungen zwingen aber nicht dazu, dass auch der Beginn der konkreten Laufzeit auf den Zeitpunkt der Beschlussfassung oder Eintragung festzulegen wäre. Die Hauptversammlung kann durchaus ein legitimes Interesse haben, dass eine Ermächtigung nicht mit der Beschlussfassung zu wirken beginnt. Es mag beispielsweise sein, dass der Eintritt der zur Ermächtigungsentscheidung führenden Umstände zwar vor der nächsten planmäßigen Hauptversammlung projektiert ist, aber dennoch erst in einigen Monaten erwartet wird. Eine abweichende Bestimmung der Lage des Geltungszeitraums beeinflusst nicht notwendiger Weise den Umfang der Frist. Folglich drohen durch eine bloße Verschiebung des Fristbeginns die beschriebenen Ziele der gesetzlich vorgesehenen Höchstfristen auch nicht unterlaufen zu werden. Etwas anderes gilt nur, wenn etwa der Beginn der konkreten Laufzeit so gelegt werden soll, dass die Gesamtdauer der konkreten Ermächtigung das Ende der eben vom Moment der Beschlussfassung/Eintragung bemessenen gesetzlichen Höchstfrist überschreitet.[451]

Soweit das Gesetz schon keine gesetzliche Höchstfrist vorsieht, ist die Gestaltungsfreiheit der Hauptversammlung keinen Grenzen unterworfen. Selbst bei einer weit in die Zukunft verlagerten Ermächtigung liegt hierin keine unzulässige Bindung folgender Hauptversammlungen, denen

---

450 Diese Zwecke sind strikt abzugrenzen von den Gründen für die Notwendigkeit einer „tatsächlichen" Festsetzung der jeweiligen Grenze *durch* die Hauptversammlung. Die Höchstgrenzen dienen nicht der Warnung und Information der Beteiligten und Betroffenen, sondern dem Schutz der Kapitalmärkte, Aktionäre und Gläubiger vor übermäßigen Umschichtungen des Aktionärsbestandes, Verfälschungen der Preisbildung am Kapitalmarkt und eben einer zu großen Machtfülle des Vorstands gegenüber der (Minderheits-) Aktionäre, vgl. betreffend § 71 Abs. 1 Nr. 8 S. 1 AktG: *Bezzenberger*, in: K. Schmidt/Lutter AktG, § 71 Rn. 21; betreffend § 192 Abs. 2 Nr. 3 Alt. 2, Abs. 3 AktG: *Klausing*, S. 145 sowie *Hirte*, in: GroßKomm-AktG, § 192 Rn. 132; betreffend § 202 Abs. 3 AktG: *Bayer*, in: MünchKomm-AktG, § 202 Rn. 65.

451 Enger (Beginn spätestens bis zur nächsten Hauptversammlung): *Wamser*, in: Spindler/Stilz AktG, § 202 Rn. 65 sowie *Groß/T. Fischer*, in: Heidel Aktienrecht, § 202 Rn. 41, 59.

es schließlich unbenommen bleibt, derartige Beschlüsse wieder aufzuheben.[452]

Der Beginn der Laufzeit einer Ermächtigung ist somit konzeptionell nicht von vorneherein auf den Tag der Beschlussfassung oder der korrespondierenden Eintragung festgesetzt. Soweit jedoch eine gesetzliche Höchstfrist existiert, darf die Kombination aus Umfang und Beginn der Laufzeit diese nicht überschreiten.[453]

b. Gestaltungsgrenzen hinsichtlich der Kombination gleichartiger Beschlüsse

Die Hauptversammlung mag des Weiteren ein Interesse haben, mehrere Ermächtigungen gleicher Art auszugeben – sei es, dass sich die Ermächtigungsdauer der jeweiligen Beschlüsse überschneidet oder aber eine Ermächtigung eine bestehende Ermächtigung ablösen und somit die entsprechende Befugnis des Vorstands erneuern soll.

---

452 Im Übrigen finden sich auch keine singulären gesetzliche Sonderregelungen oder – wertungen, kraft derer eine solche Gestaltung als unzulässig einzustufen wäre. Etwas anderes gilt insb. nicht in Hinblick auf den Wortlaut von § 202 Abs. 1, 2 AktG. Die Formulierung „höchstens fünf Jahre nach Eintragung" kann sich zwar unter semantischen Gesichtspunkten auch auf den Beginn der konkreten Ermächtigungslaufzeit beziehen. Begrifflich zwingend ist ein solches Verständnis aber nicht und eine restriktive Auslegung ist wie gesehen nicht geboten; zutreffend daher: *Groß/T. Fischer*, in: Heidel Aktienrecht, § 202 Rn. 40, 59.

453 Entsprechend: *Cahn*, in: Spindler/Stilz AktG, § 71 Rn. 108; *Groß/T. Fischer*, in: Heidel Aktienrecht, § 202 Rn. 41, 59; *Kuntz*, in: KölnKomm-AktG, § 202 Rn. 47, *Mayer/Albrecht vom Kolke*, in: Hölters/Weber AktG, § 71 Rn. 20; *Wamser*, in: Spindler/Stilz AktG, § 202 Rn. 65; *Möller*, Rn. 40; wohl auch, wenn ausgesagt wird, dass die Hauptversammlung Beginn und Ende der Frist festsetzen muss: *Oechsler*, in: MünchKomm-AktG, § 71 Rn. 211; anders (Fristbeginn nicht disponibel): *Fest*, in: Hobt/Seibt SVR, § 221 Rn. 536; *Habersack*, in: MünchKomm-AktG, § 221 Rn. 157; *Lutter*, in: KölnKomm-AktG (2. Auflage), § 202 Rn. 16; wohl auch *Florstedt*, in: KölnKomm-AktG, § 221 Rn. 217; im Ergebnis wie hier, jedoch bezogen auf die Herleitung nicht überzeugend, wenn darauf abgestellt wird, dass der Fristbeginn anders als in Bezug auf ein genehmigtes Kapital nicht ausdrücklich festgelegt werden müsse, wobei sich aber diese Vorgabe eben vornehmlich auf die Höchstfrist beziehe: *Bednarz*, S. 130 f. Noch weitergehend (auch Beginn der Höchstfrist verlegbar, jedoch maximal bis zur nächsten Hauptversammlung): *Hirte*, in: Großkomm-AktG, § 202 Rn. 145.

Parallel laufende Ermächtigungen gleicher Art mögen beispielsweise sinnvoll sein, wenn die Hauptversammlung Ermächtigungen für unterschiedliche Zwecke, mit unterschiedlichen Parametern und Einschränkungen und/oder unterschiedlicher Laufzeit vorsehen möchte. So ist es beispielsweise üblich, dass zwei separate Ermächtigungen i.S.d. § 202 Abs. 1, 2 AktG geschaffen werden („genehmigtes Kapital I/genehmigtes Kapital II").[454] Zeitlich aufeinander folgende Ermächtigungen sind vor allem dann sinnvoll, wenn der Vorstand losgelöst von einer bestimmten Lage der Gesellschaft stets die Möglichkeit zum situationsadäquaten Handeln haben soll (sog. Kettenbefristung). Es kann demnach auch nötig sein, noch vor Ablauf der vorhergehenden Ermächtigung eine weitere, gleichartige Ermächtigung zu fassen, deren Laufzeit über jene der alten Ermächtigung hinausgeht.[455]

Der Zulässigkeit solcher Gestaltungen stehen keine größeren Bedenken entgegen. Weder sieht das (geschriebene) Aktienrecht vor, dass nur eine gewisse Anzahl an Ermächtigungen gleicher Art zugleich oder nacheinander erklärt werden dürfen, noch sind irgendwelche Gründe ersichtlich, auf Basis derer eine dahingehende ungeschriebene Gestaltungsgrenze anzunehmen wäre. Die Ermächtigungsoptionen sehen an verschiedenen Stellen lediglich Umfangsbeschränkungen vor. Eine Umgehung dieser Regelungen und der damit verbundenen Regelungsziele durch eine Häufung paralleler oder sich zeitlich überschneidender Beschlüsse droht gerade nicht. Der Regelungsgehalt dieser Vorschriften lässt sich dergestalt bewahren, dass sich die Volumengrenzen nicht bloß auf einen einzelnen Beschluss beziehen, sondern auf das *Gesamtvolumen* der bestehenden Ermächtigungen.[456] Insbesondere bei sich überschneidenden Kettenbeschlüssen ist es

---

454 Regelmäßig bezieht sich diese Differenzierung auf die Frage, ob ein Bezugsrecht besteht oder aber ausgeschlossen ist bzw. die Ermächtigung hierzu miterteilt wurde. Auf diese Weise können bspw. die Anfechtungsrisiken vermindert werden, vgl. *Apfelbacher/Metzner*, in: Hölters/Weber AktG, § 202 Rn. 18.

455 Die Relevanz dieser zuletzt genannten Konstellation hat sich durch die Anhebung der Höchstfrist im Rahmen der § 71 Abs. 1 Nr. 7, 8 S. 1 AktG von 18 Monaten auf 5 Jahre durch das ARUG zwar erheblich geschmälert, konzeptionell ist sie jedoch nach wie vor denkbar und im Rahmen von § 33 Abs. 2 WpÜG (ungeachtet der vergleichsweisen geringen Relevanz dieser Ermächtigungsoption) wegen der dort gültigen Höchstdauer von 18 Monaten durchaus noch von Bedeutung.

456 Vgl. bez. § 71 Nr. 8 S. 1 AktG: *Bednarz*, S. 160 ff.; *Möller*, Rn. 73; *Oechsler*, in: MünchKomm-AktG, § 71 Rn. 228; anders: *Grobecker/Michel*, DStR 2001, 1757 (1759 f.); bez. § 192 Abs. 3 AktG: *Drygala/Staake*, in: KölnKomm-AktG, 192 Rn. 159; *Hirte*, in: GroßKomm-AktG, § 192 Rn. 135; *Scholz*, in: MünchHb-AG,

daher auch üblich, dass der alte Ermächtigungsbeschluss zeitgleich aufgehoben wird (sog. revolvierende Ermächtigung).[457] Der Hauptversammlung steht es daher im Rahmen der Volumengrenzen frei, so viele Ermächtigungen gleicher Art zeitgleich oder zeitversetzt auszugeben, wie es ihr beliebt.[458]

Diese Handlungsoption ändert jedoch weder im Fall revolvierender Ermächtigungen noch im Fall von parallel gefassten Ermächtigungsbeschlüssen etwas an den dargelegten Anforderungen an deren jeweilige Fassung. Die dargelegten Erwägungen treffen auch auf solche Konstellationen zu. Dementsprechend kann sich ein parallel gefasster oder revolvierender Ermächtigungsbeschluss hinsichtlich der notwendigen Festsetzungen nicht in einem Verweis auf einen anderen oder vorherigen Ermächtigungsbeschluss erschöpfen.[459]

---

§ 58 Rn. 23; OLG München NZG 2012, 350 (351); bez. § 202 Abs. 2,3 AktG: *Apfelbacher/Metzner*, in: Hölters/Weber AktG, § 202 Rn. 18; *Bayer*, in: MünchKomm-AktG, § 202 Rn. 2, 69; *Hirte*, in: GroßKomm-AktG, § 202 Rn. 148; *Kuntz*, in: KölnKomm-AktG, § 202 Rn. 70; *Scholz*, in: MünchHb-AG, § 59 Rn. 16; *Wamser*, in: Spindler/Stilz AktG, § 202 Rn. 69. Betreffend den Erwerb eigener Aktien nach § 71 Abs. 1 Nr. 8 S. 1 AktG ist insoweit allerdings umstritten, ob sich die Grenze auf den Gesamtbestand zu *erwerbender* Aktien bezieht oder auf das Volumen der maximal zu haltender Aktien. Dies wird relevant, wenn die Gesellschaft erworbene Aktien während der Ermächtigungsdauer wieder veräußert und sich sodann die Frage stellt, ob die Erwerbsermächtigung in diesem Umfang wieder auflebt, vgl. hierzu etwa *Bezzenberger*, Rn. 44 f.

457 Vgl. *Groß*, in: Happ Aktienrecht 13.01 Rnd. 5.1; *Hirte*, in: GroßKomm-AktG, § 202 Rn. 148; *Merkt*, in: GroßKomm-AktG, § 71 Rn. 253; eine solche Aufhebung ist aber eben auch nötig und geschieht nicht *ipso iure* mit der Fassung eines neuen Beschlusses, vgl.: *Grobecker/Michel*, DStR 2001, 1757 (1760); insoweit kritisch zur Vermutung einer regelmäßig konkludenten Aufhebung: *Bednarz* S. 158 f.; *Oechsler*, in: MünchKomm-AktG, § 71 Rn. 228; großzügiger: *Kiem*, ZIP 2000, 209 (211) sowie *Seidler*, S. 67.

458 Neben den Nennungen unter Fn. 456 ebenso: *Bezzenberger*, in: K. Schmidt/Lutter AktG, § 71 Rn. 19; *Lutter/Drygala*, in: KölnKomm-AktG, § 71 Rn. 112, 126; *Oechsler*, in: MünchKomm-AktG, § 71 Rn. 199, 201; anders noch: *Schlegelberger/Quassowksi/Herbig/Geßler/Hefermehl*, AktG, § 169 Anm. 1; betreffend § 33 Abs. 2 WpÜG implizit ebenso: *Grunewald*, in: Baums/Thoma WpÜG, § 33 Rn. 95 sowie *Schlitt*, in: MünchKomm-AktG, § 33 WpÜG Rn. 221.

459 Ähnlich betreffend eine Ermächtigung i.S.d. § 71 Abs. 1 Nr. 8 S. 1 AktG, wenn maßgeblich darauf abgestellt wird, dass die Hauptversammlung dann nicht die genaue Kenntnis über den Kompetenzumfang habe: *Oechsler*, in: MünchKomm-AktG, § 71 Rn. 211; *Bednarz*, S. 160; ebenso betreffend eine Ermächtigung i.S.d. § 202 Abs. 1, 2 AktG: *Bayer*, in: MünchKomm-AktG, § 202 Rn. 63.

C. Fehlerfolgen bei Schaffung und Ausnutzung eines Ermächtigungsbeschlusses

Nach dem bisher Gesagten lassen sich aus den weitgehend einheitlichen Funktionen von Ermächtigungsbeschlüssen und der entsprechenden Konzeption Ableitungen für die Wirkung und Stellung solcher Beschlüsse im Organisationsrecht der Aktiengesellschaft sowie für die grundlegenden positiven wie negativen Grenzen der Gestaltungsfreiheit der beteiligten Organe treffen. Entsprechend dieser Herleitungen der Gestaltungsgrenzen liegt es nahe, in einem abschließenden Schritt auch die Fehlerfolgen im Fall der Missachtung dieser Grenzen auf Basis einheitlicher Grundgedanken mit Bezug zur Funktion und Konstruktion von Ermächtigungsbeschlüssen zu bemessen. Dies gilt gleichermaßen für Fehler auf Ebene der Beschlussfassung durch die Hauptversammlung (dazu I.) wie für Fehler auf Ebene der Ausnutzungshandlung des Vorstands (dazu II.).

I. Fehlerhafte Beschlussfassung der Hauptversammlung

Ermächtigungsbeschlüsse können in ganz allgemeiner Hinsicht mangelhaft sein. Beispielsweise können etwaige Formvorgaben nicht beachtet oder notwendige Quoren nicht erreicht werden. Die Beurteilung der Folgen von Beschlussmängeln, insbesondere der Frage, ob diese zur Anfechtbarkeit oder gar Nichtigkeit des entsprechenden Beschlusses führen und/oder ob eine etwaige Heilung möglich ist, richtet sich nach den allgemeinen Regeln für fehlerhafte Hauptversammlungsbeschlüsse, mithin primär nach §§ 241 ff. AktG und den hierzu entwickelten Kriterien.[460]

Soweit es die erörterten, (partiell) ermächtigungsspezifischen Gestaltungsanforderungen und -grenzen betrifft, liegt es nahe, an die jeweils weitestgehend einheitlichen Hintergründe dieser Vorgaben und deren Bezug zur Funktion von Ermächtigungsoptionen im aktienrechtlichen Organisationssystem anzuknüpfen. Entsprechend können die Fehlerfolgen nach Maßgabe der §§ 241 ff. AktG einheitlich bestimmt werden.[461] Zu

---

460 Die grundlegende Differenzierung anhand dieser Kriterien ergibt sich aus der Regelungssystematik der §§ 241–255 AktG, deckt aber keineswegs die potentiellen Fehlerfolgen in Gänze ab; vgl. zusammenfassend: *Raiser/Veil*, Recht der Kapitalgesellschaften, S. 262 f. sowie kritisch: *Baums*, ZHR 142 (1978), 582 ff.

461 Auszuklammern ist vor diesem Hintergrund wiederum die Folge einer Missachtung des Sonderbeschluss-Erfordernisses nach § 204 Abs. 2 AktG, welche sich außerhalb der Kategorien „Anfechtbarkeit“ und „Nichtigkeit“ bewegt. Vielmehr stellt das Sonderbeschluss-Erfordernis eine Wirksamkeitsbedingung dar und

differenzieren ist dabei entsprechend dem bisherigen Vorgehen zwischen Verstößen gegen die negative Gestaltungsfreiheit einerseits (dazu 1.) und Verstößen gegen die positive Gestaltungsfreiheit andererseits (dazu 2.)

1. Folgen bei Missachtung der Mindestanforderungen an die Fassung von Ermächtigungsbeschlüssen

Verstöße gegen die aufgezeigten Gestaltungserfordernisse führen im Regelfall zur Nichtigkeit des entsprechenden Ermächtigungsbeschlusses.

a. Keine Auslegung unzureichend gestalteter Beschlüsse

Unzureichend gestaltete Ermächtigungsbeschlüsse können nicht dahingehend ausgelegt werden, dass der Umfang solcher Ermächtigungen sich im Zweifel nach dem jeweiligen gesetzliche Höchstmaß richten soll. Die entsprechenden Regelungen können im Fall des Schweigens einer Ermächtigung nicht als Auslegungshilfe dienen.[462] Als gestaltendes Rechtsgeschäft (sui generis) ist ein Hauptversammlungsbeschluss durchaus einer Auslegung zugänglich.[463] Es ist aber gerade ein zentrales regulatorisches Anliegen, dass die Hauptversammlung die Grenzen der Ermächtigung

---

führt daher im Fall der Missachtung zur Unwirksamkeit des entsprechenden Beschlusses, vgl. zur Abgrenzung allgemein, gerade auch unter Bezug auf § 141 AktG: *Schäfer*, in: MünchKomm-AktG, § 241 Rn. 16 f.; im Ergebnis daher ebenso in Bezug auf einen Beschluss i.S.d. § 204 Abs. 2 AktG: *Kuntz*, in: KölnKomm-AktG, § 204 Rn. 54 f.

462 Anders die – zwar ausdrücklich nur betreffend eine Ermächtigung i.S.d. § 221 Abs. 2 AktG vorgetragene, mangels Eigenart eines solchen Beschlusses im Vergleich zu den übrigen Ermächtigungsbeschlüssen dem Ansatz nach aber übertragbare – Argumentation bei *Haberstock/Greitemann*, in: Hölters/Weber AktG, § 221 Rn. 63; *Hirte*, in: GroßKomm-AktG, § 221 Rn. 108; *Karollus*, in: GHEK AktG, § 221 Rn. 54; zustimmend: *Fest*, in: Hopt/Seibt SVR, § 221 AktG Rn. 537; betreffend einen Beschluss i.S.d. § 202 Abs. 1, 2 AktG hingegen bereits das Gestaltungserfordernis als solches verneinend: *Franke*, S. 58. Im Ergebnis auch, freilich in Konsequenz der These, dass eine eindeutige Fristbestimmung nicht nötig sei: *Kimpler*, S. 47 ff.

463 Versteht man einen Hauptversammlungsbeschluss mit der wohl h.M. als ein Rechtsgeschäft (vgl. statt vieler sowie zugleich zusammenfassend und m.w.N.: *Arnold*, in: MünchKomm-AktG, § 133 AktG Rn. 3), folgt dies letztlich schon aus dieser Rechtsnatur. Aber auch wenn man einen Hauptversammlungsbeschluss als Sozialakt begreift, geht damit nicht zwingend einher, dass sich jedwede

selbst festschreibt, um eine adäquate Mitwirkung der Hauptversammlung zu gewährleisten. diDieseseses Erfordernis kann nicht dadurch umgangen werden, dass man im Fall einer unzureichenden Angabe pauschal oder auch nur unter Umständen von einem Willen zur Geltung des gesetzlich zulässigen Maximalumfangs ausgeht. Eine abweichende Handhabung käme der regelmäßigen Obsoleszenz einer eigenständigen Fristsetzung oder Volumenbestimmung gleich.

Selbst wenn man die Gestaltungserfordernisse abweichend vom hier zugrunde gelegten Verständnis begründet und beurteilt, bliebe eine nicht zu verachtende Unsicherheit hinsichtlich der Frage, ob man der Hauptversammlung tatsächlich einen Willen unterstellen kann, stets das gesetzliche Maximum ausschöpfen zu wollen. Auch insoweit kann man die Tauglichkeit des Gesetzes als Auslegungshilfe bezweifeln. Denn eine entsprechende Möglichkeit zur Umdeutung von Ermächtigungen würde damit einhergehen, dass weder die Aktionäre noch etwaige Gläubiger, Dritte oder auch Gerichte vergleichsweise zügig und vor allem rechtssicher einschätzen können, wie weitreichend eine Ermächtigung tatsächlich ist und ob sie beispielsweise noch besteht. Eine solche Rechtsunsicherheit wird man nicht tolerieren können.[464]

---

feststellbare Willensbildung einzig nach dem primären Inhalt des gewählten Wortlauts bestimmen kann.

464 In allgemeiner Hinsicht ebenso ablehnend hinsichtlich der Eignung der gesetzlichen Höchstgrenzen als Auslegungshilfe: *Eberspächer*, S. 204; Die Eignung des Gesetzes als Auslegungshilfe bzw. die Möglichkeit einer Auslegung in Bezug auf die gesetzlichen Höchstfristen hinsichtlich einzelner Ermächtigungsbeschlüsse wird auch in Hinblick auf die einzelnen Ermächtigungsoptionen entsprechend überwiegend verneint, vgl. hinsichtlich einer Ermächtigung i.S.d. § 71 Abs. 1 Nr. 8 S. 1 AktG: *Bezzenberger*, in: K. Schmidt/Lutter AktG, § 71 Rn. 20; *Oechsler*, in: MünchKomm-AktG, § 71 Rn. 211; *Bednarz*, S. 129; *Möller*, Rn. 18 ff.; BGH NZG 2015, 867 (871); betreffend eine Ermächtigung i.S.d. § 202 Abs. 1, 2 AktG: *Bayer*, in: MünchKomm-AktG, § 202 Rn. 58, 64; *Hirte*, in: GroßKomm-AktG, § 202 Rn. 143; *Kuntz*, in: KölnKomm-AktG, § 202 Rn. 47, *Veil*, in: K. Schmidt/Lutter AktG, § 202 Rn. 17; *Wamser*, in: Spindler/Stilz AktG, § 202 Rn. 63; betreffend einen Beschluss i.S.d. § 221 Abs. 2 AktG: *Florstedt*, in: KölnKomm-AktG, § 221 Rn. 218; *Früchtl*, in: Wachter AktG, § 221 Rn. 8; *Habersack*, in: MünchKomm-AktG, § 221 Rn. 158; *Koch*, AktG, § 221 Rn. 13; *Scholz*, in: MünchHb-AG, § 64 Rn. 18; offen gelassen von BGH AG 1995, 83 (85); betreffend einen Beschluss i.S.d. § 33 Abs. 2 WpÜG: *Brandi*, in: Angerer/Geibel/Süßmann WpÜG, § 33 Rn. 88; *Ekkenga/Schirrmacher*, in: Beurskens/Ehricke/Ekkenga WpÜG, § 33 Rn. 82; *Grunewald*, in: Baums/Thoma WpÜG, § 33 Rn. 94; *Hirte/Mock*, in: Köln-Komm-WpÜG, § 33 Rn. 121; *Krause/Pötzsch/Stephan*, in: Assmann/Pötzsch/Uwe H. Schneider WpÜG, § 33 Rn. 223; *Schlitt*, in: MünchKomm-AktG, § 33 WpÜG Rn. 223.

Keine unzulässige Ersetzung einer notwendige Ausgestaltung der Ermächtigung droht soweit für den fehlender Fristangaben und einer existenten Einzelbeschluss-Alternative angedacht wird, den „Ermächtigungsbeschluss“ dahingehend auszulegen oder – sofern man eine Nichtigkeit annimmt – umzudeuten, dass der Vorstand zur entsprechenden Maßnahme verpflichtet sein soll.[465] Eine derartiges Verständnis wird man aber wiederum keineswegs stets zu Grunde legen können.[466] Ist es nach dem sonstigen Inhalt der Hauptversammlung gerade das Ziel, dass der Vorstand über den Zeitpunkt der Maßnahme entscheiden können soll, lässt sich eine Pflicht zum sofortigen Tätigwerden nicht begründen. Eine solche Annahme würde zu einer Perplexität des Beschlusses führen.

b. Mangelnde Angaben als Grund für eine Nichtigkeit nach § 241 Nr. 3 AktG?

Die Nichtigkeit eines Beschlusses als Folge eines Mangels ist nach der Grundkonzeption des Aktienrechts die Ausnahme, die nur bei besonders evidenten oder inhaltlich schwerwiegenden Rechtsverstößen eintreten soll.[467]

Bei einer unzureichenden Gestaltung eines Ermächtigungsbeschlusses ist vor allem § 241 Nr. 3 AktG in den Blick zu nehmen. Nichtig ist demnach ein Beschluss, der mit dem Wesen der Aktiengesellschaft nicht zu vereinbaren ist oder durch seine Inhalte Vorschriften verletzt, die ausschließlich oder überwiegend zum Schutz der Gläubiger der Gesellschaft oder sonst im öffentlichen Interesse gegeben sind. Die Mehrzahl der existenten Gestaltungsanforderungen wird von der Literatur hierunter gefasst. entsprechend wird regelmäßig von einer Nichtigkeit des entsprechenden

---

465 Namentlich findet sich ein solcher Gedanke bez. einer „Ermächtigung“ i.S.d. § 71 Abs. 1 Nr. 8 S. 6 AktG (vgl. *Lutter/Drygala*, in: KölnKomm-AktG, § 71 Rn. 198) und einer solchen i.S.d. § 221 Abs. 2 AktG (vgl. *Lutter*, in: KölnKomm-AktG (2. Auflage), § 221 Rn. 80); insoweit jedenfalls konsequent eine solche Auslegung in Bezug auf einen Beschluss i.S.d. § 71 Abs. 1 Nr. 8 S. 1 AktG ablehnend: *Lutter/Drygala*, in: KölnKomm-AktG; § 71 Rn. 125.

466 Insoweit zweifelhaft ist die Formulierung bei *Lutter*, in: KölnKomm-AktG (2. Auflage), § 221 Rn. 80 („der Vorstand muss in einem engen zeitlichen Rahmen (…) entscheiden“) und *Lutter/Drygala*, in: KölnKomm-AktG, § 71 Rn. 198 („muss (…) unverzüglich die erworbenen Aktien einziehen“).

467 Statt vieler: *Schäfer*, in: MünchKomm-AktG, § 241 Rn. 6; detailliert zu den Hintergründen und daraus folgenden Ableitungen: *Eberspächer*, S. 105 ff.

Beschlusses unter Verweis auf § 241 Nr. 3 AktG ausgegangen, wenngleich nur selten auf die konkret einschlägige Regelungsvariante eingegangen wird.[468]

Eine genauere Betrachtung ist indes angebracht. Unbenommen der nach wie vor ungeklärten Frage nach dem Verhältnis der Tatbestandsvarianten des § 241 Nr. 3 AktG zueinander[469] ist die Regelung zumindest dahingehend weit auszulegen, dass eine „überwiegend" gläubigerschützende Vorschrift i.S.d. § 241 Nr. 3 AktG bereits dann gegeben ist, wenn die betroffene Vorschrift eine *wesentliche* Bedeutung für den Gläubigerschutz hat.[470] Des Weiteren ist es weitestgehend anerkannt, dass der Begriff des „öffentlichen Interesse" nicht nur Normen des öffentlichen Rechts erfasst, sondern vielmehr auch und insbesondere solche Regelungen, die die rechtliche Struktur der Aktiengesellschaft regeln.[471] Ebenso ist „das Wesen der Aktiengesellschaft" bereits dann betroffen, wenn eine sich auf die Struktur der Aktiengesellschaft beziehende Vorschrift verletzt wird.[472]

Soweit sich Ermächtigungsoptionen im Topos wenigstens auch gläubigerschützender Normen befinden, mag man andenken, dass schon deswegen jedweder Verstoß gegen diesbezüglich bestehende Gestaltungserfordernisse eine Nichtigkeit nach § 241 Nr. 3 Var. 2 AktG nach sich ziehen müsste.[473] Eine solche Sichtweise lässt jedoch unbeachtet, dass hinter den Gestaltungsanforderungen, wie gesehen, ein weitestgehend einheitlicher

---

468 Exemplarisch jeweils statt vieler: *Brandi*, in: Angerer/Geibel/Süßmann WpÜG, § 33 Rn. 88; *Block*, in: Heidel Aktienrecht, § 71 Rn. 61; *Habersack*, in: MünchKomm-AktG, § 202 Rn. 155, 158; *Koch*, AktG, § 221 Rn. 13; *Büscher*, S. 97; anders (unter Verweis auf den Gläubigerschutz): *Cahn*, in: Spindler/Stilz AktG, § 71 Rn. 89; *Lutter/Drygala*, in: KölnKomm-AktG, § 71 Rn. 113, 137; *Oechsler*, in: MünchKomm-AktG, § 71 Rn. 209, 219 sowie auch BGH NZG 2015, 867 Rn. 36; detaillierter und ebenso kritisch hingegen: *Bednarz*, S. 140, 142.

469 Umstritten ist konkret das Verhältnis von § 241 Nr. 3 Var. 1 und 3 AktG; spricht man Var. 1 den Charakter eines Auffangtatbestandes zu, wäre in jedweden Fall einer Nichtigkeit eines Beschlusses wegen § 241 Nr. 3 Var. 3 AktG zumindest begrifflich auch eine i.S.d. § 241 Nr. 3 Var. 1 AktG gegeben (so in Bezug auf einen unzureichenden Beschluss i.S.d. § 71 Abs. 1 Nr. 8 S. 1 AktG: *Bednarz*, S. 143).

470 Grundlegend: *Noack/Zetzsche*, in: KölnKomm-AktG, § 241 Rn. 103, dem folgend m.w.N.: *Eberspächer*, S. 111 f.

471 *Englisch*, in: Hölters/Weber AktG, § 241 Rn. 64; *Schäfer*, in: MünchKomm-AktG, § 241 Rn. 58; dies unter § 243 Nr. 3 Var. 1 AktG fassend: *Koch*, AktG, § 241 Rn. 19; *Noack/Zetzsche*, in: KölnKomm-AktG, § 241 Rn. 106 f.

472 Entsprechend: *K. Schmidt*, in: GroßKomm-AktG, § 241 Rn. 56 f.

473 So *Oechsler* und auch der BGH (vgl. Nennung bei Fn. 468 a.E.); kritisch hingegen: *Bednarz*, S. 141.

und somit auch von den Erwägungen der jeweils betroffenen Regelungstopoi separater Gedanke steht.

Vor diesem Hintergrund sind die Bedeutung und die Funktionen von Ermächtigungsbeschlüssen und der entsprechenden Mindestgestaltungserfordernisse erneut (kurz) zu rekapitulieren.

Eine Ermächtigungsoption stellt sicher, dass die Aktiengesellschaft betreffend bestimmte Handlungstechniken und/oder -situationen handlungsfähig bleiben kann bzw. (vereinzelt) die Kompetenzordnung als solche – dann unbeachtet des Aspektes der Schnelligkeit einer Entscheidung – an die konkreten Bedürfnisse der einzelnen Aktiengesellschaft angepasst werden kann, ohne dass die aufgrund der Bedeutung und/oder der mit der Handlung einhergehenden Gefahren notwendige Beteiligung der Hauptversammlung ausbleibt. Die negativen Gestaltungsgrenzen stellen sicher, dass diese „Kompetenzen" der Hauptversammlung selbst im Fall einer Ermächtigung im Sinne einer aktiven Gestaltung auch tatsächlich wahrgenommen werden. Der mit der Ermächtigung einhergehende Eingriff in die Kompetenzordnung soll durch eine entsprechende Mitwirkung *kompensiert* werden.

Beschlüsse der Hauptversammlung, die in unzulässiger Weise in die Kompetenz eines *anderen* Organs übergreifen, sind nichtig. Solche Beschlüsse werden regelmäßig[474] unter Verweis auf den Eingriff in das „Strukturbild der Aktiengesellschaft"[475] unter § 241 Nr. 3 Var. 3 AktG gefasst. Die Missachtung der Gestaltungserfordernisse bei Ermächtigungsoptionen kann jedenfalls begrifflich als ein gesetzlich nicht tolerierten „Eingriff" in die eigenen Kompetenzen und die Kompetenzordnung des

474 Dies ist nicht gänzlich unumstritten, teils wird von einer Unwirksamkeit (*v. Godin/Wilhelmi*, AktG, § 241 Anm. 2; *Leo*, AG 1960, 261 (264)), teils von einer bloßen Anfechtbarkeit (*v. Godin/Wilhelmi*, a.a.O.) ausgegangen; ganz herrschend ist inzwischen aber die Annahme einer Nichtigkeit, wenngleich die Subsumtion im Detail voneinander abweicht; für eine Nichtigkeit nach § 241 Nr. 3 Var. 3 AktG: *Englisch*, in: Hölters/Weber AktG, § 241 Rn. 67; *Schäfer*, in: MünchKomm-AktG, § 241 Rn. 62; *Geßler*, ZGR 1980, 427 (444 f.); OLG Stuttgart, AG 2004, 678 (679); auf § 241 Nr. 3 Var. 1 AktG abstellend: *Eberspächer*, S. 198; *Koch*, AktG, § 241 Rn. 17; *K. Schmidt*, in: Großkomm-AktG, § 241 Rn. 57; *Noack/Zetzsche*, in: KölnKomm-AktG, § 241 Rn. 109; zusammenfassend und sogleich kritisch zu teils vorgeschlagenen Herleitungen: *Eberspächer*, S. 196 ff.; jedenfalls der hier erörterte „umgekehrte" Fall dürfte nur unter § 241 Nr. 3 Var. 3 AktG zu fassen sein.

475 So die Formulierung bei *Koch*, AktG, § 241 Rn. 17.

Gesetzes betrachtet werden.[476] Auch in der Sache ist eine solche Sichtweise adäqua. Ausweislich der Funktion der Gestaltungserfordernisse als Ausfluss der expliziten Mitwirkungserfordernisse, sind diese Vorgaben Teil der im öffentlichen Verbandsinteresse stehenden Kompetenzstruktur. Die Kompetenzverteilung zwischen mehreren Organen geht mit der Struktur der Aktiengesellschaft einher. Es ist in dieser Hinsicht nicht ersichtlich, warum ein Eingriff in die eigenen Kompetenzen anders behandelt werden sollte als ein Beschluss, der in unzulässiger Weise in den Kompetenzbereich eines anderen Organs übergreift.[477] Demzufolge erscheint es nicht nur präziser, bei Missachtung der aktienrechtlichen Gestaltungserfordernisse zur Fassung eines Ermächtigungsbeschlusses von einer Nichtigkeit des entsprechenden Beschlusses gem. § 241 Nr. 3 Var. 3 AktG[478] auszugehen.[479]

Dies deckt sich zwar nicht notwendigerweise technisch, aber doch im Ergebnis zum großen Teil mit den ganz überwiegenden Äußerungen in

476 In eine ähnliche Richtung gehen auch die Äußerungen bei *Eberspächer*, S. 203, wenn dieser darauf abstellt, dass es für die Nichtigkeit schon ausreiche, dass der Gesetzgeber der Hauptversammlung schlechthin die Rechtsmacht vorenthalten habe, einen Beschluss solchen Inhalts zu fassen und die betroffenen Vorschriften die Zuständigkeiten der Hauptversammlung absichern und einen verbandsinternen Machtausgleich schaffen sollten.

477 So überzeugend, wenngleich ausdrücklich nur in Bezug auf einen Ermächtigungsbeschluss i.S.d. § 71 Abs. 1 Nr. 8 S. 5 AktG, vor dem gezeigten Hintergrund aber eben übertragbar auf alle Ermächtigungsbeschlüsse mit Gestaltungsanforderungen: *Bednarz*, S. 142 f.

478 Ergänzend auf § 241 Nr. 3 Var. 1 AktG abstellend: *Bednarz*, S. 143.

479 Auszuklammern ist auf Basis der bereits getroffenen Feststellung zur „Natur“ des entsprechenden Erfordernisses ein Verstoß gegen die Notwendigkeit einer sachlichen Rechtfertigung und der daraus folgenden Maßgabe, zumindest mittelbar Zweckangaben vorzunehmen. Ein in dieser Hinsicht unzureichender Beschluss verstößt gegen keine Gestaltungsvorgaben, sondern den Gleichbehandlungsgrundsatz – ein solcher Verstoß fällt aber nach ganz überwiegender Meinung nicht unter § 241 Nr. 3 AktG, sondern stellt einen Anfechtungsgrund dar (vgl. bereits RGZ 118, 67, zustimmend und jeweils m.w.N.: *Drygala*, in: Köln-Komm-AktG, § 53a Rn. 37; *Henze/Notz*, in: Großkomm-AktG, § 53a Rn. 124 f., 331; *Koch*, AktG, § 53a Rn. 12; abweichend nur: *Fischer*, JZ 1956, 362 (363)); dementsprechend ebenso auch die jeweils h.M. in Bezug auf einen Beschluss nach § 71 Abs. 1 Nr. 8 S. 5 AktG (vgl.: *Büscher*, S. 307; *Habersack*, ZIP 2004, 1121 (1126) sowie auch der Regierungsentwurf; BT-Drs. 13/9712, S. 14) und § 203 Abs. 2 AktG (vgl.: *Bayer*, in: MünchKomm-AktG, § 203 Rn. 168 sowie *Hirte*, in: Großkomm-AktG, § 203 Rn. 122). Ebenso auszuklammern ist ein Verstoß gegen § 186 Abs. 4 AktG, ein solcher führt grundsätzlich lediglich zur Anfechtbarkeit des Beschlusses, vgl. *Büscher*, S. 113.

Literatur und Rechtsprechung bezüglich der Folgen fehlender Angaben. Ganz überwiegend wird jeweils von der Nichtigkeit einer entsprechenden Ermächtigung zum Erwerb eigener Aktien[480], zur Vornahme einer Kapitalerhöhung[481] und zur Ausgabe der von § 221 AktG erfassten Kapitalien[482] ausgegangen, wenn den Gestaltungserfordernissen nicht Genüge getan ist. Bezüglich einer Ermächtigung i.S.d. § 33 Abs. 2 WpÜG wird dies ganz überwiegend nur bei dem Fehlen einer Fristbestimmung angenommen,[483] während im Fall einer fehlenden Angabe der Verteidigungsmittel „der Art nach" überwiegend von einer bloßen Anfechtbarkeit ausgegangen wird.[484]

---

480 Vgl. *Bednarz*, S. 143; *Kiem*, ZIP 2000, 209 (211); *Lüken*, S. 140; *Möller*, Rn. 26; *Seidler*, S. 67; *Block*, in: Heidel Aktienrecht, § 71 Rn. 61; *Koch*, AktG, § 71 Rn. 19e; *Lutter/Drygala*, in: KölnKomm-AktG, § 71 Rn. 137; *Oechsler*, in: MünchKomm-AktG, § 71 Rn. 202, 209, 219; für den Fall einer fehlenden Fristbestimmung ebenso: BGH NZG 2015, 867 Rn. 36, anders nur (zumindest für den Fall einer fehlenden Mindestpreisangabe): *Bezzenberger*, Rn. 32.

481 In Bezug auf eine fehlende Fristbestimmung vgl. OLG Celle BB 1962, 975, LG Mannheim BB 1957, 689 (690); ebenso in Bezug auf fehlende Frist – oder Nennbetragsbestimmungen: *Apfelbacher/Metzner*, in: Hölters/Weber AktG, § 202 Rn. 40, 41; *Bayer*, in: MünchKomm-AktG, § 202 Rn. 58, 64; *v. Godin/Wilhelmi*, AktG, § 202 Anm. 3; *Hirte*, in: GroßKomm-AktG, § 202 Rn. 133; *Kuntz*, in: KölnKomm-AktG, § 202 Rn. 54 f., 81 (in der Herleitung differenzierend); *Marsch-Barner*, in: Bürgers/Körber AktG, § 202 Rn. 11, 12; *Veil*, in: K. Schmidt/Lutter AktG, § 202 Rn. 17, 18 sowie *Wamser*, in: Spindler/Stilz AktG, § 202 Rn. 63; ebenso für den Fall einer fehlenden Frist: OLG Jena, ZIP 2014, 2136 (2138); *obiter dictu* für den Fall einer fehlenden Nennbetragsangabe: BGH NJW 1995, 260.

482 Entsprechend für den Fall unzureichender Fristbestimmungen: *Florstedt*, in: KölnKomm-AktG, § 221 Rn. 218; *Habersack*, in: MünchKomm-AktG, § 221 Rn. 158; *Koch*, AktG, § 221 Rn. 13; *Scholz*, in: MünchHb-AG, § 64 Rn. 18; bezüglich der übrigen Gestaltungserfordernisse vgl. *Florstedt*, in: KölnKomm-AktG, § 221 Rn. 221; *Habersack*, in: MünchKomm-AktG; § 221 Rn. 155; *Stadler*, in: Bürgers/Körber AktG, § 221 Rn. 25 f.; angedacht bezüglich der Notwendigkeit einer Nennbetragsangabe unter Verweis auf das die Gläubiger und das Öffentlichkeitsinteresse schützende Erfordernis einer Beschlusshinterlegung, der Erklärung über die Ausgabe von Genussscheinen und der Bekanntmachung eines Hinweises auf Beschluss und der Erklärung in den Gesellschaftsblättern, im Ergebnis aber offen gelassen bei BGH NJW 1995, 260.

483 So: *Brandi*, in: Angerer/Geibel/Süßmann, § 33 Rn. 88; *Grunewald*, in: Baums/Thoma WpÜG, § 33 Rn. 94; *Hirte/Mock*, in: KölnKomm-WpÜG, § 33 Rn. 121; *Krause/Pötzsch/Stephan*, in: Assmann/Pötzsch/Uwe H. Schneider WpÜG, § 33 Rn. 223; *Ekkenga/Schirrmacher*, in: Beurskens/Ehricke/Ekkenga WpÜG, § 33 Rn. 81.

484 Vgl. *Hirte/Mock*, in: KölnKomm-WpÜG, § 33 Rn. 118; *Krause/Pötzsch/Stephan*, in: Assmann/Pötzsch/Uwe H. Schneider WpÜG, § 33 Rn. 217.

Überzeugen kann diese Einschränkung vor dem dargelegten Hintergrund nicht.[485] Auch eine Ermächtigung, die die Verteidigungsmittel nicht „der Art nach" bestimmt ist gem. § 241 Nr. 3 Var. 3 AktG nichtig. Dasselbe gilt nach Maßgabe der genannten Erwägungen für unzureichend bemessene Ermächtigungen i.S.d. §§ 58 Abs. 2 S. 2 Alt. 1; 71 Abs. 1 Nr. 8 S. 6 und § 192 Abs. 2 Nr. 3 Alt. 2 AktG.

Nicht übertragbar sind diese Erwägungen auf die Folgen eines Verstoßes gegen ein Erfordernis zu einer gemeinsamen Fassung einer Annex-Ermächtigung mit der korrespondierenden Grundlagen-Ermächtigung.[486] In einer solchen Gestaltung kann kein Kompetenzübergriff (kraft Eingriffes in die eigene Kompetenz) gesehen werden. Der Grundgedanke eines entsprechenden Erfordernisses ist, die Wahrung der Funktionen der jeweiligen Gestaltungserfordernisse zu sichern. Es findet im Moment der nachfolgenden Ermächtigung aber keine vergleichbar *unzureichende* Gestaltung statt. Nachträglich gefasste Ermächtigungsbeschlüsse sind demnach nicht nach § 241 Nr. 3 AktG nichtig, sondern vielmehr lediglich anfechtbar.[487]

Soweit nur eine Annex-Ermächtigung nach diesen Grundsätzen oder aus sonstigen Gründen nichtig ist, bestimmt sich die Aufrechterhaltung der korrespondierenden Grundlagen-Ermächtigung nach § 139 BGB.[488]

---

485 Wie hier: *Ekkenga/Schirrmacher*, in: Beurskens/Ehricke/Ekkenga WpÜG, § 33 Rn. 81. Insbesondere ist die gezogene Parallele zum Fall einer Verletzung der Berichtspflichten bei Ermächtigungsbeschlüssen gemäß §§ 202, 203 AktG (so: *Hirte/Mock*, in: KölnKomm-WpÜG, § 33 Rn. 118 a.E. sowie *Krause/Pötzsch/Stephan*, in: Assmann/Pötzsch/ Uwe H. Schneider WpÜG, § 33 Rn. 217) nicht überzeugend, da sich das Erfordernis in § 33 Abs. 2 WpÜG als ein Gestaltungserfordernis i.e.S. darstellt und sich nicht (wie die Notwendigkeit von Zweckangaben im Fall eines Ausschlusses des Bezugrechtes) bloß mittelbar aus dem Erfordernis einer sachlichen Rechtfertigung und der damit verbundenen Berichtserfordernisse ergibt, vgl. hierzu ausführlich bereits unter Abschnitt A.I.1.b.aa. und bb. in diesem Kapitel.

486 Zur Reichweite eines entsprechenden Erfordernisses vgl. erneut die Ausführungen unter Abschnitt A.II.

487 Abweichend: *Groß/T. Fischer*, in: Heidel Aktienrecht, § 203 Rn. 111, die unter Bezugnahme auf den Wortlaut („kann") von der Unwirksamkeit eines entsprechenden Beschlusses ausgehen. Diese Annahme ist mit Blick auf die häufig nicht trennscharfe und als technisch intendierte Benutzung der Verben „können" und „dürfen" durch den Aktienrechts-Gesetzgeber indes nicht überzeugend, vgl. nur die Verwendung des Terminus „Zustimmung" im Rahmen des § 192 Abs. 2 Nr. 3 AktG und die hieran anknüpfend Kritik (vgl. Nennungen bei Fn. 249)

488 Insoweit handelt es sich trotz der separaten Beschlussinhalte um „einheitliche" Beschlüsse, vgl. allgemein: *Schäfer*, in: MünchKomm-AktG, § 241 Rn. 90 m.w.N.

2. Folgen bei Missachtung der positiven Gestaltungsgrenzen der Ermächtigungsbefugnis

Nur im Ansatzpunkt verschieden, im Ergebnis aber identisch zu den Folgen von Verstößen gegen Mindergestaltungserfordernisse zeigen sich die Folgen der Missachtung der Grenzen der positiven Gestaltungsfreiheit.

Konzeptionell ist dabei wieder an die Frage anzuknüpfen, ob ein derartiger Beschluss gegen eine Norm verstößt, die im „öffentliche Interesse“ i.S.d. § 241 Nr. 3 Var. 3 AktG steht. Ausgangspunkt ist wiederum der Umstand, dass die Kompetenz- und Verbandsstruktur der Aktiengesellschaft unter diesen Tatbestand fällt. Im Übrigen wird man gedanklich unterscheiden müssen zwischen einer in unzulässiger Weise in den Kompetenzbereich des Vorstands eingreifenden Ermächtigung und einer solchen, die dem Umfang der Delegation nach unzulässig ist.

Jedenfalls von § 241 Nr. 3 Var. 3 AktG erfasst ist ein unzulässiger *Übergriff* in den Kompetenzbereich anderer Organe[489] – soweit also die Autonomie des Vorstands in unzulässiger Weise beschränkt wird, ist eine solche Ermächtigung gem. § 241 Nr. 3 Var. 3 AktG nichtig.[490]

Selbiges gilt im Ergebnis auch für die Folgen eines Verstoßes gegen die auf den Umfang der Delegation bezogenen Gestaltungsgrenzen. Soweit es sich um satzungsändernde Beschlüsse handelt, wäre es denkbar, die Nichtigkeit solcher Beschlüsse bereits auf § 23 Abs. 5 AktG zu stützen.[491]

---

489 Vgl. hierzu erneut die Nennungen unter Fn. 474.

490 Für einen Beschluss i.S.d. § 71 Abs. 1 Nr. 8 S. 1 ebenso: *Bednarz*, S. 214 f.; entsprechend für alle Ermächtigungsbeschlüsse, wenn gesondert darauf verwiesen wird, dass die angenommene Rechtsfolge der Nichtigkeit bei einem unzulässigen Übergriff auch bei einer Zuständigkeit, die die Hauptversammlung zuvor selbst dem Vorstand durch zulässige Delegation eingeräumt hat, gilt: *Eberspächer*, S. 197 (infra Fn. 935), 198.

491 So etwa bezüglich einer Ermächtigung i.S.d. § 202 Abs. 1, 2 AktG: *Yanli*, S. 13. Die hier gewählte Formulierung soll nicht darüber hinwegtäuschen, dass es umstritten ist, ob § 23 Abs. 5 AktG einen eigenen Nichtigkeitstatbestand darstellt (so etwa: *Geßler*, ZGR 1980, 427 (444) sowie *Pentz*, in: MünchKomm-AktG, § 23 Rn. 170) oder unter § 241 Nr. 3 AktG zu fassen ist (hierfür: *Schäfer*, in: MünchKomm-AktG, § 241 Rn. 52; *Noack/Zetzsche*, in: KölnKomm-AktG, § 241 Rn. 127; *Eberspächer*, S. 165; *Raiser/Veil*, Recht der Kapitalgesellschaften, S. 266). Sofern man der letztgenannten Ansicht folgt, wäre zu fragen, ob jedweder Verstoß gegen § 23 Abs. 5 AktG stets zu einer Nichtigkeit i.S.d. § 241 Nr. 3 AktG führen müsste; auch dies wird nicht einheitlich beurteilt, vgl. zusammenfassend zum Ganzen: *Eberspächer*, S. 161 ff. Auf beide Fragestellungen kommt es nach hier vertretener Auffassung aber im Ergebnis nicht an.

Überzeugender ist es aber, wiederum auf § 241 Nr. 3 Var. 3 AktG zu rekurrieren.

Ansatzpunkt ist folglich der mit dem Beschluss einhergehende Eingriff in die Verbands- und Kompetenzordnung der Aktiengesellschaft. Zwar liegt in diesen Fällen kein Übergriff zu Lasten eines *anderen* Organs vor.[492] Versteht man aber den Schutz der Verbands- und Kompetenzordnung im umfassenden, also nicht in einem auf den Schutz der anderen Organe beschränkten Sinne, ist notwendiger Teil des Schutzes die Bewahrung der Kompetenzverteilung im Ganzen. Es kann keinen Unterschied machen, ob mit der in Rede stehenden Maßnahme ein Übergriff in die Kompetenz eines anderen Organs oder ein unzulässiger Eingriff in die eigene Kompetenz einhergeht. Wenn der Eingriff in die eigene Kompetenz in Form einer unzureichenden Gestaltung zur Nichtigkeit der Ermächtigung führt, kann für eine zu umfangreiche Delegation der eigenen Kompetenzen der Hauptversammlung nichts anderes gelten. Die Kompetenzordnung wird in diesen Fällen in der Gestalt missachtet, dass dem Vorstand eine Kompetenz zuerkannt wird, die so vom Aktienrecht selbst unter Beachtung der kompensatorischen Wirkung einer Ermächtigung in diesem Umfang nicht toleriert wird.

Entsprechend dieser Erwägungen sind zum einen Beschlüsse gem. § 241 Nr. 3 Var. 3 AktG nichtig, die auf eine schon im Ansatz unzulässige Delegation abzielen.[493] Ebenso nichtig solche Beschlüsse, die eine bestehende Delegationsbefugnis dem Umfang nach überschreiten. Dies gilt unabhängig davon, ob hierin eine Beschränkung der Kompetenzen anderer Organe liegt oder nicht.[494] Die Folgen einer bloß teilweise fehlerhaften Beschluss-

---

492 Vgl. *Bednarz*, S. 215 und wiederum *Schäfer*, in: MünchKomm-AktG, § 241 Rn. 62.

493 So zurecht: *Drescher*, in: Spindler/Stilz AktG, § 241 Rn. 240; *Eberspächer*, S. 200 f; vgl. auch: LG Stuttgart, WM 1992, 58 (62).

494 Dies entspricht der jeweils herrschenden Ansicht in der Literatur zu den einzelnen Ermächtigungsoptionen, wenngleich wiederum nur auf § 241 Nr. 3 AktG im Ganzen verwiesen wird. Vgl. insoweit in Bezug auf eine Ermächtigung i.S.d. § 202 AktG: *Bayer*, in: MünchKomm-AktG, § 202 Rn. 58; *Hirte*, in: GroßKomm-AktG, § 202 Rn. 133; *Scholz*, in: MünchHb-AG, § 59 Rn. 25; *Marsch-Barner*, in: Bürgers/Körber AktG, § 202 Rn. 11, 12; *Veil*, in: K. Schmidt/Lutter AktG, § 202 Rn. 17, 18; ausdrücklich so für die Überschreitung des Höchstvolumens: OLG Jena ZIP 2014, 2136(2138); in Bezug auf eine Ermächtigung i.S.d. § 221 Abs. 2 AktG: *Florstedt*, in: KölnKomm-AktG, § 221 Rn. 217; *Habersack*, in: MünchKomm-AktG, § 221 Rn. 158; *Koch*, AktG, § 221 Rn. 13; *Müller*, in: Heidel Aktienrecht, § 221 Rn. 17; in Bezug auf eine Ermächtigung i.S.d. § 33 Abs. 2 WpÜG: *Krause/Pötzsch/Stephan*, in: Assmann/Pötzsch/Uwe H. Schneider

fassung, beispielsweise also bei der Festsetzung eines unzulässigen Zustimmungsvorbehalts, richten sich wiederum nach den allgemeinen Regeln zur Annahme einer Teilnichtigkeit und somit nach § 139 BGB.

3. Folgen einer etwaigen Eintragung – Möglichkeit und Reichweite einer Heilung nach § 242 Abs. 2 AktG

Die an den Funktionen und Hintergründen der positiven wie negativen Gestaltungsgrenzen ansetzende Betrachtung der Fehlerfolgen zeitigt schließlich auch, inwieweit derartige Mängel nach Maßgabe des § 242 Abs. 2 AktG geheilt werden oder unbeachtlich sein können.[495]

In Betracht kommt eine Heilung naturgemäß nur bei solchen Ermächtigungsbeschlüssen, die einem Eintragungserfordernis unterliegen.[496] Im

---

WpÜG, § 33 Rn. 223; *Schlitt*, in: MünchKomm-AktG, § 33 WpÜG Rn. 223; in Bezug auf eine Ermächtigung i.S.d. § 71 Abs. 1 Nr. 7, 8 S. 1 AktG: *Cahn*, in: Spindler/Stilz AktG, § 71 Rn. 89, 102, 108; *Lutter*/Drygala, in: KölnKomm-AktG, § 71 Rn. 113, 137; *Möller*, Rn. 31, 59. Nur vereinzelt wird davon ausgegangen, dass dies zumindest dann nicht gelten könnte, wenn die Voraussetzungen des § 71 Abs. 2 S. 2 AktG erfüllt sind, die Aktiengesellschaft also in der Lage ist, im Zeitpunkt des Erwerbs eine Rücklage in Höhe der Aufwendungen für den Erwerb bilden zu können, ohne das Grundkapital oder die nach dem Gesetz oder Satzung zu bildende Rücklage zu mindern, die nicht zur Zahlung an die Aktionäre verwendet werden darf, vgl. OLG München NZG 2002, 678 (679). Stellt man für die Nichtigkeit entscheidend auf den gläubigerschützenden Charakter der Regelungen ab, ergibt sich die Nichtigkeit jedenfalls unter Verweis auf § 57 AktG (so: *Oechsler*, a.a.O. sowie *Lutter/Drygala*, in: KölnKomm-AktG, § 71 Rn. 195). Stellt man, wie hier vertreten, auf den Schutz der Kompetenzordnung ab, kann der Verweis auf die Möglichkeit zur Kapitalerhaltung von vorneherein nicht von durchschlagender Relevanz sein.

495 Der Einfachheit halber soll im Folgenden schlicht von „Heilung“ gesprochen werden, wenngleich die genauen Rechtswirkungen unterschiedlich beurteilt werden, vgl. umfassend: *Betz*, S. 129 ff.

496 Nicht notwendig ist, dass der jeweils konkret fehlerbehaftete Beschlussinhalt eingetragen werden muss. Wenn bspw. nach § 43 Nr. 6 lit hh) HRV nur das Bestehen eines genehmigten Kapitals unter Angabe des Beschlusses der Hauptversammlung oder Gesellschafterversammlung, der Höhe des genehmigten Kapitals und des Zeitpunktes, bis zu dem die Ermächtigung besteht, eingetragen wird (dementsprechend bez. einer Bezugsrechtsauschlussermächtigung eine Eintragung verneinend *Busch/Busch*, in: Hdb börsennotierte AG, § 45.14), prüft das Registergericht die Rechtmäßigkeit des Beschlusses dennoch vollumfänglich in formeller und materieller Hinsicht (vgl. *Busch/Busch*, in: Hdb börsennotierte AG, § 45.15) und ebenso wird nach dem Wortlaut des § 242 Abs. 2 AktG der

Fall von Annex-Ermächtigungen wird man darauf abstellen müssen, ob diese notwendiger Beschlussinhalt einer eintragungsbedürftigen Grundlagen-Ermächtigung sind. Ist dies der Fall, besteht die Möglichkeit einer Heilung im Grundsatz auch bei solchen Ermächtigungen.[497] Soweit hingegen die Annex-Ermächtigung nicht notwendiger Weise Inhalt des in Bezug genommenen Grundlagen-Beschlusses ist, somit insbesondere also eine nachgelagerte Beschlussfassung möglich ist, besteht die Möglichkeit einer Heilung nur, wenn der Ermächtigungsinhalt bereits im Rahmen der Grundlagen-Ermächtigung gefasst wird.[498]

Im Übrigen wird man zwischen den verschiedenen Arten von Fehlerquellen differenzieren müssen.

Die Möglichkeit einer Heilung erscheint dann zweifelhaft, wenn der Mangel in einer *fehlenden* Gestaltung eines konkreten Ermächtigungsparameters besteht. Eine gesetzlich angeordnete Heilungswirkung müsste in diesen Fällen an die Stelle einer der Hauptversammlung obliegenden Gestaltungsentscheidung treten. Dies ist dann problematisch, wenn für das gewünschte Maß bzw. das Ergebnis der Gestaltung keine oder unzureichende Anhaltspunkte existieren. Der rechtsgestaltende Akt hinsichtlich der Existenz und des Umfangs der Handlungsbefugnisse des Vorstands ist die Ermächtigung. Diese steht grundsätzlich für eine Heilung zur Verfügung, indes nur insoweit, wie ein gestaltender Akt tatsächlich vorhanden ist. Eine gesetzlich angeordnete Heilungswirkung kann nur solche Rechtsfolgen bewirken, für die ein dahingehender Gestaltungswille der (Mehrheit der) Aktionäre vorhanden ist. Wie bereits erörtert, kann der Hauptversammlung aber kaum ein Wille zu einer den gesetzlichen Höchstgrenzen

---

Beschluss im Ganzen wirksam und nicht nur im Umfang der tatsächlich eingetragenen Beschlussbestandteile.

497 De lege lata somit erfasst sind daher jedenfalls Beschlüsse i.S.d. §§ 58 Abs. 2 S. 2 Alt. 1; 192 Abs. 2 Nr. 3 Alt. 2; 202 Abs. 1, 2; 203 Abs. 2; § 204 Abs. 2; § 205 Abs. 1 AktG.

498 De lege lata ist dies nur bei § 33 Abs. 2 WpÜG der Fall. Wird der Verteidigungszweck bspw. im Rahmen der Fassung eines Beschlusses nach § 202 Abs. 1, 2 AktG erwähnt, besteht die Möglichkeit einer Heilung in Folge der Eintragung des Kapitalerhöhungsbeschlusses. Etwas anderes gilt hingegen, wenn nachträglich eine Ermächtigung gefasst wird, die sich darin erschöpft, dass ein bestehendes genehmigtes Kapital zu Verteidigungszwecken eingesetzt werden können soll. Für einen solchen Beschluss besteht kein Eintragungserfordernis, mithin auch keine Heilungsmöglichkeit. Etwaige Fehler bei der Fristbestimmung führen daher zur Nichtigkeit einer solchen Ermächtigung, abweichend: *Brandi*, in: Angerer/Geibel/Süßmann WpÜG, § 33 Rn. 89; wie hier hingegen: *Krause/Pötzsch/Stephan*, in: Assmann/Pötzsch/Uwe H. Schneider WpÜG, § 33 Rn. 221.

entsprechenden Gestaltung unterstellt werden. Eine dahingehende Annahme wäre mehr oder minder willkürlich.[499]

Folglich gilt: Eine Heilung nach Maßgabe des § 242 Abs. 2 AktG kann nur über eine *fehlerhafte* Gestaltung hinweghelfen, nicht aber über eine *fehlende* Gestaltung. § 242 Abs. 2 AktG findet somit bei einer unzureichend gestalteten Ermächtigung keine Anwendung.[500] Dies gilt insbesondere unabhängig davon, um welche Art von Gestaltungsvorgaben es sich handelt.[501]

Bei einer Verletzung der Grenzen der positiven Gestaltungsfreiheit können diese Erwägungen nicht greifen – zumindest in den hier zuvor

---

499 So auch das maßgebliche Argument bei *Hirte*, in: GroßKomm-AktG, § 202, Rn. 134 und *Kuntz*, in: KölnKomm-AktG, § 202 Rn. 57.

500 Soweit es die bereits existenten Ermächtigungserfordernisse betrifft folgt daraus im Einzelnen: In Bezug auf eine genehmigte Kapitalerhöhung wird zutreffend angenommen, dass, anders als bei der Überschreitung der *gesetzlichen* Volumen- und Zeitgrenzen (s. oben) bei Ermangelung hinreichender Gestaltungen eine Heilung nicht möglich ist (vgl. hierzu: *Bayer*, in: MünchKomm-AktG, § 202 Rn. 58 f., 64; *Hirte*, in: GroßKomm-AktG, § 202 Rn. 134; *Koch*, AktG, § 202 Rn. 11 f.; *Lutter*, in: KölnKomm–AktG (2. Auflage), § 202 Rn. 11 ff.; *Rieder/Holzmann*, in: Grigoleit AktG, § 202 Rn. 13, 17 jeweils m.w.N. anders noch: *Baumbach/Hueck*, AktG, § 202 Rn. 4; *Krieger*, in: MünchHb-AG (2. Auflage), § 58 Rn. 7, 14; *Schilling*, in: GroßKomm-AktG (3. Auflage), § 202 Anm. 8, 11.). Selbiges wird man dann konsequenter Weise, zumindest soweit man der hier vertretenen Ansicht folgt, wonach eine bloße Wiederholung des Gesetzeswortlautes im Fall des § 58 Abs. 2 S. 2 Alt. 1 AktG nicht ausreichend ist, (s. oben) bezüglich eines in dieser Hinsicht unzureichenden Beschlusses i.S.d. § 58 Abs. 2 S. 2 Alt. 1 AktG annehmen müssen. Irrelevant wäre dieser Aspekt im Rahmen dieser Norm nur, wenn man von vorneherein die Möglichkeit einer „hundertprozentigen" Ermächtigung verneint (so: *Eckardt*, NJW 1967, 369 (369 f.); *v. Gleichenstein*, BB 1966, 1047; *Schäfer*, BB 1966, 229 (233)); da eine solche Sichtweise mittlerweile aber zu Recht einhellig abgelehnt wird (vgl. BGHZ, 55, 359 sowie statt vieler *Fleischer*, in: K. Schmidt/Lutter AktG, § 58 Rn. 23 m.w.N.) wäre eine Heilung der fehlenden Gestaltung auch bei diesem Beschluss konstruktiv denkbar – insbesondere in Bezug auf einen Beschluss i.S.d. § 58 Abs. 2 S. 2 Alt. 1 AktG wird aber besonders deutlich, dass man einen dahingehenden Willen der Hauptversammlung kaum unterstellen, geschweige denn ersetzen kann.

501 Dies sei am Beispiel der Vorgabe zur Konkretisierung der erlaubten Maßnahmen „der Art nach" im Stile der Bestimmungen in § 221 Abs. 2 AktG und 33 Abs. 2 WpÜG verdeutlicht: Genauso wenig wie man der Hauptversammlung pauschal einen dem volumen- oder fristbezogenen Umfang nach maximal bemessene Ermächtigungswillen unterstellen kann, ist der Hauptversammlung zu unterstellen, dass jedwede von Ermächtigungen dieser Art umfasste Maßnahmen erlaubt sein sollen.

diskutierten Fällen ist eine tatsächliche Willensbetätigung der Hauptversammlung dann gegeben. Entsprechend ist bei in rechtswidrigem Maße in die Entscheidungsbefugnis des Vorstands eingreifenden Ermächtigungsbeschlüssen eine Heilung anzunehmen.

Zu klären bleibt das Ausmaß der Heilung einer dem Umfang nach zu weitgehenden Ermächtigung. In der Literatur wird nahezu einstimmig davon ausgegangen, dass eine Heilung nur in Höhe der vom Gesetz ursprünglich zugelassenen Grenzen eintritt.[502] Demnach würde also etwa eine zu lange/voluminös bemessene Ermächtigung i.S.d. § 202 Abs. 1, 2 AktG dahingehend geheilt werden, dass der Vorstand zur Vornahme einer Kapitalerhöhung für die Zeit von fünf Jahre ab Eintragung des Beschlusses und bis zu einer Erhöhung des Grundkapitals um 50 % ermächtigt wird.

Konzeptionell wäre es aber ebenso denkbar, dass die Ermächtigung mit dem in ihr formulierten Umfang geheilt wird.[503] Gegen eine solche Sichtweise sprechen indes mehrere Gesichtspunkte. Der Zweck des § 242 AktG liegt in der Gewährung von Rechtssicherheit im Interesse der Aktiengesellschaft und des Rechtsverkehrs.[504] Dies ist adäquat, weil sich die Rechtsfolgen eines Beschlussfehlers im Detail häufig nur schwer beurteilen lassen.[505] Neben der Verlässlichkeit der vorhandenen Beschlusslage soll also die Rechtsklarheit und Rechtsbefriedigung gesichert werden.[506] All diese Erwägungen rechtfertigen nicht die Beibehaltung eines gesetzlich missbilligten, weil *zu weit* gehenden Beschlussinhalts. Angreifbar ist in diesen Fällen nicht der Beschlussinhalt im Ganzen, sondern das bloße Ausmaß der Ermächtigung. Den Zwecken des § 242 Abs. 2 AktG ist durch eine Beschränkung der Gestaltungswirkung auf das gesetzlich zulässige Maß hinreichend gedient. § 242 Abs. 2 AktG ist somit dahingehend teleo-

---

502 Für eine Ermächtigung i.S.d. § 202 Abs. 1, 2 AktG so: *Bayer*, in: MünchKomm-AktG, § 202 Rn. 55; *Koch*, AktG, § 202 Rn. 11, 14; *Lutter*, in: KölnKomm-AktG (2. Auflage), § 202, Rn. 12, 14; *Scholz*, in: MünchHb-AG, § 59 Rn. 17, 25; *Veil*, in: K. Schmidt/Lutter AktG, § 202 Rn. 18; *Wamser*, in: Spindler/Stilz AktG, § 202 Rn. 56; de lege lata stellt sich die Frage nur für eine Ermächtigung i.S.d. § 202 Abs. 1, 2 AktG sowie, falls der dahingehende Beschlussinhalt Teil einer genehmigten Kapitalerhöhung ist, bez. einer Ermächtigung i.S.d.§ 33 Abs. 2 WpÜG.

503 In diese Richtung etwa *Möller*, Rn. 31 unter Verweis darauf, dass bei Geltung der gesetzlichen Höchstfrist der Zusammenhang zwischen bestimmter und tatsächlich geltender Frist unzulässiger Weise aufgegeben werden würde.

504 So zumindest die ganz h.M.: vgl. *Casper*, in: Spindler/Stilz AktG, § 242 Rn. 4 m.w.N.; anders (Bekämpfung missbräuchlicher Nichtigkeitsklagen): *Goette*, in: FS Röhricht, S. 115 (125).

505 Ebd.

506 *Casper*, in: Spindler/Stilz AktG, § 242 Rn. 4.

logisch zu reduzieren, dass die Ermächtigung nur im vom Aktienrecht vorgeschriebenen Maximalumfang geheilt wird. Anders als bei der Heilung inhaltlich unzureichender Beschlüsse besteht insoweit auch nicht die Gefahr einer unzulässigen Ersetzung des Willens der Hauptversammlung.[507]

II. Fehlerhaftes Vorstandshandeln

Schließlich gilt es zu erörtern, in welchem Ausmaß Ermächtigungsbeschlüsse zu Besonderheiten führen, wenn der Vorstand eine Maßnahme ohne entsprechende Ermächtigung vornimmt.[508]

Der rechtswidriger Weise fehlende Konsens der Hauptversammlung führt zunächst zur Rechtswidrigkeit und damit regelmäßig auch zur Nichtigkeit des entsprechenden Vorstandsbeschlusses als solchen. Dieser betrifft aber nur die vorstandsinterne Willensbildung und entfaltet daher eine bloße Binnenwirkung.[509] Von Interesse sind an dieser Stelle jedoch vor allem die potentiellen Fehlerfolgen im Außenverhältnis: So kann der fehlende Konsens der Hauptversammlung dazu führen, dass dem Vorstand für die Ausführungsmaßnahme, soweit sie rechtsgeschäftlicher Natur ist, die kor-

507 Ein ähnliches Ergebnis ließe sich auch bei Fehlen eines Eintragungserfordernisses dann erzielen, wenn man, wie bereits angesprochen, eine einschränkende Auslegung des Beschlusses dahingehend vornimmt, dass im Zweifel die aktienrechtlichen Höchstgrenzen gelten sollen. Die Annahme eines dahingehenden Willens der Hauptversammlung dürfte zwar zumindest eher möglich sein als im Fall einer unzureichenden Gestaltung des Beschlusses (vgl. hierzu erneut die Ausfürhrungen unter Abschnitt C.I.1.a.). Gegen eine solche Herangehensweise spricht aber, dass auf diese Weise das Eintragungserfordernis von § 242 AktG und somit auch die dahingehende Wertung des Gesetzgebers umgangen werden würde.

508 Von der Betrachtung auszuklammern sind wegen des Zuschnitts der Arbeit Fälle, in denen der Vorstand sich aufgrund eines (vermeintlich existenten) Beschlusses der Hauptversammlung auf Basis von § 83 Abs. 2 AktG zur Ausführung einer Maßnahme verpflichtet hält. Eine solche Konstellation kann, da die Möglichkeit zur Erteilung einer Ermächtigung teils als Alternative zu einem verpflichtend wirkenden Einzelbeschluss der Hauptversammlung vorgesehen ist, zwar auch bei den hier betrachteten Maßnahmen eintreten. Typologisch fokussiert sich die folgende Betrachtung aber wieder auf Konstellationen, in denen der Vorstand so handelt, als ob ihm eine dementsprechende Ermächtigung erteilt wurde, er also grundsätzlich frei darin ist, die Maßnahme auf Grundlage eines autonomen Beschlusses auszuführen.

509 Vgl. statt vieler zur Beurteilung der Fehlerfolgen und des möglichen Rechtsschutzes: *Fleischer*, in: Spindler/Stilz AktG, § 77 Rn. 29 ff.

respondiere Vertretungsmacht fehlt. Die Maßnahme ist dann schwebend unwirksam, § 177 Abs. 1 BGB.[510] Kumulativ oder alternativ hierzu kann eine Haftung des Vorstands auf Schadensersatz gegenüber der Gesellschaft eintreten. Nur vereinzelt sieht das Gesetz darüber hinaus noch eine Bußgeldhaftung des Vorstands vor. Während sich die Parameter für die Möglichkeit einer Haftung des Vorstands mit Blick auf § 93 Abs. 2 AktG und die ausdrücklichen Bestimmungen des OWiG aus dem Gesetzestext ergeben, gestaltet sich die Beurteilung des Bestehens einer Vertretungsmacht des Vorstands komplexer.

Begrifflich sind mehrere Fälle voneinander zu trennen. Zunächst mag es vorkommen, dass der Vorstand eine Handlung vornimmt obgleich eine dahingehende Ermächtigung vollumfänglich fehlt; sei es, dass ein dahingehender Beschluss nie gefasst wurde oder dass ein solcher nichtig ist. Davon abzugrenzen ist zum einen der Fall, dass ein Ermächtigungsbeschluss zwar existiert, der Vorstand sich aber bei der Ausführung nicht an die gesetzlich geregelten Annex-Ermächtigungserfordernisse oder die in der Ermächtigung enthaltenen Vorgaben und Beschränkungen hält. Gesondert zu betrachten ist zum anderen der Fall, dass gegen gesetzliche oder weitergehende Zustimmungsvorbehalte verstoßen wird.[511] Losgelöst von den konkreten Fehlerfolgen verbleibt sodann die Frage, inwieweit entsprechende Mängel durch eine Nachholung des entsprechenden Beschlusses beseitigt werden können.

---

510 Überdies ist es auch denkbar, zwar von der Wirksamkeit der rechtsgeschäftlichen Ausführungsmaßnahmen auszugehen, den Eintritt des mit den Maßnahmen verfolgten Erfolgs aber unter Verweis auf die Inkongruenz zwischen dem Inhalt des Hauptversammlungsbeschlusses und der Ausführungsmaßnahmen im Ganzen zu verneinen, wie dies zum Teil etwa hinsichtlich einer ordentlichen Kapitalerhöhung im Fall des Verfehlens des Zeichnungsvolumens (vgl. *Ekkenga*, in: KölnKomm-AktG, § 182 Rn. 38) sowie auch konkret für den Fall von Missachtung weitergehender Gestaltungsvorgaben durch den Vorstand bei Ausnutzung des genehmigten Kapitals (vgl.*Schürnbrand*, ZHR 171 (2007), 731 (739)) angenommen wird, hierzu im Detail jeweils noch sogleich.

511 Natürlich lässt sich bereits auf semantischer Ebene anmerken, dass auch bei der Missachtung beschränkender Vorgaben „insoweit" eine Ermächtigung fehlt, die beschriebenen Situationen also der Sache nach vergleichbar sind. Ob eine solche Betrachtung auch in der Sache überzeugend ist, soll an dieser Stelle aus darstellungstechnischen Gründen noch offenbleiben, vgl. dazu aber sogleich. Jedenfalls die Beurteilung der Folgen der Missachtung eines Zustimmungsvorbehalts soll einer gesonderten Betrachtung unterworfen werden (s. hierzu unter Abschnitt C.II.3.), wenngleich die zuvor gefundenen Ergebnisse (wie zu zeigen ist) auch hierfür von Bedeutung sind.

1. Bemessung der Vertretungsmacht bei fehlener (Grundlagen-) Ermächtigung

Im Ausgangspunkt bestimmt sich das Vorliegen einer Vertretungsmacht nicht nach „ermächtigungsspezifischen" Regeln, sondern nach den allgemeinen Grundsätzen zum Umfang der organschaftlichen Vertretungsmacht des Vorstands. Diese ist grundsätzlich unbeschränkt und unbeschränkbar, §§ 78, 82 Abs. 1 AktG. Nichtsdestotrotz ist sie dem aktienrechtlichen Organisationssystem immanenten Grenzen unterworfen.

Die Vertretungsmacht des Vorstands ist nicht an den Umfang seiner Geschäftsführungsbefugnis gekoppelt.[512] Das deutsche Aktienrecht hat die britische *ultra-vires*-Doktrin nicht übernommen. Die aus dem Unternehmenszweck folgenden Begrenzungen der Geschäftsführungsbefugnis schlagen sich nicht auf die Vertretungsmacht durch.[513] Die Formulierung einer unbeschränkten und unbeschränkbaren Vertretungsmacht bedeutet in dieser Hinsicht also lediglich, dass ihre Grenzen mit Wirkung gegenüber Dritten nicht enger gezogen werden können, als die Natur der Aktiengesellschaft und das Aktiengesetz es getan haben.[514]

Dass insbesondere die letztgenannten Grenzen jedoch existieren, bleibt unbenommen.[515] Eine Grenze der Vertretungsmacht ergibt sich etwa aus der originären innergesellschaftlichen Verteilung von Kompetenzen. Die Vertretungsmacht des Vorstands ist dahingehend beschränkt, dass sie ihre Grenze in Geschäften findet, die nach der strukturellen Ordnung der Gesellschaft nur die Hauptversammlung initiieren kann, also der

---

512 So bspw. die Formulierung bei *Spindler*, in: MünchKomm-AktG,§ 78 Rn. 26; *Koch*, AktG, § 78 Rn. 5; ähnlich: *Hoffmann-Becking*, in: MünchHb-AG, § 23 Rn. 2.

513 Hierzu: *Fleischer*, in: FS Huber, S. 719 (720); dieser Umstand hat im deutschen Aktienrecht eine lange Tradition, war aber nicht völlig unumstritten, vgl. etwa die Darstellung bei *Korsing*, S. 12 f.

514 So die treffende Formulierung bei *Korsing*, S. 15; dieser ist allerdings im Folgenden (S. 16 ff.) seinerseits unvollständig, weil er die Fälle der originär vollumfänglich der Hauptversammlung zugeordneten Maßnahmen (vgl. hierzu sogleich) nicht erwähnt. Ähnlich: *Hess*, S. 49, wenn dieser darauf abstellt, dass die Vorgängervorschrift § 235 HGB a.F. dahingehend zu verstehen ist, dass Gestaltungen erfasst sind, die auf statutarischen Bestimmungen oder auf einem Beschluss der Hauptversammlung beruhen.

515 Teilweise bestimmt das Aktienrecht die Beteiligung der Hauptversammlung sogar ausdrücklich als Wirksamkeitserfordernis, vgl. bspw. § § 50 S. 1; 52 Abs. 1; 53; 93 Abs. 4 S. 3; 116 S. 1; 293 Abs. 1 S. 1; 295 Abs. 1 S. 1; 309 Abs. 3; 310 Abs. 4; 317 Abs. 4 AktG.

ausschließlichen Zuständigkeit der Hauptversammlung zugeordnet sind.[516] Des Weiteren ergeben sich Beschränkungen der Vertretungsmacht aus der Zuständigkeit anderer Organe für die Vertretung[517] sowie aus dem Erfordernis der Mitwirkung anderer Organe an einer Vertretung. Soweit also (wie bei Ermächtigungsoptionen) ein Erfordernis der Beteiligung der Hauptversammlung besteht, kommt es entscheidend auf die Qualität dieses Mitwirkungserfordernisses an. Angesprochen ist mithin einmal mehr die Unterscheidung zwischen kompetenzübertragenden und dispensierenden Ermächtigungen.

Das Fehlen rein dispensierend wirkender Ermächtigungen betrifft die Geschäftsführungs- und Vertretungs*befugnis*, ändert jedoch nichts an dem Bestehen einer Geschäftsführungs*kompetenz* und damit auch nichts an dem Bestehen einer dahingehenden Vertretungs*macht*. Der Vorstand darf die Maßnahme nicht vornehmen, er kann es aber.[518] Fehlt eine kompetenzübertragende Ermächtigung, kommt dem Vorstand hingegen bereits

516 Ausdrücklich so etwa: *Spindler*, in: MünchKomm-AktG, § 82 Rn. 18; *Stein*, in: MünchKomm-AktG, § 179 Rn. 212; *Hess*, S. 49; *Wahlers*, S. 195 sowie bspw. auch *Hirte*, in: GroßKomm-AktG, § 202 Rn. 246; sowie *Marsch-Barner*, in: Bad Homburger Hb-Übernahmerecht, E 40, wenn entscheidend auf das Fehlen/Bestehen einer originären Kompetenz des Vorstands für die (fehlende oder eben vorhandene) Existenz einer Vertretungsmacht abgestellt wird; vgl. zudem auch die Kritik an einer Herleitung der Holzmüller/Gelatine-Grundsätze anhand einer Einzel-/Gesamtanalogie zugeschriebenen Strukturmaßnahmen unter Verweis auf die dann eintretende, vom BGH im Holzmüller-Urteil aber abgelehnte Außenwirkung (statt vieler: *Fleischer*, NJW 2004, 2335 (2236)) sowie BGH NJW 2004, 1860 (1863). Explizit abzugrenzen von dem hier diskutierten Fall einer fehlenden Entscheidungskompetenz ist der Fall, dass der Vorstand in einem Bereich tätig wird, in dem für *die Vertretung* ein anderes Organ zuständig ist; vgl. statt vieler: *Spindler*, in: MünchKomm-AktG, § 82 Rn. 26 sowie *Weber*, in: Hölters/Weber AktG, § 82 Rn. 5 jeweils m.w.N.

517 Die verwendete Terminologie ist nicht immer kongruent; vgl. bspw. einerseits *Fleischer*, in: Spindler/Stilz AktG, § 82 Rn. 8 ff., der unter die Fälle der „Zuständigkeit anderer Organe“ solche Fälle fasst, in denen ein anderes Organ *für die Vertretung berufen* ist, während *Spindler*, in: MünchKomm-AktG, § 82 Rn. 18 unter diese Überschrift auch solche Fälle fasst, in denen die *Sachkompetenz* innergesellschaftlich der Hauptversammlung zugewiesen ist.

518 Entsprechend etwa die allgemeine Ansicht hinsichtlich Maßnahmen i.S.d. § 221 AktG, vgl. *Florstedt*, in: KölnKomm-AktG, § 221 Rn. 202; *Habersack*, in: MünchKomm-AktG, § 221 Rn. 150; *Hirte*, in: GroßKomm-AktG, § 221 Rn. 379; *Scholz*, in: MünchHb-AG, § 64 Rn. 16, 80; *Georgakopoulos*, ZHR 120 (1957), 84 (143); *Hüffer*, ZHR 161 (1997), 214 (224), dort unter Fn. 44, sowie auch OLG Frankfurt a.M., ZIP 2013, 212 (214).

keine Handlungskompetenz zu. Insoweit fehlt dann ihm auch die entsprechende Vertretungsmacht.[519]

Unberührt hiervon bleiben wiederum gesonderte Begrenzungen der Vertretungsmacht kraft gesetzlicher Regelungen oder die Möglichkeit einer Unwirksamkeit der Maßnahme kraft gesetzlicher Anordnung, vgl. etwa § 134 BGB i.V.m. § 53a AktG[520], § 71 Abs. 4 AktG[521], § 197 S. 2 AktG[522] sowie §§ 58 Abs. 3 und 4, 253 Abs. 1 S. 1, 256 Abs. 1 Nr. 4 AktG.[523]

Aus dem Gesagten ergibt sich aber auch, dass stets zwischen der Wirksamkeit der Ausführungsmaßnahmen und dem Eintritt des damit verfolg-

---

519 Vgl. entsprechend für die nicht autorisierte Einziehung von Aktien *Marsch-Barner/Maul*, in: Spindler/Stilz AktG, § 238 Rn. 9; *Scholz*, in: MünchHb-AG, § 63 Rn. 32; insoweit aber wiederum (s. sogleich) für eine Anwendung der Grundsätze der Lehre von der fehlerhaften Gesellschaft eintretend: *Scholz*, a.a.O.; *Krieger*, ZHR 158 (1994), 35 (52 f.); kritisch diesbezüglich: *Sethe*, in: GroßKomm-AktG, § 238 Rn. 27.

520 In Bezug auf das Kausalgeschäft so vor allem denkbar bei einer nicht gleichbehandelnden Veräußerung erworbener eigener Aktien (vgl. aber zum beschränkten Anwendungsbereich des § 53a AktG statt vieler: *Bungeroth*, in: MünchKomm-AktG, § 53a Rn. 6); zum Teil explizit so nur für den Fall eines Erwerbes, der Sache nach aber übertragbar auf den Fall einer Veräußerung eigener Aktien: *Henze/Notz*, in: Großkomm-AktG, § 53a Rn. 130; *Oechsler*, in: MünchKomm-AktG, § 71 Rn. 270; *Merkt*, in: GroßKomm-AktG, § 71 Rn. 89.

521 Im Detail streitig ist hierbei die genaue Rechtsgrundlage der Rückforderungspflicht der Aktiengesellschaft (vgl. zusammenfassend: *Oechsler*, in: MünchKomm-AktG, § 71 Rn. 372 m.w.N.) und die Frage, ob bei Geschäftseinheit ausnahmsweise auch das dingliche Rechtsgeschäft nichtig sein kann (vgl. hierzu *Lutter/Drygala*, in: KölnKomm-AktG, § 71 Rn. 247; kritisch hingegen: Merkt, in: GroßKomm-AktG, § 71 Rn. 361). Dies ist aber eine Frage der Reichweite des § 71 Abs. 4 AktG und nicht primär die Folge einer fehlenden Vertretungsmacht, mag also hier offenstehen.

522 Ähnlich wie § 187 Abs. 2 AktG (s. sogleich) bezüglich des schon im Grundsatz nicht autorisierten Abschlusses von Zeichnungsverträgen statuiert auch § 197 S. 2 AktG hinsichtlich der nicht autorisierten Ausgabe solcher Bezugsrechte selbiges Ergebnis, zu dem man mittels des Abstellens auf eine fehlende Vertretungsmacht gelangt: Die Absprachen sind schwebend unwirksam und stehen unter der Bedingung, dass eine bedingte Kapitalerhöhung tatsächlich beschlossen wird, vgl. insoweit *Drygala/Staake*, in: KölnKomm-AktG, § 197 AktG, Rn. 39 sowie *Frey*, in: GroßKomm-AktG, § 197 Rn. 38.

523 Die in Folge einer fehlerhaft gebildeten Gewinnrücklage eintretende Nichtigkeit des Jahresabschlusses nach § 256 Abs. 1 Nr. 4 AktG erfasst auch den korrespondierenden Gewinnverwendungsbeschluss (§ 253 Abs. 1 S. 1 AktG), sodass damit ausweislich § 58 Abs. 3,4 AktG auch kein Dividendenanspruch der Aktionäre ensteht, vgl. zum Ganzen: *Bayer*, in: MünchKomm-AktG, § 58 Rn. 133 ff. sowie *Westermann*, in: Bürgers/Körber AktG, § 58 Rn. 10, 32.

ten Erfolgs zu differenzieren ist. Diese Punkte können auseinanderfallen. Beispielsweise ist die Entstehung neuer Aktien bei den ausgewählten Zeichnern im Zusammenhang mit einer ordentlichen Kapitalerhöhung davon abhängig, dass die Hauptversammlung die Vornahme einer Kapitalerhöhung beschlossen hat, sodann ein wirksamer Zeichnungsvertrag mit der entsprechenden Person geschlossen wurde und die Durchführung der Erhöhung des Grundkapitals im Handelsregister eingetragen ist, § 189 AktG. Fehlt es bereits an einem Beschluss oder fällt dieser nachträglich weg, sind abgeschlossene Zeichnungsverträge *stets* unwirksam. Dies folgt aus der fehlenden Vertretungsmacht.[524] Umgekehrt ist aber nicht ausgeschlossen, dass die Zeichnungsverträge aufgrund autonomer Mängel auch nach Eintragung eines ordnungsgemäßes Beschlusses der Hauptversammlung unwirksam sind. Schließlich kann es vorkommen, dass trotz eines wirksamen Beschlusses der Hauptversammlung und wirksam abgeschlossener Zeichnungsverträge der Erfolg der Kapitalerhöhung ausbleibt.[525] Dies hat dann aber nichts mit einer kraft Missachtung der Kompetenzordnung fehlenden Vertretungsmacht zu tun.

Maßgeblich ist demnach die genaue Herleitung der etwaigen Unwirksamkeit einer Maßnahme im Außenverhältnis. Konkret folgt aus dem Gesagten für eine Kapitalerhöhung aber auch: Wenn es bezüglich der Wirksamkeit der Zeichnungsverträge beim Fehlen eines ordentlichen Kapitalerhöhungsbeschlusses richtigerweise auf das Fehlen einer dahingehenden Kompetenz des Vorstandes ankommt, kann der Fall einer fehlenden Ermächtigung nicht anders beurteilt werden. Vielmehr ist es konstruktiv

---

524 Insoweit zutreffend bez. der Reichweite des § 187 Abs. 2 AktG (eigener Anwendungsbereich nur für Zeichnungsvorverträge; schwebende Unwirksamkeit schon aufgrund fehlender Vertretungsmacht): *Ekkenga*, in: KölnKomm-AktG, § 185 Rn. 86, § 187 Rn. 19 sowie *Hunecke*, S. 138; es kann namentlich auch dahinstehen, inwieweit § 187 Abs. 2 AktG hinsichtlich etwaiger Zeichnungsvorverträge einer teleologischen Reduktion bedarf (hierzu: *Schürnbrand/Verse*, in: MünchKomm-AktG, § 187 Rn. 15). Abzugrenzen hiervon ist der Fall, dass die gem. § 185 Abs. 2 Nr. 4 AktG notwendigerweise in der Zeichnung enthaltende auflösende Bedingung der Zeichnung für den Fall, dass die Durchführung der Kapitalerhöhung bis zu einem bestimmten Zeitpunkt nicht eingetragen ist, eintritt; denn das Fehlen eines Kapitalerhöhungsbeschlusses oder dessen Nichtigkeit lässt bereits die Vertretungsmacht entfallen. Insoweit anders, wenn mit Verweis auf § 185 Abs. 2 Nr. 4 AktG die Unwirksamkeit nach § 158 Abs. 2 BGB angenommen wird: *Meyer-Panhuysen*, S. 25.

525 Vgl. *Ekkenga*, in: KölnKomm-AktG, § 182 Rn. 38.

ein und derselbe Fall.[526] Ohne Ermächtigung i.S.d. § 202 Abs. 1, 2 AktG und somit nur auf Basis einer eigenmächtigen Entscheidung des Vorstands zur Erhöhung des Grundkapitals abgeschlossene Zeichnungsverträge sind demnach gem. § 177 Abs. 1 BGB schwebend unwirksam.[527] Das Registergericht muss die Eintragung der Durchführung einer Kapitalerhöhung ablehnen. Jedenfalls aufgrund des letzteren Umstands werden daher jedenfalls im Regelfall keine Mitgliedschaftsrechte entstehen, § 203 Abs. 1 S. 2 i.V.m. § 189 AktG.[528]

Im Fall eines Auseinanderfallens von Wirksamkeit der Ausführungsmaßnahme und Eintritt des damit verfolgten Erfolges ist schließlich noch zu bedenken, dass in Folge einer Eintragung die Lehre der fehlerhaften Gesellschaft (in den Schranken ihrer Anwendbarkeit)[529] eingreifen kann. Dies würde am Beispiel einer Kapitalerhöhung dazu führen, dass der *Erfolg* der Maßnahme – die Entstehung von Mitgliedschaftsrechte – zumindest bis zur rechtskräftigen Feststellung der Rechtswidrigkeit der Kapitalerhö-

---

526 Ein Unterschied besteht natürlich insofern, als, da es zumindest unüblich sein dürfte, dass der Vorstand ohne jedwedes Anzeichen der Existenz eines Beschlusses der Hauptversammlung eine Kapitalerhöhung durchführen möchte, der Vorstand sich im ersten Fall für verpflichtet hält, entsprechende Zeichnungsverträge abzuschließen, während es im zweiten Fall auf einem autonomen Beschluss beruht. Für die Frage nach dem Bestehen einer Handlungspotenz kann dies aber nach den gezeigten Grundsätzen keinen Unterschied machen.

527 Wurde früher auf Basis der Annahme einer anfänglichen Unmöglichkeit gem. § 306 BGB a.F. die Nichtigkeit der Zeichnungsverträge angenommen (ausdrücklich: *Hirte*, in: Großkomm-AktG, § 202 Rn. 246; *Lutter*, in: KölnKomm-AktG (2. Auflage), § 202 Rn. 21 (unter Bezug auf „§ 305 BGB“, gemeint ist aber wohl § 306 BGB a.F.), kommt dies mit Blick auf § 311a Abs. 1 BGB jedenfalls seit der Schuldrechtsreform 2002 nicht mehr in Betracht – überzeugender erscheint aber, wie gesehen, der Verweis auf die allgemeinen Grenzen der Vertretungsmacht auf dem Gebiet der originären Kompetenzen der Hauptversammlung; ebenso: *Groß/T. Fischer*, in: Heidel, Aktienrecht, § 202 Rn. 122, *Kuntz*, in: KölnKomm-AktG, § 203 Rn. 168; wenngleich auf § 306 BGB a.F. abstellend, in der Argumentation ähnlich: *Hirte*, in: Großkomm-AktG, § 202 Rn. 246; von einer *Nichtigkeit* der Zeichnungsverträge ausgehend: *Scholz*, in: MünchHb-AG, § 59 Rn. 75; auf Basis der früheren Herleitung konsequent, nach hier vertretener Ansicht aber unzutreffend, nunmehr unter Verweis auf § 311a Abs. 1 BGB von der Wirksamkeit dieser Verträge ausgehend: *Apfelbacher/Metzner*, in: Hölters/Weber AktG, § 202 Rn. 67; *Koch*, AktG, § 202 Rn. 19; *Rieder/Holzmann*, in: Grigoleit AktG; § 202 Rn. 26; *Veil*, in: K. Schmidt/Lutter AktG, § 202 Rn. 24; *Wamser*, in: Spindler/Stilz AktG, § 202 Rn. 122.

528 Vgl. *Kuntz*, in: KölnKomm-AktG, § 203 Rn. 107 ff., *Scholz*, in: MünchHb-AG, § 59 Rn. 75.

529 Ausführlich hierzu *Kort*, S. 205 ff. sowie *Meyer-Panhuysen*, S. 80 ff.

hung als wirksam eingetreten gilt und die fehlerhaften Rechtsgeschäfte erst sodann ex nunc rückabzuwickeln sind.[530] Die zunächst eintretende Rechtsfolge ergibt sich dann aber eben nicht aus einer Handlungspotenz des Vorstands, sondern vielmehr aus den allgemeinen Erwägungen zur Behandlung fehlerhafter Akte im Gesellschaftsrecht ergibt. Für die vorliegende Betrachtung ist nur entscheidend, dass es entsprechend der Trennung zwischen dispensierender und kompetenzübertragender Ermächtigung dabei bleibt, dass der Vorstand die notwendigen *Rechtsgeschäfte* ohne entsprechende Ermächtigung mangels Vertretungsmacht nicht wirksam vornehmen kann.

2. Bemessung der Vertretungsmacht bei Missachtung von Annex-Ermächtigungserfordernissen und beschränkenden Vorgaben

Strukturell veranlagte Schwierigkeiten ergeben sich, wenn der Vorstand die Modalitäten der Ermächtigung missachtet. In diesen Fällen ist dem Grunde nach eine Ermächtigung gegeben, jedoch nicht zur Ausnutzung in der konkreten Art und Weise. Zu denken ist hier zuvorderst an den Fall,

530 Vgl. zur Anwendbarkeit der Lehre der fehlerhaften Gesellschaft auf diese Konstellationen grundlegend für den Fall einer Kapitalerhöhung: *Krieger*, ZHR 158 (1994), 35 (50 ff.); *Kort* S. 200 ff.; *ders.*; ZGR 1994, 291 (306 ff.); *Meyer-Panhuysen*, S. 62 ff.; *Zöllner*, AG 1993, 68 (77 f.); zustimmend: *Hirte*, in: GroßKomm-AktG, § 202 Rn. 247 f.; *Koch*, AktG, § 202 Rn. 19; *Scholz*, in: MünchHb-AG, § 59 Rn. 75; *Veil*, in: K. Schmidt/Lutter AktG, § 202 Rn. 25; *Schürnbrand*, ZHR 171 (2007), 731 (737 f.); dem steht insbesondere nicht § 185 Abs. 3 AktG AktG entgegen, dieser Regelung kann keine irgendwie geartete Sperrwirkung hinsichtlich eines weitergehenden Bestandsschutzes entnommen werden, zutreffend: *Schürnbrand*, AG 2014, 73 (77). Dem vollständigen Fehlen einer Ermächtigung werden häufig deren Zeitablauf sowie die Überschreitung des angegebenen Höchstbetrags gleichgestellt, vgl.: *v. Godin/Wilhelmi*, AktG, § 202 Anm. 3; *Kuntz*, in:, in: KölnKomm-AktG, § 203 Rn. 186; *Scholz*, in: MünchHb-AG, § 59 Rn. 75; zur Konsistenz dieser Betrachtung in Bezug auf die grundlegende Konzeption sowie die Unterschiede im Detail vgl. jeweils sogleich. Grundlegend anders noch (keine Wirksamkeit der Kapitalerhöhung): *Lutter*, in: KölnKomm-AktG (2. Auflage), § 202 Rn. 22; *Würdinger*, Aktienrecht, S. 182; nach wie vor: *Marsch-Barner*, in: Bürgers/Körber AktG, § 202 Rn. 14; in diesem Lichte jedenfalls veraltet ist die Auffassung, wonach der fehlerhafte Vorstandsbeschluss einem anfechtbaren Hauptversammlungsbeschluss gleichzustellen sei und mithin der Eintragung eine heilende Wirkung zukomme (so noch: *v. Godin/Wilhelmi*, AktG, § 202 Anm. 3; *Schilling*, in: GroßKomm-AktG (3. Auflage), § 202 Anm. 13; *Schlegelberger/Quassowksi/Herbig/Geßler/Hefermehl*, AktG, § 169 Anm. 11, 15).

dass der Vorstand sich nicht an die im Rahmen der Ermächtigung formulierten Beschränkungen hält. Dem ist die Konstellation gleichgestellt, dass der Vorstand die kraft eines nicht erfüllten Annex-Ermächtigungserfordernisses bestehenden Grenzen einer Ermächtigung missachtet.

a. Situation bei Dispens-Ermächtigungen

Kommt es, wie gesehen, grundsätzlich entscheidend darauf an, wem die Entscheidungskompetenz originär zugeordnet ist, kann die Missachtung von Beschränkungen zumindest bei dispensierend wirkenden Grundlagen-Ermächtigungen nicht anders behandelt werden als das vollumfängliche Fehlen einer Ermächtigung. Denn regelmäßig[531] betrifft die entsprechende Annex-Ermächtigung einen Ausschnitt aus der jeweiligen Geschäftsführungskompetenz und ebenso beziehen sich etwaige Vorgaben der Hauptversammlung auf eine solche. Annex-Ermächtigungserfordernisse und beschränkende Vorgaben im Rahmen der Ermächtigung betreffen daher lediglich die Geschäftsführungs- und Vertretungsbefugnis, nicht hingegen die Vertretungsmacht des Vorstands. Unter diesem Aspekt rechtswidrig vorgenommene Maßnahmen sind daher grundsätzlich wirksam.[532] Ob abweichende gesetzliche Sonderregeln auch im Fall einer die Vorgaben missachtenden Ausnutzung einer Ermächtigung greifen, ist eine Frage der Auslegung der entsprechenden Norm. In teleologischer Hinsicht wird

531 Annex-Ermächtigungen bez. dispensierend wirkender Grundlagen-Ermächtigungen teilen nicht notwendigerweise die „Natur“ der Grundlagen-Ermächtigung, de lege lata ist dies aber für alle bestehenden Annex-Ermächtigungserfordernisse bei Dispens-Ermächtigungen der Fall (vgl. hierzu die Darstellung im 1. Kapitel unter Abschnitt C.II.) Sollte eine kompetenzübertragende Annex-Ermächtigung in Zukunft reguliert werden oder etwa, anders als hier vertreten, eine solche in einem Beschluss i.S.d. § 33 Abs. 2 WpÜG zu sehen sein, wären die nachfolgenden Ausführungen in Abschnitt C.II.2.b. zu beachten.

532 Dies muss also auch für den Fall gelten, dass bei einer Maßnahme nur die Vorgaben des § 33 Abs. 1, 2 WpÜG missachtet werden, zumindest wenn man das hier vertretene Verständnis teilt, dass es sich bei einer entsprechenden Ermächtigung um eine dispensierend wirkenden Beschluss handelt; ebenso: *Brandi*, in: Angerer/Geibel/Süßmann WpÜG, § 33 Rn. 93; *Hirte/Mock*, in: KölnKomm-WpÜG, § 33 Rn. 145, 147, 153; *Schlitt*, in: MünchKomm-AktG, § 33 WpÜG, Rn. 241; vgl. auch *Marsch-Barner*, in: Bad Homburger Hb-Übernahmerecht, E 40 jeweils m.w.N. Fehlt hingegen bereits die Grundlagen-Ermächtigung, gelten die zuvor gemachten Ausführungen, die Maßnahmen sind also im Fall einer kompetenzübertragenden Grundlagen-Ermächtigung schwebend unwirksam (zutreffend: *Grunewald*, in: Baums/Thoma WpÜG, § 33 Rn. 104).

man das Eingreifen der entsprechenden Regelungen aber auch in diesen Fällen regelmäßig bejahen können.[533]

b. Situation bei kompetenzübertragenden Ermächtigungen

Ungleich diffiziler gestaltet sich die Bestimmung der Folgen einer vorgabenwidrigen Ausnutzung einer dem Grunde nach bestehenden, kompetenzübertragend wirkenden Ermächtigung.

Hier sind im Wesentlichen zwei Ansätze denkbar: Zum einen mag man darauf abstellen, dass vorbehaltlich gewisser Ausnahmen ein solches Verhalten keine Überschreitung der Ermächtigung darstellt, sondern lediglich eine fehlerhafte „Maßnahme der Geschäftsführung“[534]. Dann läge lediglich ein „Geschäftsführungsmangel im Innenverhältnis“[535] vor, die entsprechenden Ausführungshandlungen wären also *mit* Vertretungsmacht und mithin wirksam vorgenommen.[536] Alternativ ließe sich die Vertretungs-

---

533 Ein vorgabewidriger Erwerb eigener Aktien fällt nach ganz h.M. unter die Regelung des § 71 Abs. 4 AktG und führt ebenso zur dargestellten Haftung des Vorstands (vgl. *Bezzenberger*, in: K. Schmidt/Lutter AktG, § 71 Rn. 23; *Lutter/Drygala*, in: KölnKomm-AktG, § 71 Rn. 139; *Merkt*, in: GroßKomm-AktG, § 71 Rn. 260; ausdrücklich so nur für den Fall einer Missachtung von Zweckvorgaben: *Koch*, AktG, § 71 Rn. 19f; *Oechsler*, in: MünchKomm-AktG, § 71 Rn. 223; für den Fall eines gleichbehandlungswidrigen Erwerbs: *Verse*, S. 367). Auch für die Überschreitung des durch eine Ermächtigung i.S.d. § 58 Abs. 2 S. 2 Alt. 1 AktG gestatteten Rückstellungsvolumens scheint die obig beschriebene Rechtsfolge naheliegend.

534 Ausdrücklich so nur in Bezug auf die Ausnutzung eines genehmigten Kapitals ausformuliert, der Argumentationsstruktur nach jedoch übertragbar auf die übrigen Fälle: *Lutter*, in: KölnKomm-AktG (2. Auflage), § 204 Rn. 24.

535 *Scholz*, in: MünchHb-AG, § 59 Rn. 76.

536 In diese Richtung tendiert auch der BGH in seiner Mangusta/Commerzbank II-Entscheidung (BGH NZG 2006, 20 (23)), denn auch wenn sich diese der Tenorierung nach nur auf den Fall eines rechtswidrigen, weil nicht sachlich gerechtfertigten Ausschlusses des Bezugsrechtes bezieht, führt der BGH *obiter dictu* aus, dass „nichtige Entscheidungen des Vorstands und des Aufsichtsrats einschließlich einer Verletzung des Bezugsrechts der Aktionäre die Wirksamkeit der durchgeführten und eingetragenen Kapitalerhöhung und der damit entstandenen neuen Mitgliedschaftsrechte nicht (berühren) (…)“ und verweist hierzu auf *Lutter*, in: KölnKomm-AktG (2. Auflage), § 202 Rn. 25, 27 AktG. Der BGH geht insoweit aber nicht darauf ein, ob ein sachlich nicht gerechtfertigter einerseits und ein nicht autorisierter Ausschluss des Bezugsrechtes andererseits tatsächlich gleich zu behandeln sind (hierzu sogleich). Zudem umfasst der Verweis einerseits auch nicht die Herleitung *Lutters*, andererseits sehr wohl aber

macht derart bemessen, dass sie „dort endet, wo die Zuständigkeit der Hauptversammlung beginnt“. Dann wäre im Umfang der Beschränkungen eine solche Zuständigkeit nie delegiert worden. Die Folge wäre, dass “wegen der nicht bestehenden bzw. nicht so weit reichenden Ermächtigung auch die für das Außenverhältnis maßgebliche Vertretungsmacht“ fehlt.[537]

Wenngleich die aufgezeigte Streitfrage bis dato nur im Rahmen des genehmigten Kapitals aufgeworfen wurde, zeigen sich in ihr grundlegend unterschiedliche Konzeptionen zur Wirkung eines Ermächtigungsbeschlusses.

aa. Konkretisierung der maßgeblichen Fragestellung – die genaue Wirkungsweise einer Ermächtigung dem Umfang nach

Dem Vorstand fehlt in den Fällen einer nicht existenten kompetenzübertragenden Ermächtigung wie gesehen die Vertretungsmacht zur Vornahme entsprechender Handlungen. Wenn man also im Fall einer inhaltlich rechtswidrigen Entscheidung von der Wirksamkeit der entsprechenden Ausführungsmaßnahmen ausgehen will, bedürfte es dazu eines gesonderten Grundes. Dieser kann nur das grundsätzliche Bestehen einer solchen (Grundlagen-) Ermächtigung.

Die Komplikationen beruhen konzeptionell auf dem Umstand, dass als Folge der (Grundlagen-) Ermächtigung eine weitere Instanz in der *Entscheidungs*kette geschaffen wird. Der Vorstand fungiert nicht mehr nur als Durchführungsorgan.[538] Von der Stellung dieser Entscheidungsinstanzen

---

die von ihm gemachten Ausnahmen (s. sogleich), zu denen der BGH aber dann keine Stellung nimmt.

537 So: *Groß/T. Fischer*, in: Heidel Aktienrecht, § 202 Rn. 122; sehr ähnlich: *Hirte*, in: Großkomm-AktG, § 202 Rn. 246, Kuntz, in: KölnKomm-AktG, § 203 Rn. 168, § 204 Rn. 73 sowie früher noch: *Krieger*, in: MünchHb-AG (1. Auflage), § 58 Rn. 55.

538 In Folge der Stellung als Ausführungsorgan stellt sich die Problematik einer Abweichung von den Vorgaben der Hauptversammlung etwa bei einer ordentlichen Kapitalerhöhung nicht in vergleichbarem Maße. Abweichungen vom vorgesehenen Ausgabebetrag sind als Falschangabe etwa von § 185 Abs. 2 AktG erfasst (vgl. *Ekkenga*, in: KölnKomm-AktG, § 185 Rn. 56), zur Ausgabe von (nachrangigen) Vorzugsaktien bedarf es zwingend einer dahingehenden Bestimmung in der Satzung (§ 141 AktG) und weitere Entscheidungen über „den Inhalt der Aktienrechte und die Bedingungen der Aktienausgabe“ i.S.d. § 204 Abs. 1 S. 2 AktG wie etwa Zweckvorgaben stellen sich bei einer ordentlichen Kapitalerhöhung schon der Sache nach nicht.

zueinander hängt ab, ob in einer vorgabewidrigen Ausnutzung stets auch ein Kompetenzübergriff seitens des Vorstands mit den dann sich nach allgemeinen Regeln zu bemessenen Rechtsfolgen erblickt werden muss.[539] Entscheidend ist, wie weitreichend die Wirkung eines Ermächtigungsbeschlusses zu bemessen ist.

Die Einordnung der in Folge der Ermächtigung entstehenden Geschäftsführungs- bzw. Ermächtigtenbefugnis kann dabei initial nicht maßgeblich sein. Schließlich stellt sich gerade die Frage, ob sich der Vorstand überhaupt noch „innerhalb" dieser Befugnis bewegt. Schon aus diesem Grund kann man ebenso wenig darauf abstellen, dass der Beschluss des Vorstands zur Ausnutzung einer Ermächtigung funktional den Beschluss der Hauptversammlung zur Durchführung einer „ordentlichen" Maßnahme ersetzt, weshalb ein etwaiger Mangel jedenfalls in Folge einer Eintragung nicht nach außen wirken kann.[540] Ein solches Verständnis würde zum einen der zentralen Bedeutung des Ermächtigungsbeschlusses, der als Kompensation für die Derogation der Kompetenzordnung fungiert, widersprechen. Zudem statuiert das Gesetz teilweise (§ 203 Abs. 1 S. 2 AktG) ausdrücklich Gegenteiliges.

Maßgeblich ist vielmehr, wie man die Wirkung von Ermächtigungsbeschlüssen konzeptionell bemisst. Die zitierten Ansätze zeitigen dabei die denkbaren Weichenstellungen.

Einerseits könnte man beschränkende Vorgaben dahingehend verstehen, dass *insoweit* keine Übertragung der originären Hauptversammlungskompetenz stattfindet, der Vorstand die Ermächtigung also *insoweit* gar nicht ausnutzen *kann*.[541] Andererseits wäre aber auch ein Verständnis denkbar, wonach mit der Delegation der Entscheidungshoheit bezüglich des „Ob" der in Rede stehenden Entscheidung zwangsläufig auch die Kompetenz hinsichtlich des „Wie" übergeht. Einzelne Ausübungsformen *dürften* demnach nur dann gewählt werden, wenn die Hauptversammlung dies gesondert bestimmt bzw. nicht verboten hat. Der Wirksamkeit dennoch vorgenommener rechtsgeschäftlicher Handlungen ständen diese Erfordernisse dann nicht entgegen. Nach diesem Verständnis delegiert die

539 Eine Ausnahme zu diesem Ansatz bildet die Entscheidung über den Ausschluss des Bezugsrechts bei der Ausnutzung eines genehmigten Kapitals, hierzu sogleich.

540 Vgl. hierzu erneut die Nennungen unter Fn 533 a.E.

541 In diese Richtung auch, wenngleich mit abweichender Schlussfolgerung: *Schürnbrand* ZHR 171 (2007), 731 (739), wenn darauf abgestellt wird, dass, da es sich um eine originäre Kompetenz der Hauptversammlung handele, die Wertungen aus dem Recht der regulären Kapitalerhöhung maßgeblich seien.

Hauptversammlung mit einer Ermächtigung die Entscheidungsbefugnis *en bloc*, modifiziert also die Kompetenzlage im Ganzen.[542]

Unbenommen bleibt, dass es wieder Sonderfälle geben kann, in denen sich die Rechtsfolge aus gesonderten gesetzlichen Regelungen oder Erwägungen ergibt. Ein Beispiel hier für ist etwa § 141 AktG. Im Fall einer Missachtung des Ermächtigungserfordernisses i.S.d. § 204 Abs. 2 AktG[543] sind die Zeichnungsverträge unwirksam.[544] § 205 Abs. 4 AktG a.F. bestimmte vergleichbares für den Fall einer nicht gesondert autorisierten Sachkapitalerhöhung.[545] Nichtsdestotrotz adressiert die Frage nach der Wirkung

---

542 Soweit es Annex-Ermächtigungserfordernisse betrifft, ist damit die bereits angedeutete Frage angesprochen, wie genau Annex-Ermächtigungen im konkreten Fall ihrer Beschlussfassung wirken, vgl. zu diesem grundlegenden Gedanken bereits die Ausführungen im 1. Kapitel unter Abschnitt C.II.1. Zur grundsätzlichen Möglichkeit, Beschränkungen wahlweise zum Inhalt der rechtsgestaltenden Erklärung oder aber zum Inhalt des Kausalverhältnisses zu machen vgl.: *Klumpp*, in: Staudinger BGB, § 185 Rn. 67.

543 Wenn etwa gem. § 141 AktG auch bei einer ordentlichen Kapitalerhöhung beim Fehlen einer gesonderten Zustimmung der betroffenen Vorzugsaktionäre nicht wirksam in die Rechtsposition der Vorzugsaktionäre eingegriffen werden kann, also selbst die Hauptversammlung dazu nicht fähig ist, kann bei dem Fehlen einer Ermächtigung für den Vorstand kaum etwas anderes gelten, zutreffend: *Lutter*, in: KölnKomm- AktG (2. Auflage), § 204 Rn. 33. Entscheidend ist vor allem, dass ein dahingehender Ermächtigungsbeschluss ohne die notwendige Beteiligung der betroffenen Vorzugsaktionäre nicht durch Eintragung geheilt werden kann; dem steht aber hinsichtlich der Folgen der Fall, dass der Ermächtigungsbeschluss sich in keiner Weise äußert, der Vorstand aber dennoch eine dahingehende Ausgabe vornehmen will, gleich.

544 *Apfelbacher/Metzner*, in: Hölters/Weber AktG, § 204 Rn. 20; *Koch*, AktG, § 204 Rn. 11; anders nur: *Bayer*, in: MünchKomm-AktG, § 204 Rn. 38; explizit für die schwebende Unwirksamkeit der Zeichnungsverträge: *Groß/T. Fischer*, in: Heidel Aktienrecht, § 204 Rn. 31; Kuntz, in: KölnKomm-AktG, § 204 RNn. 73. Man mag diese Rechtsfolge auch auf Basis einer gesonderten gesetzlichen Beschränkung der organschaftlichen Vertretungsmacht herleiten können, diese hinge dann aber nicht mit dem strukturellen Problem der Entstehung einer neuen Entscheidungsinstanz in Folge der teilweisen Delegation der Grundlagen-Kompetenz und einem drohenden Kompetenzübergriff zu Lasten der Hauptversammlung zusammen, sondern mit einem Übergriff in die durch § 141 AktG geschützte Stellung der Vorzugsaktionäre.

545 Analog § 205 Abs. 4 AktG a.F. wurde mehrheitlich von der Unwirksamkeit der entsprechenden Abreden und im Fall einer Eintragung von der Geltung einer Bareinlagepflicht ausgegangen (vgl.: *v. Godin/Wilhelmi*, AktG, § 205 Anm. 3; *Hirte*, in: Großkomm-AktG, § 205 Rn. 8; *Lutter*, in: KölnKomm-AktG (2. Auflage), § 205 Rn. 5; *Krieger*, MünchHb-AG (2. Auflage), § 58 Rn. 39 sowie *van Venrooy*, AG 1981, 205 (209)); unabhängig davon, dass diese Herleitung mit Wegfall der entsprechenden Regelung hinfällig geworden ist, lag in diesen Fällen zwar

der (Grundlagen-)Ermächtigung und der Bedeutung des Auftretens einer neuen Entscheidungsinstanz zumindest im Regelfall den entscheidenden Aspekt. Auch in etwaigen Sonderfällen ist es daher von Bedeutung, den genauen Grund für die Fehlerhaftigkeit des Handelns des Vorstands im Auge zu behalten. Dieser Zusammenhang und die sich mit dem Auftreten einer zusätzlichen Entscheidungsinstanz verändernde Situation gegenüber den Gegebenheiten bei der Ausführung eines Einzelbeschlusses sei am Beispiel des § 203 Abs. 2 AktG exemplarisch dargestellt:

Die Folgen von bezugsrechtswidrig abgeschlossenen Zeichnungsverträgen mit Dritten oder (übervorteilten) Aktionären bei einer ordentlichen Kapitalerhöhung regelt § 187 Abs. 1 AktG. Zeichnungsverträge, die nicht den geforderten Vorbehalt einer Zuteilung an die bezugsberechtigten Aktionäre kraft ausdrücklicher Vereinbarung aufweisen, sind nicht unwirksam. Das Gesetzt ordnet lediglich an, dass der geforderte Vorbehalt dennoch gilt.[546] Erfasst wird dabei zunächst der Fall, dass der Vorstand in Folge eines fehlerhaften Bezugsrechtausschlusses seitens der Hauptversammlung handelt. Selbiges gilt aber auch für den Fall, dass der Vorstand in Ermangelung einer solchen Beschlussfindung fehlerhaft austeilt. In beiden Fällen wäre es denkbar, darauf zu verweisen, dass die Hauptversammlung dem Vorstand bereits keine derartige „Ausführungskompetenz“ verschafft hat und deswegen die Verträge mangels Vertretungsmacht schwebend unwirksam sein müssten. Überzeugen kann dies aber nicht. Zum einen statuiert § 187 Abs. 1 AktG ersichtlich eine Sonderregelung. Zum anderen reagiert diese Norm nicht etwa auf einen Kompetenzübergriff des Vorstands, sondern vielmehr auf einen Verstoß gegen eine gesetzliche Vorgabe in Form des gesetzlichen Bezugsrechtes auf neue Aktien.

---

in der Tat ein Kompetenzübergriff des Vorstands zu Lasten der Hauptversammlung vor – das Fehlen der Vertretungsmacht folgerte sich aber aus einer gesonderten, gesetzlich indizierten Begrenzung der Vertretungsmacht in Form des § 205 Abs. 4 AktG a.F. analog, zutreffend: *Lutter*, in: KölnKomm-AktG (2. Auflage), § 205 Rn. 5.

546 Vgl.: *Ekkenga*, in: KölnKomm-AktG, § 186 Rn. 46; *Servatius*, in: Spindler/Stilz AktG, § 187 Rn. 17, anders: *Wiedemann*, in: GroßKomm-AktG, § 187 Rn. 7, 14; hiervon abzugrenzen ist der Fall, dass aufgrund eines nicht sachlich gerechtfertigten Bezugsrechtsausschlusses im Rahmen des Kapitalerhöhungsbeschlusses dieser (in Gänze) wirksam angefochten wird und hinfällig ist, in Folge dessen auch die Zeichnungsverträge ihrer Grundlage entbehren – auch in diesem Fall ist nach der h.M. die Lehre von der fehlerhaften Gesellschaft anzuwenden, vgl. insoweit zur Frage nach der Möglichkeit einer isolierten Anfechtung: *Ekkenga*, in: KölnKomm-AktG, § 186 Rn. 140 sowie zum Ganzen auch *Verse*, S. 469 f.

Betrachtet man die Situation bei der Ausnutzung eines genehmigten Kapitals, zeigt sich, dass zu den eben genannten Konstellationen eine weitere hinzutritt. Eine Ausgabe von Anteilen bei einer genehmigten Kapitalerhöhung kann zunächst gegen das Bezugsrecht der Aktionäre verstoßen und rechtswidrig sein, weil ein etwaiger Direktausschluss i.S.d. § 203 Abs. 1 AktG *fehlt* oder dieser seinerseits rechtswidrig ist. Ebenso kann eine Ausnutzungsentscheidung des Vorstands, die für sich genommen durch die Existenz einer Ermächtigung i.S.d. § 203 Abs. 2 AktG oder eines Direktausschlusses legitimiert ist, *sachlich nicht gerechtfertigt* sein. Schließlich ist es aber auch denkbar, dass eine Ermächtigung i.S.d. § 203 Abs. 2 AktG schlichtweg fehlt und der Vorstand dennoch darüber beschließt, das Bezugsrecht auszuschließen und eine dementsprechende Austeilung der neuen Aktien vorzunehmen. Eine solche eigenständige Entscheidung über den Ausschluss des Bezugsrechtes kann nur bei der Ausnutzung einer Ermächtigung zur Vornahme einer Kapitalerhöhung auftreten. Dem Vorstand kommt von vornherein nur in diesen Fällen eine „eigenständige", wenngleich abgeleitete Entscheidungsgewalt zu. Wie angemerkt, kann der Vorstand auch bei einer ordentlichen Kapitalerhöhung bezugsrechtswidrig Anteile ausgeben – in diesen Fällen beschließt er aber nicht „selbstständig" darüber, sondern führt lediglich rechtswidrig aus.

So können auch jedenfalls die beiden erstgenannten Konstellationen bei einer genehmigten Kapitalerhöhung unter Ausschluss des Bezugsrechts nicht anders behandelt werden als ein bezugsrechtswidriges Verhalten im Fall einer ordentlichen Kapitalerhöhung: Es wird gegen eine gesetzliche Gestaltungsanforderung verstoßen, mangels eigenständiger Entscheidung des Vorstands hingegen nicht gegen die Kompetenzverteilung als solche. Die Rechtsfolgen bemessen sich also mangels eigenständiger, kompetenzübergriffiger Entscheidung des Vorstands nach § 203 Abs. 1 S. 2 i.V.m. § 187 Abs. 1 AktG. Dem Grunde nach anders gelagert ist hingegen der dritte Fall, in dem der Vorstand ohne entsprechende Autorisierung eine eigenständige Entscheidung über den Ausschluss des Bezugsrechtes trifft. In diesen Fällen verstößt der Vorstand nicht einmal zwingend gegen eine gesetzliche Gestaltungsvorgabe. Seine Entscheidung mag dem Erfordernis einer sachlichen Rechtfertigung genügen. Die Gesetzeswidrigkeit liegt in diesen Fällen in dem Verstoß gegen die Kompetenzordnung, denn nach der Wertung des Gesetzes soll grundsätzlich die Hauptversammlung über die Möglichkeit eines Ausschlusses des Bezugsrechtes entscheiden. Eben wegen dieser Abweichung könnte man andenken, auf die mangelnde Vertretungsmacht des Vorstands abzustellen und die Zeichnungsverträge deswegen gem. § 177 Abs. 1 BGB für schwebend unwirksam zu halten. Ob diesem Verständnis zumindest in Bezug auf die Missachtung des Ermächtigungserfordernisses nach § 203 Abs. 2 AktG zu folgen ist, mag an dieser Stelle noch dahinstehen.

bb. Diskussion der Konzeptionen

Die Erörterung der Frage nach der vorzugswürdigen Konzeption soll sich im Folgenden vornehmlich danach richten, ob sich bei den jeweiligen Ansätzen in einzelnen Situationen konzeptionelle Schwierigkeiten für die Aufrechterhaltung des Ansatzes im Ganzen und/oder etwaige Widersprüche ergeben. Hingegen sollen rechtspolitische Erwägungen, wonach etwa bei der Ausnutzung einer Ermächtigung für Dritte und potentielle Anleger eine im Vergleich zur alternativer Vornahme einer „ordentlichen" Maßnahme durch die Hauptversammlung geringere Publizität gegeben sei und deswegen zum Schutz des Rechtsverkehrs eine möglichst umfassende Vertretungsmacht anzunehmen sei,[547] jedenfalls nicht von entscheidender Bedeutung sein. Die mangelnde Publizität des internen Vorstandsbeschlusses bzw. dessen Fehlerhaftigkeit mag die Einschätzung der Rechtmäßigkeit erschweren. Daraus folgt aber nicht zwingend, dass das Risiko einer rechtswidrigen Entscheidung allein von den Aktionären getragen werden muss.[548] Vielmehr besteht insoweit ein rechtspolitischer Spielraum, der vom Gesetzgeber nicht hinreichend ausgefüllt wurde. Solange es aber keine wertungsmäßig vorgezeichnete Lösung gibt, ist vornehmlich auf konzeptionelle Erwägungen abzustellen.[549]

Das im Rahmen der Bemessung der Gestaltungsfreiheit der Hauptversammlung in Bezug auf beschränkende Vorgaben gezeichnete Bild einer im geringerem Maß schutzwürdigen Kompetenz des Vorstands („Hybridstellung") kann in diesem Zusammenhang nicht bemüht werden. Schließlich betrifft die hiesige Fragestellung nicht die Bemessung des innergesellschaftlichen „Dürfens". In Rede steht die Bemessung der Handlungspotenz im Außenverhältnis.

547 So etwa: *Lutter*, in: KölnKomm-AktG (2. Auflage), § 204 Rn. 25; zustimmend: *Tiller*, S. 229; der Sache nach ähnlich *Franke*, S. 62 f., wenn dieser (freilich in Bezug auf die Wirksamkeit der Kapitalerhöhung als solche) danach differenzieren will, ob die missachtete Vorgabe im Handelsregister vermerkt ist.

548 So in Bezug auf eine bezugsrechtswidrige Ausnutzung eines genehmigten Kapitals: *Schürnbrand*, ZHR 171 (2007), 731 (741).

549 Vgl. insoweit auch den zweigeteilten Ansatz bei: *Schürnbrand*, ZHR 171 (2007), 731 (739 ff.).

Dass jedenfalls die *Ausführung* eines Hauptversammlungsbeschlusses, so denn nötig, stets eine Angelegenheit des Vorstands ist, wenngleich er hierzu nach § 83 Abs. 2 AktG verpflichtet sein mag, kann daher nicht maßgeblich sein. Aus diesem Umstand kann nicht gefolgert werden, dass der Vorstand bei der Ausnutzung einer Ermächtigung nicht schlechter stehen kann.[550] Beim Vergleich der Konstellationen auf die Zuständig für die Ausführung abzustellen, ist nicht zwingend. Ebenso könnte man schwerpunktmäßig darauf abstellen, dass sich die Ausführungsbefugnis in Parallele zur Ausnutzungsbefugnis bei einer Ermächtigung von der Existenz des auszuführenden Einzelbeschlusses ableitet und somit keine selbstständige, gegenüber den Kompetenzen der Hauptversammlung autarke Entscheidungsbefugnis des Vorstands darstellt. Es gibt daher keine über die Notwendigkeit zur Ausführung einer beschlossenen Maßnahme hinausgehende parallele „Ausführungsbefugnis", gegenüber der der Vorstand in Fällen fehlerhafte Ausnutzung von Ermächtigungen schlechter gestellt zu werden droht.[551] Dieser Betrachtungswinkel ist auch in der Sache überzeugender. So sind etwa die „Inhalte der Aktienrechte und die Bedingungen der Aktienausgabe" bei einer ordentlichen Kapitalerhöhung quasi notwendigerweise Teil der Entscheidungsgewalt der Hauptversammlung. In der entsprechenden Ausführung der beschlossenen Maßnahmen durch den Vorstand kann kaum eine tatsächliche Entscheidungsbefugnis des Vorstands gesehen werden, die auch nur im Ansatz mit der Verortung der Kompetenz zur Befindung über diese Parameter vergleichbar ist.

550 Ebenso kritisch: *Kuntz*, in: KölnKomm-AktG, § 203 Rn. 168.

551 Etwas anderes kann nur gelten, wenn sich die Kompetenzbereiche von vorneherein nicht nur in Bezug auf die Notwendigkeit einer Ausführung überschneiden. Versteht man die Kompetenzverteilung bei Maßnahmen i.S.d. § 192 Abs. 2 Nr. 3 Alt. 2 AktG und § 221 Abs. 1, 2 AktG wie dargelegt dahingehend, dass eine Ermächtigung zur Ausgabe von Bezugsrechten nur insoweit kompetenzübertragend wirkt, wie es um die Schaffung von Bezugsrechten in Bezug auf ein bedingtes Kapital geht, im Übrigen die Ausgabe von Bezugsrechten mangels unmittelbarer Auswirkungen auf das Grundkapital aber eine Angelegenheit der Geschäftsführung ist, wäre nach dem erörterten Ansatz zu folgern, dass nur die *Überschreitung* der Ziffer des bedingten Kapitals, nicht aber die Missachtung inhaltlicher Bezugsrechts-Vorgaben die Grenzen der Geschäftsführungskompetenz übertritt (entsprechend: *Drygala/Staake*, in: KölnKomm-AktG, § 197 Rn. 46 f.; *Fuchs*, in: MünchKomm-AktG, § 197 Rn. 22 sowie *Rieckers*, in: Spindler/Stilz AktG, § 197 Rn. 17). Im Fall einer Ermächtigung zur Ausgabe von Bezugsrechten nach § 192 Abs. 2 Nr. 3 Alt. 2 AktG könnte dann nichts anderes gelten. Bezweifelt man hingegen bereits im Ansatz eine derartige Kompetenzverteilung auch bei einer „ordentlichen" Ausgabe von Bezugsrechten im Zuge einer bedingten Kapitalerhöhung, ist ein solches Ergebnis nicht indiziert.

Zielführender ist die Betrachtung der Konzeption dahingehend, ob in der Folge ihrer Anwendung sehr ähnlich gelagerte Situationen ohne überzeugenden Grund unterschiedlich behandelt zu werden drohen. Von konzeptioneller Bedeutung sind daher vor allem solche Konstellationen, in denen eine Entscheidung der Hauptversammlung oder des (ermächtigten) Vorstands gesonderten inhaltlichen Anforderungen und entsprechenden Fehlerfolgen unterliegt. In diesen Fällen tritt das Ermächtigungserfordernis für die Befugnis des Vorstands zu einer eigenständigen Entscheidung „nur“ kumulativ hinzu.

De lege lata existiert eine solche Konstellation bei der Missachtung des Ermächtigungserfordernisses nach § 203 Abs. 2 AktG, sodass auch die konzeptionellen Einwände wiederum an diesem Beispiel dargelegt werden sollen. Die Missachtung eines Ermächtigungserfordernisses droht, wie gesehen, in diesem Sachzusammenhang zu gegenüber der Missachtung des Erfordernisses der sachlichen Rechtfertigung abweichenden Rechtsfolgen zu führen.

Ein Gleichlauf der Fehlerfolgen in den beschriebenen Konstellationen ließe sich hier einerseits dadurch erreichen, dass man in Bezug auf einen von der Hauptversammlung legitimierten, jedoch nicht hinreichend sachlich gerechtfertigten Ausschluss des Bezugsrechtes die entsprechende Ermächtigung als konkludent beschränkt betracht. Die Beschränkung läge darin, dass die Ermächtigung nach §§ 202 Abs. 1; 203 Abs. 2 AktG nur dann gelten soll, wenn die entsprechende Ausnutzung sachlich gerechtfertigt wäre. Dies würde aber die Regelung des § 187 Abs. 1 AktG unterlaufen und kann daher nicht überzeugen.

Gleichlaufende Rechtsfolgen lassen sich dadurch erreichen, dass man alle genannten Konstellationen unter § 187 Abs. 1 AktG fasst. Es kann nicht überzeugend angenommen werden, dass der Gesetzgeber mit § 187 Abs. 1 AktG wirklich danach unterscheiden wollte, ob der Vorstand rechtswidrig selber über den Ausschluss eines Bezugsrechtes entscheidet ober aber dies zwar autorisiert, indes in sachlich nicht gerechtfertigter Weise geschieht. Auch für den Fall eines eigenständigen Ausschlusses durch den Vorstand sollte daher § 187 Abs. 1 (i.V.m. § 203 Abs. 1 S. 2) AktG gelten.

Missachtet der Vorstand das Ermächtigungserfordernis des § 203 Abs. 2 AktG, sind die entsprechenden Zeichnungsverträge demnach vorbehaltlich anderweitiger Fehler gem. § 187 Abs. 1 AktG kraft Gesetzes mit einem entsprechenden Vorbehalt zur Zuteilung der Aktien an die berechtigten

Aktionäre versehen.[552] Wenngleich es nach hier vertretener Ansicht also hinsichtlich § 203 Abs. 2 AktG auf die beschriebenen Konzeptionen gar nicht ankommt, zeigt sich doch: Der Ansatz, nach dem derartige Verträge wirksam wären, liegt deutlich näher an den Konsequenzen einer Anwendung des § 187 Abs. 1 AktG (gesetzlicher Vorbehalt, endgültige Heilung des Mangels mit Eintragung) als die Annahme eines mangels Vertretungsmacht schwebend unwirksamen Zeichnungsvertrages, dem in Konsequenz dieser Ansicht in Folge der Eintragung allenfalls nach den Grundsätzen von der Lehre der fehlerhaften Gesellschaft ein eingeschränkter Bestandsschutz zukommen könnte. Eine solch stark abweichende Behandlung wäre unter den Gesichtspunkten der Wertungskonsistenz Zweifeln ausgesetzt.[553]

Die restriktive Konzeption zur Wirkung von Ermächtigungsbeschlüssen ist außerdem Praktikabilitätseinwänden ausgesetzt. Bei vergleichsweise „weichen“ Kriterien wie Zweckvorgaben kann es schwierig sein, deren Einhaltung (gerichtlich) zu überprüfen, etwa wenn es darum geht, ob der Vorstand die Einhaltung der vorgegebenen Zwecke nur vorgegeben hat. Diese Schwierigkeiten steigern sich noch bei der Überlagerung verschiedener Zwecke. Es bleibt jedenfalls ein signifikantes Restrisiko bei der finalen Einschätzung.[554] Dieses Risiko mit Auswirkungen für Außenverhältnis zu versehen, erscheint nicht interessengerecht. Dieser Einwand gilt nicht für

552 Ähnlich: *Hirte*, in: GroßKomm-AktG, § 203 Rn. 151 f. sowie auch *Liebert*, S. 275; anders: *Groß/T. Fischer*, in: Heidel Aktienrecht, § 203 Rn. 121 (jedoch unter nicht überzeugendem Abstellen auf die Unwirksamkeit des Vorstandbeschlusses als solche) sowie *Yanli*, S. 73 (Ausgabe im Ganzen nichtig).

553 Unbenommen bleibt an dieser Stelle noch die Frage, ob eine bezugsrechtswidrige Ausnutzung eines genehmigten Kapitals nicht jedenfalls in Folge einer rechtskräftigen Feststellung der Rechtswidrigkeit des Vorstandsbeschlusses nach den Grundsätzen der Lehre von der fehlerhaften Gesellschaft rückabzuwickeln ist, um so die Rechtsfolgen der Anfechtung eines rechtswidriger Weise das Bezugsrecht ausschließenden Kapitalerhöhungsbeschlusses der Hauptversammlung anzugleichen, anschaulich zur Divergenz: *Verse*, S. 469 f., vgl. hierzu noch sogleich.

554 Der Fall liegt auch anders als der einer Kontrolle des Beschlusses im Lichte des Erfordernisses einer sachlichen Rechtfertigung bei einem Ausschluss des Bezugsrechtes. In diesen Fällen geht es darum, ob den Anforderungen dieses Kriteriums Genüge getan ist, mithin also ein *hinreichender* Zweck vorliegt. Natürlich besteht auch hier eine Rechtsunsicherheit, jedoch lassen sich die Parameter anhand von Vorgaben des BGH und der hierzu ergangenen Rechtsprechung und entsprechenden Arbeiten in der Literatur präzisieren. Die Konstellation unterscheidet sich insoweit strukturell von jener, in der es um die Frage geht, welcher Zweck überhaupt verfolgt wird.

die Beurteilung der Einhaltung von „technisch“ anmutenden Vorgaben, wie etwa solchen betreffend die Auswahl der Zeichner, die Bestimmung eines Ausgabebetrags oder den Zeitpunkt der Gewinnbeteiligung. Für die Beurteilung der Rechtslage kann es mit Blick auf die dargelegte Grundproblematik aber kaum darauf ankommen, ob das missachtete Kriterium hinreichend prüfungsfest ist.

Schließlich sind auch keine Vorzüge der restriktiven Konzeption ersichtlich, die die genannten Nachteile kompensieren könnten. So kann beispielsweise nicht überzeugend vorgebracht werden, dass eine zu umfassende Handlungspotenz des Vorstands die Gefahr mit sich bringe, dass der Vorstand ohne entsprechende Ermächtigung die Gesellschaft dem Grunde nach zu einer Satzungsänderung verpflichten könnte.[555]

Schon die Formulierung dieses Arguments ist missglückt. Soweit man nämlich den Fokus auf die Verwendung des Wortes „ermächtigt“ legt, wäre das Argument zirkulär, gleich ob man darauf abzielt, dass eine tatsächlich nicht von der Hauptversammlung „ermöglichte“ Satzungsänderung durchgeführt werden könnte oder aber zumindest aufgrund der faktischen Möglichkeit zu einer nicht *erlaubten* Satzungsänderung ein Wertungswiderspruch drohe. Schließlich stellt sich gerade die Frage, ob die beschränkenden Vorgaben die Autorisierung des Vorstands betreffen oder „nur“ Organpflichten darstellen.

Auch der Verweis auf die fehlende Möglichkeit des Vorstands zur *Verpflichtung* der Aktiengesellschaft zur Vornahme einer Satzungsänderung verfängt nicht. Die grundsätzlich fehlende Möglichkeit einer solchen Abrede leitet sich aus dem Fehlen einer entsprechenden Vertretungsmacht des Vorstands ab[556] – diese steht hier aber eben zur Debatte. Das Argument wäre also jedenfalls dahingehend umzuformulieren, dass ein Widerspruch drohe, weil entgegen der Wertung des § 179 Abs. 1 AktG eine Satzungsänderung durchgeführt werde könnte, die nicht vom Willen der Aktionäre gedeckt ist. Dies ist auch durchaus zutreffend. Dieser Einwand stellt sich aber nicht auf der Ebene widersprüchlicher Rechtsfolgen, sondern vielmehr auf der Ebene widersprüchlicher Wertungen und der divergent anmutenden Bewertung von Interessen.

Der Interessendivergenz kann durch die Annahme einer hinreichend weiten Prüfungskompetenz durch das Registergericht abgeholfen wer-

---

555 So die Argumentation bei *Groß/T. Fischer*, in: Heidel Aktienrecht, § 202 Rn. 122.
556 Vgl.: *Stein*, in: MünchKomm-AktG, § 179 Rn. 212.

den.[557] Ein Durchschlag auf den Umfang der Vertretungsmacht und damit die Schaffung einer unmittelbaren Relevanz für unbeteiligte Dritte ist dadurch aber nicht zwingend indiziert.

Gegen ein extensives Verständnis der Delegationswirkung von Ermächtigungen kann auch nicht vorgebracht werden, dass auf diese Weise im Fall einer Einzelbeschluss-Alternative der Vorstandsbeschluss zur Ausnutzung der Ermächtigung illegitimer Weise konzeptionell an die Stelle des Hauptversammlungsbeschlusses im Fall einer „ordentlichen", also auf einem singulären Beschluss der Hauptversammlung beruhenden, Vorgehensweise trete.[558] Es mag in der Tat merkwürdig anmuten, dass zwar kein einstweilen wirksamer Hauptversammlungsbeschluss, wohl aber eine unwirksame Maßnahme der Geschäftsführung Grundlage für originär der Hauptversammlung zugeordnete Geschäfte sein können soll.[559] Letzten Endes ist damit aber wiederum die konzeptionell in der Funktion von Ermächtigungsbeschlüssen angelegte Fragestellung angesprochen, nur dass sie auf einer anderen Ebene verortet wird. Die hier gefundenen drohenden Wertungswidersprüche und Praktikabilitätsdefizite bei der Verfolgung des restriktiven Ansatzes werden dadurch aber nicht gelöst. Der Grund für die abweichende Behandlung fehlerhafter Ausnutzungsentscheidungen liegt

557 Mehrheitlich wird von einer umfassenden Prüfungskompetenz ausgegangen (vgl.: *v. Godin/Wilhelmi*, AktG, § 204 Anm. 7; *Scholz*, in: MünchHb-AG, § 59 Rn. 75; *Veil*, in: K. Schmidt/Lutter AktG, § 204 Rn. 12), teilweise wird diese jedoch auch auf die Prüfung der Wahrung der zeit- und volumenbezogenen Grenzen sowie die Zustimmung des Aufsichtrats beschränkt (vgl.: *Lutter*, in: KölnKomm-AktG (2. Auflage), § 203 Rn. 52); teils wird auch danach differenziert, ob die Fehler die Interessen der Öffentlichkeit oder aber nur interne Belange der Aktionäre tangieren (*Rieder/Holzmann*, in: Grigoleit AktG, § 204 Rn. 10; ähnlich: *Hirte*, in: GroßKomm-AktG, § 204 Rn. 20, kritisch hierzu: *Koch*, AktG, § 204 Rn. 9).

558 So: *Schürnbrand*, ZHR 171 (2007), 731 (740); ähnlich, wenn darauf verwiesen wird, dass der Charakter als Grundlagen-Maßnahme nicht verloren gehe: *Paefgen*, ZIP 2004, 145 (151). In dieselbe Richtung geht auch das in Bezug auf eine bezugsrechtswidrige Ausnutzung des genehmigten Kapitals häufig vorgebrachte Argument, dass bei einer ordentlichen Kapitalerhöhung samt sachlich nicht gerechtfertigten Bezugsrechtausschluss in Folge einer etwaigen Anfechtung des Hauptversammlungsbeschlusses die Kapitalerhöhung nach den Grundsätzen von der Lehre von der fehlerhaften Gesellschaft rückabzuwickeln sei und daher auch beim genehmigten Kapital nach rechtskräftiger Feststellung der Fehlerhaftigkeit nichts anderes gelten könne, vgl. *Paefgen*, ZIP 2004, 145 (151 f.); ähnlich: *Liebert*, S. 274 f.; kritisch auch: *Verse*, S. 471.

559 So eben: *Schürnbrand*, ZHR 171 (2007), 731 (740) sowie *Paefgen*, ZIP 2004, 145 (151).

in dieser Hinsicht eben in der Konzeption von Ermächtigungsbeschlüssen als solchen, namentlich der Hinzuziehung einer weiteren Entscheidungsinstanz.[560]

Zumindest soweit es die Wirksamkeit der einzelnen Ausführungsmaßnahmen im Moment des Abschlusses des jeweiligen Rechtsgeschäftes betrifft, ist somit die Annahme einer im Grundsatz weitreichenden Vertretungsmacht des Vorstands vorzugswürdig.

cc. Keine Gegeneinschränkung bei Frist- und Volumenangaben

In Bezug auf die Ausnutzung eines genehmigten Kapitals wird überwiegend vertreten, dass jedenfalls bei Verstößen gegen die Vorgaben betreffen die Laufzeit und das gegenständliche Volumen einer Ermächtigung keine entsprechende Vertretungsmacht im Außenverhältnis anzunehmen ist.[561] Die Richtigkeit dieser Auffassung unterstellt, wäre sie auf die anderen kompetenzübertragenden Ermächtigungen übertragbar.

Die besseren Argumente sprechen indes gegen eine solche Beschränkung der Vertretungsmacht. Schon hinsichtlich der genauen Akzuentuierung der postulierten Einschränkung besteht Uneinigkeit. Teils, wenngleich überwiegend, wird davon ausgegangen, dass jede Missachtung der Laufzeit oder Volumenangabe schädlich sei.[562] Teils wird die Einschränkung der Vertretungsmacht nur für den Fall einer Zeitüberschreitung ausdrücklich adressiert.[563] Zu Begründung wird darauf verwiesen, dass der Vorstand in diesen Fällen genau wie bei der nichtigen oder fehlenden Er-

560 Zumindest im Ergebnis ähnlich, wenn die bezugsrechtswidrige Ausnutzung eines genehmigten Kapitals mit Eintragung als endgültig wirksam angesehen wird: BGH NZG 2006, 20 (23) (Mangusta/Commerzbank II) sowie *Lutter*, in: KölnKomm-AktG (2. Auflage), § 204 Rn. 25.

561 Ohne derartige ausdrückliche Einschränkung: *Veil*, in: K. Schmidt/Lutter AktG, § 202 Rn. 24 ff., § 204 Rn. 12 f. sowie *Wamser*, in: Spindler/Stilz AktG, § 202 Rn. 127.

562 So etwa: *Apfelbacher/Metzner*, in: Hölters/Weber AktG, § 202 Rn. 69; *Lutter*, in: KölnKomm-AktG (2. Auflage), § 202 Rn. 21; *Scholz*, in: MünchHb-AG, § 59 Rn. 75; zutreffend wäre nach hier vertretener Auffassung allenfalls die Annahme einer schwebenden Unwirksamkeit.

563 In diese Richtung: *Koch*, AktG, § 202 Rn. 19, wenngleich zwar nicht von einer Nichtigkeit des Zeichnungsvertrages ausgegangen wird (s. oben), aber (nur) der Zeitablauf dem kompletten Fehlen einer Ermächtigung gleichgestellt wird.

mächtigung „keine Kompetenz zur Kapitalerhöhung“[564] habe sowie, dass diese Fälle einer fehlenden Ermächtigung gleichstünden.[565]

Zumindest auf Basis der Simplizität dieser Begründungen ist es aber sehr zweifelhaft, ob es wirklich einen Unterschied machen kann, in welcher Weise die Ermächtigung Beschränkungen vorsieht.[566] Der Grund für eine abweichende Behandlung der Missachtung derartiger Angaben kann jedenfalls nicht darin liegen, dass derartige Vorgaben nach § 202 Abs. 2, 3 AktG für die Wirksamkeit der Ermächtigung notwendig sind. Diesen Erfordernissen kommt, wie gesehen, vor allem eine Kompensations- sowie eine an die Hauptversammlung gerichtete Warnfunktion zu. Aus dieser ergibt sich nicht, dass eine Überschreitung dieser Angaben durch den Vorstand zwangsläufig anders zu behandeln wäre als die Überschreitung sonstiger Angaben.[567]

Die abweichende Behandlung könnte man allenfalls damit rechtfertigen, dass solche Vorgaben sich weniger auf eine konkrete Ausnutzung, als auf den Bestand der Ermächtigung als solchen beziehen. In semantischer Hinsicht mag eine abgelaufene Ermächtigung im Ganzen nicht mehr existieren, also nicht nur hinsichtlich ihrer Modalitäten. ebenso mag eine dem Umfang nach ausgeschöpfte Ermächtigung sprachlich im Ganzen ausgenutzt sein und ab diesem Zeitpunkt sodann in ähnlicher Weise nicht mehr existieren.[568] Bildlich ausgedrückt: Es geht nicht um die Modalitäten der Ausschöpfung eines Brunnens, sondern darum, wie voll dieser ist.

---

564 Vgl. *Lutter*, in: KölnKomm-AktG (2. Auflage), § 202 Rn. 21.

565 Vgl.: *Marsch-Barner*, in: Bürgers/Körber AktG, § 202 Rn. 14.

566 Ähnlich: *Hirte*, in: GroßKomm-AktG, § 202 Rn. 246; *Kort*, S. 231; *Groß/T. Fischer*, in: Heidel Aktienrecht, § 202 Rn. 122, 124.

567 Anders: *Schürnbrand*, ZHR 171 (2007), 731 (739), wenn dieser die Kriterien aufgrund der gesetzlich angeordneten Höchstgrenze für im Ansatz sachgerecht hält.

568 Ausdrücklich auszuklammern ist der Fall eines Abschlusses von mehr Zeichnungsverträgen, als der Kapitalerhöhungsbeschluss an neue Mitgliedschaftsrechte (noch) vorsieht (sog. Überzeichnung). Dieser Fall kann nicht anders behandelt werden als im Rahmen einer ordentlichen Kapitalerhöhung, sodass nach zutreffender Ansicht die Zeichnungsverträge wirksam sind und die Erfüllung der einzelnen Verträge auch nicht unmöglich i.S.d. § 275 BGB ist, vgl. bezüglich einer ordentlichen Kapitalerhöhung: *Schürnbrand*, in: FS Stilz, S. 569 (574); *Schürnbrand/Verse.*, in: MünchKomm-AktG, § 185 Rn. 46; *Wiedemann*, in: GroßKomm-AktG, § 185 Rn. 39; anders (anfängliche Unmöglichkeit): *Koch*, AktG, § 185 Rn. 26; *Marsch-Barner*, in: Bürgers/Körber AktG, § 185 Rn. 26. Dies gilt aber jedenfalls dann nicht mehr, sobald bereits die Durchführung einer den Betrag ausschöpfenden Kapitalerhöhung im Handelsregister eingetragen wurde. Auf diese letzte Konstellation beziehen sich die hier getätigten Äußerungen.

Mit der begrifflichen Abgrenzbarkeit gegenüber den sonstigen Fällen und vor allem mit der Gleichstellung mit dem vollumfänglichen Fehlen einer Ermächtigung könnte dann auch einhergehen, dass eine abweichende Behandlung sachlich gerechtfertigt ist. Schließlich würden werden Bestimmungen missachtet, die die Ermächtigung in ihrem Bestand betreffen.

Der Sache nach würde also auf eine angeblich gesteigerte Bedeutung derartiger Vorgaben und mithin auch eine gesteigerte Bedeutung derer Missachtung abgestellt.[569] Indes ist keineswegs einsichtig, warum etwa eine geringfügige Überschreitung des Nennbetrags einer Ermächtigung schwerer wiegen soll als die vollumfassende Missachtung von Vorgaben zu Gestaltungszwecken oder ähnlichem.[570] Eine irgendwie geartete Differenzierung nach der Art der Qualität der Maßnahmen kann in Abwesenheit einer konkreten Wertung seitens des Gesetzes nicht von entscheidender Bedeutung sein, zumal die angedachte semantische Stimmigkeit auch keineswegs zwingend ist: Man kann, wie gesehen, begrifflich widerspruchslos davon ausgehen, dass in *jeder* Beschränkung der Ermächtigung auch insoweit eine Beschränkung der Delegationswirkung und somit eine Beschränkung der Vertretungsmacht gegeben ist. Des Weiteren wäre in Konsequenz dieser Ansicht zu hinterfragen, wie mit dem Verstoß gegen vorgegebene Ausübungszeiträume umzugehen wäre. Sollte etwa danach unterschieden werden, ob die Hauptversammlung in einem bestimmten Zeitpunkt mehrere separate Ermächtigungen für die einzelnen Zeiträume ausgeben möchte oder aber nur die Modalitäten der Ausnutzung einer Art „Rahmen"-Ermächtigung geregelt wissen möchte, oder soll aufgrund der Nähe der Konstellationen schlicht jedweder Verstoß gegen vorgegebene Ausübungszeiträume als ein Verstoß gegen eine Fristvorgabe eingeordnet werden? Ein sachlicher Unterschied für eine divergierende Behandlung

---

569 Dies deckt sich mit der teilweise anzutreffenden Argumentation zur Begründung der nach wie vor, also insbesondere trotz Wegfalls des § 205 Abs. 4 AktG a.F., überwiegend angenommenen Unwirksamkeit von Sacheinlagenabreden in Ermangelung einer Ermächtigung i.S.d. § 205 Abs. 1 AktG. Auch diese Ansicht stellt bei grundsätzlicher Annahme einer weitergehenden Geschäftsführungskompetenz eine Abweichung dar und wird teils eben unter Verweis auf die (angebliche) Schwere des Kompetenzfehlers begründet, vgl.: *Rieder/Holzmann*, in: Grigoleit AktG, § 205 Rn. 4; *Wamser*, in: Spindler/Stilz AktG, § 205 Rn. 15 sowie im Ergebnis auch *Bayer*, in: MünchKomm-AktG, § 205 Rn. 12 sowie *Koch*, AktG, § 205 Rn. 3 (jedoch nach wie vor unter Bezug auf „§ 205 IV") sowie (nach dem gewählten Ansatz jedoch nur konsequent): *Groß/T. Fischer*, in: Heidel Aktienrecht, § 205 Rn. 9; wohl auch: *Veil*, in: K. Schmidt/Lutter AktG, § 205 Rn. 5.

570 Zutreffend: *Schürnbrand*, ZHR 171 (2007), 731 (740 f.).

dieser Konstellationen ist nicht ersichtlich, wäre nach der dargelegten Ansicht aber nur schwerlich abzuwenden.

Eine pauschale Begrenzung der Kompetenzübertragungswirkung bezüglich Volumen- und Fristangaben ist daher abzulehnen.

dd. Gegeneinschränkung (nur) durch gesetzliche Höchstgrenzen und Kompetenzlage

Die Vertretungsmacht des Vorstands ist dennoch nicht grenzenlos. Wenn das Aktienrecht Höchstgrenzen für die Bemessung einer Ermächtigung festlegt, so kann auch der Vorstand in Folge einer Ermächtigung selbst bei Missachtung der konkreten Vorgaben nicht über diese gesetzlichen Höchstgrenzen hinaus tätig werden. Wird wie hier entscheidend auf den Umfang der Delegationswirkung abgestellt, lässt sich dies damit begründen, dass jedenfalls insoweit keine Delegation stattfinden *kann*. Selbst bei einer Übertragung der Entscheidungsbefugnis *en bloc* sind diese Grenzen also zwingend. Bezogen auf ein genehmigtes Kapital folgt hieraus etwa, dass der Vorstand in Folge einer solchen Ermächtigung das Grundkapital nur binnen 5 Jahren ab Beschlussfassung und nicht in Höhe von mehr als 50 % des Grundkapitals im Zeitpunkt der Beschlussfassung erhöhen *kann*.[571]

Eine weitere Grenze der Vertretungsmacht ergibt sich schließlich insoweit, dass stets genau zu überprüfen ist, worauf sich die Ermächtigung und die entsprechende Kompetenzübertragungswirkung genau bezieht. Illustrieren lässt sich dies am Beispiel des § 192 Abs. 2 Nr. 3 Alt. 2 AktG: Es stellt keinen Widerspruch zu den vorstehenden Ausführungen dar, wenn in Bezug auf einen solchen Ermächtigungsbeschluss davon ausgegangen wird, dass der Vorstand nicht mehr Bezugsrechte ausgeben *kann*, als das zu Grunde liegende bedingte Kapital es gestattet.[572] Denn wie bereits mehrfach angemerkt, bezieht sich eine Ermächtigung i.S.d. § 192 Abs. 2 Nr. 3 Alt. 2 AktG auf die Entscheidung zur Ausgabe von Bezugsrechten. Die Ermächtigung bezieht sich nicht hingegen auf die Entscheidung zur Vornahme einer bedingten Kapitalerhöhung.

---

571 Zutreffend: *Kuntz*, in: KölnKomm-AktG, § 203 Rn. 172. Im Ergebnis ebenso, wenngleich ausdrücklich nur bezogen auf die Einhaltung des gesetzlichen Höchstbetrages: *Bayer*, in: MünchKomm-AktG, § 203 Rn. 31.

572 Vgl. insoweit erneut die Nennungen unter Fn. 551.

ee. Zusammenfassende Betrachtung

Für die in Rede stehenden Konstellationen ergibt sich damit in der Gesamtschau folgender Rahmen: Der Verstoß gegen Annex-Ermächtigungserfordernisse oder beschränkende Vorgaben im Rahmen der Ermächtigung beschränken die Vertretungsmacht des Vorstands nicht. Auch ihnen kommt im Rahmen kompetenzübertragender Ermächtigung grundsätzlich nur eine Binnenwirkung zu. Ausnahmen ergeben sich nur dort, wo gesonderte gesetzliche Regelungen dies (mittelbar) gebieten. Für die Missachtung der existenten Ermächtigungserfordernisse bedeutet dies im Einzelnen: Zeichnungsverträge, die unter Verstoß gegen die Vorgaben im Rahmen der Ermächtigung i.S.d. § 202 Abs. 1, 2 AktG abgeschlossen werden, sind wirksam. Ausnahmen ergeben sich nach hier vertretener Ansicht für den Fall der Überschreitung der gesetzlichen Höchstgrenzen bezüglich der Laufzeit und des Nennbetrages der Ermächtigung sowie für den Fall einer Missachtung der Annex-Ermächtigungserfordernisse gem. § 203 Abs. 2 AktG (die Rechtsfolgen richten sich nach § 203 Abs. 1 i.V.m. § 187 Abs. 1 AktG, jedoch kommt es im Fall einer Eintragung zur endgültigen Wirksamkeit) und § 204 Abs. 2 AktG (Beschränkung der Vertretungsmacht wegen § 141 Abs. 2 AktG). Keine Besonderheiten gelten hingegen im Fall der Missachtung des Annex-Ermächtigungserfordernisses gem. § 205 Abs. 1 AktG. Auch eine Einziehung erworbener eigener Aktien auf Basis einer Ermächtigung i.S.d. § 71 Abs. 1 Nr. 8 S. 6 AktG ist vor diesem Hintergrund bei einem Verstoß gegen weitergehende Vorgaben wirksam.[573] Bezüglich der Ausgabe von Bezugsrechten nach Maßgabe einer Ermächtigung i.S.d. § 192 Abs. 2 Nr. 3 Alt. 2 AktG kommt es entscheidend darauf an, wie man die ursprüngliche Kompetenzverteilung vornimmt. Geht man davon aus, dass auch bei Bezugsrechten in Bezug auf ein bedingtes Kapital die Entscheidung über deren genaue Inhalte und Modalitäten eine Aufgabe der Geschäftsführung ist, so kann ein Verstoß gegen solche Vorgaben auch bei einer Ermächtigung nicht auf das Außenverhältnis durchschlagen. Etwas anderes gilt aber jedenfalls für die Überschreitung der Höhe des zu Grun-

573 Eine Ausnahme besteht aber auch hier bez. einer Überschreitung der in § 71 Abs. 1 Nr. 8 S. 1 AktG gezogenen Volumengrenze – zwar bezieht sich diese Regelung unmittelbar nur auf eine Ermächtigung i.S.d. § 71 Abs. 1 Nr. 8 S. 1 AktG; nach der Konzeption des Gesetzes ist damit mittelbar aber auch (für die Dauer von 5 Jahren) die Höchstgrenze zur mit der Ermächtigung i.S.d. § 71 Abs. 1 Nr. 8 S. 1 AktG verbundenen Einziehungsermächtigung gezogen, sodass zumindest hierüber hinausgehende Einziehungshandlungen schwebend unwirksam sind.

de liegenden bedingten Kapitals. Wollte man entgegen der hier vertretenen Ansicht auch die Entscheidungsbefugnisse der Hauptversammlung nach §§ 33 Abs. 1, 2 WpÜG als originäre Kompetenzen betrachten,[574] würde auch ein Verstoß des Vorstands gegen dieses Ermächtigungserfordernis die Wirksamkeit der Ausführungsmaßnahmen nicht tangieren. In diesem letzten Fall wäre es auch insbesondere unbeachtlich, wie genau man das Verhältnis von § 33 Abs. 1 und 2 WpÜG bemisst[575] – die Handlungspotenz des Vorstands bliebe jeweils unberührt.[576]

Natürlich unterliegt auch das hier entwickelte Verständnis Unwägbarkeiten. Insbesondere die Erstreckung der Vertretungsmacht des Vorstands auf eine nur durch die gesetzlichen Höchstfristen begrenzte Ausnutzung bestehender Ermächtigungen sowie die endgültige Bestandkraft einer be-

574 Vgl. erneut die Ausführungen im 1. Kapitel unter Abschnitt C.II.2.c.

575 Es ist umstritten, ob man für die Ausnutzung eines „allgemeinen" (sprich nicht explizit auf Übernahmesituationen zugeschnittenen) Ermächtigungsbeschlusses während einer Übernahmephase auf § 33 Abs. 1 S. 2 Alt. 3 WpÜG abstellt und somit keine gesonderte Beteiligung der Hauptversammlung für einen solchen Einsatz fordert (so die wohl h.M., in deren Konsequenz es eines Ermächtigungsbeschlusses nach § 33 Abs. 2 WpÜG dann nur bedürfte, wenn die Hauptversammlung die Nutzung einer Ermächtigung von vorneherein auf die Übernahmesituation begrenzen will, vgl. etwa: *Brandi*, in: Angerer/Geibel/Süßmann WpÜG, § 33 Rn. 55, *Grunewald*, in: Baums/Thoma WpÜG, § 33 Rn. 72; *Bürgers/Holzborn*, ZIP 2003, 2273 (2276); *Hitzer/Simon/Düchting*, AG 2012, 237 (241); *Krause*, BB 2002, 1053 (1054 f.); *Krause*, AG 2002, 133 (137); *Schaefer/Eichner*, NZG 2003, 150 (154); leicht abweichend: *Steinmeyer*, in: Steinmeyer WpÜG, § 33 Rn. 52, wonach der allgemeine Ermächtigungsbeschluss den Einsatz während einer Übernahmesituation zumindest abstrakt vorhersehen muss; differenzierend (Notwendigkeit nur bei Handlungen, die mit Eingriffen in den Aktionärskreis verbunden sind): *Bayer*, ZGR 2002, 588 (613 f.)) oder für eine solche Ausnutzung § 33 Abs. 2 WpÜG für die speziellere Regelung hält und daher stets eine gesonderte Zustimmung der Hauptversammlung fordert (so: *Bezzenberger*, in: K. Schmidt/Lutter AktG, § 71 Rn. 25; *Drygala/Lutter*, in: KölnKomm-AktG, § 71 Rn. 148; *Hirte/Mock*, in: KölnKomm-WpÜG, § 33 Rn. 92; *Oechsler*, in: MünchKomm-AktG, § 71 Rn. 324; *Bezzenberger*, Rn. 53; *Diregger/Winner*, WM 2002, 1583 (1591 f.); *Ekkenga*, in: FS Kümpel S, 95 (107); *Hirte*, ZGR 2002, 623 (647 f.).

576 Zur Verdeutlichung: Selbst wenn man eine originäre Kompetenz der Hauptversammlung annähme und zugleich im vorstehenden Streit der zweiten Ansicht zuneigte, wäre ein in Bezug auf § 33 Abs. 1 S. 1 WpÜG rechtswidriges Handeln des Vorstands jedweden Falls ohne Auswirkung. Es bliebe dabei, dass die Grundlagen-Ermächtigung über das „Ob" und das „Wie" entscheidet, das Annex-Beschlusserfordernis gem. § 33 Abs. 2 WpÜG nach hier entwickeltem Verständnis hingegen sodann jedenfalls eine Organpflicht in Bezug auf das „Ob" während der Übernahmephase darstellt.

zugsrechtswidrigen Ausnutzung des genehmigten Kapitals und die damit einhergehende Abweichung gegenüber der Behandlung der parallelen Diskussion bei einer ordentlichen Kapitalerhöhung liegen möglicherweise an der Grenze dessen, was man als interessengerecht bezeichnen möchte. Soweit man insofern doch ein Wertungskriterium heranziehen wollte, kann man diesen Einwand zumindest bezüglich des erst genannten Punktes ein Stück weit relativieren. Es ist eben die Hauptversammlung, die die Gefahr einer modalitätenwidrigen Ausnutzung einer Ermächtigung durch die Erteilung einer Ermächtigung überhaupt erst setzt und folglich als „Treugeber" auch die etwaigen Folgen zu tragen hat.

Entscheidender dürfte aber sein, dass es nach hier vertretener Auffassung nur unter der Annahme einer weitreichenden Vertretungsmacht des Vorstandes möglich ist, ein konzeptionell konsistentes Verständnis zur Wirkung von Ermächtigungsbeschlüssen und der Missachtung ihrer Vorgaben zu entwickeln. Man mag sich zudem damit trösten, dass der Vorstand in den seltensten Fällen wissentlich gegen die Vorgaben der Hauptversammlung verstoßen wird, sich die vorstehenden Äußerungen also vornehmlich auf die Situation unerkannter Mängel beziehen dürften. Bewusste Missachtungen können unter Umstände auch unter die Grundsätze des Missbrauchs der Vertretungsmacht zu fassen sein. Gerade weil das Gesetz in dieser Hinsicht so schweigsam ist, ist damit aber natürlich nicht gesagt, dass es nicht interessengerecht wäre, sollte der Gesetzgeber sich zu einer umfassenden oder auch nur singulär abweichenden Regelung entscheiden.[577]

Die Darstellung ändert auch nichts daran, dass das Schweigen des Gesetzes in dieser Hinsicht sehr unbefriedigend ist und eine Klarstellung mit Blick auf die divergierende Behandlung von Verletzungstatbeständen in Bezug auf das Bezugsrecht der Aktionäre bei einer ordentlichen und genehmigten Kapitalerhöhung durch den Gesetzgeber vor allem in Bezug auf § 203 Abs. 1 AktG wünschenswert wäre.[578]

---

577 So soll bspw. keinesfalls bestritten werden, dass *Schürnbrand* zutreffend darauf hinweist, dass der Zweck der § 202 ff. AktG – die Förderung der Flexibilität der Aktiengesellschaft – nicht zwingend erfordert, dass das gesamte Fehlerrisiko auf die Aktionäre abzuwälzen ist (*Schürnbrand* ZHR 171 (2007), 731 (740). Jedoch ist durch diesen Zweck nach hier vertretener Ansicht auch nicht das Gegenteil impliziert und das von *Schürnbrand* geforderte Ergebnis unterliegt, wie gesehen, einigen die Herleitung der jeweiligen Rechtsfolgen betreffenden Schwierigkeiten.

578 Zuzustimmen ist daher namentlich dem Resümee bei *Bayer*, in: MünchKomm-AktG, § 204 Rn. 29.

3. Missachtung von Zustimmungsvorbehalten

Im Lichte dieser Erkenntnisse sind auch die Folgen einer Missachtung eines Zustimmungsvorbehalts zu Gunsten der Hauptversammlung und vor allem zu Gunsten des Aufsichtrats zu beurteilen. Hierbei ist zwischen von der Hauptversammlung vorgegebenen Zustimmungsvorbehalten einerseits und gesetzlich geregelten Zustimmungsvorbehalten andererseits zu differenzieren.

a. Zustimmungsvorbehalte kraft Anordnung der Hauptversammlung

Bezüglich statutarischer Zustimmungsvorbehalte zu Gunsten des Aufsichtrats i.S.d. § 111 Abs. 4 AktG wird einheitlich davon ausgegangen, dass eine fehlende Zustimmung des Aufsichtsrats den Umfang der Vertretungsmacht des Vorstands nicht tangiert.[579] Dies ist zutreffend. Statutarische Zustimmungsvorbehalte stellen Regeln bezüglich der Ausnutzung bestehender Geschäftsführungsangelegenheiten dar. Die Sichtweise deckt sich mit der aufgezeigten Irrelevanz jeglicher Beschränkungen der Geschäftsführungsbefugnis seitens der Hauptversammlung im Außenverhältnis.

Auf dieser Grundlage sind auch die Folgen einer Missachtung von singulären Zustimmungsvorbehalten des Aufsichtrats zu ermitteln. Die Missachtung eines solchen Vorbehalts bezüglich einer dispensierenden Ermächtigung ist demnach zwar pflichtwidrig, die Wirksamkeit der Maßnahme im Außenverhältnis bleibt hiervon aber unberührt.[580] Nichts anderes kann für die Missachtung von singulären Zustimmungsvorbehalten im Rahmen von kompetenzübertragenden Ermächtigungen gelten. Die Vertretungsmacht des Vorstands im Außenverhältnis wird hierdurch nach dem etablierten Verständnis zur Funktionsweise von beschränkenden Vorgaben und Annex-Ermächtigungserfordernissen nicht berührt, soweit nicht auf Basis konkreter gesetzlicher Wertungen für einzelne Fälle abweichendes zu folgern ist.[581]

---

579 Allgemeine Ansicht, vgl. *Habersack*, in: MünchKomm-AktG, § 111 Rn. 147; *Drygala*, in: K. Schmidt/Lutter AktG, § 111 Rn. 64; *Spindler*, in: Spindler/Stilz AktG, § 111 Rn. 95 jeweils m.w.N.

580 Dementsprechend etwa in Bezug die Ausgabe von Titeln i.S.d. § 221 AktG: *Fest*, in: Hopt/Seibt, SVR, § 221 Rn. 559; *Merkt*, in: K. Schmidt/Lutter AktG, § 221 Rn. 10; vgl. auch *Habersack*, in: MünchKomm-AktG, § 111 Rn. 118, 147.

581 Entsprechendes wird für den Fall eines in dieser Hinsicht rechtswidrigen Erwerbs eigener Aktien auf Basis von § 71 Abs. 4 AktG vertreten, vgl. etwa *Möl-*

b. Gesetzlich bestimmte Zustimmungsvorbehalte des Aufsichtrats

Eine abweichende Rechtsfolge ist zumindest dem Grunde nach im Fall der Missachtung von gesetzlich angeordneten Zustimmungsvorbehalten zur Ausnutzung einer Ermächtigung möglich. § 82 Abs. 1 AktG schließt nicht aus, dass die Vertretungsmacht des Vorstands aufgrund gesonderter gesetzlicher Regelung beschränkt werden kann. Insoweit kommt es für die Bemessung der Fehlerfolge bei Missachtung gesetzlicher Zustimmungsvorbehalte des Aufsichtrats nicht darauf an, ob die in Rede stehende Maßnahme eine originäre Geschäftsführungsmaßnahme darstellt. Entscheidend ist nur, ob sich aus der Auslegung der entsprechenden Bestimmung ergibt, dass diese die Vertretungsmacht begrenzen soll. Dies erfordert aber eine am jeweiligen Sachgebiet ausgerichtete Erörterung und keine, die strukturell am Bezug des Zustimmungsvorbehaltes zu einem Ermächtigungsbeschluss ansetzt. Eine tiefere Erörterung soll daher an dieser Stelle unterbleiben, auch wenn die Wirkung der Missachtung des Zustimmungsvorbehalts des Aufsichtsrats in Bezug auf § 33 Abs. 2 S. 4 WpÜG[582] und § 204 Abs. 1 S. 2 AktG[583] unterschiedlich beurteilt wird.

---

ler, Rn. 90, 380; anders die h.M. unter Verweis auf die sonst eintretende divergente Behandlung ggü. den Folgen von Verstößen gegen statutarische Zustimmungsvorbehalte, vgl.: *Bezzenberger*, in: K. Schmidt/Lutter AktG, § 71 Rn. 23; *Koch*, AktG, § 71 Rn. 19f.; *Lutter/Drygala*, in: KölnKomm-AktG, § 71 Rn. 139; *Merkt*, in: Großkomm-AktG; § 71 Rn. 260 sowie *Rieckers*, in: MünchHb-AG, § 15 Rn. 34.

582 Für eine Einschränkung der Vertretungsmacht: *Hirte/Mock*, in: KölnKomm-WpÜG, § 33 Rn. 137; ablehnend: *Krause/Pötzsch/Stephan*, in: Assmann/Pötzsch/Uwe H. Schneider WpÜG, § 33 Rn. 303; *Thaeter*, NZG 2001, 789 (791) sowie wohl auch, wenn generell von der Wirksamkeit einer gegen das Verhinderungsverbot nach § 33 Abs. 1 WpÜG verstoßenden Maßnahme im Außenverhältnis ausgegangen wird: *Brandi*, in: Angerer/Geibel/Süßmann WpÜG, § 33 Rn. 92 f. sowie *Schlitt*, in: MünchKomm-AktG, § 33 WpÜG, Rn. 237, 241.

583 Ablehnend (Unwirksamkeit des Vorstandsbeschlusses, nicht hingegen der Zeichnungsverträge): *Apfelbacher/Metzner*, in: Hölters/Weber AktG, § 204 Rn. 14; *Koch*, AktG, § 204 Rn. 8; *Scholz*, in: MünchHb-AG, § 59 Rn. 76; *Spindler*, in: MünchKomm-AktG, § 82 Rn. 32; *Veil*, in: K. Schmidt/Lutter AktG, § 204 Rn. 13; für das Durchschlagen aufs Außenverhältnis, jedoch unter Bezugnahme auf die obig dargestellte Argumentation zur beschränkten Kompetenzübertragung und insoweit jedenfalls bezüglich der gesetzlichen Zustimmungsvorbehalte nicht überzeugend, da an § 82 Abs. 1 AktG anzuknüpfen wäre: *Groß/T. Fischer*, in: Heidel Aktienrecht, § 204 Rn. 21; ähnlich auch: *Kuntz*, in: KölnKomm-AktG, § 204 Rn. 55; *Kort*, S. 231. Insoweit hingegen im Ansatz zutreffend: *Hirte*, in: GroßKomm-AktG, § 203 Rn. 43, § 204 Rn. 21; *Krieger*, in: MünchHb-AG (1. Auflage), § 58 Rn. 55; freilich ist der von *Hirte* vorgebrachte

Es ließe sich andenken, solchen Zustimmungsvorbehalten generell ein gesteigertes Gewicht zuzusprechen, weil auf diese Weise eine interessengerechte Ausnutzung der Ermächtigung sichergestellt und der gesteigerten Bedeutung der seitens der Hauptversammlung delegierten Entscheidungsfragen Rechnung getragen wird. Darauf kann es aber im Ergebnis kaum ankommen. Die Erwägung, dass es um eine Maßnahme von gesteigerter Bedeutung geht, steht hinter jedem gesetzlich geregelten Zustimmungsvorbehalt des Aufsichtsrats. Es muss daher für jede Bestimmung gesondert und unter Berücksichtigung der spezifischen Erwägungen und Zwänge der jeweiligen Sachthematiken hinterfragt werden, ob die Bestimmung die Vertretungsmacht des Vorstands begrenzt. Ein Verweis auf das Bestehen einer Geschäftsführungsangelegenheit reicht jedenfalls nicht,[584]. Schließlich stellt sich gerade die Frage, ob eine Ausnahme zur Grundregel des § 82 Abs. 1 AktG gegeben ist.

4. Möglichkeit zur Nachholung eines Ermächtigungsbeschlusses

In Anbetracht der Folgen einer Missachtung von Ermächtigungserfordernissen oder entsprechenden Vorgaben der Hauptversammlung stellt sich schließlich die Frage, inwieweit die Hauptversammlung auf diese Folgen nachträglich noch Einfluss nehmen kann. Zumindest soweit es das Fehlen der Vertretungsmacht im Außenverhältnis betrifft, besteht in analoger Anwendung der §§ 177 ff. BGB die Möglichkeit einer nachträglichen Beseitigung dieses Mangels.[585]

Hiervon abzugrenzen ist die Frage, inwieweit die Hauptversammlung auch befähigt ist, die Maßnahmen des Vorstands innergesellschaftlich, also in Bezug auf ihre Rechts- und Pflichtwidrigkeit, nachträglich zu „genehmigen."

Verweis auf den Wortlaut („bedarf") insoweit nicht gänzlich überzeugend, als sich das entsprechende Verb bei einem dann konsequent strengen Wortlautverständnis nur auf die Vorstandsentscheidung, nicht jedoch die jeweiligen Ausführungsgeschäfte bezieht und somit eher für das Verständnis der h.M. spricht.

584 So aber: *Spindler*, in: MünchKomm-AktG, § 82 Rn. 32.

585 Für den Fall einer fehlenden Vertretungsmacht unstreitig, vgl. *Spindler*, in: MünchKomm-AktG, § 82 Rn. 25 sowie *Hoffmann-Becking*, in: MünchHb-AG, § 23 Rn. 26; der diesbezüglich umstrittene Fall einer aufgrund mangelnder Zuständigkeit für die Vertretung im Außenverhältnis unwirksamen Handlung des Vorstands ist hiervon abzugrenzen, vgl. statt vieler: *Spindler*, in: MünchKomm-AktG, § 82 Rn. 26.

Die Konstruktion von Ermächtigungsoptionen als solche steht einer nachträglichen Genehmigung grundsätzlich nicht entgegen. Vor allem stimmt der Begriff der Ermächtigung im Sinne des Aktienrechts, wie zu Beginn gezeigt, in mehrfacher Hinsicht nicht mit dem im Rahmen von § 185 Abs. 1 BGB verwendeten Verständnis überein. Anders als im Rahmen des BGB ist eine „Ermächtigung" also insbesondere nicht begriffsnotwendig ein Fall der Einwilligung und somit als Fall einer vorab erteilten Zustimmung zu verstehen. Der aktienrechtliche Begriff einer Ermächtigung steht einer Rückdatierung daher nicht entgegen. Auch eine funktionale Betrachtung bestätigt dieses Ergebnis. Die organisationsrechtliche Besonderheit von Ermächtigungsbeschlüssen liegt in der *Befähigung* zur Schaffung einer nicht pflichtgebundenen und/oder einer hinsichtlich der Art, des Umfangs und des Zeitpunkts klar umrissenen Handlungsbefugnis des Vorstands. Die Gestaltung der Mitwirkungsbefugnis ist von der Einräumung der Mitwirkungsbefugnis als solcher zu trennen. Das Gesetz kann, wie bereits gesehen, auch insbesondere nicht so gelesen werden, dass in den Fällen, in denen ein Ermächtigungsbeschluss die einzig mögliche Form der Beteiligung ist, jedwede abweichende, also auf eine konkrete Maßnahme bezogene Beschlussfassung ausgeschlossen ist. Die primäre Aussage des Gesetzes in den Fällen der Ermächtigungsoptionen bleibt, dass es jedenfalls einer Beteiligung der Hauptversammlung bedarf. Eine nachträgliche, notwendigerweise dann auf eine konkrete Maßnahme gemünzte Beschlussfassung ist mit Blick auf alle diese Umstände konzeptionell nicht von vorneherein ausgeschlossen.[586]

Alternativ zu einer Genehmigung käme auch die Fassung eines „Ermächtigungsbeschlusses" in Betracht, dessen Wirkungsbeginn oder Beschlussfassung rückdatiert wird.[587] Auch die Zulässigkeit solcher Gestaltungen richtet sich nach den allgemeinen Grundsätzen zur Rückwirkung

---

586 Entsprechend zutreffend in Bezug auf § 202 AktG: *Kuntz*, in: KölnKomm-AktG, § 203 Rn. 173 ff.. Ebenso wenig kann auf die Differenzierung zwischen delegierenden und dispensierenden Ermächtigungsbeschlüssen abgestellt werden – dies scheitert schon daran, dass hiermit die Zuständigkeiten und Mitwirkungsbefugnisse in Bezug auf die Abgrenzung der Kompetenzen von Hauptversammlung und Vorstand untereinander beschrieben werden und nicht die Gestaltungsfreiheit der Hauptversammlung innerhalb ihrer Kompetenzen.

587 Vgl. in diesem Zusammenhang *Schneider*, AcP 1975, 281 (282), wonach eine Rückdatierung (in Bezug auf Verträge, der Sache nach aber übertragbar) in unterschiedlicher Weise erfolgen kann. „Entweder die Vertragsparteien geben auf der Vertragsurkunde ein in der Vergangenheit liegendes Datum an (...) oder die Vertragsparteien sehen ausdrücklich die Wirkungen des Vertrages für einen Zeitpunkt vor Vertragsschluss vor."

von Rechtsgeschäften.[588] Damit kommt es insbesondere darauf an, ob der Rechtsverkehr auf den Bestand der „eigentlichen“ Rechtslage vertrauen durfte,[589] bzw. ob es bei einer bloß gesellschaftsinternen Angelegenheit blieb.[590] Ermächtigungsspezifische Implikationen stellen sich insoweit nicht.

Grenzen für beide genannten Gestaltungsmöglichkeiten ergeben sich aber jedenfalls insoweit, wie das Gesetz eine Begrenzung einer Genehmigungswirkung kraft gesonderter gesetzlicher Wertungen statuiert. Dies ist etwa (mittelbar) hinsichtlich der Folgen für Schadensersatzansprüche durch § 93 Abs. 4 S. 3 AktG der Fall.[591] Weitere, wenngleich zum Teil umstrittene mögliche Einschränkungen ergeben sich in Hinblick auf die Mög-

---

588 Allgemein hierzu: *Schneider*, AcP 1975, 281 (282 f.); zur Übertragbarkeit und daraus folgender Implikationen für (satzungsändernde) Hauptversammlungsbeschlüsse vgl.: *Stein*, in: MünchKomm-AktG, § 181 Rn. 74 ff. sowie *Wiedemann*, in: Großkomm-AktG, § 179 Rn. 163 ff. jeweils m.w.N. Die von der überwiegenden Meinung angenommene Einordnung von Hauptversammlungsbeschlüssen als Rechtsgeschäfte *sui generis* (vgl. hierzu zusammenfassend *Grundmann*, in: Großkomm-AktG, § 133 Rn. 40 f.) steht dem nicht entgegen, weil sich diese Wendung auf die Differenzierung von Rechtsgeschäften nach der Anzahl der Geschäftsteilnehmer bezieht und nicht etwa auf den – für die Rückwirkung entscheidenden – Charakter als Gestaltungsakt.

589 Vgl.: *Zetzsche*, in: KölnKomm-AktG, § 179 Rn. 439.

590 Vgl.: *Stein*, in: MünchKomm-AktG, § 181 Rn. 77 f. sowie *Wiedemann*, in: Großkomm-AktG, § 179 Rn. 164. Aber auch bei gesellschaftsinternen Maßnahmen ist eine Rückwirkung ausgeschlossen, soweit sich schutzwürdiges Vertrauen gebildet hat, vgl.: *Stein*, a.a.O., sowie *Wiedemann*, in: GroßKomm-AktG, § 179 Rn. 165.

591 Hiergegen kann man insbesondere nicht überzeugend einwenden, dass in der nachträglichen Zustimmung kein Verzicht zu sehen sei, sondern (nur) die nachträgliche Legitimierung einer Überschreitung der Geschäftsführungsbefugnis (so aber: *Stadler*, in: Bürgers/Körber AktG, § 221 Rn. 42, ebenfalls für die Möglichkeit einer Nachholung: *Hirte*, in: GroßKomm-AktG, § 221 Rn. 103). Schließlich entfiele mit der rückwirkenden Legitimierung der Überschreitung der Geschäftsführungsbefugnis jene Pflichtverletzung, die zur Haftung des Vorstands nach § 93 Abs. 1 AktG führt, vgl. insoweit etwa in Bezug auf die Missachtung ungeschriebener Hauptversammlungszuständigkeiten zutreffend: *Spindler*, in: K. Schmidt/Lutter AktG, § 119 Rn. 41, *Habersack*, in: Emmerich/Habersack Konzernrecht, Vor § 311 Rn. 51 (infra Fn. 285), wonach eine nachträgliche Genehmigung zwar möglich ist, jedoch nur soweit es um die Beseitigung etwaiger Abwehr- und Beseitigungsansprüche geht und nicht um Schadensersatzansprüche. Konkret ebenso in Bezug auf das Beschlusserfordernis des § 221 AktG: *Lutter*, AG 1972, 125 (132); ihm folgend: *Florstedt*, in: KölnKomm-AktG, § 221 Rn. 203; *Habersack*, in: MünchKomm-AktG, § 221 Rn. 151 sowie *Koch*, AktG, § 221 Rn. 52.

lichkeit einer Nachholung einer Ermächtigung für Beschlüsse i.S.d. § 71 Abs. 1 Nr. 7, 8 S. 1;[592] § 71 Abs. 1 Nr. 8 S. 6[593] sowie § 203 Abs. 1 AktG.[594] Diese Schranken können (natürlich) nicht durch technisch divergente, hinsichtlich ihrer Wirkung aber identische Gestaltungen unterlaufen wer-

592 Dagegen teils unter Verweis auf den Wortlaut („aufgrund"): *Koch*, AktG, § 71 Rn. 19d; *Lutter/Drygala*, in: KölnKomm-AktG, § 71 Rn. 124; *Oechsler*, in: MünchKomm-AktG, § 71 Rn. 207; *Merkt*, in: GroßKomm-AktG, § 71 Rn. 261, *Bezzenberger*, in: K. Schmidt/Lutter AktG, § 71 Rn. 17, anders noch (Genehmigung möglich): *Bezzenberger*, in: K. Schmidt/Lutter AktG (3. Auflage), § 71 Rn. 17. Ob der Gesetzgeber mit der Verwendung dieses Wortes tatsächlich eine bestimmte Chronologie vorschreiben und nicht bloß ein kausales Erfordernis statuieren wollte, erscheint indes zumindest mit Blick auf die entsprechenden Gesetzgebungsunterlagen, die dazu schweigen, zweifelhaft, vgl. BT-Drs. 13/9712, S. 13: Auch die dort verwendete Formulierung („Die Ermächtigung (…) beruht auf einem Beschluss der Hauptversammlung") gebietet unter semantischen Gesichtspunkten nicht zwingend, dass der Beschluss in jedem Fall vorher gefasst worden sein muss. Insoweit überzeugend ergänzend auf einen wegen § 71c AktG gegebenenfalls drohenden faktischen Beschlusszwang abstellend: *Merkt*, a.a.O., sowie *Oechsler*, a.a.O.

593 Mit Blick auf § 238 AktG kann eine Wirksamkeit der Maßnahme erst mit *Eintragung* des entsprechenden Hauptversammlungsbeschlusses nachträglich eintreten, sodass eine Rückwirkung im engeren Sinne nicht möglich ist, vgl. insoweit grundlegend zum Wirkungszusammenhang zwischen Einziehungsbeschluss (bzw. dessen Eintragung) und Einziehungshandlung: *Ekkenge/Schirrmacher*, in: KölnKomm-AktG, § 238 Rn. 10; ähnlich, wenngleich im Detail abweichend: *Oechsler*, in: MünchKomm-AktG, § 238 Rn. 1.).

594 Auf Basis von § 203 Abs. 1 AktG i.V.m. § 189 AktG folgert *Wiedemann*, dass eine Rückwirkung insoweit nicht möglich sei (vgl. *Wiedemann*, in: Großkomm-AktG, § 179 Rn. 163.) Diese Schlussfolgerung kann sich aber nur auf den Fall beziehen, dass die Hauptversammlung beabsichtigt, einen anderen Zeitpunkt für die *Wirksamkeit der Maßnahme* zu bestimmen, also festzusetzen, dass die Rechtswirkung nicht im vom Gesetz vorgesehenen Zeitpunkt T, sondern zu einem vorgelagerten Zeitpunkt (T-x) eintreten soll. Hiervon lässt sich eine Nachholung aber abgrenzen, denn eine solche betrifft die Möglichkeit der Bestimmung eines abweichenden *Beschlusszeitpunktes,* also Fälle, in denen die notwendigen Voraussetzungen für diese Rechtsfolge zum laut Gesetzestext notwendigen Zeitpunkt T eigentlich gar nicht vorlagen und die Hauptversammlung im Zeitpunkt T+x erreichen möchte, dass die Beschlussfassung als im Zeitpunkt T stattgefunden gelten soll. Eine solche Nachholung wird durch die zitierten Normen nicht ausgeschlossen.

den, namentlich also etwa nicht durch eine Rückdatierung.[595] Auch die Sonderregelungen der §§ 177 ff. BGB können nicht unterlaufen werden.[596]

D. Zwischenergebnis zum 2. Kapitel

Aus den im Grundsatz einheitlichen Funktionen von Ermächtigungsoptionen und der weitergehenden Betrachtung von strukturellen Unterschieden innerhalb dieser Gruppe von Beschlüssen lassen sich in mehrfacher Hinsicht Ableitungen für konkrete Regelungsfragen treffen. Von besonderer Bedeutung ist dabei vor allem der Zusammenhang zwischen Ermächtigungsoptionen und der Organisationsstruktur der Aktiengesellschaft. Konkrete Ableitungen lassen sich zum einen für nicht mit der jeweiligen Sachthematik zusammenhängende Aspekte der positiven und negativen Gestaltungsfreiheit der Hauptversammlung bei der Fassung von Ermächtigungsbeschlüssen treffen. Zugleich zeitigen die im Kapitel 1 dargelegten Grundsätze aber auch den Umfang der entstehenden Vorstandsautonomie. Besonders stark ausgeprägt ist der Rückbezug von Ermächtigungsbeschlüssen zur grundlegenden Organisationsstruktur der Aktiengesellschaft bei der Bemessung der Folgen eines fehlerhaften Handelns seitens der Hauptversammlung und des Vorstands. Insbesondere in Bezug auf die Fehlerfolgen des Vorstands zeigt sich, dass (nur) eine ganzheitliche Betrachtung von Ermächtigungsbeschlüssen zu systematisch konsistenten Ergebnissen führt.

---

595 Exemplarisch: *Wiedemann*, in: Großkomm-AktG, § 179 Rn. 164, wonach eine Rückwirkung mit Blick auf § 93 Abs. 4 AktG ausgeschlossen ist, wenn hierdurch ein Regressanspruch gegen den Vorstand vereitelt werden würde; wohl anders, wenn von der Möglichkeit der nachträglichen Einengung der Zustimmungsvorbehalte des Aufsichtrats ausgegangen wird: *Dempenwolf*, NJW 1958, 1212 (1214); zu Recht kritisch hierzu: *Zilias*, JZ 1959, 50 (53).

596 Zutreffend: *Zilias*, JZ 1959, 50 (52 f.).

Schlussteil: Allgemeine Regeln im Zusammenhang mit der Fassung und Ausnutzung von Ermächtigungsbeschlüssen

Nach den vorstehenden Ausführungen ist es in mehrfacher Hinsicht gewinnbringend und auch nötig, Ermächtigungsbeschlüsse der Hauptversammlung einer Aktiengesellschaft einer gruppenbezogenen Betrachtung zu unterziehen.

Maßgebliche Grundlage für die Legitimität einer solchen Betrachtung ist weniger die der grundsätzlichen Stoßrichtung nach ähnliche Wirkung von Ermächtigungsbeschlüsse. Die Basis bietet vielmehr die im Einzelnen weiter ausdifferenzierbare, jedoch im Ausgangspunkt einheitliche ökonomische Funktion von Ermächtigungsbeschlüssen, die jeweils auch die Grundlage der (technisch sodann maßgeblichen) Erwägungen des Gesetzgebers bildet. Unschädlich ist insoweit, dass die existenten Ermächtigungsoptionen nicht auf bis ins Detail identischen Erwägungen beruhen und ebenso wenig ein durch präzise Parameter bestimmtes Regelungssystem existiert.

Entsprechend dieser gemeinsamen Grundlage von Ermächtigungsoptionen lassen sich allgemeingültige Grundsätze im Zusammenhang mit der Fassung von Ermächtigungsbeschlüssen formulieren, soweit die entsprechende Fragestellung in einem nicht durch die jeweilige Sachthematik überlagerten Konnex zur grundlegenden Funktion von Ermächtigungsoptionen und entsprechenden Beschlüssen steht. Dies gilt namentlich hinsichtlich der Wirkung, der positiven wie negativen Gestaltungsfreiheit sowie für die Folgen von Fehlern auf Ebene der Fassung und Ausnutzung eines Ermächtigungsbeschlusses. In mehrfacher Hinsicht von großer Bedeutung ist dabei die genaue Wirkung von Ermächtigungsbeschlüssen. Es ist in mehreren Zusammenhängen danach zu unterscheiden, ob mit der Ermächtigung eine originäre Kompetenz der Hauptversammlung in Teilen delegiert wird oder ob die mandatorische Mitwirkung der Hauptversammlung an einer Geschäftsführungsangelegenheit des Vorstands in Form einer Ermächtigung vollzogen wird.

Im Einzelnen lassen sich folgende Erkenntnisse formulieren:

1. Es existiert keine allgemeine Delegationsbefugnis der Hauptversammlung hinsichtlich ihrer Kompetenzen und Mitwirkungsbefugnisse. Hinsichtlich ungeschriebener Entscheidungszuständigkeiten nach Maßgabe der Holzmüller/Gelatine-Rechtsprechung kann sich eine De-

legationsbefugnis auf Basis der Wertungen der geschriebenen Ermächtigungsoptionen ergeben. Notwendig ist die Vergleichbarkeit sowohl hinsichtlich der Intensität der in Rede stehenden Maßnahme als auch hinsichtlich der konkreten Erwägungen, die – im Fall der geschriebenen Kompetenzen – die Delegationsbefugnis rechtfertigen. Eine pauschale Delegationsbefugnis wird man in Bezug auf ungeschriebene Entscheidungszuständigkeiten der Hauptversammlung nicht annehmen können.

2. Die ermächtigungsspezifischen Gestaltungsanforderungen an die Fassung eines Ermächtigungsbeschlusses beruhen auf überwiegend einheitlichen Erwägungen. Diese Erwägungen ergeben sich aus der Funktion der Ermächtigungsoptionen im aktienrechtlichen Kompetenzgefüge. Ziel ist es vor allem, die *kompensatorische* Funktion der Ermächtigungsbeschlüsse sicherzustellen. Die Hauptversammlung soll und muss die ihr zugeordneten Befugnisse in hinreichendem Umfang wahrnehmen. Sie kann sich dieser Befugnisse im Regelfall nicht begeben.
3. Soweit derartige Anforderungen gesetzlich ausdrücklich vorgesehen sind, bedarf der jeweilige Beschluss in gewissem Maße auch einer tatsächlichen Gestaltung. Auf der anderen Seite ist es aber nicht erforderlich, dass entsprechende Vorgaben besonders detailliert sind.
4. Über den Gesetzeswortlaut hinausgehende Gestaltungserfordernisse können nur im Wege singulärer Analogieschlüsse auf Basis geschriebener Erfordernisse angenommen werden. Allgemeine, im Konzept von Ermächtigungsoptionen verwurzelte Gestaltungserfordernisse können nicht hergeleitet werden. Dies gilt namentlich und insbesondere für ein etwaiges Erfordernis zur Vorgabe von Zweckbeschränkungen. Ein allgemeines Verbot zur Fassung von „Vorratsbeschlüssen“ existiert nicht.
5. Wenn der Gesetzestext hinsichtlich der Dauer einer Ermächtigung eine Höchstgrenze statuiert, bedarf die Ermächtigung einer eigenständigen Fristsetzung durch die Hauptversammlung. Eine in dieser Hinsicht schweigsame Ermächtigung kann nicht dahingehend ausgelegt werden, dass die gesetzliche Höchstdauer gelten soll. Eine solche Ermächtigung ist fehlerhaft.
6. Die starke inhaltliche Verbundenheit verschiedener Ermächtigungsoptionen führt in Ermangelung konkreter gesetzlicher Wertungen nicht dazu, dass entsprechende Ermächtigungsbeschlüsse nur gemeinsam gefasst werden können.

7. Die in Folge einer kompetenzübertragenden Ermächtigung entstehenden Entscheidungsbefugnisse des Vorstands sind mit denen, die ihm kraft seiner gesetzlich normierten Geschäftsführungsbefugnis originär zukommen, nur in eingeschränktem Maß vergleichbar. Die Hauptversammlung kann auf diese Entscheidungsbefugnisse in umfassenderer Weise Einfluss nehmen als ihr dies im Rahmen einer dispensierenden Ermächtigung möglich ist.
8. Der Hauptversammlung steht es grundsätzlich frei, die Ermächtigung über den gesetzlichen Mindestinhalt hinaus mit Beschränkungen zu versehen, sofern die entsprechende Ermächtigungsoption darauf abzielt, die Handlungsfähigkeit der Gesellschaft unter Beibehaltung des für geboten erachteten Mitspracherecht der Hauptversammlung zu steigern.
9. Der Vorstand kann, vorbehaltlich einer Anfrage des Vorstands i.S.d. § 119 Abs. 2 AktG, nur im Rahmen einer kompetenzübertragenden Ermächtigung zu einer Ausnutzung der Ermächtigung verpflichtet werden. Die entstehende Entscheidungsbefugnis des Vorstands weist in diesem Zusammenhang eine gewisse Hybridfunktion mit Merkmalen einer bloßen Ausführungs- wie auch einer Geschäftsführungsbefugnis auf. Möglich ist die Vorgabe einer Ausnutzungspflicht jedoch nur in Form einer abstrakt formulierten Regelung im Rahmen der Ermächtigung unter Beibehaltung eines dem Vorstand zur pflichtgemäßen Ausnutzung überlassenen Volumens.
10. Zustimmungsvorbehalte zu Gunsten des Aufsichtrats kann die Hauptversammlung nicht nur in Form statutarischer Vorbehalte i.S.d. § 111 Abs. 4 S. 2 AktG, sondern auch im Rahmen der Ermächtigung selber vorsehen. Konzeptionell zulässig sind auch Zustimmungsvorbehalte zu Gunsten der Hauptversammlung selber. Nicht zulässig ist hingegen die Statuierung von Zustimmungsvorbehalten zu Gunsten gesellschaftsexterner Dritter oder einzelner Aktionäre.
11. Bei der Statuierung anderweitiger fakultativer oder mandatorischer Angaben ist die Hauptversammlung – vorbehaltlich einer Unterlaufung der Grenzen bezüglich der Vorgabe einer Ausnutzungspflicht – keinen ermächtigungsspezifischen Gestaltungsgrenzen unterworfen. Dies gilt insbesondere auch bei dispensierend wirkenden Ermächtigungen. Solange dem Vorstand die Entscheidung über das „Ob“ einer Ausnutzung verbleibt, liegt auch in weitgehenden Beschränkungen einer Ermächtigung kein unzulässiger Übergriff in die Entscheidungshoheit des Vorstands.

12. Der Hauptversammlung steht es frei, die zeitliche Lage der Ermächtigung selbst zu bestimmen. Sie ist nicht auf das Datum der Beschlussfassung oder der Eintragung der Beschlussfassung festgelegt. Eine Gestaltungsgrenze ergibt sich nur aus den gesetzlichen Höchstfristen. Deren Laufzeit beginnt mit der Fassung des Beschlusses, respektive dessen Eintragung.
13. Unterschreitet ein Ermächtigungsbeschluss die ermächtigungsspezifischen Mindestanforderungen an die Gestaltung der Ermächtigung durch die Hauptversammlung, ist der Beschluss im Regelfall nach § 241 Nr. 3 Var. 3 AktG nichtig. Etwas anderes gilt nur für die Missachtung des Erfordernisses einer gemeinsamen Beschlussfassung. Einer Heilung nach Maßgabe des § 242 Abs. 2 AktG sind die erstgenannten Beschlussmängel nicht zugänglich.
14. Die positiven Gestaltungsgrenzen überschreitenden Ermächtigungen sind gem. § 241 Nr. 3 Var. 3 AktG nichtig. Eine Heilung nach Maßgabe des § 242 Abs. 2 AktG kommt bei Überschreitung der gesetzliche Umfangsgrenzen mit der Maßgabe in Betracht, dass die Ermächtigung in den Grenzen des gesetzlich maximal zulässigen Umfangs geheilt wird.
15. Ermächtigungsbeschlüsse ermöglichen eine Umgestaltung der rechtlichen Rahmenbedingungen nur hinsichtlich der Überantwortung der Entscheidungshoheit. Die Geltung allgemeiner gesetzlicher Gestaltungsgrenzen wird hierdurch weder auf Ebene der Fassung noch auf Ebene der Ausnutzung einer Ermächtigung tangiert. Der Vorstand unterliegt bei der Ausnutzung einer Ermächtigung denselben Gestaltungsgrenzen, denen auch die Hauptversammlung bei einer eigenständigen Entscheidung über die Vornahme einer entsprechenden Maßnahme unterläge.
16. Die in Folge einer Ermächtigung entstehende Entscheidungsbefugnis des Vorstands ist nicht in der Weise geschützt, dass es der Hauptversammlung verwehrt wäre, die entsprechende Ermächtigung nachträglich zu beschränken oder sogar aufzuheben.
17. Die Wirksamkeit von Maßnahmen des Vorstands im Außenverhältnis, denen im Ganzen die notwendige Ermächtigung seitens der Hauptversammlung fehlt, bestimmt sich nach den allgemeinen Regeln betreffend den Umfang der Vertretungsmacht des Vorstands. Maßgeblich ist die originäre Kompetenzverteilung: Vorbehaltlich gesonderter gesetzlicher Regelungen sind Maßnahmen des Vorstands unter Missachtung eines dispensbezogenen Ermächtigungserfordernisses im Außenverhältnis wirksam. Hingegen sind Rechtsgeschäfte, die ohne eine

entsprechende kompetenzübertragende Ermächtigung vorgenommen werden, gem. § 177 Abs. 1 BGB schwebend unwirksam.

18. Soweit es um die Missachtung von beschränkenden Vorgaben, Zustimmungsvorbehalten und Annex-Ermächtigungserfordernissen geht, ergeben sich hinsichtlich der Ausnutzung dispensierend wirkender Ermächtigungen keine Besonderheiten. Im Rahmen der Ausnutzung kompetenzübertragender Ermächtigungen führt eine solche Missachtung hingegen nicht zur schwebenden Unwirksamkeit der entsprechenden Maßnahmen im Außenverhältnis. Die Grenzen der organschaftlichen Vertretungsmacht finden sich erst bei einer Überschreitung der gesetzlich festgelegten Höchstgrenzen einer Ermächtigung. Abweichende Rechtsfolgen können sich unter Berücksichtigung gesonderter gesetzlicher Regelungen oder der spezifischen Kompetenzverteilung ergeben.

Literaturverzeichnis

Adams, Michael, Was spricht gegen eine unbehinderte Übertragbarkeit der in Unternehmen gebundenen Ressourcen durch ihre Eigentümer?, AG 1990, 243

Adler, Hans/ Düring, Walther/ Schmaltz, Kurt (Begr.), Rechnungslegung und Prüfung der Unternehmen – Kommentar zum HGB, AktG, GmbHG, PublG nach den Vorschriften des Bilanzrichtlinien-Gesetzes, Teilband 4, 6. Auflage, Stuttgart 1997 (zitiert *Adler/Düring /Schmaltz*, Rechnungslegung)

Aha, Christof, Verbot des Erwerbs eigener Aktien nach den §§ 71 ff. AktG und eigener Genussrechte nach § 10 Abs. 5 S. 5 KWG, AG 1992, 218

Altmeppen, Holger, Neutralitätspflicht und Pflichtangebot nach dem neuen Übernahmerecht, ZIP 2001, 1073

Angerer, Lutz/ Geibel, Stephan/ Süßmann, Rainer (Hrsg.), Wertpapiererwerbs- und Übernahmegesetz Kommentar, 3. Auflage, München 2017 (zitiert: *Bearbeiter*, in: Angerer/Geibel/Süßmann WpÜG)

Arnold, Michael, Mitwirkungsbefugnisse der Aktionäre nach Gelatine und Macroton, ZIP 2005, 1573

Assmann, Heinz-Dieter/ Pötzsch, Stephan/ Schneider, Uwe H. (Hrsg.), Wertpapiererwerbs- und Übernahmegesetz Kommentar, 2. Auflage, Köln 2013 (zitiert: *Bearbeiter*, in: Assmann/Pötzsch/Uwe H. Schneider WpÜG (2. Auflage))

Assmann, Heinz-Dieter/ Pötzsch, Stephan/ Schneider, Uwe H. (Hrsg.), Wertpapiererwerbs- und Übernahmegesetz Kommentar, 3. Auflage, Köln 2020 (zitiert: *Bearbeiter*, in: Assmann/Pötzsch/Uwe H. Schneider WpÜG)

Bahrenfuss, Dirk, Die Entstehung des Aktiengesetzes von 1965 – Unter besonderer Berücksichtigung der Bestimmungen über die Kapitalgrundlagen und die Unternehmensverfassung, Berlin 2001

Bainbridge, Stephen M., Director Primacy and Shareholder Disempowerment, Havard Law Review 119, No. 6 (2006), 1735

Bamberger, Heinz Georg/ Roth, Herbert/ Hau, Wolfgang/ Poseck, Roman (Hrsg.), BGB Kommentar, Band 1: §§ 1–480, 4. Auflage, München 2019 (zitiert: *Bearbeiter*, in: Bamberger/Roth/Hau/Poseck BGB)

Baumbach, Adolf/ Hueck, Alfred/ Hueck, Götz, Aktiengesetz Kommentar, 13. Auflage, München 1968

Baums, Theodor, Der unwirksame Hauptversammlungsbeschluß, ZHR 142 (1978), 582

Baums, Theodor/ Thoma, Georg F., Kommentar zum Wertpapiererwerbs- und Übernahmegesetz, Köln, 13. Aktualisierung Dezember 2020 (zitiert: *Bearbeiter*, in: Baums/Thoma WpÜG)

Bayer, Walter, Kapitalerhöhung mit Bezugsrechtsausschluß und Vermögensschutz der Aktionäre nach § 255 Abs. 2 AktG – Kritische Betrachtung der lex lata und Überlegungen de lege ferenda, ZHR 163 (1999), 505

Bayer, Walter, Vorsorge- und präventive Abwehrmaßnahmen gegen feindliche Übernahmen, ZGR 2002, 588

Becker, Helmut, Satzungsmäßige Ermächtigung der Verwaltung einer Aktiengesellschaft zur Bildung freier Rücklagen (§ 58 Abs. 2 AktG 1965), BB 1966, 764

Bednarz, Liane, Der Ermächtigungsbeschluß der Hauptversammlung zum Erwerb eigener Aktien, Frankfurt am Main 2006

Benckendorff, Andreas, Erwerb eigener Aktien im deutschen und US-amerikanischen Recht, Baden-Baden 1998

Bennemann, Gerhard et al., Hessische Gemeindeordnung Kommentar, Wiesbaden, 70. Aktualisierung 2022 (zitiert: *Bearbeiter*, in: KVR Hessen)

Bergau, Torsten, Einführung von Aufsichtsratsvorbehalten durch Hauptversammlungsbeschluss, AG 2006, 769

Berle, Adolf/ Means, Gardiner, The Modern Corporation and Private Property, 19. Printing, New York 1962

Betz, Christian, Die Heilung nichtiger Hauptversammlungsbeschlüsse durch Eintragung und Fristablauf – Wirkung und Rechtsfolgen des § 242 Abs. 2 Satz 1 AktG, Baden-Baden 2014

Beurskens, Michael/ Ehricke, Ulrich/ Ekkenga, Jens, Wertpapiererwerbs- und Übernahmegesetz Kommentar, 2. Auflage, München 2021 (zitiert: *Bearbeiter*, in: Beurskens/Ehricke/Ekkenga WpÜG)

Beusch, Karl, Die Aktiengesellschaft – eine Kommanditgesellschaft in der Gestalt einer juristischen Person? Betrachtungen zum sogenannten Holzmüller-Urteil des Bundesgerichtshofs, in: Festschrift für Winfried Werner, hrsg. von Hadding, Walther; Immenga, Ulrich; Mertens, Hans-Joachim; Pleyer, Klemens, Berlin 1984, S. 1 (zitiert: *Beusch*, in: FS Werner, S. 1)

Bezzenberger, Tilman, Erwerb eigener Aktien durch die AG, Köln 2002

Bezzenberger, Tilman, Eigene Aktien und ihr Preis – auch beim Erwerb mit Hilfe von Kaufoptionen, ZHR 180 (2016), 8

Boesebeck, Ernst, „Satzungsdurchbrechung" im Recht der AG und GmbH, NJW 1960, 2265

Bosse, Christian, Probleme des Rückkaufs eigener Aktien – Kommentar zu LG Berlin NZG 2000, 944, NZG 2000, 923

Bosse, Christian, Mitarbeiterbeteiligung und Erwerb eigener Aktien, NZG 2001, 594

Busch, Hans Wilhelm, Die Notwendigkeit einer spezialgesetzlichen Regelung von öffentlichen Übernahmeangeboten in Deutschland, Sinzheim 1996

Bürgers, Tobias/ Holzborn, Timo, Haftungsrisiken der Organe einer Zielgesellschaft im Übernahmefall, ZIP 2003, 2273

Bürgers, Tobias/ Körber, Torsten (Hrsg.), Aktiengesetz, 4. Auflage, Heidelberg 2017 (zitiert: *Bearbeiter*, in: Bürgers/Körber AktG)

Büscher, Patrick, Das neue Recht des Aktienrückkaufs, Berlin 2013

Bungert, Hartwin/ Wansleben, Till, Vertragliche Verpflichtung einer Aktiengesellschaft zur Nichtdurchführung von Kapitalerhöhungen, ZIP 2013, 1841

Cahn, Andreas, Pflichten des Vorstandes beim genehmigten Kapital mit Bezugsrechtsausschluß, ZHR 163 (1999), 554

Cahn, Andreas, Verwaltungsbefugnisse der Bundesanstalt für Finanzdienstleistungsaufsicht im Übernahmerecht und Rechtsschutz Betroffener, ZHR 167 (2003), 262

Chatard, Yannick, Das Treuestimmrecht in der Aktiengesellschaft, Dissertation Hamburg 2021 (im Erscheinen)

Claussen, Carsten P., Wie ändert das KonTraG das Aktiengesetz?, DB 1998, 177

Davis, James H./ Schoormann, David/ Donaldson, Lex, Toward a Stewardship Theory of Management, The Academy of Management 22, No. 1 (1997), 20

Dempenwolf, Günter, Die Rückwirkung von Satzungsänderungen aktienrechtlicher Gesellschaften, NJW 1958, 1212

Deutscher Anwaltsverein (DAV), Referentenentwurf zur Änderung des Aktiengesetzes („KonTraG") – Stellungnahme des DAV, ZIP 1997, 163

Deutscher Anwaltsverein (DAV), Stellungnahme des Handelsrechtsausschusses des Deutschen Anwaltvereins e.V. zum RegE für ein Gesetz zur Regelung von öffentlichen Angeboten zum Erwerb von Wertpapieren und von Unternehmensübernahmen (WpÜG), NZG 2001, 1003

Deutsches Notarinstitut, Erwerb eigener Aktien durch eine AG von einem bestimmten Aktionär zu einem bestimmten Preis – AktG §§ 71 Abs. 1 Nr. 8, 53, 57, DNotI-Report 2006, 127

Dietz-Vellmer, Fabian, Hauptversammlungsbeschlüsse nach § 119 Abs. 2 AktG – geeignetes Mittel zur Haftungsvermeidung für Organe?, NZG 2014, 721

Diregger, Christoph/ Winner, Martin, Deutsches und österreichisches Übernahmerecht aus Anlegersicht, WM 2002, 1583

Donaldson, Lex/ Davis, James H., Stewardship Theory or Angecy Theory: CEO Governance and Shareholder Returns, Australian Journal of Management 16, No. 1 (1991), 49

Döllerer, Georg, Rechnungslegung nach dem neuen Aktiengesetz und ihre Auswirkungen auf das Steuerrecht, BB 1965, 1405 (1415)

Drygala, Tim, Die neue deutsche Übernahmeskepsis und ihre Auswirkungen auf die Vorstandspflichten nach § 33 WpÜG, ZIP 2001, 1861

Easterbrook, Frank/ Fischel, Daniel, Voting in Corporate Law, Journal of Law and Economics 26, No. 2 (1983), 395

Eberspächer, Friedemann, Nichtigkeit von Hauptversammlungsbeschlüssen nach § 241 Nr. 3 AktG, Baden-Baden 2009

Eckardt, Ulrich, Satzungsänderungen auf Grund des neuen Aktiengesetzes, NJW 1967, 369

Ekkenga, Jens, Das Organisationsrecht des genehmigten Kapitals (Teil I), AG 2001, 567

Ekkenga, Jens, Das Organisationsrecht des genehmigten Kapitals (Teil II), AG 2001, 615

Ekkenga, Jens, § 33 WpÜG: Neutralitätsgebot oder Grundsatz der Abwehrbereitschaft, in: Festschrift für Siegfried Kümpel, hrsg. von Ekkenga, Jens; Hadding, Walther; Hammen, Horst, Berlin 2003, S. 95 (zitiert: *Ekkenga*, in: FS Kümpel)

Ekkenga, Jens, Handbuch der AG-Finanzierung, 2. Auflage, Köln 2014 (zitiert: *Bearbeiter*, in: Ekkenga, Handbuch der AG-Finanzierung)

Emmerich, Volker/ Habersack, Mathias, Aktien- und GmbH-Konzernrecht, 9. Auflage, München 2019 (zitiert: *Bearbeiter*, in: Emmerich/Habersack Konzernrecht)

Eucken, Walter, Grundsätze der Wirtschaftspolitik, 3. Auflage, Tübingen 1960

Fama, Eugene F./ Jensen, Michael C., Separation of Ownership and Control, Journal of Law and Economics 26, No. 2 (1983), 301

Fick, Heinrich, Über Begriff und Geschichte der Aktiengesellschaften, ZHR 5 (1862), 1

Fischer, Robert, Fragen aus dem Recht der GmbH, JZ 1956, 362

Fleischer, Holger, Marktschutzvereinbarungen beim Börsengang – Eine Bestandsaufnahme nach dem Vierten Finanzmarktförderungsgesetz, WM 2002, 2305

Fleischer, Holger, Die „Business Judgment Rule" – Vom Richterrecht zur Kodifizierung, ZIP 2004, 685

Fleischer, Holger, Ungeschriebene Hauptversammlungszuständigkeiten im Aktienrecht: Von „Holzmüller" zu „Gelatine", NJW 2004, 2335

Fleischer, Holger, Zur unbeschränkten Vertretungsmacht der Geschäftsleiter im Europäischen Gesellschaftsrecht und ihren nationalen Beschränkungen, in: Festschrift für Ulrich Huber, hrsg. von Baums, Theodor; Wertenbruch, Johannes; Lutter, Marcus; Schmidt, Karsten, Tübingen 2006, S. 719 (zitiert: *Fleischer*, in: FS Huber, S. 719)

Fleischer, Holger/Kalss, Susanne, Das neue Wertpapiererwerbs- und Übernahmegesetz – Einführende Gesamtdarstellung und Materialien (Band 1), München 2002

Florstedt, Tim, Aktionärsvoten zur Vergütung und Common Ownership – Gefährden die neuen Say on Pay-Beschlüsse den Wettbewerb? Zur Bedeutung von indirekten Horizontalverflechtungen für das ARUG II, ZIP 2019, 1693

Flume, Werner, Allgemeiner Teil des Bürgerlichen Rechts II – Das Rechtsgeschäft, 2. Auflage, Berlin, Heidelberg, New York 1975 (zitiert: *Flume*, AT II)

Flume, Werner, Allgemeiner Teil des Bürgerlichen Rechts I/1 – Die Personengesellschaft, Berlin, Heidelberg 1977 (zitiert: *Flume*, AT I/1)

Franke, Hans-Herbert, Bedingte Kapitalerhöhung und Genehmigtes Kapital – Ein Beitrag zum Recht der Kapitalbeschaffungsmaßnahmen, Glatz 1939

Fuchs, Andreas, Kapitalbeteiligung ohne Mitgliedschaft – Genußscheine, Optionsanleihen und andere hybride Finanztitel im Spannungsfeld von Schuldverhältnis, Verbandsordnung und Kapitalmarkt, Göttingen 1997

Füchsel, Hans, Probleme des Bezugsrechtausschlusses im deutschen Aktienrecht, BB 1972, 1533

Georgakopoulos, Leonidas, Zur Problematik der Wandelschuldverschreibungen, ZHR 120 (1957), 84

Geßler, Ernst, Aktuelle gesellschaftsrechtliche Probleme, DB 1966, 215

Geßler, Ernst, Nichtigkeit von Hauptversammlungsbeschlüssen und Satzungsbestimmungen, ZGR 1980, 427

Geßler, Ernst, Einberufung und ungeschriebene Hauptversammlungszuständigkeiten, in: Festschrift für Walter Stimpel, hrsg. von Lutter, Marcus; Mertens, Hans-Joachim; Ulmer, Peter, Berlin 1985, S. 771 (zitiert: *Geßler*, in: FS Stimpel, S. 771)

Geßler, Ernst/ Hefermehl, Wolfgang/ Eckardt, Ulrich/ Kropff, Bruno (Hrsg.), Aktiengesetz Kommentar, Band IV: §§ 179 – 240, München 1986 (zitiert: *Bearbeiter*, in: GHEK AktG)

Gierke, Otto von, Die Genossenschaftstheorie und die deutsche Rechtsprechung, Berlin 1887

Von Gleichenstein, Maximilian, Satzungsmäßige Ermächtigung der Verwaltung einer Aktiengesellschaft zur Bildung freier Rücklagen (§ 58 Abs. 2 AktG 1965), BB 1966, 1047

Von Godin, Reinhard/ Wilhelmi, Hans (Begr.), Aktiengesetz Kommentar, Band 1: §§ 1–178, 3. Auflage, Berlin 1967 (zitiert: *v. Godin/Wilhelmi*, AktG (3. Auflage))

Von Godin, Reinhard/ Wilhelmi, Hans (Begr.), Aktiengesetz Kommentar, 4. Auflage, Berlin 1971
Band 1: §§ 1–178
Band 2: §§ 179–410

Goette, Wulff, Zur entsprechenden Anwendung des § 242 Abs. 2 AktG im GmbH-Recht, in: Festschrift für Volker Röhricht, hrsg. von Crezenius, Georg; Hirte, Heribert; Viewig, Klaus, Köln 2005, S. 115 (zitiert: *Goette*, in: FS Röhricht, S. 115)

Grabolle, Martin, Die Pflicht der Vorstands zur Ausführung von Hauptversammlungsbeschlüssen – Eine dogmatische Analyse des § 83 Abs. 2 AktG, Frankfurt am Main 2013

Grigoleit, Hans Christoph (Hrsg.), Aktiengesetz Kommentar, 2. Auflage, München 2020 (zitiert als: *Bearbeiter*, in: Grigoleit AktG)

Grobecker, Wolfgang/ Arnd, Michel, Rückkauf eigener Aktien: Die Grenzen des § 71 Abs. 1 Nr. 8 AktG, DStR 2001, 1757

Groß, Wolfgang, Vorbereitung und Durchführung von Hauptversammlungsbeschlüssen zu Erwerb oder Veräußerung von Unternehmensbeteiligungen, AG 1996, 111

Großkommentar Aktiengesetz, Band 3: §§ 179 – 290, hrsg. von Barz, Carl Hans et al., 3. Auflage, Berlin 1973 (zitiert: *Bearbeiter*, in: Großkomm-AktG (3. Auflage))

Großkommentar Aktiengesetz, hrsg. von Hopt, Klaus J.; Wiedemann, Herbert, 4. Auflage, (zitiert: *Bearbeiter*, in: GroßKomm-AktG (4. Auflage):
Band 1: Einleitung, § 1–53, Berlin 2004
Band 5: Mitbestimmungsgesetz, §§ 118–149, Berlin 2008

Großkommentar Aktiengesetz (zitiert: *Bearbeiter*, in: GroßKomm-AktG)
Band 1: § 1–22, hrsg. von Hirte, Heribert; Mülbert, Peter O.; Roth, Markus, 5. Auflage, Berlin, Boston 2017
Band 3/1: §§ 53a – 66, hrsg. von Hirte, Heribert; Mülbert, Peter O.; Roth, Markus, 5. Auflage, Berlin, Boston 2022
Band 3/2: §§ 67–75, hrsg. von Hirte, Heribert; Mülbert, Peter O.; Roth, Markus, 5. Auflage, Berlin, Boston 2018
Band 4/1: §§ 76–91, hrsg. von Hirte, Heribert; Mülbert, Peter O.; Roth, Markus, 5. Auflage, Berlin, Boston 2015
Band 6: §§ 150–220, hrsg. von Hopt, Klaus J.; Wiedemann, Herbert, 4. Auflage, Berlin 2006)
Band 7/1: §§ 221–240, hrsg. von Hopt, Klaus J.; Wiedemann, Herbert, 4. Auflage, Berlin 2012
Band 7/2: §§ 241–277, hrsg. von Hopt, Klaus J.; Wiedemann, Herbert, 4. Auflage, Berlin 2013
Band 7/1: §§ 118–130, hrsg. von Hirte, Heribert; Mülbert, Peter O.; Roth, Markus, 5. Auflage, Berlin, Boston 2017

Grunewald, Barbara, Rückverlagerung von Entscheidungskompetenzen der Hauptversammlung auf den Vorstand, AG 1990, 133

Habersack, Mathias, Das Andienungs- und Erwerbsrecht bei Erwerb und Veräußerung eigener Anteile, ZIP 2004, 1121

Hansmann, Henry/ Kraakman, Reinier, The Essential Role of Organizational Law, Yale Law Journal 110, No. 3 (2000), 387

Happ, Wilhelm/ Groß, Wolfgang/Möhre, Frauke/Vetter, Eberhard (Hrsg.), Aktienrecht – Handbuch – Mustertexte – Kommentar, 5. Auflage, Köln 2020 (zitiert: *Bearbeiter*, in: Happ Aktienrecht)

Heidel, Thomas, Aktienrecht und Kapitalmarktrecht, 5. Auflage, Baden-Baden 2020 (zitiert: *Bearbeiter*, in: Heidel Aktienrecht)

Heinsius, Theodor, Bezugsrechtsausschluss bei der Schaffung von Genehmigten Kapital – Genehmigtes Kapital II, in: Festschrift für Alfred Kellermann, hrsg. von Goerdeler, Reinhard; Hommelhoff, Peter; Lutter, Marcus; Odersky, Walter; Wiedemann, Walter, Berlin 1991, S. 115 (zitiert: *Heinsius*, in: FS Kellermann, S. 115)

Hengeler, Hans/ Kreifels, Max, Absicht und Wirklichkeit im Referentenentwurf eines Aktiengesetzes, in: Hengeler, Hans (Hrsg.), Beiträge zur Aktienrechtsreform, Heidelberg 1959, S. 11 (zitiert: *Hengeler/Kreifels*, Beiträge zur Aktienrechtsreform, S. 11)

Henssler, Martin/ Strohn, Lutz (Hrsg.), Gesellschaftsrecht, 5. Auflage, München 2021 (zitiert: *Bearbeiter*, in: Henssler/Strohn, Gesellschaftsrecht)

Henze, Hartwig, Holzmüller vollendete das 21. Lebensjahr, in: Festschrift für Peter Ulmer, hrsg. von Habersack, Mathias; Hüffer, Uwe; Hommelhoff, Peter; Schmidt, Karsten, Berlin 2003, S. 211 (zitiert: *Henze*, in: FS Ulmer, S. 211)

Hess, André, Der Umfang der Vertretungsmacht der Verwaltung der Aktiengesellschaft – Rechtsvergleichend und unter Berücksichtigung der Vertretungsmacht bei anderen Handelsgesellschaften, Zürich 1937

Hirsch, Hendrik, Der Erwerb eigener Aktien nach dem KonTraG, Köln 2004

Hirte, Heribert, Ausgewählte Fragen zu Stock-option-Plänen und zum Erwerb eigener Aktien, in: Gesellschaftsrecht 1999 – Tagungsband zum RWS Forum am 13. Und 14. September 1999 in Berlin, hrsg. von Schmidt, Karsten; Riegger, Bodo, Köln 2000, S. 211 (zitiert: *Hirte*, in: RWS-Forum 1999, S. 211)

Hirte, Heribert, Verteidigung gegen Übernahmeangebote und Rechtsschutz des Aktionärs gegen die Verteidigung, ZGR 2002, 623

Hirte, Heribert/ Seibt, Christoph/Mock, Sebastian/Schwarz, Simon (Hrsg.), Kölner Kommentar zum WpÜG, 3. Auflage 2022 (zitiert: *Bearbeiter*, in: KölnKomm-WpÜG)

Hitzer, Martin/ Simon, Björn/ Düchting, Holger, Behandlung eigener Aktien der Zielgesellschaft bei öffentlichen Übernahmeangeboten – Rechtliche Vorgaben, Handlungsoptionen und – empfehlungen für den Vorstand der Zielgesellschaft, AG 2012, 237

Hoffmann-Becking, Michael (Hrsg.) Münchener Handbuch des Gesellschaftsrechts Band 4: Aktiengesellschaft, 1. Auflage, München 1988 (zitiert: *Bearbeiter*, in: MünchHb-AG (1. Auflage))

Hoffmann-Becking, Michael (Hrsg.) Münchener Handbuch des Gesellschaftsrechts Band 4: Aktiengesellschaft, 2. Auflage, München 1999 (zitiert: *Bearbeiter*, in: MünchHb-AG (2. Auflage))

Hoffmann-Becking, Michael (Hrsg.) Münchener Handbuch des Gesellschaftsrechts Band 4: Aktiengesellschaft, 5. Auflage, München 2020 (zitiert: *Bearbeiter*, in: MünchHb-AG)

Hommelhoff, Peter/ Witt, Carl-Heinz, Bemerkungen zum deutschen Übernahmegesetz nach dem Scheitern der Richtlinie, RIW 2001, 561

Hopt, Klaus J., Aktionärskreis und Vorstandsneutralität, ZGR 1993, 534

Hopt, Klaus J., Grundsatz- und Praxisprobleme nach dem Wertpapiererwerbs- und Übernahmegesetz, ZHR 166 (2002), 383

Hopt, Klaus J., Übernahmen, Geheimhaltung und Interessenkonflikte: Probleme für Vorstände, Aufsichtsräte und Banken, ZGR 2002, 333

Hopt, Klaus J./ Seibt, Christoph H. (Hrsg.), Schuldverschreibungsrecht Kommentar – Handbuch – Vertragsmuster, Köln 2017 (zitiert: *Bearbeiter*, in: Hopt/Seibt SVR)

Hölters, Wolfgang / Weber, Markus (Hrsg.), Aktiengesetz Kommentar, 4. Auflage, München 2022 (zitiert als: *Bearbeiter*, in: Hölters/Weber AktG)

Huber, Ulrich, Zum Aktienerwerb durch ausländische Tochtergesellschaften, in: Festschrift für Konrad Duden, hrsg. von Pawlowski, Hans-Martin; Wiese, Günther; Wüst, Günther, München 1977, S. 137 (zitiert: *Huber*, in: FS Duden, S. 137)

Huber, Ulrich, Rückkauf eigener Aktien, in: Festschrift für Bruno Kropff, hrsg. von Forster, Karl; Grunewald, Barbara; Lutter, Marcus; Semler, Johannes, Düsseldorf 1997, S. 101 (zitiert: *Huber*, in: FS Kropff, S. 101)

Hüffer, Uwe, Aktienbezugsrechte als Bestandteil der Vergütung von Vorstandsmitgliedern und Mitarbeitern – gesellschaftsrechtliche Analyse, ZHR 161 (1997), 214

Hunecke, Daniel, Der Zeichnungsvertrag, Tübingen 2011

Ihrig, Hans-Christoph, Genehmigter Kapital – und Bezugsrechtsausschluß, WiB 1997, 1181

Jensen, Michael C./ Meckling, William H., Theory of the Firm: Managerial Behavior, Agency Costs and Ownership Structure, Journal of Financial Economics 3, Issue 4 (1976), 305

Johannsen-Roth, Tim, Der Erwerb eigener Aktien – Regelungsprobleme im Spannungsfeld gesellschaftsrechtlicher Normbefehle und kapitalmarktrechtlich impliziertei Verhaltensanforderungen, Köln 2001

Julius von Staudingers Kommentar zum Bürgerlichen Gesetzbuch (Zitiert als: *Bearbeiter*, in: Staudinger BGB)
Buch 1: Allgemeiner Teil 5, §§ 164–240, Neubearbeitung, Berlin 2019
Buch 2: Recht der Schuldverhältnisse, §§ 779–811, Neubearbeitung, Berlin 2015

Kallweit, Dominik/ Simons, Cornelius, Aktienrückkäufe zum Zweck der Einziehung und Kapitalherabsetzung, AG 2014, 352

Kalss, Susanne, Anlegerinteressen – Der Anleger im Handlungsdreieck von Vertrag, Verband und Markt, Wien 2001

Kessler, Manfred/ Suchan, Stefan Wilhelm, Erwerb eigener Aktien und dessen handelsbilanzielle Behandlung, BB 2000, 2529

Kiem, Roger, Der Erwerb eigener Aktien bei der kleinen AG, ZIP 2000, 209

Kimpler, Frank, Die Abgrenzung der Zuständigkeiten von Hauptversammlung und Vorstand bei der Kapitalerhöhung, Frankfurt am Main 1994

Kindl, Johann, Der Erwerb eigener Aktien nach dem KontraG, DStR 1999, 1276

Kindler, Peter, Bezugsrechtsausschluß und unternehmerisches Ermessen nach deutschem und europäischem Recht, ZGR 1998, 35

Klausing, Friedrich, Gesetz über die Aktiengesellschaften und Kommanditgesellschaften auf Aktien nebst Einführungsgesetz und Amtlicher Begründung, Berlin 1937 (zitiert: *Klausing*, AktG 1937)

Klette, Dieter, Die Überpari-Emission bei der Kapitalerhöhung gegen Einlagen, DB 1968, 2261

Koch, Jens, Das Gesetz zur Unternehmensintegrität und Modernisierung des Anfechtungsrechts (UMAG), ZGR 2006, 769

Koch, Jens, Aktiengesetz, 16. Auflage, München 2022 (zitiert als: *Koch*, AktG)

Kocher, Dirk, Sind Ermächtigungen der Hauptversammlung zur Verwendung eigener Aktien analog § 202 I AktG auf fünf Jahre befristet?, NZG 2010, 172

Kölner Kommentar zum Aktiengesetz, hrsg. von Zöllner, Wolfgang, 1. Auflage, (zitiert: *Bearbeiter*, in: KölnKomm-AktG (1. Auflage))
Einleitungsband, Köln, Berlin, Bonn, München 1984
Band 1/5: §§ 118–147, Köln, Berlin, Bonn, München 1973

Kölner Kommentar zum Aktiengesetz, hrsg. von Zöllner, Wolfgang, 2. Auflage (zitiert als: *Bearbeiter*, in: KölnKomm-AktG (2. Auflage))
Band 1: §§ 1–75, Köln, Berlin, Bonn, München 1988
Band 5/1: §§ 179–240, Köln, Berlin, Bonn, München 1995

Kölner Kommentar zum Aktiengesetz, hrsg. von Zöllner, Wolfgang; Noack, Ulrich, 3. Auflage (zitiert: *Bearbeiter*, in: KölnKomm-AktG)
Band 1: §§ 1- 75, Köln 2011
Band 2/1: §§ 76–94, Köln, München 2009
Band 3/7: §§ 133–134, 136–137, Köln 2017
Band 4/1: §§ 182–191, Köln 2017
Band 4/2: §§ 192 - 240, Köln 2021
Band 5/3: §§ 241–249, 253–261a, Köln 2018
Band 6: §§ 15–22, §§ 291–328, Köln, Berlin, München 2004

Korsing, Kurt, Der Umfang der Vertretungsmacht des Vorstandes der Aktiengesellschaft, Würzburg 1937

Kort, Michael, Aktien aus vernichteten Kapitalerhöhungen, ZGR 1994, 291

Kort, Michael, Bestandsschutz fehlerhafter Strukturänderungen im Kapitalgesellschaftsrecht, München 1998

Krause, Hartmut, Prophylaxe gegen feindliche Übernahmeangebote, AG 2002, 133

Krause, Hartmut, Die Abwehr feindlicher Übernahmeangebote auf der Grundlage von Ermächtigungsbeschlüssen der Hauptversammlung, BB 2002, 1053

Krieger, Gerd, Fehlerhafte Satzungsänderungen – Fallgruppen und Bestandskraft, ZHR 158 (1994), 35

Krieger, Gerd, Das neue Übernahmegesetz: Preisfindung beim Übernahmeangebot und Neutralitätspflicht des Vorstands der Zielgesellschaft, in: Gesellschaftsrecht 2001 – Tagungsband zum RWS Forum am 8. und 9. März 2001 in Berlin, hrsg. von Henze, Hartwig; Hoffmann-Becking, Michael, Köln 2001, S. 298 (zitiert: *Krieger*, in: RWS-Forum 2001, S. 298)

Kropff, Bruno, Aktiengesetz: Textausgabe des Aktiengesetzes vom 6.9.1965 und des Einführungstextes zum Aktiengesetz vom 6.9.1965 mit Begründung des Regierungsentwurfes, Düsseldorf 1965 (zitiert: *Kropff*, AktG 1965)

Kuntz, Thilo, Grundlagen und Grenzen der aktienrechtlichen Leitungsautonomie – Zugleich ein Beitrag zur Möglichkeit schuldrechtlicher Bindung des Vorstands, AG 2016, 101

Lambsdorff, Otto, Die Bedeutung der Aktie als Finanzierungsinstrument für die Wirtschaft, ZGR 1981, 1

Larenz, Karl, Methodenlehre der Rechtswissenschaft, 6. Auflage, Berlin, Heidelberg 1991 (zitiert: *Larenz*, Methodenlehre)

Last, Jens, Der Erwerb eigener Aktien als Ausschüttungsinstrument, Berlin 2006

Leo, Hans-Christoph, Die Rechtsstellung des Vorstandes der Aktiengesellschaft nach dem Regierungsentwurf eines neuen Aktiengesetzes, AG 1960, 261

Liebert, Ulrike, Der Bezugsrechtsausschluss bei Kapitalerhöhungen von Aktiengesellschaften, Baden-Baden 2003

Liebscher, Thomas, Ungeschriebene Hauptversammlungszuständigkeiten im Lichte von Holzmüller, Macroton und Gelatine, ZGR 2005, 1

Lorenz, Christina, Die Zuständigkeit der Hauptversammlung im deutschen und US-amerikanischen Gesellschaftsrecht, Hamburg 2009

Lowenstein, Louis, Pruning Deadwood in Hostile Takeovers: A Proposal for Legislation, Columbia Law Review 83, No. 2 (1983), 249

Lutter, Marcus, Optionsanleihen ausländischer Tochtergesellschaften, AG 1972, 125

Lutter, Marcus, Die Recht der Gesellschafter beim Abschluß fusionsähnlicher Unternehmensverbindungen, DB 1973, Beilage 21, S. 52

Lutter, Marcus, Zukunft der Aktie, AG 1981, 21

Lutter, Marcus, Organzuständigkeiten im Konzern, in: Festschrift für Walter Stimpel, hrsg. von Lutter, Marcus; Mertens, Hans-Joachim; Ulmer, Peter, Berlin 1985, S. 825 (zitiert: *Lutter*, in: FS Stimpel, S. 825)

Lutter, Marcus, Zur Vorbereitung und Durchführung von Grundlagenbeschlüssen in Aktiengesellschaften, in: Festschrift für Hans-Joachim Fleck, hrsg. von Goerdeler, Reinhard; Hommelhoff, Peter; Lutter, Marcus; Wiedemann, Herbert, Berlin 1988, S. 169 (zitiert: *Lutter*, in: FS Fleck, S. 169)

Lutter, Marcus, Die entschlußschwache Hauptversammlung, in: Festschrift für Karlheinz Quack, hrsg. von Westermann, Harm Peter; Rosener, Wolfgang, Berlin 1991, S. 301 (zitiert: *Lutter*, in: FS Quack)

Lutter, Marcus, Stellungnahme zur Aktienrechtsreform 1997, AG Sonderheft August 1997, 52

Lutter, Marcus, Zum Bezugsrechtsausschluß bei der Kapitalerhöhung im Rahmen des genehmigten Kapitals, JZ 1998, 50

Lutter, Marcus, Gesellschaftsrecht und Kapitalmarkt, in: Festschrift für Wolfgang Zöllner Band I, hrsg. von Lieb, Manfred; Noack, Ulrich; Westermann, Harm Peter, Köln, Berlin 1998, S. 363 (zitiert: *Lutter*, in: FS Zöllner, S. 363)

Lutter, Marcus/ Leinekugel, Rolf, Der Ermächtigungsbeschluß der Hauptversammlung zu grundlegenden Strukturmaßnahmen – zulässige Kompetenzübertragung oder unzulässige Selbstentmachtung?, ZIP 1998, 805

Lüken, Christian P., Der Erwerb eigener Aktien nach §§ 71 ff. AktG, Berlin 2004

Marsch-Barner, Reinhard/ Schäfer, Frank A., Handbuch börsennotierte AG – Aktien- und Kapitalmarktrecht, 5. Auflage, Köln 2022 (*Bearbeiter*, in: Hdb börsennotierte AG)

Martens, Klaus-Peter, Die Entscheidungsautonomie des Vorstands und die „Basisdemokratie" in der Aktiengesellschaft, ZHR 147 (1983), 377

Martens, Klaus-Peter, Der Ausschluß des Bezugsrechtes, ZIP 1992, 1677

Martens, Klaus-Peter, Zu den Zulässigkeitsvoraussetzungen für einen Bezugsrechtsausschluß speziell bei einer geplanten Platzierung neuer Aktien im Ausland, ZIP 1993, 512

Martens, Klaus-Peter, Richtersprüche und gesetzliche Konkretisierungen des Bezugsrechtsausschlusses, ZIP 1994, 669

Martens, Klaus-Peter, Erwerb und Veräußerung eigener Aktien im Börsenhandel – Überlegungen de lege ferenda, AG 1996, 337

Maunz, Theodor/ Dürig, Günter (Begr.), Grundgesetz Kommentar, München, 88. Lieferung August 2019 (zitiert: *Bearbeiter*, in: Maunz/Dürig GG)

Mecke, Thomas, Konzernstruktur und Aktionärsentscheid, Baden-Baden 1992

Merkt, Hanno, Verhaltenspflichten des Vorstandes der Zielgesellschaft bei feindlichen Übernahmen, ZHR 165 (2001), 224

Meyer-Panhuysen, Ulrike, Die fehlerhafte Kapitalerhöhung, Köln 2003

Möller, Mirko, Rückerwerb eigener Aktien – Der Rückerwerb eigener Aktien ohne positive gesetzliche Vorgabe, Köln 2005

Mülbert, Peter O., Die Zielgesellschaft im Vorschlag 1997 einer Takeover-Richtlinie – zwei folgenreiche Eingriffe ins deutsche Aktienrecht, IStR 1999, 83

Münchener Kommentar zum Aktiengesetz (zitiert: *Bearbeiter*, in: MünchKomm-AktG)
Band 1: §§ 1 – 75, hrsg. von Goette, Wulff; Habersack, Mathias, 5. Auflage, München 2019
Band 2: §§ 76 -117, hrsg. von Goette, Wulff; Habersack, Mathias, 5. Auflage, München 2019
Band 3: §§ 118 – 179, hrsg. von Goette, Wulff; Habersack, Mathias, 5. Auflage, München 2022
Band 4: §§ 179–277, hrsg. von Goette, Wulff; Habersack, Mathias, 5. Auflage, München 2021
Band 6: §§ 329–410, WpÜG, Österreichisches Übernahmerecht, hrsg. von Goette, Wulff; Habersack, Mathias, 5. Auflage, München 2021

Münchener Kommentar zum Bürgerlichen Gesetzbuch, hrsg. von Säcker, Franz Jürgen; Rixecker, Roland; Oetker, Hartmut; Limperg, Bettina, 9. Auflage (zitiert als: *Bearbeiter*, in: MünchKomm-BGB)
Band 1: §§ 1–240, AllgPersönlR, ProstG, AGG, München 2021

Münchener Kommentar zum Handelsgesetzbuch, Band 2, hrsg. von Drescher, Ingo; Fleischer, Holger; Schmidt, Karsten, 5. Auflage, München 2022 (zitiert: *Bearbeiter*, in: MünchKomm-HGB)

Muthesius, Karl Volkmar, Überfordertes Aktienrecht, ZfgK 1958, 947

Natterer, Joachim, Sachkontrolle und Berichtspflicht beim genehmigten Kapital – Nold/Siemens abermals auf dem Weg durch die Instanzen?, ZIP 2002, 1672

Nauss, Fritz, Probleme bei der Verwendung des Jahresüberschusses und des Bilanzgewinnes nach dem Aktiengesetz von 1965, AG 1967, 127

Neye, Hans-Werner, Der Vorschlag 2002 einer Takerover-Richtlinie, NZG 2002, 1144

Nörr, Knut Wolfgang, Zur Entwicklung des Aktien- und Konzernrechts während der Weimarer Republik, ZHR 150 (1986), 155

Oechsler, Jürgen, Die Änderung der Kapitalrichtlinie und der Rückerwerb eigener Aktien, ZHR 170 (2006), 72

Paefgen, Walter G., Justiziabilität des Verwaltungshandelns beim genehmigten Kapital, ZIP 2004, 145

Peltzer, Oliver, Die Neuregelung des Erwerbs eigener Aktien im Lichte der historischen Erfahrungen, WM 1998, 322

Pentz, Andreas, Genehmigtes Kapital, Belegschaftsaktien und Sacheinlagefähigkeit obligatorischer Nutzungsrechte – das adidas-Urteil des BGH, ZGR 2001, 901

Priester, Satzungsänderung und Satzungsdurchbrechung – Voraussetzungen und Grenzen satzungsdurchbrechender Beschlüsse, ZHR 151 (1987), 40

Raiser, Thomas/ Veil, Rüdiger, Recht der Kapitalgesellschaften, 6. Auflage, München 2015

Von Rechenberg, Wolf-Georg, Die Hauptversammlung als oberstes Organ der Aktiengesellschaft, Heidelberg 1986

Reichert, Jochem/ Harbarth, Stephan, Veräußerung und Einziehung eigener Aktien, ZIP 2001, 1441

Reichert, Jochem, Mitwirkungsrechte und Rechtsschutz der Aktionäre nach Macroton und Gelatine, AG 2005, 150

Reinhardt, Rudolf, Aktienrecht in einer freiheitlichen Wirtschaftsordnung, in: Welche Wirtschaftspolitik kann das Vertrauen der Wähler rechtfertigen?, hrsg. von Rüstow, Alexander; Röpke, Wilhelm; Frickhöffer Wolfgang, Ludwigsburg 1958, S. 97 (zitiert: *Reinhardt*, Aktienrecht in einer freiheitlichen Wirtschaftsordnung, S. 97)

Renner, Moritz, Hauptversammlungszuständigkeit und Organadäquanz, AG 2015, 513

Rieckers, Oliver, Ermächtigung des Vorstands zum Erwerb und Einziehung eigener Aktien, ZIP 2009, 700

Rodloff, Frank, Zum Kontrollmaßstab des Bezugsrechtsausschlusses, ZIP 2003, 1076

Rohde, Andreas/ Geschwandter, Marcus, Zur Beschränkbarkeit der Geschäftsführungsbefugnis des Vorstandes einer Aktiengesellschaft – Beschluss der Hauptversammlung nach § 119 II AktG und die Pflicht zur Ausführung durch den Vorstand, NZG 2005, 996

Roth, Günter, Die (Ohn-)Macht der Hauptversammlung oder – Unlautere Werbung für Aktienrecht, ZIP 2003, 369

Ruffner, Markus, Die ökonomischen Grundlagen eines Rechts der Publikumsgesellschaft: Ein Beitrag zur Theorie der Corporate Governance, Zürich 2000

Saria, Gerhard, Schranken beim Erwerb eigener Aktien nach § 71 Abs. 1 Nr. 8 AktG, NZG 2000, 458

Schaefer, Franz W./ Eichner, Christian, Abwehrmöglichkeiten des Vorstandes von börsennotierten Aktiengesellschaften bei feindlichen Übernahmeversuchen – ein Rechtsvergleich zwischen Deutschland und den USA, NZG 2003, 150

Schäfer, Claus, Vereinbarungen bei Aktienemissionen, ZGR 2008, 455

Schäfer, Dietrich, Aktuelle Probleme des neuen Aktienrechts, BB 1966, 229

Schenke, Wolf-Rüdiger, Delegation und Mandat im Öffentlichen Recht, VerwArch 68 (1977), 118

Schlegelberger, Franz/ Quassowski, Leo/ Herbig, Gustav/ Geßler, Ernst/ Hefermehl, Wolfgang, Aktiengesetz Kommentar, 3. Auflage, München 1939

Schmalenbach, Eugen, Die Aktiengesellschaft, 7. Auflage, Wiesbaden 1950

Schmid, Hubert/ Mühlhäuser, Felix, Rechtsfragen des Einsatzes von Aktienderivaten beim Aktienrückkauf, AG 2001, 493

Schmidt, Karsten, Gesellschaftsrecht, 4. Auflage, Köln, Berlin, Bonn, München 2002

Schmidt, Karsten/ Lutter, Marcus (Hrsg.), Aktiengesetz Kommentar, Band 1: §§ 1 – 149, 2. Auflage, München 2010 (zitiert als: *Bearbeiter*, in: K. Schmidt/Lutter AktG (2. Auflage))

Schmidt, Karsten/ Lutter, Marcus (Hrsg.), Aktiengesetz Kommentar, Band 1: §§ 1 – 149, 3. Auflage, München 2015 (zitiert als: *Bearbeiter*, in: K. Schmidt/Lutter AktG (3. Auflage))

Schmidt, Karsten/ Lutter, Marcus (Hrsg.), Aktiengesetz Kommentar 4. Auflage, Köln 2020 (zitiert als: *Bearbeiter*, in: K. Schmidt/Lutter AktG)
Band 1: §§ 1–132 AktG
Band 2: §§ 133 – 410 AktG, SpruchG

Schneider, Uwe H., Die Rückdatierung von Rechtsgeschäften – Unter besonderer Berücksichtigung der Probleme rückdatierter Gesellschaftsverträge, AcP 1975, 281

Schneider, Uwe H., Die Zielgesellschaft nach Abgabe eines Übernahme- oder Pflichtangebotes, AG 2002, 125

Schockenhoff, Martin, Informationsrechte der HV bei Veräußerung eines Tochterunternehmens – Zugleich Besprechung der Altana/Milupa-Entscheidung des BGH, NZG 2001, 921

Schön, Wolfgang, Der Zweck der Aktiengesellschaft – geprägt durch europäisches Gesellschaftsrecht?, ZHR 180 (2016), 279

Scholz, Franz (Begr.)/ GmbH-Gesetz Kommentar, Band II, 12. Auflage, Köln 2018 (zitiert: *Bearbeiter*, in: Scholz GmbHG)

Schriftführer Amt der ständigen Deputation, Verhandlungen des Dreiunddreißigsten Deutschen Juristentags (Heidelberg), Berlin, Leipzig 1925 (zitiert: *Redner*, in: Verhandlungen des 33. DJT)

Schürnbrand, Jan, Bestands- und Rechtsschutz beim genehmigten Kapital, ZHR 171 (2007), 731

Schürnbrand, Jan, Geschriebener und ungeschriebener Bestandsschutz beim aktienrechtlichen Zeichnungsvertrag, AG 2014, 73

Schürnbrand, Jan, Die überzeichnete Kapitalerhöhung, in: Festschrift für Eberhard Stilz, hrsg. von Habersack, Mathias; Spindler, Gerald, München 2014, S. 569 (zitiert: *Schürnbrand*, in: FS Stilz, S. 569)

Seibert, Ulrich, Kontrolle und Transparenz im Unternehmensbereich (KonTraG), WM 1997, 1

Seibt, Christoph H./ Heiser, Kristian J., Der neue Vorschlag einer EU-Übernahmerichtlinie und das deutsche Übernahmerecht – Analyse und Umsetzungserfordernisse für den deutschen Gesetzgeber, ZIP 2002, 2193

Seidler, Holger, Eigene Aktien, Frankfurt 2004

Semler, Johannes (Begr.)/Stengel, Arndt/Leonard, Nina (Hrsg.), Umwandlungsgesetz, 5. Auflage, München 2021 (zitiert: *Bearbeiter*, in: Semler/Stengel/Leonard UmwG)

Servatius, Wolfgang, Strukturmaßnahmen als Unternehmensleitung, Köln, Berlin, München 2004

Simon, Jürgen, Zeitliche Begrenzung des Bezugsrechtsausschlusses beim genehmigten Kapital, AG 1985, 237

Singhof, Bernd/ Weber, Christian, Neue kapitalmarktrechtliche Rahmenbedingungen für den Erwerb eigener Aktien, AG 2005, 549

Smith, Adam, An Inquiry into the Nature and Causes of the Wealth of Nations, Neudruck Hamburg 2008

Spindler, Gerald/ Stilz, Eberhard (Hrsg.), Kommentar zum Aktiengesetz, 5. Auflage, München 2022 (zitiert als: *Bearbeiter*, in: Spindler/Stilz AktG)
Band 1: §§ 1–149
Band 2: §§ 150–410, SpruchG, SE-VO

Staake, Marco, Ungeschriebene Hauptversammlungskompetenzen in börsennotierten und nicht börsennotierten Aktiengesellschaften, Köln, Berlin, München 2009

Steinmeyer, Roland (Hrsg.), WpÜG Kommentar, 4. Auflage, Berlin 2019 (zitiert: *Bearbeiter*, in: Steinmeyer WpÜG)

Strauss, Walter, Aktienrecht und Wirtschaftspolitik, in: Festschrift für Walter Schmidt, hrsg. von Samson, Benevenuto, Berlin 1959, S. 1 (zitiert: *Strauss*, in: FS Schmidt, S. 1)

Technau, Konstantin, Rechtsfragen bei der Gestaltung von Übernahmeverträgen („Underwriting Agreements") im Zusammenhang mit Aktienemissionen, AG 1998, 445

Thaeter, Ralf, Zur Abwehr feindlicher Übernahmeversuche im RegE eines Gesetzes zur Regelung von öffentlichen Angeboten zum Erwerb von Wertpapieren und von Unternehmensübernahmen (WpÜG-RegE), NZG 2001, 789

Tiller, Hagen, Die Berichterstattungspflicht und Haftung des Vorstandes beim genehmigten Kapital mit Bezugsrechtsausschluss, Hamburg 2008

Timm, Wolfram, Die Mitwirkung des Aufsichtsrates bei unternehmensbezogenen Entscheidungen- Grenzen der Aufsichtsrats- und Verwaltungszuständigkeiten in der Aktiengesellschaft, DB 1980, 1201

Triepel, Heinrich, Delegation und Mandat im öffentlichen Rechte – Eine kritische Studie, Stuttgart 1942

Tröger, Tobias, Vorbereitung von Zustimmungsbeschlüssen bei Strukturmaßnahmen, ZIP 2001, 2029

Tröger, Tobias, Die Regelungen zu institutionellen Investoren, Vermögensverwaltern und Stimmrechtsberatern im Referentenentwurf eines Gesetzes zur Umsetzung der zweiten Aktionärsrechterichtlinie (ARUG II), ZGR 2019, 126

van Aerssen, Rick, Erwerb eigener Aktien und Wertpapierhandelsgesetz – Neues von der Schnittstelle Gesellschaftsrecht/Kapitalmarktrecht – Zugleich Anmerkung zum Schreiben „Erwerb eigener Aktien nach § 71 Abs. 1 Nr. 8 AktG“ des Bundesaufsichtsamts für den Wertpapierhandel vom 28. Juni 1999, WM 2000, 391

van Aubel, Thomas, Vorstandspflichten bei Übernahmeangeboten, München 1996

van Venrooy, Gerd J., Voraussetzungen und Verwendbarkeit genehmigten Kapitals, AG 1981, 205

Verse, Dirk A., Der Gleichbehandlungsgrundsatz im Recht der Kapitalgesellschaften, Tübingen 2006

Wachter, Thomas (Hrsg.), Aktiengesetz Kommentar, 3. Auflage, Köln 2018 (zitiert: *Bearbeiter*, in: Wachter AktG)

Wackerbarth, Ulrich, Von golden shares und poison pills: Waffengleichheit bei internationalen Übernahmeangeboten, WM 2001, 1741

Wahlers, Henning, Konzernbildungskontrolle durch die Hauptversammlung der Obergesellschaft, Köln, 1994

Wastl, Ulrich, Erwerb eigener Aktien nach dem Referentenentwurf zur Änderung des AktG und des HGB, DB 1997, 461

Weiß, Daniel, Aktienoptionsprogramme nach dem KonTraG, WM 1990, 353

Weißhaupt, Frank, Holzmüller-Informationspflichten nach den Erläuterungen des BGH in Sachen „Gelatine“, AG 2004, 585

Werner, Winfried, Ausgewählte Fragen zum Aktienrecht, AG 1972, 93

Werner, Winfried, Zuständigkeitsverlagerung in der Aktiengesellschaft durch Richterrecht? Besprechung der Entscheidung BGHZ 83, S. 122 ff., ZHR 147 (1983), 429

Westermann, Harm Peter, Die Holzmüller-Doktrin, 19 Jahre danach, in: Festschrift für Hans-Georg Koppensteiner, hrsg. von Kramer, Ernst A.; Schuhmacher, Wolfgang, Wien 2001, S. 259 (zitiert: *Westermann*, in: FS Koppensteiner, S. 201)

Wiedemann, Herbert, Grundfragen der Unternehmensverfassung, ZGR 1975, 385

Wilsing, Hans-Ulrich/ Siebmann, Salja, Die Wiederveräußerung eigener Aktien außerhalb der Börse gem. § 71 Abs. 1 Nr. 8 S. 5 AktG, DB 2006, 881

Windbichler, Christine, Gesellschaftsrecht, 24. Auflage, München 2017

Winter, Martin/ Harbarth, Stephan, Verhaltenspflichten von Vorstand und Aufsichtsrat der Zielgesellschaft bei feindlichen Übernahmeangeboten nach dem WpÜG, ZIP 2002, 1

Witte, Jürgen, Diskussionsentwurf zur Regelung von Unternehmensübernahmen: Abwehrmöglichkeiten des Vorstands der Zielgesellschaft, BB 2000, 2161

Wolff, Hans J./ Bachof, Otto/ Stober, Rolf/ Kluth, Winfried, Verwaltungsrecht – Band II, 7. Auflage, München 2010

Wolff, Manfred/ Neuner, Jörg, Allgemeiner Teil des Bürgerlichten Rechts, 11. Auflage, München 2016

Würdinger, Hans, Aktienrecht und das Recht der verbundenen Unternehmen, 4. Auflage, Heidelberg, Karlsruhe 1981 (zitiert: *Würdinger*, Aktienrecht)

Wulff, Jakob, Aktienoptionen für das Management, Köln, 2000

Yanli, Veliye, Die Stellung des Vorstandes der Aktiengesellschaft beim genehmigten Kapital – Kapitalerhöhung gegen Geldeinlagen, München 1992

Zeidler, Finn, Die Hauptversammlung der Konzernmutter – ungeschriebene Zuständigkeiten und Informationen der Aktionäre, NZG 1998, 91

Zilias, Manfred, Rückwirkende Satzungsänderungen bei Kapitalgesellschaften?, JZ 1959, 50

Zimmer, Daniel, Das Gesetz zur Kontrolle und Transparenz im Unternehmensbereich – Ein "Omnibus-Gesetz" bringt die Aktienrechtsnovelle 1998 und weitere wichtige Neuerungen für das Handels- und Wirtschaftsrecht, NJW 1998, 3521

Zöllner, Wolfgang, Die Schranken mitgliedschaftlicher Stimmrechtsmacht bei den privatrechtlichen Personenverbänden, München 1963

Zöllner, Wolfgang, Folgen der Nichtigkeitserklärung durchgeführter Kapitalerhöhungsbeschlüsse, AG 1993, 68

Zöllner, Wolfgang, Gerechtigkeit bei der Kapitalerhöhung, AG 2002, 585

Zöllner, Wolfgang, Satzungsdurchbrechung, in: Festschrift für Hans-Joachim Priester, hrsg. von Hommelhoff, Peter; Rawert, Peter; Schmidt, Karsten, Köln 2007, S. 879 (zitiert: *Zöllner*, in: FS Priester, S. 879)

Zschocke, Christian/ Schuster, Stephan (Hrsg.), Bad Homburger Handbuch zum Übernahmerecht, Heidelberg 2003 (zitiert: *Bearbeiter*, in: Bad Homburger Hb-Übernahmerecht)